HOME BUYER'S LISTINGS OF FORECLOSED REAL ESTATE

Today's Methods For Locating
and Purchasing an Affordable Home
with Little or No Money Down

Arlington Press Inc., Publishers

Copyright © 1996

Published by Arlington Press, Inc.

All Rights reserved. No part of this publication may be reproduced or transmitted by any means or in any form, either electronically or mechanically, which includes photocopying, recording or storing in a database or retrieval system, without prior written permission from the publisher.

Printed in the United States of America

Every effort has been made to ensure the objectivity and accuracy of the information provided in this commercial reference publication. The publisher is not affiliated with any government agency, entity or person referenced in this publication. Neither the author nor the publisher renders legal, accounting or technical advice. If necessary, consult a specialized professional for legal, accounting or technical guidance.

INTRODUCTION TO HOMES LISTINGS

Congratulations! Your timing is perfect to locate the "home of *your* dreams" for a fraction of what the rest of America spends on a home. The "*Home Buyer's Listings of Foreclosed Real Estate*" makes available to you the most current listings of government foreclosure properties.

Thousands of properties are available to you. Scan your home state and your part of the country for the ideal home. Feel free to browse through other parts of the country that appeal to you. Single family residences(SFRs), townhouses, duplexes, condominiums, and land to build on, are all options available for your selection.

Contact names and telephone numbers are provided. Since new properties can flood the market on almost any given day, be sure to ask about additional properties that may have hit the market the day you call. The deals can be so phenomenal that some homes hit the market one day and are sold the next day. The contacts listed in this one-of-a-kind publication are *the most informed* in the foreclosure arena. Your are in the enviable position of being the first to know of these unique properties!

HAPPY HOUSE HUNTING!

LISTINGS CALL SHEET

When you call the contact for details on a specific property, ask the following questions:

(1)   Is this a single family residence, townhouse, duplex, condominium, or land?
(2)   How many bedrooms, bathrooms, and number of rooms?
(3)   Is there a garage? For how many cars?
(4)   How large is the lot?
(5)   When can I see the property?

*   Some government agencies intentionally omit the description of their foreclosure properties. The reason. Practicality. In some parts of the country, a thousand sales a month can be typical. These agencies recommend that potential buyers get _all_ the _exact_ details on a property directly from the designated local contact.

HOUSE HUNTING TIPS

(1)   In the majority of cases, agency asking prices are exactly that, asking prices, not minimums. Agencies are primarily motivated to get their investment out of the property, not make a profit. Make offers that suit your pocketbook. This is always the best strategy when shopping for foreclosure properties.

(2)   In some areas of the country, foreclosure properties can fluctuate from a few to 400 properties suddenly flooding the market, in a particular area, in just a few days time. This is part of the fun associated with foreclosure property shopping. Today, tomorrow, next week, or the 1st day of next month can be your lucky day. These are "Words of Wisdom" passed on from the U. S. GSA.

(3)   The following properties are available for inspection by calling any of the contacts listed. Not all foreclosures are listed and each contact on the list will likely have additional properties to show you. This is the tip of the iceberg! Go through your "_Home Buyer's Guide_" and call the numbers for your area to receive free updates. Some agencies update weekly!

(4)   For your information, a thirty year fixed-rate mortgage, financed at 8%

Mortgage	Principal & Int. payment	Mortgage	Principal & Int. payment
$1500	$11/mo	$17,500	$128/mo
$2500	$18/mo	$20,000	$146/mo
$5000	$36/mo	$25,000	$182/mo
$7500	$55/mo	$30,000	$219/mo
$10,000	$73/mo	$35,000	$255/mo
$12,500	$91/mo	$40,000	$292/mo
$15,000	$109/mo	$45,000	$328/mo

CONSUMER DATA SERVICE

Alabama

CITY	ASKING	ADDRESS	DETAILS	CONTACT	AGENCY	PHONE
*Statewide	Call		See page 4.		FDIC	(800) 234-0867
*Statewide	Call		See page 4.		FREDDIE MAC	(800) 373-3343
*Statewide	Call		Refer to "Home Buyer's Guide", page 81		DVA	(800) 556-4945
ADAMSVILLE	Call		See page 4	DIANE LITTLETON	FANNIE MAE	(205) 995-1000
ALABASTER	Call		See page 4	DIANE LITTLETON	FANNIE MAE	(205) 995-1000
BIRMINGHAM	Call	1308 AMERICANA DRIVE	See page 4	DIANE LITTLETON	FANNIE MAE	(205) 995-1000
BIRMINGHAM	$67,500	2509 CARMEL ROAD	See page 4	DIANE LITTLETON	FANNIE MAE	(205) 995-1000
BIRMINGHAM	$69,900	505 22ND AVENUE SOUTH	See page 4	BRUCE LINDER	FREDDIE MAC	(203) 926-2247
BIRMINGHAM	$62,700	5141 HICKORY DRIVE	See page 4	DIANE LITTLETON	FANNIE MAE	(205) 995-1000
BOAZ	$52,500	1081 GRAY ROAD	See page 4	COY GRABEN	FANNIE MAE	(800) 732-6643
DECATUR	Call		See page 4	MARK MOODY	FANNIE MAE	(800) 242-0198
DOTHAN	$73,500	305 JUNALUSKA DRIVE	See page 4	PHYLLIS DUBOSE	FANNIE MAE	(205) 793-6600
DOTHAN	$24,500	503 WEST POWELL	See page 4	PHYLLIS DUBOSE	FANNIE MAE	(205) 793-6600
EIGHT MILE	$41,900	4303 EVERETT ROAD	See page 4		FANNIE MAE	(800) 832-2345
ENTERPRISE	Call		See page 4	MARY JONES	FANNIE MAE	(205) 347-0048
FALKVILLE	$49,900	149 COUNTY ROAD 1298	See page 4	MARK MOODY	FANNIE MAE	(800) 242-0198
FOLEY	Call		See page 4	BRUCE LINDER	FREDDIE MAC	(203) 926-2247
HUNTSVILLE	$79,900	1013 SANDY SPRINGS RD	See page 4	ANNE GOLDEN OWENS	FANNIE MAE	(205) 882-6966
HUNTSVILLE	$39,900	2010 WOODALE DRIVE	See page 4	ANNE GOLDEN OWENS	FANNIE MAE	(205) 882-6966
HUNTSVILLE	Call	2353 VILLARET DR	See page 4	ANNE GOLDEN OWENS	FANNIE MAE	(205) 882-6966
HUNTSVILLE	Call	329 NAUGHER ROAD	See page 4	BRUCE LINDER	FREDDIE MAC	(203) 926-2247
HUNTSVILLE	$69,900	3444 TALL TIMBERS CR	See page 4	ANNE GOLDEN OWENS	FANNIE MAE	(205) 882-6966
HUNTSVILLE	Call	4114 TRIANA BLVD SW	See page 4	ANNE GOLDEN OWENS	FANNIE MAE	(205) 882-6966
MADISON	Call		See page 4	ANNE GOLDEN OWENS	FANNIE MAE	(205) 882-6966
MIDLAND CITY	$35,800	RT 1 BOX 151	See page 4	KATHLEENE THOMAS	FANNIE MAE	(205) 774-4961
MOBILE	Call		See page 4	BUCKY MCALEER	FANNIE MAE	(205) 476-7000
MONTGOMERY	Call		See page 4	SAM MURPHY	FREDDIE MAC	(214) 506-6787
MONTGOMERY	Call	2200 BELLGATE CT	See page 4	LEE STORY	FANNIE MAE	(800) 732-6643
MONTGOMERY	Call	7101 BUCKRAM OAK DRIVE	See page 4	LEE STORY	FANNIE MAE	(800) 732-6643
MOUNT OLIVE	$60,750	1298 BELCHER LANE	See page 4	DIANE LITTLETON	FANNIE MAE	(205) 995-1000
NORTHPORT	Call		See page 4	SAM MURPHY	FREDDIE MAC	(214) 506-6787
OPELIKA	$56,900	*	See page 4	SAM MURPHY	FREDDIE MAC	(214) 506-6787
ORANGE BEACH	Call		See page 4	GREENE, BOB	FDIC	(800) 765-3342
OZARK	Call		See page 4	KATHLEEN THOMAS	FANNIE MAE	(205) 774-4961
PIEDMONT	$69,900	1884 MACALEXANRIA ROAD	See page 4	JON LOHR	Bank REO	(800) 558-9900
SARDIS	$29,900	RT 1 BOX 123	See page 4	BRUCE LINDER	FREDDIE MAC	(203) 926-2247
SOMERVILLE	$29,900	ROUTE 3, BOX 300	See page 4	MARK MOODY	FANNIE MAE	(800) 242-0198
THEODORE	Call	7680 MARIE ROAD	See page 4	BUCKY MCALEER	FANNIE MAE	(205) 476-7000

* A RECENT PROPERTY ASKING PRICE AND YOUR LOCAL CONTACT FOR CURRENT LISTINGS

CONSUMER DATA SERVICE

Alaska

CITY	ASKING	ADDRESS	DETAILS	CONTACT	AGENCY	PHONE
*Statewide	Call		See page 4.		FDIC	(800) 234-0867
ANCHORAGE	Call		See page 4	ASSOCIATED BKRS	HUD	(907) 258-8888
ANCHORAGE	$68,000	10305 THIMBLEBERRY DRIVE	See page 4	BOB BROCK	FANNIE MAE	(907) 279-7613
ANCHORAGE	Call	1118 70TH AVE.	See page 4	KERRY NETERER	FDIC	(714) 263-7100
ANCHORAGE	Call	5301 LAKESHORE DR	See page 4	KAREN CARLSON	St. of Alaska	(907) 261-7600
ANCHORAGE	Call	533 NORTH FLOWER STREET	See page 4	BOB BROCK	FANNIE MAE	(907) 279-7613
ANCHORAGE	$79,900	628 MUMFORD STREET	See page 4	BOB BROCK	FANNIE MAE	(907) 279-7613
ANCHORAGE	Call	7100 LAKE OTIS PARKWAY	See page 4	NETERER, KERRY	FDIC	(907) 261-7600
EAGLE RIVER	$48,000	19341 & 19411 TIMBERLINE	See page 4	NETERER, KERRY	FDIC	(907) 276-2233
FAIRBANKS	Call		See page 4	CNN PROP MGMT	HUD	(907) 452-4993
HOMER	Call		See page 4	HOMER	HUD	(907) 235-5294
JUNEAU	Call		See page 4	POWELL	HUD	(907) 789-3888
SOLDOTNA	Call	35145 KALIFORNSKY BEACH	See page 4	JOE HONESCKO	FDIC	(714) 263-7732

Arizona

CITY	ASKING	ADDRESS	DETAILS	CONTACT	AGENCY	PHONE
*Statewide	Call		See page 4.		FDIC	(800) 234-0867
*Statewide	Call		See page 4.		FREDDIE MAC	(800) 373-3343
*Statewide	Call		Refer to "Home Buyer's Guide", page 81		DVA	(800) 556-4945
BENSON	Call	880 HIGHWAY 80	Apartment	O'TOOLE, SHANNON	FDIC	(509) 946-8577
BULLHEAD CITY	Call	1792 ESCALERA DR.	See page 4	ANN RHOADS	FANNIE MAE	(800) 732-6643
BULLHEAD CITY	$21,900	1990 CORONADO DRIVE	See page 4	ANN RHOADS	FREDDIE MAC	(520) 763-1353
BULLHEAD CITY	$86,950	2253 HIJOLLY DRIVE	See page 4	ANN RHOADS	FANNIE MAE	(800) 732-6643
BULLHEAD CITY	Call	3422 MINERAL PARK DR.	See page 4	ANN RHOADS	FANNIE MAE	(800) 732-6643
BULLHEAD CITY	$109,900	4310 SAN JOSE ROAD	See page 4	ANN RHOADS	FREDDIE MAC	(520) 763-1353
BULLHEAD	$92,500	2008 MTN VIEW CV	See page 4	ANN RHOADS	FREDDIE MAC	(520) 763-1353
CAMP VERDE	Call		See page 4	ZVONEK, MARY	FDIC	(714) 263-7757
CAMP VERDE	$48,500	42 WEST DR.	See page 4	CAROLYN JACKSON	FANNIE MAE	(602) 776-0130
CASA GRANDE	$65,550	10279 N. TENDERFOOT TR	See page 4	RUDY SERRANO	FANNIE MAE	(602) 963-2659
CHANDLER	Call		See page 4	HONESCKO, JOSEPH	FDIC	(714) 263-7732
CHANDLER	Call	2713 W. GILA LANE	See page 4	CASEY STRUNK	FREDDIE MAC	(602) 998-0676
CHANDLER	Call	4174 W. ORCHID LANE	See page 4	RUDY SERRANO	FANNIE MAE	(602) 963-2659
CHANDLER	Call	6061 W LINDA LN	See page 4	RUDY SERRANO	FANNIE MAE	(602) 963-2659
CHINO VALLEY	$47,900		See page 4	DALE MINNICK	FREDDIE MAC	(520) 445-9550
CLARKDALE	Call		See page 4	HONESCKO, JOSEPH	FDIC	(714) 263-7732
FLAGSTAFF	Call		See page 4	PENA, HENRY	FDIC	(415) 571-7400
FORT MOJAVE	$79,900	1201 NORTHWEST PASS DRIVE	See page 4	CAROL GLEBA	FREDDIE MAC	(520) 754-2111
FORT MOJAVE	$81,900	1553 GRAN CIRCULO	See page 4	CAROL GLEBA	FANNIE MAE	(520) 754-2111
FORT MOJAVE	$75,100	4405 LOS MADEROS DR	See page 4	ANN RHOADS	FANNIE MAE	(800) 732-6643
GILBERT	Call		See page 4	JIM HASTINGS	FANNIE MAE	(602) 756-6619
GLENDALE	Call	19037 NORTH 43RD DRIVE	See page 4	JANE HAMMER	FREDDIE MAC	(602) 997-7324
GLENDALE	Call	4633 W LANE AVE	See page 4	JANE HAMMER	FANNIE MAE	(602) 997-7324
GLENDALE	$70,350	7147 W OREGON AVE	See page 4	JEFF WILLIAMS	FANNIE MAE	(602) 247-2222
GLENDALE	Call	7240 WEST MARYLAND AVE	See page 4	JEFF WILLIAMS	FANNIE MAE	(602) 247-2222
GOLDEN VALLEY	$47,500	3527 MELLOW LN	See page 4	CATHY NUGENT	FANNIE MAE	(602) 757-2100
GOODYEAR	Call	10718 INDIAN WELLS DRIVE	See page 4	JEFFREY WILLIAMS	FREDDIE MAC	(602) 247-2222

* A RECENT PROPERTY ASKING PRICE AND YOUR LOCAL CONTACT FOR CURRENT LISTINGS

CONSUMER DATA SERVICE

Arizona

CITY	ASKING	ADDRESS	DETAILS	CONTACT	AGENCY	PHONE
KINGMAN	$44,000	3646 DIAGONAL WAY	See page 4	CATHY NUGENT	FANNIE MAE	(602) 757-2100
KINGMAN	$69,900	3778 SALT ROAD	See page 4	CATHY NUGENT	FREDDIE MAC	(520) 757-2100
KINGMAN	$76,650	4966 STEINKE DRIVE	See page 4	CATHY NUGENT	FANNIE MAE	(602) 757-2100
LAKE HAVASU CITY	$71,500	1755 ONYX LANE	See page 4	WANDA RIGDON	FREDDIE MAC	(520) 855-9195
LAKE HAVASU CITY	Call	2511 TOVAR LANE	See page 4	WANDA RIGDON	FREDDIE MAC	(520) 855-9195
LAKE HAVASU CITY	Call	594 BURKEMO LANE	See page 4	WANDA RIGDON	FREDDIE MAC	(520) 855-9195
LAKE HAVASU	Call	2011 HAWK LN	See page 4	DENNIS RADTKE	FANNIE MAE	(800) 248-0021
LAKE HAVASU	$73,900	2172 BARRANCA DR	See page 4	DENNIS RADTKE	FANNIE MAE	(800) 248-0021
LAKE HAVASU	Call	2285 PALMER DRIVE	See page 4	JOHN ROSENBAUN	FREDDIE MAC	(520) 855-3015
LAKE HAVASU	$72,500	2469 POPPY LANE	See page 4	DENNIS RADTKE	FANNIE MAE	(800) 248-0021
LAKE HAVASU	$47,900	3285 POPPY TRAIL PLACE	See page 4	DENNIS RADTKE	FANNIE MAE	(800) 248-0021
LAKE HAVASU	$50,500	759 LAKELAND DRIVE	See page 4	DENNIS RADTKE	FANNIE MAE	(800) 248-0021
MESA	Call		See page 4	JIM HASTINGS	FANNIE MAE	(602) 756-6619
MESA	$44,900	5735 E MCDOWELL RD #48	See page 4	GARY LAFOREST	FREDDIE MAC	(602) 864-6990
MOHAVE VALLEY	Call		See page 4	ANN RHOADS	FANNIE MAE	(800) 832-2345
MOHAVE VALLEY	$72,500	8747 JUNIPER STREET	See page 4	ANN RHOADS	FANNIE MAE	(800) 732-6643
MORRISTOWN	Call		See page 4	Boone Auction	REO	(602) 864-0056
PEORIA	Call		See page 4	JEFF WILLIAMS	FANNIE MAE	(602) 247-2222
PHOENIX	Call		See page 4	OTOOLE, SHANNON	FDIC	(509) 946-8577
PHOENIX	Call		See page 4	Blue Chip Properties	MARSHAL	(602) 234-0517
PHOENIX	Call		See page 4	CB Service Realty	REO	(602) 219-9333
PHOENIX	$29,900		See page 4	DAVID HALL	FREDDIE MAC	(800) 832-2345
PHOENIX	Call		See page 4	JANE HAMMER	FREDDIE MAC	(602) 997-7324
PHOENIX	$59,900	1320 E BETHANY HM RD #53	See page 4	GARY LAFOREST	FREDDIE MAC	(602) 864-6990
PHOENIX	$89,900	13202 N 32ND DRIVE	See page 4	GARY LAFOREST	FREDDIE MAC	(602) 864-6990
PHOENIX	$73,500	2922 E PLUTE AVE	See page 4	BRET L. BOWDISH	FANNIE MAE	(602) 269-7400
PHOENIX	Call	35 E WING FOOT DRIVE	See page 4	JEFF WILLIAMS	FANNIE MAE	(602) 247-2222
PHOENIX	Call	35640 NORTH 12TH STREET	See page 4	GARY LAFOREST	FREDDIE MAC	(602) 864-6990
PHOENIX	$53,000	4141 N. 31ST ST	See page 4	JEFF WILLIAMS	FANNIE MAE	(602) 247-2222
PHOENIX	Call	4345 E ALISO CANYON	See page 4	ANN MARCOTTE	FANNIE MAE	(602) 993-1569
PHOENIX	$23,900	4639 W THOMAS RD	See page 4	JEFF WILLIAMS	FANNIE MAE	(602) 247-2222
PHOENIX	$29,900	5304 N. 28th Dr.	See page 4	Connie Green	Bank REO	(602) 242-0033
PHOENIX	$39,900	6808 S. 6TH AVENUE	See page 4	JEFF WILLIAMS	FANNIE MAE	(602) 247-2222
PHOENIX	Call	16805 SOUTH 34TH WAY	See page 4	JEFF WILLIAMS	FANNIE MAE	(602) 247-2222
PHOENIZ	$78,000	123 HILLSIDE AVE	See page 4	CAROLYN JACKSON	FANNIE MAE	(602) 776-0130
PRESCOTT	Call		See page 4	MAGEE, MELINDA	FDIC	(714) 263-7747
SCOTTSDALE	$168,000	10534 E. MERCER LANE	See page 4	TOM HAVEY	FANNIE MAE	(602) 996-9910
SCOTTSDALE	Call		See page 4	GINI ARTHUR	FANNIE MAE	(602) 458-4388
SIERRA VISTA	Call		See page 4	CONNIE HARRIS	FREDDIE MAC	(602) 337-4815
ST JOHNS	$43,000	1802 VILLAGE WAY	See page 4	GERUM, MARY	FDIC	(602) 491-2272
TEMPE	$45,000	1802 VILLAGE WAY	See page 4	GERUM, MARY	FDIC	(602) 491-2272
TEMPE	$37,900	2069 EAST ORANGE	See page 4	JIM HASTINGS	FANNIE MAE	(602) 756-6619
TOPOCK	$39,900	12889 PIMA PARKWAY	See page 4	ANN RHOADS	FANNIE MAE	(800) 732-6643
TUCSON	Call		See page 4	HONESCKO, JOSEPH	FDIC	(714) 263-7732
TUCSON	Call		See page 4	SUE ANN SHIRLEY	FANNIE MAE	(800) 832-2345
TUCSON	Call		See page 4	Southwest RE Auction	REO	(602) 298-3010
TUCSON	Call		See page 4		HUD	(602) 670-6237

* A RECENT PROPERTY ASKING PRICE AND YOUR LOCAL CONTACT FOR CURRENT LISTINGS

CONSUMER DATA SERVICE

Arizona

CITY	ASKING	ADDRESS	DETAILS	CONTACT	AGENCY	PHONE
TUCSON	$46,500	1534 WEST KNOX STREET	See page 4	JENNIFER DEL FRARI	FANNIE MAE	(520) 296-5491
TUSCON	$89,900	3731 SOUTH CICELY AVENUE	See page 4	JENNIFER DEL FRARI	FANNIE MAE	(520) 296-5491
VICKSBURG	Call		See page 4	PENA, HENRY	FDIC	(714) 263-7719
WICKENBURG	Call		See page 4	Copus Realty	REO	(602) 684-5886
YUMA	Call		See page 4	GERUM, MARY	FDIC	(520) 783-8373
YUMA	Call		See page 4		FANNIE MAE	(602) 782-4888
YUMA	$99,900	1901 S. ATHENS AVENUE	See page 4	PHIL SEWARD	FANNIE MAE	(800) 732-6643

Arkansas

CITY	ASKING	ADDRESS	DETAILS	CONTACT	AGENCY	PHONE
*Statewide	Call		See page 4		HUD	(501) 378-5931
*Statewide	Call		See page 4.		FDIC	(800) 234-0867
*Statewide	Call		See page 4.		FREDDIE MAC	(800) 373-3343
*Statewide	Call		Refer to "Home Buyer's Guide", page 81		DVA	(800) 556-4945
ASHDOWN	$24,900	RT 1 BOX 15	See page 4	SAM MURPHY	FREDDIE MAC	(214) 506-6787
BAY	$39,900	306 BLAYLOCK	See page 4	BILL WALDRIP	FANNIE MAE	(501) 935-0731
BENTONVILLE	$62,500	212 SOUTHWEST "E" ST	See page 4	BRUCE LINDER	FREDDIE MAC	(203) 926-2247
BLYTHEVILLE	$15,000	101 WEST KENTUCKY	See page 4	CAROLYN BISHOP	FREDDIE MAC	(501) 370-3763
BRYANT	$41,500	4604 LEXINGTON PARK CR	See page 4	HERB YARBROUGH	VA	(501) 225-0010
CABOT	Call	3114 JUSTICE RD	See page 4	CAROLYN BISHOP	FANNIE MAE	(501) 370-3763
CARLISLE	Call		See page 4	Chudy Auction	REO	(501) 552-3038
CONWAY	Call	3130 CRAWFORD	See page 4	CAROLYN BISHOP	VA	(501) 370-3763
CROSSETT	$19,500	1406 SOUTH LOUISIANA	See page 4	CAROLYN BISHOP	VA	(501) 370-3763
FAIRFIELD BAY	Call		See page 4	SAM MURPHY	FREDDIE MAC	(214) 506-6787
FORT SMITH	$21,500	3406 NORTHVIEW	See page 4	CAROLYN BISHOP	VA	(501) 370-3763
HINDSVILLE	$47,000	23435 SILLER RD	See page 4	CAROLYN BISHOP	VA	(501) 370-3763
HOT SPRINGS VILLAGE	Call	MADRID LANE LOT 4	See page 4	BILL MOONEY	FDIC	(800) 319-1444
HUGHES	Call		See page 4	MELODY BENTLEY	FANNIE MAE	(501) 735-8606
JACKSONVILLE	$58,500	158 MEADOWICK	See page 4	BRUCE LINDER	FREDDIE MAC	(203) 926-2247
JACKSONVILLE	Call		See page 4	CAROLYN BISHOP	VA	(501) 370-3763
LITTLE ROCK	Call		See page 4		RECD	(501) 324-5283
LITTLE ROCK	$31,000	17123 ARCH STREET	See page 4	BRUCE LINDER	FREDDIE MAC	(203) 926-2247
LITTLE ROCK	Call	3600 BECKEN	See page 4	CAROLYN BISHOP	VA	(501) 370-3763
LITTLE ROCK	Call	5924 NORTH HILLS BLVD.	See page 4	CAROLYN BISHOP	VA	(501) 370-3763
LITTLE ROCK	$18,500	6 MEADOWLARK	See page 4	HERB YARBROUGH	FANNIE MAE	(501) 225-0010
LOCKESBURG	Call		See page 4	YENCO, BOB	FDIC	(800) 319-1444
MORRILTON	$62,500	ROUTE 1 BOX 189	See page 4	SHERRY ATKINSON	FANNIE MAE	(501) 327-6533
PARAGOULD	$30,000	617 N. 2ND STREET	See page 4	BILL WALDRIP	FANNIE MAE	(501) 935-0731
PINE BLUFF	$11,500	1106 OAK STREET	See page 4	WILLIAM WILSON	FANNIE MAE	(501) 535-3223
PINE BLUFF	$5,000	1506 WEST 30TH	See page 4	CAROLYN BISHOP	VA	(501) 370-3763
ROGERS	$68,500	2413 TURTLE CREEK DRIVE	See page 4	ANGIE LANEY	FANNIE MAE	(501) 636-2200
SPRINGDALE	Call		See page 4	ANGIE LANEY	FANNIE MAE	(501) 636-2200
WESLEY	$57,000	ROUTE 1 BOX 444	See page 4	CAROLYN BISHOP	VA	(501) 370-3763
WEST FORK	Call	13015 STRICKLAND	See page 4	CAROLYN BISHOP	VA	(501) 370-3763
WEST MEMPHIS	$22,500	110 W. COOPER	See page 4	MELODY BENTLEY	FANNIE MAE	(501) 735-8606

* A RECENT PROPERTY ASKING PRICE AND YOUR LOCAL CONTACT FOR CURRENT LISTINGS

CONSUMER DATA SERVICE

Arkansas

CITY	ASKING	ADDRESS	DETAILS	CONTACT	AGENCY	PHONE
WEST MEMPHIS	$32,000	481 NORTH	See page 4	CAROLYN BISHOP	VA	(501) 370-3763
WEST MEMPHIS	Call	512 AUBURN	See page 4	CAROLYN BISHOP	VA	(501) 370-3763
WILSON	Call		See page 4	MIKE FORD	FANNIE MAE	(501) 732-4655
WILSON	$11,500		See page 4	SAM MURPHY	FREDDIE MAC	(214) 506-6787
WRIGHTSVILLE	Call		See page 4	SAM MURPHY	FREDDIE MAC	(214) 506-6787

California

CITY	ASKING	ADDRESS	DETAILS	CONTACT	AGENCY	PHONE
*Statewide	Call		See page 4.		FDIC	(800) 234-0867
*Statewide	Call		See page 4.		FREDDIE MAC	(800) 373-3343
*Statewide	Call		Refer to "Home Buyer's Guide", page 81		DVA	(800) 556-4945
ACTON	Call	33714 WHITE FEATHER RD	See page 4	MICHAEL A. HARRIS	FANNIE MAE	(800) 732-6643
ACTON	Call	3750 CORY AVE	See page 4	MICHAEL A. HARRIS	FANNIE MAE	(800) 732-6643
ACTON	Call	3820 NICKELS AVENUE	See page 4	J.C. BOUCHER	FANNIE MAE	(800) 732-6643
ADELANTO	$59,900	10780 BEGONIA STREET	See page 4	JULIE BROWN	FANNIE MAE	(800) 732-6643
ADELANTO	$34,900	11261 AZTEC LANE	See page 4	BESS KLINE	FANNIE MAE	(619) 244-6633
ADELANTO	$49,900	11436 BROCKMAN AVENUE	See page 4	KAREN BROWN	FANNIE MAE	(619) 243-7653
ADELANTO	$29,900	9926 KAY STREET	See page 4	CAROLYN MCNAMARA	FANNIE MAE	(800) 732-6643
AGOURA HILLS	$99,900	28845 CONEJO VIEW DR	See page 4	PETER M. ALEXANDER	FANNIE MAE	(800) 732-6643
AGOURA HILLS	Call	28902 DARGAN STREET	Single family residence	CASHMAN, PAT	FDIC	(310) 264-2225
AGOURA HILLS	$89,900	30519 CANWOOD STREET	See page 4	PETER M. ALEXANDER	FANNIE MAE	(800) 732-6643
AGOURA	Call	513 EL AZUL CIRCLE	See page 4	BOB PEARSON	FANNIE MAE	(818) 880-4304
AGUANGO	$54,900	44465 BONNY LANE	See page 4	DEBBIE GREEN	FANNIE MAE	(909) 925-7628
ALAMEDA	Call	253 ENNISMORE COURT	See page 4	MIKE CHILDRES	FANNIE MAE	(510) 531-7000
ALHAMBRA	Call	1652 PYRENEES DR	See page 4	SHIRLEY JIM	FANNIE MAE	(818) 300-0100
ALISO VIEJO	Call	3 MEADOWBROOK	See page 4	KERRY PATTERSON	FANNIE MAE	(800) 732-6643
ALISO VIEJO	Call	49 MEADOWBROOK	See page 4	STEVE STOVALL	FANNIE MAE	(714) 839-2100
ALISO VIEJO	Call	5 VIA ATHENA	See page 4	MICHAEL A. HARRIS	FANNIE MAE	(800) 732-6643
ALTA LOMA	Call	11827 ANTLER PEAK CT	See page 4	DOUGLAS MC COWAN	FANNIE MAE	(909) 948-0051
ALTA LOMA	$119,900	7242 TOPAZ STREET	See page 4	DOUGLAS MC COWAN	FANNIE MAE	(909) 948-0051
AMERICAN CAN	Call	305 KINDLEY LANE	See page 4	TERRY WUNDERLICH	FANNIE MAE	(800) 732-6643
ANAHEIM	Call		See page 4	CROWELL, BILLY	FDIC	(800) 234-0867
ANAHEIM	$59,900		See page 4	DAN VERDIN	FREDDIE MAC	(310) 447-6000
ANAHEIM	$134,900	1357 S. WALNUT ST	See page 4	JESS MENDOZA	FANNIE MAE	(800) 732-6643
ANAHEIM	Call	1758 W MINERVA AVE	See page 4	RICK ROBLES	FANNIE MAE	(310) 795-6706
ANAHEIM	$119,900	1807 EAST CYPRESS ST	See page 4	JESS MENDOZA	FANNIE MAE	(800) 732-6643
ANAHEIM	Call	274 PAULINE STREET	See page 4	KERRY PATTERSON	FANNIE MAE	(800) 732-6643
ANAHEIM	Call	2828 W. BALL RD	Apartment	O'TOOLE, SHANNON	FDIC	(909) 483-2444
ANAHEIM	$109,900	3553 W. GREENTREE CR	See page 4	JESS MENDOZA	FANNIE MAE	(800) 732-6643
ANAHEIM	Call	402 S FALCON STREET	See page 4	NANCY CHURCHILL	FANNIE MAE	(714) 777-1166
ANAHEIM	Call	470 E. CHARTRES ST	See page 4	NANCY CHURCHILL	FANNIE MAE	(714) 777-1166
ANAHEIM	$104,900	5424 E. SNOWWOOD CIR	See page 4	GINA RUBSAMEN	FANNIE MAE	(714) 534-4425
ANAHEIM	$134,900	759 NORTH VINE STREET	See page 4	DAVID GEIGER	FANNIE MAE	(714) 533-0736
ANTIOCH	$61,900		See page 4	JANICE MIYASATOK	FREDDIE MAC	(800) 227-0527
ANTIOCH	$134,900	2952 PALO VERDE ROAD	See page 4	MICHAEL A. HARRIS	FANNIE MAE	(800) 732-6643
ANTIOCH	$119,900	4609 REGINA COURT	See page 4	JIM MANN	FANNIE MAE	(510) 779-0700

* A RECENT PROPERTY ASKING PRICE AND YOUR LOCAL CONTACT FOR CURRENT LISTINGS

9

CONSUMER DATA SERVICE

California

CITY	ASKING	ADDRESS	DETAILS	CONTACT	AGENCY	PHONE
ANZA	$128,000	37175 BOHLEN ROAD	See page 4	KERRY PATTERSON	FANNIE MAE	(800) 732-6643
APPLE VALLEY	$58,500			DIANA ENGLISH	FREDDIE MAC	(619) 247-2654
APPLE VALLEY	$64,900	10886 KIAVAN ROAD	See page 4	KATHIE SALERNO	FANNIE MAE	(619) 244-5481
APPLE VALLEY	$79,900	14093 TEHACHAPI RD	See page 4	BESS KLINE	FANNIE MAE	(619) 244-6633
APPLE VALLEY	$49,900	15077 QUINNAULT STREET	See page 4	BESS KLINE	FANNIE MAE	(619) 244-6633
APPLE VALLEY	$54,900	19139 PALO VERDE DRIVE	See page 4	BESS KLINE	FANNIE MAE	(619) 244-6633
APPLE VALLEY	$54,900	22075 RAMONA AVE	See page 4	KAREN BROWN	FANNIE MAE	(619) 243-7653
APPLE VALLEY	$54,900	22696 OTTAWA ROAD	See page 4	BESS KLINE	FANNIE MAE	(619) 244-6633
APPLE VALLEY	$39,900	23973 VALLEY VIEW ROAD	See page 4	KAREN BROWN	FANNIE MAE	(619) 243-7653
APPLE VALLEY	$115,000	NW MANHASSET & POWHATAN	See page 4	NETERER, KERRY	FDIC	(714) 550-7420
ARLETA	$127,900	13351 RELIANCE STREET	See page 4	RAQUEL MAGRO	FANNIE MAE	(818) 365-0677
ARLETA	$137,900	13418 BROMWICH PLACE	See page 4	RAQUEL MAGRO	FANNIE MAE	(818) 365-0677
ARLETA	Call	13512 MINEOLA STREET	See page 4	GRETCHEN	FANNIE MAE	(818) 365-3650
ARLETA	$104,900	14534 FILMORE STREET	See page 4	CESAR DE LA CRUZ	FANNIE MAE	(800) 732-6643
ARLETA	$128,900	9212 ARLETA AVE.	See page 4	RAQUEL MAGRO	FANNIE MAE	(818) 365-0677
ARNOLD	$79,900	1379 SHADY CIRCLE	See page 4	JOAN SAHLI	FANNIE MAE	(209) 772-1323
ARROWHEAD VI	Call		See page 4	VEE WARD	FANNIE MAE	(800) 225-1114
ARTESIA	$119,900	11866 169TH STREET	See page 4	ADOLFO PAZ	FANNIE MAE	(213) 612-7797
ARTESIA	$85,900	11938 ARKANSAS STREET	See page 4	KEN HUSS	FANNIE MAE	(310) 531-7000
ATASCADERO	Call		See page 4	CASHMAN, PAT	FDIC	(805) 927-1200
ATASCADERO	$59,900	7478-F SANTA YSABEL AV	See page 4	SYDNEY LIPTAK	FANNIE MAE	(805) 239-9566
ATWATER	$84,950	1833 BRIGHTON COURT	See page 4	LOU WEIBE	FANNIE MAE	(209) 673-2201
ATWATER	$87,500	3098 SUMMIT LANE	See page 4	AL FERREIRA	FANNIE MAE	(209) 575-0148
AUBURN	$49,900	130650 LINCOLN	See page 4	OLETA THOMPSON	FANNIE MAE	(800) 732-6643
AZUSA	Call	250 S. VIRGINIA AVENUE	See page 4	GARY LORENZINI	FANNIE MAE	(818) 445-7600
AZUSA	Call	966 W. HOLLYVALE STREE	See page 4	GARY LORENZINI	FANNIE MAE	(818) 445-7600
BAKERSFIELD	Call		See page 4	O'TOOLE, SHANNON	FDIC	(909) 483-2444
BAKERSFIELD	$98,000	10113 CAVE AVENUE	See page 4	LAURIE MCCARTY	FANNIE MAE	(805) 665-7653
BAKERSFIELD	$69,900	201 TRUXTUN AVENUE	See page 4	DEBRA CRAIG	FANNIE MAE	(800) 732-6643
BAKERSFIELD	Call	2221 SOUTH REAL ROAD	Apartment	FEDUSKA, SUE	FDIC	(619) 452-8300
BAKERSFIELD	Call	2323 E HILLS DRIVE	See page 4	LAURIE MCCARTY	FANNIE MAE	(805) 665-7653
BAKERSFIELD	$69,900	259 BONITA DRIVE	See page 4	DEBRA CRAIG	FANNIE MAE	(800) 732-6643
BAKERSFIELD	Call	3012 PECANGROVE	See page 4	LAURIE MCCARTY	FANNIE MAE	(805) 665-7653
BAKERSFIELD	$21,900	313 DECATUR STREET	See page 4	LAURIE MCCARTY	FANNIE MAE	(805) 665-7653
BAKERSFIELD	$84,900	440 HUDSON DRIVE	See page 4	LAURIE MCCARTY	FANNIE MAE	(805) 665-7653
BAKERSFIELD	$57,000	4401 COUNTRY WOOD LANE	See page 4	LAURIE MCCARTY	FANNIE MAE	(805) 665-7653
BAKERSFIELD	$94,900	6812 SHELBY LOOP	See page 4	LAURIE MCCARTY	FANNIE MAE	(805) 665-7653
BALDWIN PARK	$125,500	13459 PARK CENTER STRE	See page 4	GARY LORENZINI	FANNIE MAE	(818) 445-7600
BALDWIN PARK	$73,900	13843 LOS ANGELES ST	See page 4	GARY LORENZINI	FANNIE MAE	(818) 445-7600
BALDWIN PARK	$118,900	3275 FEATHER AVENUE	See page 4	DAVID TOVAR	FANNIE MAE	(818) 968-4112
BALDWIN PARK	$77,900	3904 BRESEE AVENUE	See page 4	GARY LORENZINI	FANNIE MAE	(818) 445-7600
BALDWIN PARK	$101,500	657 PARK SHADOW COURT	See page 4	GARY LORENZINI	FANNIE MAE	(818) 445-7600
BALDY MESA	$109,900	10386 COLUMBINE ROAD	See page 4	CAROLYN MCNAMARA	FANNIE MAE	(800) 732-6643
BALDY MESA	$79,900	9575 BONANZA ROAD	See page 4	CAROLYN MCNAMARA	FANNIE MAE	(800) 732-6643
BANNING	Call		See page 4	CASHMAN, PAT	FDIC	(619) 320-5033
BANNING	$14,900	1262 VISTA SERENA AVEN	See page 4	MIKE RECEK	FANNIE MAE	(800) 732-6643
BANNING	$31,900	215 N. THIRD STREET	See page 4	MIKE RECEK	FANNIE MAE	(800) 732-6643

* A RECENT PROPERTY ASKING PRICE AND YOUR LOCAL CONTACT FOR CURRENT LISTINGS

CONSUMER DATA SERVICE

California

CITY	ASKING	ADDRESS	DETAILS	CONTACT	AGENCY	PHONE
BEAUMONT	Call		See page 4	HONESCKO, JOSEPH	FDIC	(714) 263-7783
BEAUMONT	$44,000		See page 4	LOUISE SHIRLEY	FREDDIE MAC	(909) 849-4216
BEAUMONT	$99,900	1111 CHERRY AVE.	See page 4	MIKE RECEK	FANNIE MAE	(800) 732-6643
BELL GARDENS	Call		See page 4	O'TOOLE, SHANNON	FDIC	(909) 483-2444
BELL	$129,900	6711 LOMA VISTA AVE.	See page 4	RUTH MOISA	FANNIE MAE	(213) 721-8603
BELLFLOWER	$85,900	16126 CORNUTA AVE.	See page 4	JOHN ARMIJO	FANNIE MAE	(310) 402-8846
BELLFLOWER	$79,900	16136 CORNUTA AVE.	See page 4	ADOLFO PAZ	FANNIE MAE	(213) 612-7797
BELLFLOWER	$104,900	9133 RAMONA STREET	See page 4	ADOLFO PAZ	FANNIE MAE	(213) 612-7797
BELLFLOWER	$99,900	9309 COMPTON BLVD.	See page 4	ADOLFO PAZ	FANNIE MAE	(213) 612-7797
BELLFLOWER	Call	9310 EAST MAPLE STREET	See page 4	ADOLFO PAZ	FANNIE MAE	(213) 612-7797
BENICIA	$119,900	1032 EAST FIFTH STREET	See page 4	JIM SNOOK	FANNIE MAE	(707) 746-4868
BERKELEY	Call		See page 4	HONESCKO, JOSEPH	FDIC	(714) 263-7732
BERMUDA DUNE	$94,900	79331 PORT ROYAL AVENU	See page 4	CHARLES STEWART	FANNIE MAE	(619) 416-1957
BETHEL ISLAND	Call		See page 4	CASHMAN, PAT	FDIC	(510) 820-8041
BEVERLY HILLS	Call		See page 4	FEDUSKA, SUE	FDIC	(310) 271-2229
BIG BEAR	$44,900	1204 EAST BIG BEAR BLV	See page 4	BONNIE BLUE	FANNIE MAE	(800) 732-6643
BIG BEAR	$52,500	39925 DEER LANE	See page 4	USE RUSTY BARNS	FANNIE MAE	(909) 866-6622
BIG BEAR	$104,900	587 VILLA GROVE AVE	See page 4	BONNIE BLUE	FANNIE MAE	(800) 732-6643
BIG BEAR	$119,900	676 BUTTE AVENUE	See page 4	BONNIE BLUE	FANNIE MAE	(800) 732-6643
BIG BEAR	$69,900	712 COUNTRY CLUB BLVD	See page 4	USE RUSTY BARNS	FANNIE MAE	(909) 866-6622
BIG BEAR	$74,900	840 ANGELES BOULEVARD	See page 4	USE RUSTY BARNS	FANNIE MAE	(909) 866-6622
BLOOMINGTON	Call		See page 4	BROWN, DAVID	FDIC	(714) 836-2539
BLOOMINGTON	$84,900	18109 NINTH STREET	See page 4	JEFF TEEL	FANNIE MAE	(909) 881-2641
BLOOMINGTON	$99,900	950 S. DRIFTWOOD AVENU	See page 4	JOSAM OZYP	FANNIE MAE	(909) 883-9541
BONITA	$104,900	3044 PLAZA LORENZO	See page 4	LINDA RING	FANNIE MAE	(619) 421-2020
BORREGO SPRINGS	$59,900	1608 LAS CASITAS DRIVE	See page 4	LEE THOMAS	FANNIE MAE	(619) 431-6122
BORREGO SPRINGS	$71,900	3101 DOUBLE O ROAD	See page 4	LEE THOMAS	FANNIE MAE	(619) 431-6122
BOULDER	Call		See page 4	ROBERT MOUNT	FANNIE MAE	(408) 427-1380
BRAWLEY	Call	285 RIVER WOOD DRIVE	See page 4	ROBERT PRINCE	FANNIE MAE	(619) 353-6950
BREA	Call		See page 4	BURT OMAR	FANNIE MAE	(714) 228-2100
BRENTWOOD	Call		See page 4	JIM MANN	FANNIE MAE	(510) 779-0700
BUENA PARK	Call	5810 LOS ALAMOS ST	See page 4	NANCY CHURCHILL	FANNIE MAE	(714) 777-1166
BURBANK	$86,900		See page 4	BERESFORD, LINDA	FDIC	(818) 793-6270
BURBANK	Call	1827 N. BUENA VISTA ST	See page 4	SAM MURPHY	FREDDIE MAC	(214) 506-6787
BURBANK	$134,900		See page 4	JIM PAUL	FANNIE MAE	(818) 845-8322
BURNEY	Call		See page 4	LIZ WAITS	FANNIE MAE	(916) 221-7550
CALABASAS	Call		See page 4	PENA, HENRY	FDIC	(818) 340-9520
CALABASAS	$137,900	5624 LAS VIRGINES	See page 4	LARRY CARR	FANNIE MAE	(818) 716-9500
CALEXICO	Call	1305 CALLE DE ORO WEST	See page 4	ROBERT PRINCE	FANNIE MAE	(619) 353-6950
CALIFORNIA	$49,500	21811 69TH STREET	See page 4	USE SUE CHANDLER	FANNIE MAE	(805) 822-5553
CALIMESA	$44,900	163 W. COUNTY LINE ROA	See page 4	MIKE RECEK	FANNIE MAE	(800) 732-6643
CALIMESA	Call	945 4TH STREET	See page 4	MIKE RECEK	FANNIE MAE	(800) 732-6643
CAMARILLO	Call	3901 LAS POSAS ROAD	See page 4	D'ANTONIO, BOB	FDIC	(312) 642-7900
CAMERON PARK	Call		See page 4	JUDY CLARK	FANNIE MAE	(916) 333-4838
CAMERON PARK	Call		See page 4	CASHMAN, PAT	FDIC	(916) 348-6000
CANOGA PARK	$49,900		See page 4	JOANNE HONG	FREDDIE MAC	(818) 772-7200
CANOGA PARK	$96,900	145 SUMMIT DRIVE	See page 4	JEAN POOLE	FANNIE MAE	(805) 583-5424

* A RECENT PROPERTY ASKING PRICE AND YOUR LOCAL CONTACT FOR CURRENT LISTINGS

11

CONSUMER DATA SERVICE

California

CITY	ASKING	ADDRESS	DETAILS	CONTACT	AGENCY	PHONE
CANOGA PARK	Call	20061 SATICOY	See page 4	RIVAS, JEFFREY	FDIC	(714) 263-7787
CANOGA PARK	$129,900	20101 PARTHENIA STREET	See page 4	BOB PEARSON	FANNIE MAE	(818) 880-4304
CANOGA PARK	$59,900	20134 LEADWELL STREET	See page 4	LARRY CARR	FANNIE MAE	(818) 716-9500
CANOGA PARK	$64,900	20134 LEADWELL STREET	See page 4	PETER M. ALEXANDER	FANNIE MAE	(800) 732-6643
CANOGA PARK	$69,900	20216 ROSCOE BLVD	See page 4	LARRY CARR	FANNIE MAE	(818) 716-9500
CANOGA PARK	$34,900	20930 PARTHENIA ST	See page 4	LARRY CARR	FANNIE MAE	(818) 716-9500
CANOGA PARK	$39,900	20930 PARTHENIA STREET	See page 4	BOB PEARSON	FANNIE MAE	(818) 880-4304
CANOGA PARK	$34,900	21000 PARTHENIA STREET	See page 4	PETER M. ALEXANDER	FANNIE MAE	(800) 732-6643
CANOGA PARK	$49,900	21000 PARTHENIA STREET	See page 4	LARRY CARR	FANNIE MAE	(818) 716-9500
CANOGA PARK	$119,900	6707 CORBIN AVENUE	See page 4	LARRY CARR	FANNIE MAE	(818) 716-9500
CANOGA PARK	$109,900	6823 OAKDALE AVENUE	See page 4	PETER M. ALEXANDER	FANNIE MAE	(800) 732-6643
CANOGA PARK	Call	7034 WINNETKA AVE.	See page 4	MICHAEL A. HARRIS	FANNIE MAE	(818) 716-9500
CANOGA PARK	$134,900	8037 MASON AVENUE	See page 4	LARRY CARR	FANNIE MAE	(800) 732-6643
CANOGA PARK	$94,900	8334 PENFIELD AVE #28	See page 4	LARRY CARR	FANNIE MAE	(818) 716-9500
CANOGA PARK	$66,900	8463 DESOTO AVE.	See page 4	BOB PEARSON	FANNIE MAE	(818) 880-4304
CANOGA PARK	$89,900	8624 DE SOTO AVENUE #1	See page 4	LARRY CARR	FANNIE MAE	(818) 716-9500
CANYON COUNTRY	$59,900	23912 ELSINORE LAN	See page 4	TERRI KEMP	FANNIE MAE	(909) 244-1867
CANYON COUNTRY	$132,900	27005 KARNS COURT	See page 4	FRED BECKER, JR.	FANNIE MAE	(805) 294-9525
CANYON COUNTRY	$84,900	27907 N TYLER LN	See page 4	FRED BECKER, JR.	FANNIE MAE	(805) 294-9525
CANYON COUNTRY	$134,900	28930 LILLYGLEN	See page 4	KERRY PATTERSON	FANNIE MAE	(800) 732-6643
CAPITOLA	Call		See page 4	ROBERT MOUNT	FANNIE MAE	(408) 427-1380
CARLSBAD	Call		See page 4	RIVAS, JEFFREY	FDIC	(714) 263-7787
CARLSBAD	$95,000	4747 MARINA DRIVE	See page 4	LEE THOMAS	FANNIE MAE	(619) 431-6122
CARMEL	$104,900	60 HACIENDA CARMEL	See page 4	WALT ROSSI	FANNIE MAE	(408) 424-0681
CARMICHAEL	$69,900	2213 NANCY WAY	See page 4	EILEEN JACKSON	FANNIE MAE	(800) 732-6643
CARMICHAEL	$104,900	6040 VIA CASITAS	See page 4	RUSSELL A. SKUTLEY	FANNIE MAE	(916) 334-9223
CARPINTERIA	$69,900		See page 4	STEVE EPSTEIN	FANNIE MAE	(805) 563-7272
CARSON	$64,900	23289 MARIBEL AVE	See page 4	SAM MURPHY	FREDDIE MAC	(214) 506-6787
CARSON	$129,900	2624 E. HARRISON STREE	See page 4	ALICE TIDWELL	FANNIE MAE	(310) 515-0511
CARSON	$74,900	435 E 234TH ST	See page 4	ALICE TIDWELL	FANNIE MAE	(310) 515-0511
CARSON	$64,900	7 RAWHIDE LANE	See page 4	ALICE TIDWELL	FANNIE MAE	(310) 515-0511
CARSON	$104,900	849 EAST VICTORIA STRE	See page 4	YOLANDA BOWMAN	FANNIE MAE	(310) 523-4370
CARUTHERS	$79,950	15180 SOUTH ELM AVENUE	See page 4	MICHAEL A. HARRIS	FANNIE MAE	(800) 732-6643
CASTAIC	Call	28605 FOREST MEADOW PL	See page 4	LARRY SCHRIMP	FANNIE MAE	(209) 436-4061
CATHEDRAL CITY	$95,000		See page 4	FRED BECKER, JR.	FANNIE MAE	(805) 294-9525
CATHEDRAL CITY	$50,900		See page 4	CASHMAN, PAT	FDIC	(619) 320-5033
CATHEDRAL CITY	$79,900	27147 SHADOW CREST LAN	See page 4	BRUCE CATHCART	FREDDIE MAC	(619) 564-4104
CATHEDRAL CITY	$119,900	28400 AVENIDA CONDESA	See page 4	KERRY PATTERSON	FANNIE MAE	(800) 732-6643
CATHEDRAL CITY	$89,900	30754 AVENIDA MARVILLA	See page 4	CANDICE JOHNSTON	FANNIE MAE	(619) 773-0063
CATHEDRAL CITY	$84,900	30825 AVENIDA DEL YERM	See page 4	CANDICE JOHNSTON	FANNIE MAE	(619) 773-0063
CATHEDRAL CITY	$99,900	68-24 BELLA VISTA	See page 4	CHARLES STEWART	FANNIE MAE	(619) 416-1957
CATHEDRAL CITY	$84,900	68355 SKYWAY DRIVE	See page 4	CHERYL KAUFFMANN	FANNIE MAE	(800) 732-6643
CATHEDRAL CITY	$124,900	66685 HERMOSILLO ROAD	See page 4	CHERYL KAUFFMANN	FANNIE MAE	(800) 732-6643
CATHEDRAL CITY	$87,400	68708 CALLE TORTOSA	See page 4	CHARLES STEWART	FANNIE MAE	(619) 416-1957
CATHEDRAL CITY	$89,900	69100 GARNER AVENUE	See page 4	KERRY PATTERSON	FANNIE MAE	(800) 732-6643
CERES	$104,900	1720 NORTH CENTRAL AVE	See page 4	BARB GARLAND	FANNIE MAE	(800) 732-6643
				LINDA ROGERS	FANNIE MAE	(209) 527-2010

* A RECENT PROPERTY ASKING PRICE AND YOUR LOCAL CONTACT FOR CURRENT LISTINGS

CONSUMER DATA SERVICE

California

CITY	ASKING	ADDRESS	DETAILS	CONTACT	AGENCY	PHONE
CERES	$99,900	1724 HACKET ROAD	See page 4	JOHN MYRTAKIS	FANNIE MAE	(209) 576-2835
CERES	$94,900	2417 JOY AVENUE	See page 4	AL FERREIRA	FANNIE MAE	(209) 575-0148
CERES	$109,900	2809 STARLING DRIVE	See page 4	AL FERREIRA	FANNIE MAE	(209) 575-0148
CERES	$94,900	2812 WIX LANE	See page 4	AL FERREIRA	FANNIE MAE	(209) 575-0148
CERRITOS	$94,900		See page 4	KEN HUSS	FANNIE MAE	(310) 531-7000
CHATSWORTH	$69,900	10237-A DESOTO AVE	See page 4	MICHAEL A. HARRIS	FANNIE MAE	(800) 732-6643
CHATSWORTH	$134,900	21567 WEST MAYAN DRIVE	See page 4	MEL WILSON	FANNIE MAE	(800) 732-6643
CHATSWORTH	$109,900	21901 LASSEN STREET	See page 4	MICHAEL A. HARRIS	FANNIE MAE	(800) 732-6643
CHERRY VALLEY	$64,900	10845 BEL AIR DR	See page 4	MIKE RECEK	FANNIE MAE	(800) 732-6643
CHINO	Call		See page 4	HONESCKO, JOSEPH	FDIC	(714) 263-7783
CHINO HILLS	$82,500		See page 4	JUSTINE W	FANNIE MAE	(909) 590-7114
CHINO	$127,900	12225 ROSWELL AVE	See page 4	JUSTINE W	FANNIE MAE	(909) 590-7114
CHINO	$75,900	12951 BENSON AVE	See page 4	JUSTINE W	FANNIE MAE	(909) 590-7114
CHINO	$119,900	3953 LUPE COURT	See page 4	JUSTINE W	FANNIE MAE	(909) 590-7114
CHINO	$126,900	4461 VICTORIA STREET	See page 4	JUSTINE W	FANNIE MAE	(909) 590-7114
CHINO	$99,900	5140 LINCOLN AVE	See page 4	JUSTINE W	FANNIE MAE	(909) 590-7114
CHULA VISTA	Call		See page 4	RIVAS, JEFFREY	FDIC	(619) 421-2020
CHULA VISTA	$77,500		See page 4	RICK FREUND	FREDDIE MAC	(619) 460-7532
CHULA VISTA	$134,900	435 SANIBELLE CIRCLE	See page 4	ELAINE RINNER	FANNIE MAE	(800) 732-6643
CITRUS HEIGHTS	$79,900		See page 4	DANIEL KING	FREDDIE MAC	(914) 749-4124
CITRUS HEIGHTS	$124,900	6025 CHERRY CREEK CT.	See page 4	RUSSELL A. SKUTLEY	FANNIE MAE	(916) 334-9223
CITRUS HEIGHTS	$124,900	6233 LOUTH WAY	See page 4	TOM DAVES	FANNIE MAE	(916) 535-0345
CITRUS HEIGHTS	$119,900	6249 OAKCREEK WAY	See page 4	SHEILA JACKETTI	FANNIE MAE	(916) 962-0886
CITRUS HEIGHTS	$129,900	6708 SHADY GROVE COURT	See page 4	SHEILA JACKETTI	FANNIE MAE	(916) 962-0886
CITRUS HEIGHTS	$119,900	6985 ESCALLONIA DRIVE	See page 4	EILEEN JACKSON	FANNIE MAE	(916) 988-4000
CITRUS HEIGHTS	$89,900	7013 GLASS SLIPPER WAY	See page 4	EDDIE CORTEZ	FANNIE MAE	(800) 732-6643
CITY OF	$129,900	18325 E RENAULT	See page 4	MIKE DURKIN	FANNIE MAE	(800) 732-6643
CLAREMONT	$119,900	414 SPRINGFIELD STREET	See page 4	RICK LEWIS	FANNIE MAE	(818) 967-7951
CLEAR LAKE	$66,900	15215 GRANT DR.	See page 4	LARRY SCHRIMP	FANNIE MAE	(707) 279-2000
CLOVIS	$98,900	1547 ROBERTS AVENUE	See page 4	HANK ROBLEDO	FANNIE MAE	(209) 436-4061
CLOVIS	$134,950	2554 MENLO AVE	See page 4	BOB GOGGINS	FANNIE MAE	(800) 732-6643
COLFAX	$99,900	170 ALPINE DR	See page 4	BILL PAYTON	FANNIE MAE	(916) 622-5000
COLTON	$31,900		See page 4	PATRICK SAUNIER	FREDDIE MAC	(909) 864-3970
COLTON	$94,900	1395 SATINWOOD ROAD	See page 4	PATRICK SAUNIER	FANNIE MAE	(800) 732-6643
COLTON	$94,900	1823 NORTH WESTERN CIR	See page 4	JANE BLESCH	FANNIE MAE	(909) 793-3346
COLTON	$89,900	2086 BUTTONWOOD STREET	See page 4	PATRICK SAUNIER	FANNIE MAE	(800) 732-6643
COMMERCE	Call	2508 SENTA AVENUE	See page 4	ISSA MARTHA	FANNIE MAE	(310) 696-3300
COMPTON	Call		See page 4	HIBBS, RUSS	FDIC	(818) 552-3250
COMPTON	Call		See page 4	HAYNES, RON	FDIC	(800) 234-0867
COMPTON	$94,900	1316 S. DWIGHT AVENUE	See page 4	RON EDISON	FANNIE MAE	(310) 884-9084
COMPTON	$119,900	1602 S ACACIA AVE	See page 4	LE FRANCIS ARNOLD	FANNIE MAE	(310) 635-7191
COMPTON	$124,900	16220 S. ESSEY AVENUE	See page 4	JESSE ALVAREZ	FANNIE MAE	(213) 563-8813
COMPTON	$74,900	2117 EAST LUCIEN	See page 4	JESSE ALVAREZ	FANNIE MAE	(213) 563-8813
COMPTON	$124,900	922 WEST CRESSEY STREE	See page 4	JESSE ALVAREZ	FANNIE MAE	(213) 563-8813
CONCORD	Call		See page 4	SMALL, SHIRLEY	FDIC	(800) 234-0867
CONCORD	$99,900	1459 A WHARTON WAY	See page 4	DAVID SCHUBB	FANNIE MAE	(510) 938-9200
CONCORD	$134,900	1898 CLAYTON WAY	See page 4	KERRY PATTERSON	FANNIE MAE	(800) 732-6643

* A RECENT PROPERTY ASKING PRICE AND YOUR LOCAL CONTACT FOR CURRENT LISTINGS

13

CONSUMER DATA SERVICE

California

CITY	ASKING	ADDRESS	DETAILS	CONTACT	AGENCY	PHONE
COOL	$89,900	3433 SWEETWATER TRAIL	See page 4	JUDY CLARK	FANNIE MAE	(916) 333-4838
CORONA	Call		See page 4	HONESCKO, JOSEPH	FDIC	(714) 263-7732
CORONA	$119,900	1012 SERENE DR.	See page 4	LAURA ARNOLD	FANNIE MAE	(909) 272-3000
CORONA	$114,900	1188 JADESTONE	See page 4	JAN/GARY COTTEN	FANNIE MAE	(909) 270-1550
CORONA	$104,900	1424 PLEASANT VIEW AVE	See page 4	SHARON P. MORRISON	FANNIE MAE	(800) 732-6643
CORONA	$84,900	19064 STROH AVE.	See page 4	JAN/GARY COTTEN	FANNIE MAE	(909) 270-1550
CORONA	$109,900	19829 JOLORA AVE	See page 4	SHARON P. MORRISON	FANNIE MAE	(800) 732-6643
CORONA	$129,900	355 E. GAY STREET	See page 4	JAN/GARY COTTEN	FANNIE MAE	(909) 270-1550
CORONA	$104,900	856 LIVE OAK PL	See page 4	SHARON P. MORRISON	FANNIE MAE	(800) 732-6643
CORTE MADERA	Call		See page 4	D'ANTONIO, BOB	FDIC	(714) 263-7783
COSTA MESA	$134,950	181 LEXINGTON WAY	See page 4	ROD SURRATT	FANNIE MAE	(800) 732-6643
COTATI	$68,000		See page 4	FRANK BATCHA	FREDDIE MAC	(707) 746-8956
COVINA	$82,900	20963 EAST EAST COVIVA	See page 4	DAVID TOVAR	FANNIE MAE	(818) 968-4112
CRESCENT CITY	Call		See page 4	MIMI MITCHELL REED	FANNIE MAE	(707) 464-9585
CRESTLINE	$119,900	640 ARBULA DR.	See page 4	VEE WARD	FANNIE MAE	(800) 225-1114
CROCKETT	Call		See page 4	D'ANTONIO, BOB	FDIC	(714) 263-7783
CUDAHY	Call		See page 4	CASHMAN, PAT	FDIC	(800) 234-0867
CUDAHY	$134,900	4644 CLARA STREET	See page 4	JESSE ALVAREZ	FANNIE MAE	(213) 563-8813
CULVER CITY	$74,900	4210 SUMMERTIME LANE	See page 4	JAMES JENNINGS	FANNIE MAE	(213) 299-4876
CULVER CITY	$72,900	6000 CANTERBURY DR	See page 4	JAMES JENNINGS	FANNIE MAE	(213) 299-4876
CULVER CITY	$119,900	6225 CANTERBURY	See page 4	JAMES JENNINGS	FANNIE MAE	(213) 299-4876
CYPRESS	$127,900	4809 LARWIN AVENUE	See page 4	DAVID GEIGER	FANNIE MAE	(714) 533-0736
CYPRESS	$134,900	5581 NELSON STREET	See page 4	RICK ROBLES	FANNIE MAE	(310) 795-6706
DALY CITY	$94,900	391 MANDARIN DRIVE #	See page 4	MARCIA THOMAS X176	FANNIE MAE	(415) 695-7707
DANA POINT	$2,730		See page 4	HARRY SOLOMAN	FREDDIE MAC	(714) 348-2700
DANA POINT	$119,900	33532 VALLEY VIEW COUR	See page 4	KERRY PATTERSON	FANNIE MAE	(800) 732-6643
DAVIS	$69,900	2720 POLELINE RD # 3	See page 4	JP & ANN MORGAN	FANNIE MAE	(800) 732-6643
DEL MAR	Call		See page 4	D'ANTONIO, BOB	FDIC	(619) 755-6761
DESERT HOT	$44,900		See page 4	CHERYL KAUFFMANN	FANNIE MAE	(800) 732-6643
DESERT HOT	$42,900	74550 22ND AVENUE	See page 4	DAN HUMESTON	FANNIE MAE	(800) 732-6643
DIAMOND BAR	Call		See page 4	FEDUSKA, SUE	FDIC	(909) 591-0106
DIAMOND BAR	$67,000	23054 PASEO DE TERRADO	See page 4	SAM MURPHY	FREDDIE MAC	(214) 506-6787
DIAMOND BAR	$119,900	24204 SYLVAN GLENROAD	See page 4	MIKE DURKIN	FANNIE MAE	(818) 967-7951
DIAMOND BAR	$119,900		See page 4	GREG YOUNG	FANNIE MAE	(800) 732-6643
DIAMOND SPRINGS	Call		See page 4	HIBBS, RUSS	FDIC	(800) 234-0867
DIAMOND	$114,900	4530 PATTERSON DRIVE	See page 4	JUDY CLARK	FANNIE MAE	(916) 333-4838
DINUBA	$119,900	678 MCKINLEY AVE	See page 4	SAM SCIACCA	FANNIE MAE	(209) 733-9696
DOS PALOS	$79,950	1649 VIRGINIA AVENUE	See page 4	AL FERREIRA	FANNIE MAE	(209) 575-0148
DOWNEY	Call		See page 4	RIVAS, JEFFREY	FDIC	(714) 263-7787
DOWNEY	$124,900	13431 BIXIER AVENUE	See page 4	ISSA MARTHA	FANNIE MAE	(310) 696-3300
DOWNEY	$99,900	13637 EARNSHAW AVENUE	See page 4	JESSE ALVAREZ	FANNIE MAE	(213) 563-8813
DOWNEY	$124,900	9049 JAMES STREET	See page 4	RUTH MOISA	FANNIE MAE	(213) 721-8603
DOWNEY	$114,900	9227 FLORENCE AVE.	See page 4	KENNETH JERVIS	FANNIE MAE	(800) 732-6643
DUARTE	$76,500		See page 4	SAM MURPHY	FREDDIE MAC	(214) 506-6787
DUARTE	Call	1136 CALLE ADRA	See page 4	GARY LORENZINI	FANNIE MAE	(818) 445-7600
EAST VALLEJO	Call		See page 4	HONESCKO, JOSEPH	FDIC	(714) 263-7732
EL CAJON	$104,900	1285 PERSIMMOR AVE	See page 4	ROSE AVEDISIAN	FANNIE MAE	(619) 569-5800

* A RECENT PROPERTY ASKING PRICE AND YOUR LOCAL CONTACT FOR CURRENT LISTINGS

CONSUMER DATA SERVICE

California

CITY	ASKING	ADDRESS	DETAILS	CONTACT	AGENCY	PHONE
EL CAJON	$99,900	1351 CHANEY STREET	See page 4	ROSE AVEDISIAN	FANNIE MAE	(619) 569-5800
EL CAJON	$111,900	576 HART DRIVE	See page 4	ROSE AVEDISIAN	FANNIE MAE	(619) 569-5800
EL CAJON	Call	619 EMERALD AVE	Apartment	OTOOLE, SHANNON	FDIC	(509) 946-8577
EL CAJON	$39,900	745 E. BRADLEY AVENUE	See page 4	ROSE AVEDISIAN	FANNIE MAE	(619) 569-5800
EL DORADO HILLS	Call		See page 4	ZVONEK, MARY	FDIC	(602) 955-0505
EL MIRAGE	Call		See page 4	CAROLYN K.	FANNIE MAE	(800) 832-2345
EL MONTE	$74,900	12537 PINEHURST STREET	See page 4	SAM MURPHY	FREDDIE MAC	(214) 506-6787
EL MONTE	$119,900		See page 4	TOM WONG	FANNIE MAE	(818) 284-7554
EL MONTE	$129,900	4235 N MAXSON RD	See page 4	SHIRLEY JIM	FANNIE MAE	(818) 300-0100
EL SEGUNDO	Call		See page 4	HERIBERTO	FANNIE MAE	(310) 782-8111
EL TORO	$114,900	22958 MOONSTONE STREET	See page 4	KATHY OHARA	FANNIE MAE	(714) 597-9888
EL TORO	$104,900	25235 OAK CANYON LANE	See page 4	KATHY OHARA	FANNIE MAE	(714) 597-9888
EL TORO	$106,900	26342 FOREST RIDGE DRI	See page 4	KATHY OHARA	FANNIE MAE	(714) 597-9888
ELK GROVE	$114,900	7209 KILCONNELLDR	See page 4	ISMAEL PEREZ	FANNIE MAE	(916) 381-0712
ELK GROVE	$109,900	8800 MOHAMED CIRCLE	See page 4	SHEILA JACKETTI	FANNIE MAE	(916) 962-0886
ELK GROVE	$129,900	8877 ATTMED AVE	See page 4	TONI SASSE	FANNIE MAE	(800) 732-6643
ELK GROVE	$94,900	9633 ADAMS STREET	See page 4	KERRY PATTERSON	FANNIE MAE	(800) 732-6643
ENCINITAS	Call		See page 4	LORRAINE MARTHA	FANNIE MAE	(619) 944-4414
ENCINO	Call		See page 4	RIVAS, JEFFREY	FDIC	(714) 939-2107
ENCINO	$72,500		See page 4	STEPHANIE VITACCO	FREDDIE MAC	(818) 349-1200
ENCINO	$69,900	5320 ZELZAH AVE	See page 4	TOM HAVEY	FANNIE MAE	(800) 732-6643
ENCINO	$54,900	5334 LINDLEY AVE	See page 4	MICHAEL A. HARRIS	FANNIE MAE	(800) 732-6643
ENCINO	$84,900	5334 LINDLEY AVENUE #	See page 4	RENA SCHWEIZER	FANNIE MAE	(818) 990-3131
ENCINO	$84,900	5412 LINDLEY AVENUE	See page 4	PEDRO JIMENIZ	FANNIE MAE	(800) 732-6643
ENCINO	$64,900	5460 WHITE OAK	See page 4	RENA SCHWEIZER	FANNIE MAE	(818) 990-3131
ENCINO	$59,900	5460 WHITE OAK AVENUE	See page 4	MICHAEL A. HARRIS	FANNIE MAE	(800) 732-6643
ENCINO	$44,900	5460 WHITE OAK AVENUE	See page 4	RENA SCHWEIZER	FANNIE MAE	(818) 990-3131
ESCONDIDO	$55,500	1052 METCALF STREET	See page 4	LEE THOMAS	FANNIE MAE	(619) 431-6122
ESCONDIDO	$131,900	1328 N IVY STREET	See page 4	LORRAINE MARTHA	FANNIE MAE	(619) 944-4414
ESCONDIDO	$89,900	242 W 8TH AVE	See page 4	LEE THOMAS	FANNIE MAE	(619) 431-6122
ESCONDIDO	$119,900	4956 DULIN RD.	See page 4	LEE THOMAS	FANNIE MAE	(619) 431-6122
ESCONDIDO	$109,900	4968 DULIN RD.	See page 4	LEE THOMAS	FANNIE MAE	(619) 431-6122
ESCONDIDO	$69,900	725 E. FOURTH AVE A	See page 4	LEE THOMAS	FANNIE MAE	(619) 431-6122
ESCONDIDO	Call	MT. ISRAEL ROAD	See page 4	CASHMAN, PAT	FDIC	(800) 234-0867
EUREKA	$84,900	3235 H. STREET	See page 4	JOYCE LEAHY	FANNIE MAE	(707) 445-4500
EXETER	Call		See page 4	SAM SCIACCA	FANNIE MAE	(209) 733-9696
FAIR OAKS	$114,900	8102 WALNUT HILLS EAY	See page 4		FANNIE MAE	(916) 988-4000
FAIRFIELD	$128,000	2516 ERICSSON CT	See page 4	FORT PEARSON	FANNIE MAE	(707) 448-8422
FAIRFIELD	$114,900	763 MEADOWLARK DRIVE	See page 4	FORT PEARSON	FANNIE MAE	(707) 448-8422
FAIRFIELD	$104,900	877 BRETON DRIVE	See page 4	FORT PEARSON	FANNIE MAE	(707) 448-8422
FALLBROOK	$73,500		See page 4	RON HART	FREDDIE MAC	(619) 727-2097
FALLBROOK	$107,900	750 MAGARIAN ROAD	See page 4	CHARLOTTE KELLISON	FANNIE MAE	(619) 728-8000
FALLBROOK	$109,900	817 VANITA STREET	See page 4	CHARLOTTE KELLISON	FANNIE MAE	(619) 728-8000
FARMERSVILLE	$59,900	238 S. ROSA STREET	See page 4	SAM SCIACCA	FANNIE MAE	(209) 733-9696
FAWNSKIN	Call		See page 4	RUSTY BARNES	FANNIE MAE	(909) 866-6622
FILLMORE	$134,900		See page 4	KAY WILSON	FANNIE MAE	(805) 525-7118
FONTANA	$59,900	1036 OLIVER STREET	See page 4	JUSTINE	FREDDIE MAC	(909) 590-7114

* A RECENT PROPERTY ASKING PRICE AND YOUR LOCAL CONTACT FOR CURRENT LISTINGS

15

CONSUMER DATA SERVICE

California

CITY	ASKING	ADDRESS	DETAILS	CONTACT	AGENCY	PHONE
FONTANA	$89,950	11849 PERLITA PLACE	See page 4	CARMEN CLEMONS	FANNIE MAE	(909) 591-0106
FONTANA	$99,950	13766 NEWCASTLE	See page 4	JORGE RECANO	FANNIE MAE	(909) 985-3990
FONTANA	$99,950	13993 GREEN VISTA DR	See page 4	CAROLYN SPENCER	FANNIE MAE	(909) 981-4851
FONTANA	Call	13999 SHADOW DRIVE	See page 4	CAROLYN SPENCER	FANNIE MAE	(909) 981-4851
FONTANA	$85,450	14010 MOUNTAIN HIGH DR	See page 4	JORGE RECANO	FANNIE MAE	(909) 985-3990
FONTANA	$99,950	14022 RANCHERO DRIVE	See page 4	CARMEN CLEMONS	FANNIE MAE	(909) 591-0106
FONTANA	$94,950	14061 EL CAMINO PLACE	See page 4	JORGE RECANO	FANNIE MAE	(909) 985-3990
FONTANA	$84,950	14236 LONG VIEW DRIVE	See page 4	CARMEN CLEMONS	FANNIE MAE	(909) 591-0106
FONTANA	$84,950	14788 SEQUOIA VE	See page 4	JORGE RECANO	FANNIE MAE	(909) 985-3990
FONTANA	$89,950	16361 SAN BERNARDINO A	See page 4	CARMEN CLEMONS	FANNIE MAE	(909) 591-0106
FONTANA	$39,950	16850 VILLAGE LANE AVE	See page 4	PAMELA ANDERSON	FANNIE MAE	(800) 732-6643
FONTANA	$99,950	17121 MELON AVE	See page 4	CAROLYN SPENCER	FANNIE MAE	(909) 981-4851
FONTANA	$84,950	7414 BOXWOOD AVENUE	See page 4	MARIO CISNEROS	FANNIE MAE	(909) 829-9232
FONTANA	$69,950	7503 TANGELO AVENUE	See page 4	PAMELA ANDERSON	FANNIE MAE	(800) 732-6643
FONTANA	$99,950	7626 VIOLA CT.	See page 4	CARMEN CLEMONS	FANNIE MAE	(909) 591-0106
FONTANA	$79,950	7657 TOYON AVENUE	See page 4	CARMEN CLEMONS	FANNIE MAE	(909) 591-0106
FONTANA	$59,950	7921 OLEANDER AVE	See page 4	CARMEN CLEMONS	FANNIE MAE	(909) 591-0106
FONTANA	$84,950	7947 CYPRESS AVENUE	See page 4	JORGE RECANO	FANNIE MAE	(909) 985-3990
FONTANA	$89,950	7980 EUGENIA AVENUE	See page 4	CAROLYN SPENCER	FANNIE MAE	(909) 981-4851
FONTANA	$79,950	8855 TAMARIND AVENUE	See page 4	CARMEN CLEMONS	FANNIE MAE	(909) 591-0106
FONTANA	$64,950	9202 CITRUS AVENUE	See page 4	JORGE RECANO	FANNIE MAE	(909) 985-3990
FONTANA	$67,950	9364 BENNETT AVENUE	See page 4	KATHY MCCOLL	FREDDIE MAC	(916) 273-9516
FORBESTOWN	$74,500		See page 4	JOE LIGHTMAN	FANNIE MAE	(800) 732-6643
FOUNTAIN VALLEY	Call	10527 LA ROSA CIRCLE	See page 4	AL GONZALEZ	FANNIE MAE	(800) 732-6643
FOUNTAIN VALLEY	Call	11120 LAVENDER AVENUE	See page 4	VICKI MCDONALD	FANNIE MAE	(714) 841-5177
FOUNTAIN VALLEY	$115,900	11640 ORCHID AVENUE	See page 4	EMILE WAINWRIGHT	FANNIE MAE	(805) 245-3738
FRAZIER PARK	$57,500	1301 PINETREE DRIVE	See page 4	EMILE WAINWRIGHT	FANNIE MAE	(805) 245-3738
FRAZIER PARK	$82,000	2001 ASHWOOD COURT	See page 4	EMILE WAINWRIGHT	FANNIE MAE	(805) 245-3738
FRAZIER PARK	Call	4313 ALCOT TRAIL	See page 4	ROBERT MOUNT	FANNIE MAE	(408) 427-1380
FREEDOM	$94,900	3708 CEDAR AVE	Apartment	TED CHEDWICK	FANNIE MAE	(510) 794-3400
FREMONT	Call	3655 BIRCHWOOD TERRACE	See page 4	MATHEWS, STEVE	FDIC	(714) 263-7716
FRESNO	$119,950	10683 N LIGHTHOUSE DRI	See page 4	LARRY SCHRIMP	FANNIE MAE	(209) 436-4061
FRESNO	Call	1301 E. QUINCY AVE	See page 4	LARRY SCHRIMP	FANNIE MAE	(209) 436-4061
FRESNO	$32,950	2103 N. PRICE AVENUE	See page 4	LARRY SCHRIMP	FANNIE MAE	(209) 436-4061
FRESNO	$16,950	3493 EAST TYLER STREET	See page 4	LARRY SCHRIMP	FANNIE MAE	(209) 436-4061
FRESNO	Call	3708 CEDAR AVE	Apartment	O'TOOLE, SHANNON	FDIC	(909) 483-2444
FRESNO	$69,950	4323 EAST HAMPTON WAY	See page 4	LARRY SCHRIMP	FANNIE MAE	(209) 436-4061
FRESNO	$79,950	5064 EAST HOME AVENUE	See page 4	LARRY SCHRIMP	FANNIE MAE	(209) 436-4061
FRESNO	$84,950	5224 NORTH FIRST STREE	See page 4	HANK ROBLEDO	FANNIE MAE	(800) 732-6643
FRESNO	Call	6410 E TOWNSEND AVE	See page 4	LARRY SCHRIMP	FANNIE MAE	(209) 436-4061
FRESNO	Call	982 E. PORTLAND AVENUE	See page 4	LARRY SCHRIMP	FANNIE MAE	(209) 436-4061
FULLERTON	$74,900	2410 WEST ORANGETHORP	See page 4	JUDY LOPEZ	FANNIE MAE	(800) 732-6643
FULLERTON	$84,900	2900 E MADISON AVE	See page 4	JUDY LOPEZ	FANNIE MAE	(800) 732-6643
GALT	$129,900	109 SILVER CYPRESS COU	See page 4	JEAN GOREE /	FANNIE MAE	(800) 732-6643
GARDEN GROVE	$109,900	10059 15TH STREET	See page 4	JOHNNIE JOHNSON	FANNIE MAE	(714) 635-3688
GARDEN GROVE	$109,900	10241 WESTMINISTER	See page 4	ROD SURRATT	FANNIE MAE	(800) 732-6643

* A RECENT PROPERTY ASKING PRICE AND YOUR LOCAL CONTACT FOR CURRENT LISTINGS

16

CONSUMER DATA SERVICE

California

CITY	ASKING	ADDRESS	DETAILS	CONTACT	AGENCY	PHONE
GARDEN GROVE	$114,900	10361 GARDEN GROVE	See page 4	ROD SURRATT	FANNIE MAE	(800) 732-6643
GARDEN GROVE	$114,900	11028 CYNTHIA CIRCLE	See page 4	DAVID GEIGER	FANNIE MAE	(714) 533-0736
GARDEN GROVE	Call	11165 LAURIANNE LANE	See page 4	RICK ROBLES	FANNIE MAE	(310) 795-6706
GARDEN GROVE	Call	11222 WAKEFIELD AVENUE	See page 4	RICK ROBLES	FANNIE MAE	(310) 795-6706
GARDEN GROVE	$119,900	12572 PEPPERWOOD DRI	See page 4	JOHNNIE JOHNSON	FANNIE MAE	(714) 635-3688
GARDEN GROVE	$84,900	12841 FOREST DRIVE	See page 4	ROD SURRATT	FANNIE MAE	(800) 732-6643
GARDEN GROVE	$129,900	13152 WESTLAKE STREEET	See page 4	DAVID GEIGER	FANNIE MAE	(714) 533-0736
GARDENA	$74,900		See page 4	SAM MURPHY	FREDDIE MAC	(214) 506-6787
GARDENA	$94,900	1120 W 164TH STREET	See page 4	HERIBERTO	FANNIE MAE	(310) 782-8111
GARDENA	$129,900	1125 WEST 129TH STREET	See page 4	ANGELICA SUAREZ	FANNIE MAE	(310) 835-4004
GARDENA	$69,900	1334 WEST 137TH STREET	See page 4	HERIBERTO	FANNIE MAE	(310) 782-8111
GARDENA	$79,900	1815 WEST 145TH STREET	See page 4	HERIBERTO	FANNIE MAE	(310) 782-8111
GARDENA	$74,900	1826 W 145TH ST #D	See page 4	HERIBERTO	FANNIE MAE	(310) 782-8111
GARDENA	$134,900	1908 W 152ND STREET	See page 4	JOHN CHAO	FANNIE MAE	(800) 732-6643
GILROY	Call		See page 4	MARY JO VAN VALEY	FANNIE MAE	(800) 832-2345
GLEN AVON	Call		See page 4	NETERER, KERRY	FDIC	(800) 234-0867
GLENDALE	$59,900		Apartment	SAM MURPHY	FREDDIE MAC	(214) 506-6787
GLENDALE	Call	116 W. MAPLE ST.	See page 4	FEDUSKA, SUE	FDIC	(800) 234-0867
GLENDALE	$79,900	1935 E. ALPHA RD	See page 4	MICHAEL A. HARRIS	FANNIE MAE	(800) 732-6643
GLENDALE	$79,900	1935 E. ALPHA ROAD	See page 4	NICK RASIC	FANNIE MAE	(818) 409-1045
GLENDALE	$74,900	2915 MONTROSE	See page 4	DAVID SPENCER	FANNIE MAE	(800) 732-6643
GLENDALE	$94,900	330 N. JACKSON STREET	See page 4	KRISTI COUSENS	FANNIE MAE	(818) 242-6854
GLENDALE	$84,900	500 JACKSON PLACE	See page 4	MICHAEL A. HARRIS	FANNIE MAE	(800) 732-6643
GLENDALE	$104,900	529 SOUTH STREET	See page 4	KRISTI COUSENS	FANNIE MAE	(818) 242-6854
GLENDALE	$99,900	618 N. HOWARD ST.	See page 4	KRISTI COUSENS	FANNIE MAE	(818) 242-6854
GLENDALE	$89,900	ALLEN AVENUE #3	See page 4	KRISTI COUSENS	FANNIE MAE	(818) 242-6854
GLENDALE	Call		See page 4	FEDUSKA, SUE	FDIC	(800) 234-0867
GRANADA HILLS	$59,900		See page 4	HOWARD GRAHAM	FREDDIE MAC	(818) 788-7900
GRANADA HILLS	$127,900	15643 INDEX STREET	See page 4	JON COHEN	FANNIE MAE	(818) 993-1511
GRANADA HILLS	$134,900	16008 CELTIC STREET	See page 4	KEITH MYERS/SANDRA	FANNIE MAE	(800) 732-6643
GRANADA HILLS	Call	16827 TRIBUNE STREET	See page 4	BOB PEARSON	FANNIE MAE	(818) 880-4304
GRANADA HILLS	$84,900	16940 CHATSWORTH STREE	See page 4	STEVE OWEN JR.	FANNIE MAE	(818) 892-7979
GRANADA HILLS	$84,900	16940 CHATSWORTH STREE	See page 4	JO ANN MIKKELSON	FANNIE MAE	(818) 993-5700
GRANADA HILLS	$79,900	16940 CHATSWORTH STREE	See page 4	KEITH MYERS/SANDRA	FANNIE MAE	(800) 732-6643
GRAND TERRACE	Call		See page 4	ZVONEK, MARY	FDIC	(714) 263-7757
GRANITE BAY	Call	7555 RED BUD RD	See page 4	BOB GOGGINS	FANNIE MAE	(916) 622-5000
GRASS VALLEY	$129,900	103 BAWDEN AVENUE	See page 4	PERI APLIN	FANNIE MAE	(916) 273-1336
GRASS VALLEY	$134,900	10303 SUGAR PINE CT	See page 4	PERI APLIN	FANNIE MAE	(916) 273-1336
GRAYSON	Call		See page 4	AL FERRIERA	FANNIE MAE	(209) 575-0148
GREEN VALLEY	$39,900	33420 ROBIN DRIVE	See page 4	VEE WARD	FANNIE MAE	(800) 225-1114
GREEN VALLEY	$128,900	4034 CALLE MACETA DE F	See page 4	DIANE KAUZLARICH	FANNIE MAE	(805) 286-5042
GRIDLEY	$69,900	1075 SAGE STREET	See page 4	DANIEL GARCIA	FANNIE MAE	(916) 674-2842
GRIZZLY FLAT	$104,900	7115 CAPPS CROSSING RD	See page 4	JUDY CLARK	FANNIE MAE	(916) 333-4838
GROVER BEACH	$114,900	973 RITCHIE ROAD	See page 4	ROBERT SIDENBERG	FANNIE MAE	(805) 489-2100
GUERNEVILLE	Call	16090 WATSON RD.	See page 4	JOHN NOLAN	FANNIE MAE	(707) 524-3566
GUSTIN	$114,950		See page 4	LOU WEIBE	FANNIE MAE	(209) 673-2201
HACIENDA	Call	1125 POINTE VALE AVENU	See page 4	LOURDES GARRISON	FANNIE MAE	(818) 339-1116

* A RECENT PROPERTY ASKING PRICE AND YOUR LOCAL CONTACT FOR CURRENT LISTINGS

CONSUMER DATA SERVICE

California

CITY	ASKING	ADDRESS	DETAILS	CONTACT	AGENCY	PHONE
HACIENDA HEIGHTS	Call		See page 4	CASHMAN, PAT	FDIC	(800) 234-0867
HACIENDA HEIGHTS	$136,900	16087 E. GARO ST.	See page 4	EDDIE CORTEZ	FANNIE MAE	(800) 732-6643
HARBOR CITY	$63,900		See page 4	SAM MURPHY	FREDDIE MAC	(214) 506-6787
HARBOR CITY	$99,900	26121 FRAMPTON AVENUE	See page 4	ROB BUCHAN	FANNIE MAE	(310) 833-2411
HARBOR CITY	$109,900	26135 FRAMPTON AVE. C	See page 4	ROB BUCHAN	FANNIE MAE	(310) 833-2411
HARBOR CITY	$94,900	732 W. 255TH ST.	See page 4	ROB BUCHAN	FANNIE MAE	(310) 833-2411
HATHAWAY PIN	$80,900	104 CEDAR DRIVE	See page 4	JOAN SAHLI	FANNIE MAE	(209) 772-1323
HAW GARDENS	$64,900		See page 4	LEROY SALVATO	FREDDIE MAC	(310) 809-1938
HAWTHORNE	Call		See page 4	GUPTA, SUSEELA	FDIC	(310) 320-4921
HAWTHORNE	$109,900	11316-11318 S. DALEROS	See page 4	HERIBERTO	FANNIE MAE	(310) 782-8111
HAWTHORNE	$134,900	11637 S VAN NESS AVENU	See page 4	DAVID WEHRLY	FANNIE MAE	(800) 732-6643
HAWTHORNE	Call	11648 CEDAR AVENUE	See page 4	KERRY PATTERSON	FANNIE MAE	(800) 732-6643
HAWTHORNE	$99,900	11802 OXFORD AVENUE	See page 4	DAVID WEHRLY	FANNIE MAE	(800) 732-6643
HAWTHORNE	$114,900	14025 LEMOLI AVENUE	See page 4	HERIBERTO	FANNIE MAE	(310) 782-8111
HAWTHORNE	$124,900	3137 WEST 135TH STREET	See page 4	HERIBERTO	FANNIE MAE	(310) 782-8111
HAYWARD	$129,900	27872 HUMMINGBIRD COUR	See page 4	THERESA NAZARETH	FANNIE MAE	(510) 582-6474
HEMET	Call		See page 4	HONESCKO, JOSEPH	FDIC	(714) 263-7783
HEMET	$25,900		See page 4	JACQUILINE JOHNSON	FREDDIE MAC	(619) 945-6900
HEMET	$72,500	24835 ROSEBRUGH	See page 4	DEBBIE GREEN	FANNIE MAE	(909) 925-7628
HEMET	$42,500	27009 COLUMBIA STREET	See page 4	DEBBIE GREEN	FANNIE MAE	(909) 925-7628
HEMET	$84,900	41215 ACADEMY DRIVE	See page 4	DEBBIE GREEN	FANNIE MAE	(909) 925-7628
HEMET	$49,900	430 SOUTH STATE STREET	See page 4	DEBBIE GREEN	FANNIE MAE	(909) 925-7628
HEMET	$74,900	43346 PUTTERS LANE	See page 4	DEBBIE GREEN	FANNIE MAE	(909) 925-7628
HEMET	$59,900	561 W DEVONSHIRE AVE	See page 4	DEBBIE GREEN	FANNIE MAE	(909) 925-7628
HERCULES	$59,900	132 GLENNWOOD	See page 4	EDGAR VENDIL & NETERER, KERRY	FANNIE MAE	(800) 732-6643
HERMOSA BEACH	Call		See page 4	MATHEWS, STEVE	FDIC	(800) 234-0867
HESPERIA	Call		See page 4	DIANA ENGLISH	FDIC	(619) 244-2824
HESPERIA	$80,000	10738 LOCUST AVE	See page 4	KAREN BROWN	FREDDIE MAC	(619) 247-2654
HESPERIA	$79,900	11184 COTTONWOOD AVENU	See page 4	KATHIE SALERNO	FANNIE MAE	(619) 243-7653
HESPERIA	$79,900	11256 NORTH 5TH STREET	See page 4	BESS KLINE	FANNIE MAE	(619) 244-5481
HESPERIA	$69,900	13010 PRAIRIE TRAIL	See page 4	KAREN BROWN	FANNIE MAE	(619) 244-6633
HESPERIA	$29,900	14645 RANCHERO ROAD	See page 4	KAREN BROWN	FANNIE MAE	(619) 243-7653
HESPERIA	$44,900	14797 WILLOW STREET	See page 4	BESS KLINE	FANNIE MAE	(619) 244-6633
HESPERIA	$59,900	16260 RANCHERO STREET	See page 4	MICHAEL A. HARRIS	FANNIE MAE	(619) 243-7653
HESPERIA	$79,900	17315 REDDING ST	See page 4	BOB STUBBS	FANNIE MAE	(800) 732-6643
HESPERIA	$99,900	17755 CAJON STREET	See page 4	KAREN BROWN	FANNIE MAE	(619) 242-3617
HESPERIA	$74,900	19075 LIVE OAK STREET	See page 4	KATHIE SALERNO	FANNIE MAE	(619) 243-7653
HI VISTA	$54,900	810 E AVE G	See page 4	MICHAEL A. HARRIS	FANNIE MAE	(619) 244-5481
HIGHLAND	$39,900	25843 MANSFIELD STREET	See page 4	WANDA & BILL PEYTON	FANNIE MAE	(800) 732-6643
HIGHLAND	$79,900	26277 EAST 28TH STREET	See page 4	JANE BLESCH	FANNIE MAE	(909) 864-3970
HIGHLAND	$124,000	2946 LOS FELIZ DRIVE	See page 4	JANE BLESCH	FANNIE MAE	(909) 793-3346
HIGHLAND	$93,000	6935 TIARA AVENUE	See page 4	PATRICK SAUNIER	FANNIE MAE	(909) 793-3346
HIGHLAND	Call	7412 GUTHRIE STREET	See page 4	GERRY BURGRAFF	FANNIE MAE	(800) 732-6643
HIGHLAND	$55,900	7636 ELM ST	See page 4	BRAD HUNDMAN	FANNIE MAE	(800) 786-5647
HINKLEY	$54,900		See page 4	CASHMAN, PAT	FANNIE MAE	(800) 732-6643
HINKLEY	Call				FDIC	(800) 234-0867
	$13,900	21924 PERA ROAD	See page 4	JANET CURINGTON	FANNIE MAE	(800) 732-6643

* A RECENT PROPERTY ASKING PRICE AND YOUR LOCAL CONTACT FOR CURRENT LISTINGS

18

CONSUMER DATA SERVICE

California

CITY	ASKING	ADDRESS	DETAILS	CONTACT	AGENCY	PHONE
HOLLISTER	$99,900	821 NASH RD.	See page 4	WALT ROSSI	FANNIE MAE	(408) 424-0681
HOLLYWOOD, N	$44,000		See page 4	STEVE OWEN	FREDDIE MAC	(818) 892-7979
HOLLYWOOD, N	$87,500	10945 HORTENSE ST.	See page 4	JIM PAUL	FANNIE MAE	(818) 845-8322
HOLLYWOOD, N	$71,000	11127 LA MAIDA ST.	See page 4	RICHARD HOLBROOK	FANNIE MAE	(818) 508-3200
HOLLYWOOD, N	$104,900	11133 TIARA ST.	See page 4	SANDY KENNEY	FANNIE MAE	(818) 505-9681
HOLLYWOOD, N	$89,900	11542 BURBANK BLVD. #4	See page 4	KERRY PATTERSON	FANNIE MAE	(800) 732-6643
HOLLYWOOD, N	$79,900	11719 BLYTHE ST.	See page 4	SANDY KENNEY	FANNIE MAE	(818) 505-9681
HOLLYWOOD, N	$70,900	11837 GILMORE STREET	See page 4	JIM PAUL	FANNIE MAE	(818) 845-8322
HOLLYWOOD, N	$95,000	11911 MAGNOLIA BLVD.	See page 4	JIM PAUL	FANNIE MAE	(818) 845-8322
HOLLYWOOD, N	$86,600	12248 RUNNYMEADE ST.	See page 4	JIM PAUL	FANNIE MAE	(818) 845-8322
HOLLYWOOD, N	$89,900	12348 RUNNYMEDE ST.	See page 4	RICHARD HOLBROOK	FANNIE MAE	(818) 508-3200
HOLLYWOOD, N	$99,900	5318 AGNES AVENUE	See page 4	KERRY PATTERSON	FANNIE MAE	(800) 732-6643
HOLLYWOOD, N	$57,900	6133 WHITSETT AVE.	See page 4	RICHARD HOLBROOK	FANNIE MAE	(818) 508-3200
HOLLYWOOD, N	$54,900	6342 MORSE AVENUE	See page 4	RICHARD HOLBROOK	FANNIE MAE	(818) 508-3200
HOLLYWOOD, N	$119,900	7044 BABCOCK AVE.	See page 4	RICHARD HOLBROOK	FANNIE MAE	(818) 508-3200
HOLLYWOOD, N	$99,900	7416 LAUREL GROVE AVE.	See page 4	SANDY KENNEY	FANNIE MAE	(818) 505-9681
HOLLYWOOD, W	Call		See page 4	HONESCKO, JOSEPH	FDIC	(714) 263-7783
HOLLYWOOD, W	$94,900	100 S. DOHENY DR.	See page 4	HAZEL TIZENOR	FANNIE MAE	(213) 653-0600
HOLLYWOOD	Call	8118 LOOKOUT MTN. RD.	See page 4	RICHARD HOLBROOK	FANNIE MAE	(818) 508-3200
HOME GARDENS	Call		See page 4	LARSON, CHRIS	FDIC	(800) 234-0867
HUGHSON	Call	5914 WASHINGTON ROAD	See page 4	AL FERREIRA	FANNIE MAE	(209) 575-0148
HUNTINGTON B	Call	15531 TOWAY LANE	See page 4	ROD SURRATT	FANNIE MAE	(800) 732-6643
HUNTINGTON B	$99,900	16581 GRUNION	See page 4	DAVID GEIGER	FANNIE MAE	(714) 533-0736
HUNTINGTON B	$109,900	19851 BERKSHIRE LANE	See page 4	ROD SURRATT	FANNIE MAE	(800) 732-6643
HUNTINGTON B	Call	6332 LARCHWOOD DRIVE	See page 4	PAT NEAL	FANNIE MAE	(800) 732-6643
HUNTINGTON B	Call	7701 QUEBEC DRIVE	See page 4	JOHNNIE JOHNSON	FANNIE MAE	(714) 635-3688
HUNTINGTON B	Call	933 10TH ST	See page 4	RICK ROBLES	FANNIE MAE	(310) 795-6706
HUNTINGTON P	$104,900	5921 MIDDLETON	See page 4	LE FRANCIS ARNOLD	FANNIE MAE	(310) 635-7191
HUNTINGTON P	$104,900	6060 OAK STREET	See page 4	KENNETH JERVIS	FANNIE MAE	(800) 732-6643
HUNTINGTON PK	$79,000		See page 4	SAM MURPHY	FREDDIE MAC	(214) 506-6787
HUNTINGTON	Call	21581 IMPALA LANCE	See page 4	JOHNNIE JOHNSON	FANNIE MAE	(714) 635-3688
HUNTINGTON	Call	935 10TH STREET	See page 4	PAT NEAL	FANNIE MAE	(800) 732-6643
IDYLLWILD	$46,900		See page 4	JACKIE KRETSINGER	FREDDIE MAC	(909) 763-5300
IMPERIAL	$123,900	486 CW BELFORD ROAD	See page 4	MARILYN MOORE	FANNIE MAE	(800) 732-6643
INDIAN WELLS	Call	75126 KIOWA DRIVE	See page 4	CHARLES STEWART	FANNIE MAE	(619) 416-1957
INDIO	$53,900		See page 4	BRUCE CATHCART	FREDDIE MAC	(619) 564-4104
INDIO	$89,900	45974 DUQUESNE	See page 4	CHERYL KAUFFMANN	FANNIE MAE	(800) 732-6643
INDIO	$94,900	81880 LANCER WAY	See page 4	CANDICE JOHNSTON	FANNIE MAE	(619) 773-0063
INGLEWOOD	$37,500		See page 4	SAM MURPHY	FREDDIE MAC	(214) 506-6787
INGLEWOOD	$99,900	719 N EUCALYPTUS	See page 4	LAYONA WALKER	FANNIE MAE	(310) 671-8271
INGLEWOOD	$104,900	800 GLENWAY DRIVE	See page 4	JAMES JENNINGS	FANNIE MAE	(213) 299-4876
INGLEWOOD	Call	838 VICTOR AVE	Apartment	OTOOLE, SHANNON	FDIC	(909) 483-2444
INLAND	Call		See page 4	ROBERT PRINCE	FANNIE MAE	(619) 353-6950
INYOKERN	$44,900	8459 LELITER ROAD	See page 4	RITA READ	FANNIE MAE	(800) 732-6643
IRVINE	Call		See page 4	MAGEE, MELINDA	FDIC	(714) 263-7747
IRVINE	Call	10 EMPEROR	See page 4	SUSIE PINEDA	FANNIE MAE	(714) 639-0677
IRVINE	Call	2233 MARTIN ST.	See page 4	STEVE STOVALL	FANNIE MAE	(714) 839-2100

* A RECENT PROPERTY ASKING PRICE AND YOUR LOCAL CONTACT FOR CURRENT LISTINGS

19

CONSUMER DATA SERVICE

California

CITY	ASKING	ADDRESS	DETAILS	CONTACT	AGENCY	PHONE
IRVINE	$124,950	2233 MARTIN STREET	See page 4	ROD SURRATT	FANNIE MAE	(800) 732-6643
IRVINE	$109,950	2311 APRICOT	See page 4	STEVE STOVALL	FANNIE MAE	(714) 839-2100
IRVINE	$124,900	6 HERITAGE	See page 4	SUSIE PINEDA	FANNIE MAE	(714) 639-0677
IRWINDALE	Call		See page 4	KATO, EDWARD	FDIC	(818) 854-3700
JAMUL	Call		See page 4	MATHEWS, STEVE	FDIC	(800) 234-0867
JOSHUA TREE	$29,900	61909 GRAND VIEW CIRCL	See page 4	CHARLES STEWART	FANNIE MAE	(619) 416-1957
JOSHUA TREE	$14,900	61935 MOUNTAIN VIEW CI	See page 4	DEBBIE MORGANTE	FANNIE MAE	(619) 365-2392
LA GRANGE	$59,900	4348 MADRESELVA STREET	See page 4	DAVE STAPP	FANNIE MAE	(209) 586-3221
LA HABRA HEIGHTS	Call		See page 4	MATHEWS, STEVE	FDIC	(714) 779-8344
LA HABRA	Call	1301 COLFAX COURT	See page 4	MICHAEL A. HARRIS	FANNIE MAE	(800) 732-6643
LA HABRA	$134,900	1429 CHELTENHAM LANE	See page 4	KERRY PATTERSON	FANNIE MAE	(800) 732-6643
LA HABRA	$114,900	565 W. STONEHARBOR CIR	See page 4	BURT OMAR	FANNIE MAE	(714) 228-2100
LA JOLLA	Call		See page 4	JOE GUMMERSON	FANNIE MAE	(619) 574-5119
LA MESA	Call		See page 4	D'ANTONIO, BOB	FDIC	(714) 263-7783
LA MESA	$114,900	7200 COLONY ROAD	See page 4	ROSE AVEDISIAN	FANNIE MAE	(619) 569-5800
LA MESA	$114,900	7680 SENECA PLACE	See page 4	ELAINE RINNER	FANNIE MAE	(800) 732-6643
LA MIRADA	$81,000		See page 4	SAM MURPHY	FREDDIE MAC	(214) 506-6787
LA PALMA	$124,900	8485 KINGTON WAY 11	See page 4	NANCY CHURCHILL	FANNIE MAE	(714) 777-1166
LA PUENTE	$119,900	327 GREENBERRY DRIVE	See page 4	LOURDES GARRISON	FANNIE MAE	(818) 339-1116
LA QUINTA	$74,900	52-585 AVENIDA VELASCO	See page 4	CANDICE JOHNSTON	FANNIE MAE	(619) 773-0063
LA QUINTA	$74,900	52426 AVENIDA MENDOZA	See page 4	CANDICE JOHNSTON	FANNIE MAE	(619) 773-0063
LA QUINTA	$69,900	53900 AVENIDA VELASCO	See page 4	BARB GARLAND	FANNIE MAE	(800) 732-6643
LA VERNE	$114,900	1775 BONITA AVE	See page 4	DALE REHFELD	FANNIE MAE	(909) 625-7881
LAGUNA BEACH	Call	214 SANTA ROSA	See page 4	ROD SURRATT	FANNIE MAE	(800) 732-6643
LAGUNA HILLS	$119,950	23674 BROCKTON CT	See page 4	ROD SURRATT	FANNIE MAE	(800) 732-6643
LAGUNA HILLS	$119,950	24361 CONEJO	See page 4	ROD SURRATT	FANNIE MAE	(800) 732-6643
LAGUNA HILLS	$57,950	25731 VIA LOMAS	See page 4	ROD SURRATT	FANNIE MAE	(714) 552-1714
LAGUNA NIGUEL	Call	23721 TURTLE COVE	See page 4	ROD SURRATT	FANNIE MAE	(800) 732-6643
LAGUNA NIGUEL	$89,950	23821 HILLHURST	See page 4	ROD SURRATT	FANNIE MAE	(800) 732-6643
LAGUNA NIGUEL	$94,900	23821 HILLHURST DR. #4	See page 4	MICHAEL A. HARRIS	FANNIE MAE	(800) 732-6643
LAGUNA NIGUEL	$129,950	43 DOVER PLACE	See page 4	ROD SURRATT	FANNIE MAE	(800) 732-6643
LAGUNA NIGUEL	Call	51 FLEURANCE	See page 4	ROD SURRATT	FANNIE MAE	(800) 732-6643
LAGUNA	$129,950	22 REGGAE COURT	See page 4	STEVE STOVALL	FANNIE MAE	(714) 839-2100
LAGUNA	$59,950	3335 PUNITA ALTA	See page 4	ROD SURRATT	FANNIE MAE	(800) 732-6643
LAKE ARROWHEAD	$134,900	1170 YOSEMITE DRIVE	See page 4	VEE WARD	FANNIE MAE	(800) 225-1114
LAKE ARROWHEAD	$79,900	753 E VICTORIA COURT	See page 4	VEE WARD	FANNIE MAE	(800) 225-1114
LAKE ELIZABETH	$87,900	13263 JOHNSON ROAD	See page 4	GUS QUIROS	FANNIE MAE	(805) 943-9406
LAKE ELIZABETH	$99,900	42711 ARROWROCK DR	See page 4	CHARLA ABBOTT	FANNIE MAE	(805) 948-4737
LAKE ELSINORE	Call		See page 4	CASHMAN, PAT	FDIC	(909) 244-5306
LAKE ELSINORE	$54,900	15415 MOUNTAIN VIEW	See page 4	GAIL UNDERWOOD	FANNIE MAE	(909) 674-6943
LAKE ELSINORE	Call	15781 LAKE TERRACE DRI	See page 4	GAIL UNDERWOOD	FANNIE MAE	(909) 674-6943
LAKE ELSINORE	$49,900	17645 MACKAY AVENUE	See page 4	GAIL UNDERWOOD	FANNIE MAE	(909) 674-6943
LAKE ELSINORE	$84,900	19062 ELENA DRIVE	See page 4	GAIL UNDERWOOD	FANNIE MAE	(909) 674-6943
LAKE ELSINORE	$104,900	213 WHITE OAK ROAD	See page 4	GAIL UNDERWOOD	FANNIE MAE	(909) 674-6943
LAKE ELSINORE	$59,900	21840 RAYNOR LANE	See page 4	ALMA WESSON	FANNIE MAE	(800) 732-6643
LAKE ELSINORE	$99,900	2660 GOLDEN COURT	See page 4	ALMA WESSON	FANNIE MAE	(800) 732-6643
LAKE ELSINORE	$114,900	33673 GREAT FALLS RD	See page 4	ALMA WESSON	FANNIE MAE	(800) 732-6643

* A RECENT PROPERTY ASKING PRICE AND YOUR LOCAL CONTACT FOR CURRENT LISTINGS

CONSUMER DATA SERVICE

California

CITY	ASKING	ADDRESS	DETAILS	CONTACT	AGENCY	PHONE
LAKE FOREST	Call	20702 EL TORO	See page 4	HIBBS, RUSS	FDIC	(800) 234-0867
LAKE FOREST	$69,900	21166 GOADIOLOS WAY	See page 4	KEN BOGDAN	FANNIE MAE	(714) 998-5870
LAKE FOREST	$119,900	26185 HILLSFORD PLACE	See page 4	KEN BOGDAN	FANNIE MAE	(714) 998-5870
LAKE FOREST	$104,900	41048 173RD ST. EAST	See page 4	KEN BOGDAN	FANNIE MAE	(714) 998-5870
LAKE LOS	$58,900	11360 KAMLOOPS ST	See page 4	J.C. BOUCHER	FANNIE MAE	(800) 732-6643
LAKE VIEW	Call	11466 KAGEL CANYON ST	See page 4	GRETCHEN	FANNIE MAE	(818) 365-3650
LAKE VIEW	$136,500	8829 LOS COCHES ROAD	See page 4	GRETCHEN	FANNIE MAE	(818) 365-3650
LAKESIDE	$126,900		See page 4	CAROLYN D'AGOSTA	FANNIE MAE	(800) 732-6643
LAKEVIEW TERRACE	Call	11300 FOOTHILL BLVD #	See page 4	WHITSON, CAROL	FDIC	(818) 951-1851
LAKEVIEW TERRACE	$79,900	11741 LUANDA STREET	See page 4	ANA MARIA COLON	FANNIE MAE	(818) 361-1235
LAKEVIEW TERRACE	Call	12227 E. 211TH ST.	See page 4	JOSEFINA FAJARDO	FANNIE MAE	(818) 361-5599
LAKEWOOD	$127,900	12235 211TH STREET	See page 4	KEN HUSS	FANNIE MAE	(310) 531-7000
LAKEWOOD	$112,500	5628 BONFAIR AVE.	See page 4	KEN HUSS	FANNIE MAE	(310) 531-7000
LAKEWOOD	$137,900	1451 WEST AVENUE	See page 4	KEN HUSS	FANNIE MAE	(310) 531-7000
LANCASTER	$64,900	1502 EAST AVENUE J-3	See page 4	MICHAEL A. HARRIS	FANNIE MAE	(800) 732-6643
LANCASTER	$67,900	20TH STREET WEST	See page 4	J.C. BOUCHER	FANNIE MAE	(800) 732-6643
LANCASTER	Call	2345 WEST AVENUE J-4	See page 4	WHITSON, CAROL	FDIC	(800) 234-0867
LANCASTER	$91,250	43324 N. FENNER AVE.	See page 4	GUS QUIROS	FANNIE MAE	(805) 943-9406
LANCASTER	$79,900	43641 YAFFA STREET	See page 4	J.C. BOUCHER	FANNIE MAE	(800) 732-6643
LANCASTER	Call	43659 SAN FRANCISCO AV	See page 4	CHARLA ABBOTT	FANNIE MAE	(805) 948-4737
LANCASTER	$79,900	44409 PALM VISTA AVE.	See page 4	MICHAEL A. HARRIS	FANNIE MAE	(800) 732-6643
LANCASTER	$84,900	44510 AVENIDA DEL RIO	See page 4	J.C. BOUCHER	FANNIE MAE	(800) 732-6643
LANCASTER	$82,900	44933 17TH STREET E	See page 4	CHARLA ABBOTT	FANNIE MAE	(805) 948-4737
LANCASTER	$78,900	45557 FOXTON AVENUE	See page 4	J.C. BOUCHER	FANNIE MAE	(800) 732-6643
LANCASTER	$48,900	6505 LOWRY LANE	See page 4	J.C. BOUCHER	FANNIE MAE	(800) 732-6643
LEBEC	$84,900		See page 4	EMILE WAINWRIGHT	FANNIE MAE	(805) 245-3738
LEMON GROVE	Call		See page 4	CAROLYN D'AGOSTA	FANNIE MAE	(800) 832-2345
LEMOORE	$15,000	323 HEINLEN STREET	See page 4	GUPTA, SUSEELA	FDIC	(714) 263-7791
LENNOX	Call		See page 4	HAYNES, RON	FDIC	(310) 785-0272
LITTLE ROCK	$62,900	11251 E. AVE. R-6	See page 4	CARMEN HINOJOSA	FREDDIE MAC	(805) 947-0766
LITTLE ROCK	$63,000	11608 E AVE R-4	See page 4	J.C. BOUCHER	FANNIE MAE	(800) 732-6643
LITTLE ROCK	$84,900	9030 E. AVENUE T-2	See page 4	MICHAEL A. HARRIS	FANNIE MAE	(800) 732-6643
LITTLE ROCK	$62,900	2370 CHESTNUT ST	See page 4	CHARLA ABBOTT	FANNIE MAE	(805) 948-4737
LIVERMORE	Call	21161 EAST FORT TEJON	See page 4	MICHAEL A. HARRIS	FANNIE MAE	(800) 732-6643
LLANO AREA	$37,500	#4 WHISPERING WAY	See page 4	SAM RAFEH	FREDDIE MAC	(805) 942-3703
LLANO	$59,900		See page 4	DON ANDERSON	FANNIE MAE	(805) 948-4646
LODI	$94,900		See page 4	STEPHEN HOWARD	FANNIE MAE	(209) 956-9990
LOMA LINDA	Call		See page 4	JANE BLESCH	FANNIE MAE	(909) 793-3346
LOMA LINDA	Call		See page 4	KATO, EDWARD	FDIC	(909) 793-2826
LOMITA	Call		See page 4	WHITSON, CAROL	FDIC	(800) 234-0867
LOMPOC	$74,900		See page 4	AL WARD	FANNIE MAE	(805) 735-0079
LOMPOC	$79,900		See page 4	GLENN FONG	FREDDIE MAC	(805) 349-9353
LOMPOC	Call	LE VALLEY ROAD	See page 4	HIBBS, RUSS	FDIC	(805) 735-3481
LONG BEACH	$21,900		See page 4	SAM MURPHY	FREDDIE MAC	(214) 506-6787
LONG BEACH	Call		See page 4	HIBBS, RUSS	FDIC	(800) 234-0867
LONG BEACH	$12,000	1001 CHERRY AVE	See page 4	JEFFRY CTVRTLIK	FANNIE MAE	(800) 732-6643
LONG BEACH	$109,900	1033/1035/1037 GAVIOTA	See page 4	USE JANA CARPENTER	FANNIE MAE	(310) 424-0333

* A RECENT PROPERTY ASKING PRICE AND YOUR LOCAL CONTACT FOR CURRENT LISTINGS

CONSUMER DATA SERVICE

California

CITY	ASKING	ADDRESS	DETAILS	CONTACT	AGENCY	PHONE
LONG BEACH	Call	1035-1037 RAYMOND AVENUE	Apartment	NETERER, KERRY	FDIC	(714) 921-1515
LONG BEACH	$114,900	1041 & 1043 E 70TH ST	See page 4	MIKE POTIER	FANNIE MAE	(310) 425-5566
LONG BEACH	$79,900	1045 EAST 3RD STREET N	See page 4	HENRY BLACK	FANNIE MAE	(310) 989-4030
LONG BEACH	$44,900	1168 E 10TH 106	See page 4	JEFFRY CTVRTLIK	FANNIE MAE	(800) 732-6643
LONG BEACH	Call	1211 HOFFMAN AVENUE	Apartment	BROWN, DAVID	FDIC	(800) 234-0867
LONG BEACH	Call	128 8TH STREET	Apartment	OTOOLE, SHANNON	FDIC	(909) 483-2444
LONG BEACH	$114,900	1327 E 63RD ST	See page 4	BERTHA PADILLA	FANNIE MAE	(310) 835-1862
LONG BEACH	$99,500	156 E. 52ND AVENUE	See page 4	KERRY PATTERSON	FANNIE MAE	(800) 732-6643
LONG BEACH	$91,500	2115 E 15TH ST.	See page 4	KEN HUSS	FANNIE MAE	(310) 531-7000
LONG BEACH	$28,900	225 W. 6TH STREET	See page 4	USE JANA CARPENTER	FANNIE MAE	(310) 424-0333
LONG BEACH	$29,900	315 W. 3RD STREET	See page 4	MICHAEL A. HARRIS	FANNIE MAE	(800) 732-6643
LONG BEACH	$44,900	335 CEDAR AVENUE	See page 4	HENRY BLACK	FANNIE MAE	(310) 989-4030
LONG BEACH	$79,900	363 NEWPORT AVENUE	See page 4	KERRY PATTERSON	FANNIE MAE	(800) 732-6643
LONG BEACH	$75,900	370 WISCONSIN AVENUE	See page 4	MIKE POTIER	FANNIE MAE	(310) 425-5566
LONG BEACH	$79,900	446 BONITO AVENUE	See page 4	USE JANA CARPENTER	FANNIE MAE	(310) 424-0333
LONG BEACH	$119,900	5324 MARIN PACIFICA DR	See page 4	BERTHA PADILLA	FANNIE MAE	(310) 835-1862
LONG BEACH	$47,000	545 CHESTNUT AVE	See page 4	BERTHA PADILLA	FANNIE MAE	(310) 835-1862
LONG BEACH	$108,000	5470 OLIVE AVENUE	See page 4	USE JANA CARPENTER	FANNIE MAE	(310) 424-0333
LONG BEACH	$39,900	550 ORANGE AVENUE	See page 4	JEFFRY CTVRTLIK	FANNIE MAE	(800) 732-6643
LONG BEACH	$111,600	6093 LIME AVENUE	See page 4	KERRY PATTERSON	FANNIE MAE	(800) 732-6643
LONG BEACH	$94,500	640 W. FOURTH STREET	See page 4	USE JANA CARPENTER	FANNIE MAE	(310) 424-0333
LONG BEACH	$69,900	645 PACIFIC AVE #314	See page 4	KERRY PATTERSON	FANNIE MAE	(800) 732-6643
LONG BEACH	$99,900	646 CORONADO AVE.	See page 4	MIKE POTIER	FANNIE MAE	(310) 425-5566
LONG BEACH	$124,900	67 WEST HOME STREET	See page 4	BERTHA PADILLA	FANNIE MAE	(310) 835-1862
LONG BEACH	$92,500	6784 CURTIS AVENUE	See page 4	KERRY PATTERSON	FANNIE MAE	(800) 732-6643
LONG BEACH	Call	7926 TARMA ST.	See page 4	MIKE POTIER	FANNIE MAE	(310) 425-5566
LONG BEACH	$84,900	839 MAGNOLIA AVENUE	See page 4	USE JANA CARPENTER	FANNIE MAE	(310) 424-0333
LONG BEACH	$89,900	883 W 34TH STREET G	See page 4	HENRY BLACK	FANNIE MAE	(310) 989-4030
LONG BEACH	$109,900	912-916 1/1 ALAMITOS	See page 4	USE JANA CARPENTER	FANNIE MAE	(310) 424-0333
LONG BEACH	$54,900	940 E. 3RD STREET	See page 4	USE JANA CARPENTER	FANNIE MAE	(310) 424-0333
LONG	$12,000	1001 CHERRY AVENUE #	See page 4	USE JANA CARPENTER	FANNIE MAE	(310) 424-0333
LONG	$79,900	1475 ATLANTIC AVENUE	See page 4	USE JANA CARPENTER	FANNIE MAE	(310) 424-0333
LOS ANGELES	$109,900	10526 MATHER AVENUE	See page 4	CATHY VANNOY	FANNIE MAE	(800) 732-6643
LOS ANGELES	$69,900	11150 GLENOAKS BLVD.	See page 4	KERRY PATTERSON	FANNIE MAE	(800) 732-6643
LOS ANGELES	$59,900	1204 W. 67TH STREET	See page 4	EVELYN REEVES	FANNIE MAE	(213) 299-7900
LOS ANGELES	Call	12256 LULL STREET	Single family residence	TIMBER, KIMBERLY	FDIC	(818) 717-0707
LOS ANGELES	$74,900	12411 OSBORNE STREET	See page 4	RAQUEL MAGRO	FANNIE MAE	(818) 365-0677
LOS ANGELES	Call	12554 GARBER ST.	See page 4	GRETCHEN	FANNIE MAE	(818) 365-3650
LOS ANGELES	$89,900	1323 VALENCIA STREET	See page 4	MIRZA ALLI	FANNIE MAE	(213) 680-1720
LOS ANGELES	$127,500	13331 MOORPARK STREET	See page 4	ANNGEL BENOUN	FANNIE MAE	(818) 788-7900
LOS ANGELES	$74,900	13659 EAST ALCALDE STR	See page 4	LOURDES GARRISON	FANNIE MAE	(818) 339-1116
LOS ANGELES	$87,900	140 W. 105TH STREET	See page 4	MIRZA ALLI	FANNIE MAE	(213) 680-1720
LOS ANGELES	$69,900	1411 SOUTH HOBART	See page 4	MICHAEL FREEMAN	FANNIE MAE	(213) 464-9272
LOS ANGELES	$89,900	1445 BRETT PLACE	See page 4	ROB BUCHAN	FANNIE MAE	(310) 833-2411
LOS ANGELES	$59,900	1477 WEST 20TH STREE	See page 4	MICHAEL FREEMAN	FANNIE MAE	(213) 464-9272
LOS ANGELES	$59,900	1477 WEST 20TH ST	See page 4	SUSAN PILIPINA	FANNIE MAE	(800) 732-6643
LOS ANGELES	$59,900	1477 WEST 20TH STREET	See page 4	SUSAN PILIPINA	FANNIE MAE	(800) 732-6643

* A RECENT PROPERTY ASKING PRICE AND YOUR LOCAL CONTACT FOR CURRENT LISTINGS

CONSUMER DATA SERVICE

California

CITY	ASKING	ADDRESS	DETAILS	CONTACT	AGENCY	PHONE
LOS ANGELES	$79,900	149 SOUTH AVE 54	See page 4	NICK RASIC	FANNIE MAE	(818) 409-1045
LOS ANGELES	$109,900	15116 SOUTH LIME	See page 4	JESSE ALVAREZ	FANNIE MAE	(213) 563-8813
LOS ANGELES	$101,900	15215 MAGNOLIA BLVD 10	See page 4	JON COHEN	FANNIE MAE	(818) 993-1511
LOS ANGELES	$138,000	1537 WOOSTER AVENUE	Apartment	KATO, EDWARD	FDIC	(310) 829-3939
LOS ANGELES	$89,900	1547 W. 69TH STREET	See page 4	LAYONA WALKER	FANNIE MAE	(310) 671-8271
LOS ANGELES	$64,900	15511 SHERMAN WAY	See page 4	MELODY CUTLER	FANNIE MAE	(800) 732-6643
LOS ANGELES	$89,900	156 WEST 111TH STREET	See page 4	EVELYN REEVES	FANNIE MAE	(213) 299-7900
LOS ANGELES	$94,900	1665 GREENCASTLE AVE	See page 4	EDDIE CORTEZ	FANNIE MAE	(800) 732-6643
LOS ANGELES	$99,900	1932 VESTAL AVE.	See page 4	MICHAEL FREEMAN	FANNIE MAE	(213) 464-9272
LOS ANGELES	$79,900	2101 1/2 & 2103 1/2 MA	See page 4	SUSAN PILIPINA	FANNIE MAE	(800) 732-6643
LOS ANGELES	$54,900	21720 HART STREET	See page 4	BOB PEARSON	FANNIE MAE	(818) 880-4304
LOS ANGELES	$94,900	2332 WARWICK AVENUE	See page 4	J.J. LOPEZ	FANNIE MAE	(213) 722-7373
LOS ANGELES	$59,900	2344 FLETCHER DR.	See page 4	REY TABAYOYONG	FANNIE MAE	(800) 732-6643
LOS ANGELES	Call	3001 SAGAMORE WAY	See page 4	HENRY SUAREZ	FANNIE MAE	(800) 732-6643
LOS ANGELES	$89,900	3156 FOLSOM STREET	See page 4	J.J. LOPEZ	FANNIE MAE	(213) 722-7373
LOS ANGELES	$79,900	323 E. 109TH STREET	See page 4	MICHAEL A. HARRIS	FANNIE MAE	(800) 732-6643
LOS ANGELES	$77,900	3253 GRILLO DRIVE	See page 4	AL FERREIRA	FANNIE MAE	(209) 575-0148
LOS ANGELES	$114,900	334 WEST AVENUE	See page 4	KRISTI COUSENS	FANNIE MAE	(818) 242-6854
LOS ANGELES	$99,900	349 E. 118TH PLACE	See page 4	EVELYN REEVES	FANNIE MAE	(213) 299-7900
LOS ANGELES	$79,900	370 S. COMMONWEALTH AV	See page 4	WILLIAM ARNOLD	FANNIE MAE	(310) 278-4100
LOS ANGELES	Call	3823 OAK HILL	See page 4	J.J. LOPEZ	FANNIE MAE	(213) 722-7373
LOS ANGELES	$79,900	3961 VIA MARISAL	See page 4	KRISTI COUSENS	FANNIE MAE	(818) 242-6854
LOS ANGELES	$74,900	3961 VIA MARISOL	See page 4	MARIO SILVA	FANNIE MAE	(800) 732-6643
LOS ANGELES	$89,900	3961 VIA MARISOL	See page 4	NICK RASIC	FANNIE MAE	(818) 409-1045
LOS ANGELES	$84,900	4040 GRANDVIEW BLVD	See page 4	SUSAN PILIPINA	FANNIE MAE	(800) 732-6643
LOS ANGELES	$109,900	4129 CLAYTON AVE.	See page 4	MICHAEL FREEMAN	FANNIE MAE	(213) 464-9272
LOS ANGELES	$52,500	421 S. LAFAYETTE PK. P	See page 4	KRIS MOONEY	FANNIE MAE	(310) 855-0100
LOS ANGELES	$109,900	4421 RICHARD CIRCLE	See page 4	J.J. LOPEZ	FANNIE MAE	(213) 722-7373
LOS ANGELES	$114,900	4487 COLBATH AVENUE #3	See page 4	JON COHEN	FANNIE MAE	(818) 993-1511
LOS ANGELES	$74,900	4499 VIA MARISOL	See page 4	MARIO SILVA	FANNIE MAE	(800) 732-6643
LOS ANGELES	$84,900	475 - 77 N CONCORD ST	See page 4	J.J. LOPEZ	FANNIE MAE	(213) 722-7373
LOS ANGELES	$76,000	532 N. ROSSMORE AVE.	See page 4	MICHAEL FREEMAN	FANNIE MAE	(213) 464-9272
LOS ANGELES	$69,900	6140 MONTEREY ROAD	See page 4	MICHAEL A. HARRIS	FANNIE MAE	(800) 732-6643
LOS ANGELES	$74,900	6140 MONTEREY ROAD	See page 4	MARIO SILVA	FANNIE MAE	(800) 732-6643
LOS ANGELES	$79,900	617 EAST 80TH STREET	See page 4	MIRZA ALLI	FANNIE MAE	(213) 680-1720
LOS ANGELES	$84,900	637 W. 81ST STREET	See page 4	MIRZA ALLI	FANNIE MAE	(213) 680-1720
LOS ANGELES	$123,500	7053 ST. CLAIR AVE.	See page 4	JIM PAUL	FANNIE MAE	(818) 845-8322
LOS ANGELES	$74,900	7135 HOLLYWOOD BLVD.	See page 4	KRIS MOONEY	FANNIE MAE	(310) 855-0100
LOS ANGELES	Call	7729 DE SOTO AVENUE	See page 4	PETER M. ALEXANDER	FANNIE MAE	(800) 732-6643
LOS ANGELES	$99,900	8005 LOU DILLON AVENUE	See page 4	HENRY JACOBS	FANNIE MAE	(213) 752-5151
LOS ANGELES	$89,900	828 N. HUDSON AVE.	See page 4	KRIS MOONEY	FANNIE MAE	(310) 855-0100
LOS ANGELES	$79,900	830 WEST 97TH STREET	See page 4	MIRZA ALLI	FANNIE MAE	(213) 680-1720
LOS ANGELES	Call	849 S. NORMANDIE AVE	Apartment	FEDUSKA, SUE	FDIC	(213) 892-8775
LOS ANGELES	$114,900	856 W 50TH PLACE & 85	See page 4	MICHAEL FREEMAN	FANNIE MAE	(213) 464-9272
LOS ANGELES	$19,900	8800 CEDROS AVENUE	See page 4	GRETCHEN	FANNIE MAE	(818) 365-3650
LOS ANGELES	$24,250	9014 BURNET AVENUE	See page 4	STEVE OWEN JR.	FANNIE MAE	(818) 892-7979
LOS ANGELES	$74,900	911 EAST 85TH STREET	See page 4	SUSAN PILIPINA	FANNIE MAE	(800) 732-6643

* A RECENT PROPERTY ASKING PRICE AND YOUR LOCAL CONTACT FOR CURRENT LISTINGS

CONSUMER DATA SERVICE

California

CITY	ASKING	ADDRESS	DETAILS	CONTACT	AGENCY	PHONE
LOS ANGELES	$89,900	9723 PARMELEE AVENUE	See page 4	JAMES JENNINGS	FANNIE MAE	(213) 299-4876
LOS ANGELES	$79,900	9811 MAIE AVENUE	See page 4	JAMES JENNINGS	FANNIE MAE	(213) 299-4876
LOS ANGELES	$69,900	EAST 111TH ST	See page 4	MIRZA ALLI	FANNIE MAE	(213) 680-1720
LOS BANOS	$124,950	1010 RHODA AVENUE	See page 4	LOU WEIBE	FANNIE MAE	(209) 673-2201
LOS BANOS	$99,750	2131 PARK VIEW DR.	See page 4	AL FERREIRA	FANNIE MAE	(209) 575-0148
LOS MOLINOS	Call		See page 4	LIZ WAITS	FANNIE MAE	(916) 221-7550
LUCERNE VALLEY	Call		See page 4	JULIE BROWN	FANNIE MAE	(619) 244-6633
LUCERNE VALLEY	$49,900		See page 4		FREDDIE MAC	(619) 243-3803
LYNWOOD	Call		See page 4	CASHMAN, PAT	FDIC	(818) 792-7277
LYNWOOD	$119,900	10931 MALLISON AVENUE	See page 4	JESSE ALVAREZ	FANNIE MAE	(213) 563-8813
LYNWOOD	$119,900	11216 HARRIS AVENUE	See page 4	LE FRANCIS ARNOLD	FANNIE MAE	(310) 635-7191
LYNWOOD	$114,900	11810 THORSON AVENUE	See page 4	LE FRANCIS ARNOLD	FANNIE MAE	(310) 635-7191
MADERA	Call		See page 4	LOU WEIBE	FANNIE MAE	(209) 673-2201
MALIBU	Call		See page 4	HONESCKO, JOSEPH	FDIC	(714) 263-7732
MANIFEE	Call		See page 4	TERRI KEMP	FANNIE MAE	(909) 244-1867
MANTECA	Call	1121 CREST WOOD AVE	See page 4	WARREN WISSINK	FANNIE MAE	(209) 239-7225
MAR VISTA	Call		See page 4	MATHEWS, STEVE	FDIC	(310) 553-5222
MARIPOSA	Call		See page 4	AL FERRIERA	FANNIE MAE	(209) 575-0148
MARTINEZ	Call		See page 4	FEDUSKA, SUE	FDIC	(800) 234-0867
MECCA	Call		See page 4	CHARLES STEWART	FANNIE MAE	(619) 416-1957
MENIFEE	$86,500	30567 SHORELINE DRIVE	See page 4	JACQUILINE JOHNSON	FREDDIE MAC	(619) 945-6900
MENIFEE	$109,900		See page 4	TERRI KEMP	FANNIE MAE	(909) 244-1867
MIDDLETOWN	$99,900	18974 DEER HILL ROAD	See page 4	DAVID HUGHES	FANNIE MAE	(800) 732-6643
MIDDLETOWN	$94,900	19200 MEADOW COURT	See page 4	DAVID HUGHES	FANNIE MAE	(800) 732-6643
MILLBRAE	Call	129 GARDEN LANE	Apartment	RIVAS, JEFFREY	FDIC	(415) 571-7400
MILPITAS	$69,900		See page 4	TONY VENTURA	FANNIE MAE	(408) 264-5000
MIRA LOMA	Call	11687 DEL SUR DRIVE	See page 4	JAN/GARY COTTEN	FANNIE MAE	(909) 270-1550
MISSION HILL	Call	10625 SALOMA AVENUE	See page 4	JOSEFINA FAJARDO	FANNIE MAE	(818) 361-5599
MISSION HILL	Call	14653 CLYMER STREET	See page 4	RAQUEL MAGRO	FANNIE MAE	(818) 365-0677
MISSION VIEJO	$83,000		See page 4	HARRY SOLOMAN	FREDDIE MAC	(714) 348-2700
MISSION VIEJO	$76,900	21077 MAUVE	See page 4	KEN BOGDAN	FANNIE MAE	(714) 998-5870
MODESTO	Call		See page 4	D'ANTONIO, BOB	FDIC	(209) 527-2010
MODESTO	$34,900		See page 4	VALERIE VAZ	FREDDIE MAC	(209) 527-2010
MODESTO	$99,900	1121 SONOMA AVENUE	See page 4	AL FERREIRA	FANNIE MAE	(209) 575-0148
MODESTO	$59,900	1208 PICARDY STREET	See page 4	JOHN MYRTAKIS	FANNIE MAE	(209) 576-2835
MODESTO	$84,900	1629 BRETT LANE	See page 4	JOHN MYRTAKIS	FANNIE MAE	(209) 576-2835
MODESTO	$84,900	1717 VICKSBURG ST	See page 4	LINDA ROGERS	FANNIE MAE	(209) 527-2010
MODESTO	$74,900	2012 ENFIELD WAY	See page 4	LINDA ROGERS	FANNIE MAE	(209) 527-2010
MODESTO	$94,900	2408 ECHO PARK COURT	See page 4	AL FERREIRA	FANNIE MAE	(209) 575-0148
MODESTO	$94,900	3209 ARTZ COURT	See page 4	AL FERREIRA	FANNIE MAE	(209) 575-0148
MODESTO	$99,900	708 CRATER AVE	See page 4	JOHN MYRTAKIS	FANNIE MAE	(209) 576-2835
MODESTO	$119,900	917 ARROYO HORDO PLACE	See page 4	AL FERREIRA	FANNIE MAE	(209) 575-0148
MOJAVE	Call		See page 4	GERUM, MARY	FDIC	(805) 822-5553
MONROVIA	$69,900	140 W. LEMON AVENUE	See page 4	GARY LORENZINI	FANNIE MAE	(818) 445-7600
MONROVIA	$114,900	331 GENOA STREET	See page 4	GARY LORENZINI	FANNIE MAE	(818) 445-7600
MONROVIA	$130,000	522 W. WALNUT AVE	See page 4	GARY LORENZINI	FANNIE MAE	(818) 445-7600
MONTCLAIR	Call		See page 4	THOMIE JONES	FANNIE MAE	(800) 832-2345

* A RECENT PROPERTY ASKING PRICE AND YOUR LOCAL CONTACT FOR CURRENT LISTINGS

24

CONSUMER DATA SERVICE

California

CITY	ASKING	ADDRESS	DETAILS	CONTACT	AGENCY	PHONE
MONTCLAIR	$64,300		See page 4	LINN JONES	FREDDIE MAC	(909) 591-0158
MONTE RIO	Call		See page 4	JOHN NOLAN	FANNIE MAE	(707) 524-3566
MONTEBELLO	$99,900	1661 NIEL ARM STRONG	See page 4	J.J. LOPEZ	FANNIE MAE	(213) 722-7373
MONTEBELLO	$69,900	1701 NEIL ARMSTRONG ST	See page 4	J.J. LOPEZ	FANNIE MAE	(213) 722-7373
MONTEREY PARK	Call		See page 4	SHIRLEY JIM	FANNIE MAE	(818) 300-0100
MONTEREY PARK	Call	1111 CORPORATE CENTER DR.	See page 4	FEDUSKA, SUE	FDIC	(213) 258-1232
MONTEREY PARK	Call	665 WEST MARKLAND DRIV	See page 4	SHIRLEY JIM	FANNIE MAE	(818) 300-0100
MOORPARK	$124,900		See page 4	JEAN POOLE	FANNIE MAE	(805) 583-5424
MOORPARK	Call		See page 4	BROWN, DAVID	FDIC	(818) 907-4627
MOORPARK	Call		See page 4	PENA, HENRY	FDIC	(714) 263-7719
MORENO VALLEY	$59,900	12117 MARIGOLD AVE.	See page 4	LANCE MARTIN	FANNIE MAE	(909) 697-8800
MORENO VALLEY	$77,500	12282 HYTHE ST	See page 4	TOM HARTIG	FANNIE MAE	(909) 242-8091
MORENO VALLEY	$94,900	12786 ARGO PLACE	See page 4	TOM HARTIG	FANNIE MAE	(909) 242-8091
MORENO VALLEY	$79,900	13048 TETON COURT	See page 4	LANCE MARTIN	FANNIE MAE	(909) 697-8800
MORENO VALLEY	$99,900	13205 OAK DELL ST	See page 4	DANNY SCHWIER	FANNIE MAE	(909) 247-1901
MORENO VALLEY	$69,900	13287 BIRCHWOOD DRIVE	See page 4	TOM HARTIG	FANNIE MAE	(909) 242-8091
MORENO VALLEY	$77,500	13340 LARKHAVEN DRIVE	See page 4	LANCE MARTIN	FANNIE MAE	(909) 697-8800
MORENO VALLEY	$84,900	13363 FIELDCREST COURT	See page 4	DANNY SCHWIER	FANNIE MAE	(909) 247-1901
MORENO VALLEY	$64,900	13493 BIRCHWOOD DRIVE	See page 4	TOM HARTIG	FANNIE MAE	(909) 242-8091
MORENO VALLEY	$94,900	13674 ROCKCREST DRIVE	See page 4	RITA RODRIGUEZ	FANNIE MAE	(909) 247-2213
MORENO VALLEY	$99,900	13806 SLYMAR DR.	See page 4	DANNY SCHWIER	FANNIE MAE	(909) 247-1901
MORENO VALLEY	$104,900	14180 MARTINIQUE PLACE	See page 4	TOM HARTIG	FANNIE MAE	(909) 242-8091
MORENO VALLEY	$74,900	15384 ELEANOR LANE	See page 4	RITA RODRIGUEZ	FANNIE MAE	(909) 247-2213
MORENO VALLEY	$79,900	16407 HAVENWOOD ROAD	See page 4	DANNY SCHWIER	FANNIE MAE	(909) 247-1901
MORENO VALLEY	$94,900	23280 MERRYGROVE CIR	See page 4	DANNY SCHWIER	FANNIE MAE	(909) 247-1901
MORENO VALLEY	$52,900	23773 BETTS PLACE	See page 4	TOM HARTIG	FANNIE MAE	(909) 242-8091
MORENO VALLEY	$94,900	24057 SANDBOW ST	See page 4	LANCE MARTIN	FANNIE MAE	(909) 697-8800
MORENO VALLEY	$64,900	24323 NICOLE COURT	See page 4	TOM HARTIG	FANNIE MAE	(909) 242-8091
MORENO VALLEY	$89,900	24421 JONNA LANE	See page 4	LANCE MARTIN	FANNIE MAE	(909) 697-8800
MORENO VALLEY	$84,900	25350 DRACAEA AVENUE	See page 4	TOM HARTIG	FANNIE MAE	(909) 242-8091
MORENO VALLEY	$94,900	25845 BLAKE DRIVE	See page 4	DANNY SCHWIER	FANNIE MAE	(909) 247-1901
MORENO VALLEY	$99,900	25884 HOLLYBERRY LN	See page 4	TOM HARTIG	FANNIE MAE	(909) 242-8091
MORENO VALLEY	$109,900	26485 WILLOWDALE CT.	See page 4	TOM HARTIG	FANNIE MAE	(909) 242-8091
MORENO VALLEY	$79,900	28841 KIMBERLY AVE	See page 4	LANCE MARTIN	FANNIE MAE	(909) 697-8800
MORENO	$99,900	11090 DAVIS STREET	See page 4	RITA RODRIGUEZ	FANNIE MAE	(909) 247-2213
MORENO	$109,900	21400 DOUGLAS COURT	See page 4	RITA RODRIGUEZ	FANNIE MAE	(909) 247-2213
MORGAN HILL	Call		See page 4	TOM MORMAN	FANNIE MAE	(408) 996-7100
MORRO BAY	Call		See page 4	SYDNEY LIPTAK	FANNIE MAE	(805) 239-9566
MORRO BAY	Call		See page 4	HONESCKO, JOSEPH	FDIC	(714) 263-7732
MOUNTAIN VIEW	$129,000	2047 MONTECITO AVENUE	See page 4	TOM MORMAN	FANNIE MAE	(408) 996-7100
MT. SHASTA	$129,900	1561 VILLAGE WAY	See page 4	LIZ WAITS	FANNIE MAE	(916) 221-7550
MURPHYS	$59,900		See page 4	JOAN SAHLI	FANNIE MAE	(209) 772-1323
MURRIETA	$51,500		See page 4	KEVIN ANDERSON	FREDDIE MAC	(909) 677-5283
MURRIETA	$114,900	23227 JOAQUIN RIDGE DR	See page 4	FELICIA HOGAN	FANNIE MAE	(909) 676-5736
MURRIETA	$119,900	24359 VIA BRIONES	See page 4	FELICIA HOGAN	FANNIE MAE	(909) 676-5736
MURRIETA	$124,900	28589 VIA LAS FLORES	See page 4	FELICIA HOGAN	FANNIE MAE	(909) 676-5736
N. HIGHLANDS	$59,900		See page 4	EILEEN JACKSON	FANNIE MAE	(800) 732-6643

* A RECENT PROPERTY ASKING PRICE AND YOUR LOCAL CONTACT FOR CURRENT LISTINGS

CONSUMER DATA SERVICE

California

CITY	ASKING	ADDRESS	DETAILS	CONTACT	AGENCY	PHONE
NAPA	$109,900	111 S KENTON AVENUE	See page 4	RANDY GULARTE	FANNIE MAE	(707) 255-0845
NATIONAL CITY	$89,900	1915 TERRY LANE	See page 4	LINDA RING	FANNIE MAE	(619) 421-2020
NATIONAL CITY	$99,900	1918 VIA LAS PALMAS	See page 4	ROSE AVEDISIAN	FANNIE MAE	(619) 569-5800
NATIONAL CITY	$81,900		See page 4	LINDA RING	FANNIE MAE	(619) 421-2020
NEEDLES	Call		See page 4	HIBBS, RUSS	FDIC	(619) 326-2774
NEVADA CITY	Call		See page 4	PERI APLIN	FANNIE MAE	(916) 273-1336
NEW CASTLE	Call	180 OAK VIEW ROAD	See page 4	OLETA THOMPSON	FANNIE MAE	(800) 732-6643
NEWARK	$71,400		See page 4	TED CHEDWICK	FANNIE MAE	(510) 794-3400
NEWBURY PARK	Call	566 LOUIS DRIVE	See page 4	DAN VERDIN	FREDDIE MAC	(310) 447-6000
NEWBURY PARK	$64,900	649 AVENIDA DE LA PLAT	See page 4	BRYAN FLEMING	FANNIE MAE	(800) 732-6643
NEWBURY PARK	Call	3439 WEST KIMBER DRIVE	See page 4	TERRY HOLLAND	FANNIE MAE	(805) 496-0555
NEWBURY	Call		See page 4	TERRY HOLLAND	FANNIE MAE	(805) 496-0555
NEWHALL	$75,900		See page 4	BRIAN PALMER	FREDDIE MAC	(805) 255-2650
NEWHALL	Call	25238 FOURL RD	See page 4	DIANE KAUZLARICH	FANNIE MAE	(805) 286-5042
NEWMAN	Call		See page 4	LINDA ROGERS	FANNIE MAE	(209) 527-2010
NEWPORT BEACH	Call		See page 4	STEVE STOVALL	FDIC	(714) 644-7111
NEWPORT BEACH	Call	2 CANYON ISLAND	See page 4	NETERER, KERRY	FANNIE MAE	(714) 839-2100
NORCO	Call		See page 4	NETERER, KERRY	FDIC	(800) 234-0867
NORCO	$129,900	2077 CORONA AVENUE	See page 4	JAN/GARY COTTEN	FANNIE MAE	(909) 270-1550
NORCO	$119,900	2870 HILLSIDE AVENUE	See page 4	SHARON P. MORRISON	FANNIE MAE	(800) 732-6643
NORTH HIGHLAND	$104,900	3011 SCOTLAND DRIVE	See page 4	RUSSELL A. SKUTLEY	FANNIE MAE	(916) 334-9223
NORTH HIGHLAND	$54,900	3660 VAN OWEN STREET	See page 4	EILEEN JACKSON	FANNIE MAE	(800) 732-6643
NORTH HIGHLAND	$69,900	6536 GRAYLOCK LANE	See page 4	RUSSELL A. SKUTLEY	FANNIE MAE	(916) 334-9223
NORTH HIGHLAND	$114,900	7732 MORELLA AVENUE	See page 4	JIM PAUL	FANNIE MAE	(818) 845-8322
NORTH HILLS	$74,900	15024 NORDOFF ST	See page 4	BEA LAUFER	FANNIE MAE	(800) 732-6643
NORTH HILLS	$44,999	9014 BURNET AVENUE	See page 4	STEVE OWEN JR.	FANNIE MAE	(818) 892-7979
NORTHRIDGE	Call		See page 4	MAGEE, MELINDA	FDIC	(714) 263-7747
NORTHRIDGE	$77,500		See page 4	ZACK SOLOMON	FREDDIE MAC	(818) 757-8900
NORTHRIDGE	$52,900	10331 LINDLEY	See page 4	JON COHEN	FANNIE MAE	(818) 993-1511
NORTHRIDGE	$129,900	17454 LULL STREET	See page 4	MICHAEL A. HARRIS	FANNIE MAE	(800) 732-6643
NORTHRIDGE	$121,500	17601 BLYTHE STREET	See page 4	BEA LAUFER	FANNIE MAE	(800) 732-6643
NORTHRIDGE	$73,975	18501 MAYALL STREET #	See page 4	BOB PEARSON	FANNIE MAE	(818) 880-4304
NORTHRIDGE	$79,900	18530 MAYALL ST E	See page 4	BOB PEARSON	FANNIE MAE	(818) 880-4304
NORTHRIDGE	$119,900	18646 NAPA STREET	See page 4	JON COHEN	FANNIE MAE	(818) 993-1511
NORTHRIDGE	$114,900	7243 BALBOA BOULEVARD	See page 4	GEOF ROUSS	FANNIE MAE	(800) 732-6643
NORTHRIDGE	Call	9000 VANALDEN AVE	See page 4	STEVE OWEN JR.	FANNIE MAE	(818) 892-7979
NORTHRIDGE	$114,900	11759 ANGELL STREET	See page 4	JOAN MUELLER	FANNIE MAE	(310) 947-4771
NORWALK	$94,900	11937 HERMOSURA ST.	See page 4	ISSA MARTHA	FANNIE MAE	(310) 696-3300
NORWALK	Call	11982 WALNUT STREET	Apartment	O'TOOLE, SHANNON	FDIC	(909) 483-2444
NORWALK	$89,900	12025 FOSTER ROAD	See page 4	ISSA MARTHA	FANNIE MAE	(310) 696-3300
NORWALK	$79,900	12053 BARNWALL ST.	See page 4	ISSA MARTHA	FANNIE MAE	(310) 696-3300
NORWALK	$99,900	12219 CHESHIRE STREET	See page 4	JOAN MUELLER	FANNIE MAE	(310) 947-4771
NORWALK	$109,900	12255 FOSTER ROAD	See page 4	JOAN MUELLER	FANNIE MAE	(310) 947-4771
NORWALK	$94,900	12914 LARIAT LANE	See page 4	JOAN MUELLER	FANNIE MAE	(310) 947-4771
NORWALK	$129,900	13117 THISTLE AVE.	See page 4	CARLOS MALDONADO	FANNIE MAE	(800) 732-6643
NUEVO	$137,500	BETTE LYLE LANE	See page 4	KERRY PATTERSON	FANNIE MAE	(800) 732-6643
OAK VIEW	Call		See page 4	CHUCK ADELSECK	FANNIE MAE	(805) 650-0433

* A RECENT PROPERTY ASKING PRICE AND YOUR LOCAL CONTACT FOR CURRENT LISTINGS

26

CONSUMER DATA SERVICE

California

CITY	ASKING	ADDRESS	DETAILS	CONTACT	AGENCY	PHONE
OAKDALE	Call	217 NORTH 5TH AVENUE	See page 4	AL FERRIERA	FANNIE MAE	(209) 575-0148
OAKDALE	$39,900		See page 4	LINDA ROGERS	FANNIE MAE	(209) 527-2010
OAKDALE	$114,900	940 MARIA DRIVE	See page 4	AL FERREIRA	FANNIE MAE	(209) 575-0148
OAKLAND	Call		See page 4	O'TOOLE, SHANNON	FDIC	(909) 483-2444
OAKLAND	$51,900	389 BELMONT STREET	See page 4	KIM CLEGHORNE	FREDDIE MAC	(510) 763-7395
OAKLAND	$99,900		See page 4	MICHAEL HARDING	FANNIE MAE	(510) 339-4000
OAKLEY	$119,900	1355 QUAIL VALLEY RUN	See page 4	MICHAEL A. HARRIS	FANNIE MAE	(800) 732-6643
OCEANO	$79,900	2408 LA COSTA C	See page 4	ROBERT SIDENBERG	FANNIE MAE	(805) 489-2100
OCEANO	$69,900		See page 4	CATHERINE TAYLOR	FREDDIE MAC	(619) 434-9434
OCEANSIDE	$75,000	1416 SANTA ROSA STREET	See page 4	ROBERT MILLER	FANNIE MAE	(619) 754-4939
OCEANSIDE	$64,900	1523 SAN JOSE STREET	See page 4	KAREN KUNZE	FANNIE MAE	(619) 724-0601
OCEANSIDE	$99,900	2345 RANCHO DEL ORO	See page 4	ROBERT MILLER	FANNIE MAE	(619) 754-4939
OCEANSIDE	$122,900	3795 MULBERRY ST.	See page 4	LORRAINE MARTHA	FANNIE MAE	(619) 944-4414
OCEANSIDE	$123,900	4135 CHASIN STREET	See page 4	ROBERT MILLER	FANNIE MAE	(619) 754-4939
OCEANSIDE	$102,900	4769 SEQUOIA PLACE	See page 4	CAROL PEARSON	FANNIE MAE	(619) 931-1200
OCEANSIDE	$42,900	5130-F N. RIVER ROAD	See page 4	KAREN KUNZE	FANNIE MAE	(619) 724-0601
OCEANSIDE	$109,900	807 SANTA PAULA STREET	See page 4	ROBERT MILLER	FANNIE MAE	(619) 754-4939
OCEANSIDE	$109,900	820 ARTHUR AVENUE	See page 4	ROBERT MILLER	FANNIE MAE	(619) 754-4939
OJAI	Call		See page 4	RON CONTI	FANNIE MAE	(805) 985-8800
OLYMPIC VALLEY	Call		See page 4	O'TOOLE, SHANNON	FDIC	(714) 263-7807
OLYMPIC VALLEY	Call		See page 4	MARK LUCKSINGER	FANNIE MAE	(916) 544-0660
ONACERVILLE	$124,900	6561 MOTHER LODE DRIVE	See page 4	JUDY CLARK	FANNIE MAE	(916) 333-4838
ONTARIO	$49,900		See page 4	RON DOLL	FREDDIE MAC	(909) 466-7770
ONTARIO	$108,900	1211 CORONA AVENUE	See page 4	DOUGLAS MC COWAN	FANNIE MAE	(909) 948-0051
ONTARIO	$117,900	1409 EAST ALVARADO	See page 4	DALE REHFELD	FANNIE MAE	(909) 625-7881
ONTARIO	Call	1449 D STREET	Apartment	O'TOOLE, SHANNON	FDIC	(909) 483-2444
ONTARIO	$99,900	1816 E. PRINCETON ST.	See page 4	DOUGLAS MC COWAN	FANNIE MAE	(909) 948-0051
ONTARIO	$121,900	1918 SOUTHVINE AVENUE	See page 4	THOMIE JONES	FANNIE MAE	(800) 732-6643
ONTARIO	$126,900	2122 S SAN ANTONIO AVE	See page 4	THOMIE JONES	FANNIE MAE	(800) 732-6643
ONTARIO	$121,900	2526 SOUTH LAKE AVENUE	See page 4	THOMIE JONES	FANNIE MAE	(800) 732-6643
ONTARIO	$99,900	2748 EAGLE CREEK PLACE	See page 4	JUSTINE W	FANNIE MAE	(909) 590-7114
ONTARIO	$115,000	3111 ANTELOPE WAY	See page 4	THOMIE JONES	FANNIE MAE	(800) 732-6643
ONTARIO	$129,900	3553 WARM SPRINGS COUR	See page 4	CRAIG FINLAYSON	FANNIE MAE	(909) 613-5522
ONTARIO	$125,900	702 E. HAWTHORNE STREE	See page 4	CRAIG FINLAYSON	FANNIE MAE	(909) 613-5522
ONTARIO	$115,000	936 TURNER AVENUE	See page 4	THOMIE JONES	FANNIE MAE	(800) 732-6643
ONTARIO	$120,900	945 BEREKELY COURT	See page 4	JUSTINE W	FANNIE MAE	(909) 590-7114
ORANGE	Call		See page 4	FEDUSKA, SUE	FDIC	(800) 234-0867
ORANGE	$66,000		See page 4	RON GARBER	FREDDIE MAC	(714) 998-6616
ORANGE	$99,900	2525 BOURBON	See page 4	KEN BOGDAN	FANNIE MAE	(714) 998-5870
ORANGE	$79,900	700 W. LA VETA	See page 4	KEN BOGDAN	FANNIE MAE	(714) 998-5870
OXNARD	$137,500	1241 GOTITA WAY	See page 4	RON CONTI	FANNIE MAE	(805) 985-8800
OXNARD	$119,900	151 AMAGRO	See page 4	RON CONTI	FANNIE MAE	(805) 985-8800
OXNARD	$124,990	637 SOUTH D STREET	See page 4	RON CONTI	FANNIE MAE	(805) 985-8800
PACHEO	Call		See page 4	DAVID SCHUBB	FANNIE MAE	(510) 938-9200
PACOIMA	$112,900		See page 4	RAQUEL MAGRO	FANNIE MAE	(818) 365-0677
PACOIMA	Call		See page 4	NETERER, KERRY	FDIC	(818) 552-3250
PACOIMA AREA	$62,500		See page 4	ZACK SOLOMON	FREDDIE MAC	(818) 757-8900

* A RECENT PROPERTY ASKING PRICE AND YOUR LOCAL CONTACT FOR CURRENT LISTINGS

CONSUMER DATA SERVICE

California

CITY	ASKING	ADDRESS	DETAILS	CONTACT	AGENCY	PHONE
PACOIMA	$97,900	11804 1 2 BROMONT AVEN	See page 4	GRETCHEN	FANNIE MAE	(818) 365-3650
PALM DESERT	Call		See page 4	KATO, EDWARD	FDIC	(619) 773-3310
PALM DESERT	$50,925	270 VIA PUCON	See page 4	BRUCE CATHCART	FREDDIE MAC	(619) 564-4104
PALM DESERT	$74,900	296 PASEO PRIMAVERA	See page 4	CANDICE JOHNSTON	FANNIE MAE	(619) 773-0063
PALM DESERT	$109,900	38377 NASTURTIUM WAY	See page 4	DAN HUMESTON	FANNIE MAE	(800) 732-6643
PALM DESERT	$104,900	40420 EASTWOOD LN	See page 4	CHARLES STEWART	FANNIE MAE	(619) 416-1957
PALM DESERT	Call	45680 OCOTILLO DRIVE	See page 4	CANDICE JOHNSTON	FANNIE MAE	(619) 773-0063
PALM DESERT	$84,900	73456 DALEA DRIVE	See page 4	CHERYL KAUFFMANN	FANNIE MAE	(800) 732-6643
PALM DESERT	$92,000		See page 4	KERRY PATTERSON	FANNIE MAE	(800) 732-6643
PALM SPRINGS	Call		See page 4	GERUM, MARY	FDIC	(714) 760-5000
PALM SPRINGS	$84,900	1261 TIFFANY CIRCLE SO	See page 4	BARB GARLAND	FANNIE MAE	(800) 732-6643
PALM SPRINGS	$84,900	1380 LUNA WAY	See page 4	MICHAEL A. HARRIS	FANNIE MAE	(800) 732-6643
PALM SPRINGS	$114,900	1802 HIDALGO WAY	See page 4	DAN HUMESTON	FANNIE MAE	(800) 732-6643
PALM SPRINGS	$54,900	277 EAST ALEJO RD. #P	See page 4	CHARLES STEWART	FANNIE MAE	(619) 416-1957
PALM SPRINGS	$89,900	378 CABRILLO ROAD	See page 4	BARB GARLAND	FANNIE MAE	(800) 732-6643
PALM SPRINGS	$64,900	401 S. EL CIELO	See page 4	CHARLES STEWART	FANNIE MAE	(619) 416-1957
PALMDALE	Call		See page 4	CASHMAN, PAT	FDIC	(805) 265-8646
PALMDALE	$59,900		See page 4	SAM RAFEH	FREDDIE MAC	(805) 942-3703
PALMDALE AREA	$69,900	38552 NORTH 151ST ST.	See page 4	DON ANDERSON	FANNIE MAE	(805) 948-4646
PALMDALE	$49,900	1339 ELIZABETH LAKE R	See page 4	DON ANDERSON	FANNIE MAE	(805) 948-4646
PALMDALE	$79,900	16145 WELLS FARGO AVE	See page 4	GRACE HOGSTAD	FANNIE MAE	(805) 265-8646
PALMDALE	$94,900	1809 EAST AVENUE	See page 4	CARMEN HINOJOSA	FANNIE MAE	(805) 947-0766
PALMDALE	$19,900	2554 OLIVE DR	See page 4	DON ANDERSON	FANNIE MAE	(805) 948-4646
PALMDALE	$84,900	3214 THOMAS AVENUE	See page 4	GRACE HOGSTAD	FANNIE MAE	(805) 265-8646
PALMDALE	$74,900	3260 E. AVENUE R-8	See page 4	GRACE HOGSTAD	FANNIE MAE	(805) 265-8646
PALMDALE	$94,900	3315 E AVENUE S-1	See page 4	DON ANDERSON	FANNIE MAE	(805) 948-4646
PALMDALE	$69,900	3444 SAN CLEMENTE COUR	See page 4	BENJAMIN WALKS	FANNIE MAE	(805) 265-9227
PALMDALE	$74,900	3612 E ACORDE AVE	See page 4	GRACE HOGSTAD	FANNIE MAE	(805) 265-8646
PALMDALE	$79,900	36800 N. CAMDEN COURT	See page 4	BENJAMIN WALKS	FANNIE MAE	(805) 265-9227
PALMDALE	$74,900	36920 NORTH GOLDENVINE	See page 4	BENJAMIN WALKS	FANNIE MAE	(805) 265-9227
PALMDALE	$84,900	36968 N SPANISH BROOM	See page 4	MICHAEL A. HARRIS	FANNIE MAE	(800) 732-6643
PALMDALE	$89,900	37010 JENNA LANE	See page 4	DON ANDERSON	FANNIE MAE	(805) 948-4646
PALMDALE	$89,900	37127 KELLY COURT	See page 4	DON ANDERSON	FANNIE MAE	(805) 948-4646
PALMDALE	$94,900	37341 OAKHILL STREET	See page 4	DON ANDERSON	FANNIE MAE	(805) 948-4646
PALMDALE	$69,900	37344 N. 52ND ST.	See page 4	CARMEN HINOJOSA	FANNIE MAE	(805) 947-0766
PALMDALE	$99,900	37420 DREXEL STREET	See page 4	DIANE HAMILL	FANNIE MAE	(805) 272-6100
PALMDALE	$94,900	3748 ECLIPSE DRIVE	See page 4	GRACE HOGSTAD	FANNIE MAE	(805) 265-8646
PALMDALE	$84,900	37636 KIMBERLY LANE	See page 4	GRACE HOGSTAD	FANNIE MAE	(805) 265-8646
PALMDALE	$94,900	37637 17TH ST EASST	See page 4	GRACE HOGSTAD	FANNIE MAE	(805) 265-8646
PALMDALE	$69,900	37744 HARVEY STREET	See page 4	GRACE HOGSTAD	FANNIE MAE	(805) 265-8646
PALMDALE	$64,900	37806 N. CLUNY STREET	See page 4	DIANE HAMILL	FANNIE MAE	(805) 272-6100
PALMDALE	$84,900	37807 58TH ST E	See page 4	BENJAMIN WALKS	FANNIE MAE	(805) 265-9227
PALMDALE	$84,900	39063 WILLOWVALE ROAD	See page 4	GRACE HOGSTAD	FANNIE MAE	(805) 265-8646
PALMDALE	$79,900	39069 N. DIANRON ROAD	See page 4	DON ANDERSON	FANNIE MAE	(805) 948-4646
PALMDALE	$44,900	40126 N. FIELDSPRING	See page 4	DON ANDERSON	FANNIE MAE	(805) 948-4646
PALMDALE	$89,900	40154 CASILLO ROAD	See page 4	BENJAMIN WALKS	FANNIE MAE	(805) 265-9227
PALMDALE	$114,900	410 PAGOSA CT	See page 4	DIANE HAMILL	FANNIE MAE	(805) 272-6100

* A RECENT PROPERTY ASKING PRICE AND YOUR LOCAL CONTACT FOR CURRENT LISTINGS

28

CONSUMER DATA SERVICE

California

CITY	ASKING	ADDRESS	DETAILS	CONTACT	AGENCY	PHONE
PALMDALE	$99,900	4571 RIDGEWOOD COURT	See page 4	BENJAMIN WALKS	FANNIE MAE	(805) 265-9227
PALMDALE	$79,900	5050 E. SUNBURST DRIVE	See page 4	GRACE HOGSTAD	FANNIE MAE	(805) 265-8646
PALMDALE	$79,900	5214 E. SUNBURST DRIVE	See page 4	DON ANDERSON	FANNIE MAE	(805) 948-4646
PALMDALE	$94,900	5331 BLUE SAGE DR	See page 4	CARMEN HINOJOSA	FANNIE MAE	(805) 947-0766
PALMDALE	$114,900	5379 KATRINA PLACE	See page 4	BENJAMIN WALKS	FANNIE MAE	(805) 265-9227
PALMDALE	$94,900	5643 TAMARACK LANE	See page 4	DIANE HAMILL	FANNIE MAE	(805) 272-6100
PALMDALE	$89,900	5717 MADRID COURT	See page 4	MICHAEL A. HARRIS	FANNIE MAE	(800) 732-6643
PALO ALTO	Call		See page 4	O'TOOLE, SHANNON	FDIC	(909) 483-2444
PALOS VERDES ESTATES	Call		See page 4	HAYNES, RON	FDIC	(310) 785-0272
PANORAMA CITY	$36,000		See page 4	ZACK SOLOMON	FREDDIE MAC	(818) 757-8900
PANORAMA CITY	$74,900	14265 TERRA BELLA ST	See page 4	CESAR DE LA CRUZ	FANNIE MAE	(800) 732-6643
PANORAMA CITY	$49,900	14501 TUPPER STREET	See page 4	MICHAEL A. HARRIS	FANNIE MAE	(800) 732-6643
PANORAMA CITY	$59,900	14501 TUPPER STREET	See page 4	RAQUEL MAGRO	FANNIE MAE	(818) 365-0677
PANORAMA CITY	$57,900	14537 TUPPER ST	See page 4	ANA MARIA COLON	FANNIE MAE	(818) 361-1235
PANORAMA CITY	$69,900	14840 PARTHENIA ST	See page 4	GRETCHEN	FANNIE MAE	(818) 365-3650
PANORAMA CITY	$67,900	8800 WILLIS AVE.	See page 4	GRETCHEN	FANNIE MAE	(818) 365-3650
PANORAMA CITY	$59,900	8822 WILLIS AVE.	See page 4	CESAR DE LA CRUZ	FANNIE MAE	(800) 732-6643
PANORAMA CITY	$62,900	8927 CEDROS AVENUE	See page 4	CESAR DE LA CRUZ	FANNIE MAE	(800) 732-6643
PANORAMA CITY	$42,900	9054 WILLIS AVENUE	See page 4	CESAR DE LA CRUZ	FANNIE MAE	(800) 732-6643
PANORAMA CITY	$49,900	9210 VAN NUYS BLVD	See page 4	GRETCHEN	FANNIE MAE	(818) 365-3650
PANORAMA CITY	$79,900	9515 SYLMAR AVENUE	See page 4	GRETCHEN	FANNIE MAE	(818) 365-3650
PANORAMA CITY	$64,900	9525 SYLMAR AVENUE	See page 4	GRETCHEN	FANNIE MAE	(818) 365-3650
PANORAMA	$77,900	9146 TOBIAS AVENUE	See page 4	CESAR DE LA CRUZ	FANNIE MAE	(800) 732-6643
PARADISE	Call		See page 4	SANDY FINCH	FANNIE MAE	(916) 865-7695
PARAMOUNT	$64,900	16211 DOWNEY AVE	See page 4	JOHN ARMIJO	FANNIE MAE	(310) 402-8846
PARAMOUNT	$64,900	16211 DOWNEY AVENUE	See page 4	JOHN ARMIJO	FANNIE MAE	(310) 402-8846
PARAMOUNT	$79,900	7301 RICHFIELD STREET	See page 4	ADOLFO PAZ	FANNIE MAE	(213) 612-7797
PARAMOUNT	$94,900	8330 SOMERSET RANCH	See page 4	ADOLFO PAZ	FANNIE MAE	(213) 612-7797
PARAMOUNT	$110,000	8337 WILBARN STREET	See page 4	KERRY PATTERSON	FANNIE MAE	(800) 732-6643
PASADENA	Call		See page 4	FEDUSKA, SUE	FDIC	(818) 793-6270
PASADENA	$126,900		See page 4	MITCH HALPERN	FANNIE MAE	(818) 798-1937
PASADENA	$89,500		See page 4	JILL SILVAS	FREDDIE MAC	(800) 877-7356
PASADENA	$69,900	2386 E DEL MAR BLVD	See page 4	SYBIL STEVENSON	FANNIE MAE	(818) 431-2255
PASADENA	$64,900	430 N. HOLLISTON	See page 4	ARLENE VELLA	FANNIE MAE	(800) 732-6643
PASADENA	$69,900	837 MAGNOLIA AVENUE,	See page 4	KERRY PATTERSON	FANNIE MAE	(800) 732-6643
PASO ROBLES	Call		See page 4	SYDNEY LIPTAK	FANNIE MAE	(805) 239-9566
PASO ROBLES	Call		See page 4	HONESCKO, JOSEPH	FDIC	(714) 263-7732
PERRIS	$120,000		See page 4	NETERER, KERRY	FDIC	
PERRIS	$47,900	21841 OLEANDER AVENUE	See page 4	JACQUILINE JOHNSON	FREDDIE MAC	(619) 945-6900
PERRIS	$64,900	2891 INDIAN ST	See page 4	SUE DUNAGAN	FANNIE MAE	(800) 732-6643
PERRIS	$69,900	1485 CAPRI AVE.	See page 4	SUE DUNAGAN	FANNIE MAE	(800) 732-6643
PETALUMA	Call	10373 BONANZA ROAD	See page 4	JAMES MADISON	FANNIE MAE	(707) 524-8583
PHELAN AREA	$69,900	10975 EL ESTEBEN ROAD	See page 4	CAROLYN MCNAMARA	FANNIE MAE	(800) 732-6643
PHELAN	$84,900	14354 SHEEP CREEK ROAD	See page 4	KATHIE SALERNO	FANNIE MAE	(619) 244-5481
PHELAN	$49,900	5332 NEILSON ROAD	See page 4	BESS KLINE	FANNIE MAE	(619) 244-6633
PHELAN	$81,900	6805 ALBERTA ROAD	See page 4	BESS KLINE	FANNIE MAE	(619) 244-6633
PHELAN	$75,900			ASSOC WITH OFFICE	FANNIE MAE	(800) 732-6643

* A RECENT PROPERTY ASKING PRICE AND YOUR LOCAL CONTACT FOR CURRENT LISTINGS

CONSUMER DATA SERVICE

California

CITY	ASKING	ADDRESS	DETAILS	CONTACT	AGENCY	PHONE
PHELAN	$123,900	8851 SONORA ROAD	See page 4	BESS KLINE	FANNIE MAE	(619) 244-6633
PHELAN	$84,900	9030 GREEN ROAD	See page 4	CAROLYN MCNAMARA	FANNIE MAE	(800) 732-6643
PHELAN	$49,900	9246 MIDDLETON ROAD	See page 4	KAREN BROWN	FANNIE MAE	(619) 243-7653
PICO RIVERA	Call		See page 4	NETERER, KERRY	FDIC	(800) 234-0867
PINE VALLEY	Call		See page 4	HIBBS, RUSS	FDIC	(800) 234-0867
PINOLE	Call		See page 4	HIBBS, RUSS	FDIC	(415) 391-9220
PINOLE	$124,900	902 JONES COURT	See page 4	CARL SCHOBER	FANNIE MAE	(510) 724-7800
PINON HILLS	$89,900	2830 LA MESA RD.	See page 4	RICHARD DEVLIN	FANNIE MAE	(800) 732-6643
PITTSBURGH, W	Call	400 AZORES CIRCLE	See page 4	DORIS BEDFORD	FANNIE MAE	(800) 732-6643
PITTSBURGH	$84,900	144 VICTORY AVENUE	See page 4	DORIS BEDFORD	FANNIE MAE	(800) 732-6643
PITTSBURGH	$99,900	52 CHELSEA WAY	See page 4	JIM MANN	FANNIE MAE	(510) 779-0700
PLACENTIA	Call	330 NEW HAMPSHIRE WAY	See page 4	BURT OMAR	FANNIE MAE	(714) 228-2100
PLACERVILLE	$134,900	2370 BIG CANYON CREEK	See page 4	JUDY CLARK	FANNIE MAE	(916) 333-4838
PLAYA DEL	$79,900	7740 REDLAND ST. #2094	See page 4	WILLIAM ARNOLD	FANNIE MAE	(310) 478-4100
PLAYA	$124,900	8162 MANITOBA STREET	See page 4	BURT COLE	FANNIE MAE	(310) 372-4890
PLEASANT HILL	$54,500		See page 4	VERN STEWART	FREDDIE MAC	(510) 463-6114
PLEASANT HILL	$114,900	2350 PLEASANT HILL ROA	See page 4	DAVID SCHUBB	FANNIE MAE	(510) 938-9200
PLEASANTON	Call		See page 4	HONESCKO, JOSEPH	FDIC	(714) 263-7732
PLYMOUTH	Call		See page 4	FEDUSKA, SUE	FDIC	(800) 234-0867
PLYMOUTH	$114,900	9520 VICTORIAN WAY	See page 4	SHARON RINTALA	FANNIE MAE	(800) 732-6643
POCOIMA	Call		See page 4	RAQUEL MAGRO	FANNIE MAE	(818) 365-0677
POLLOCK PIN	Call		See page 4	JUDY CLARK	FANNIE MAE	(916) 333-4838
POMONA	$114,900	1070 MURRAY AVENUE	See page 4	LOURDES GARRISON	FANNIE MAE	(818) 339-1116
POMONA	$49,900	2025 LAS VEGAS AVENUE	See page 4	GREG YOUNG	FANNIE MAE	(800) 732-6643
PORT HUENEME	Call	1154 SIXTH STREET	See page 4	RON CONTI	FANNIE MAE	(805) 985-8800
QUAIL VALLEY	$50,000		See page 4	JACQUILINE JOHNSON	FREDDIE MAC	(619) 945-6900
QUARTZ HILLS	Call		See page 4	HONESCKO, JOSEPH	FDIC	(714) 263-7732
QUARTZ HILLS	$124,900	5118 RUBY COURT	See page 4	CHARLA ABBOTT	FANNIE MAE	(805) 948-4737
RANCH MIRAGE	Call		See page 4	CANDICE JOHNSTON	FANNIE MAE	(619) 773-0063
RANCH SANTA	$134,900		See page 4	KEN BOGDAN	FANNIE MAE	(714) 998-5870
RANCH CORDO	$79,900		See page 4	EILEEN JACKSON	FANNIE MAE	(800) 732-6643
RANCHO CUCAMONGA	Call		See page 4	NETERER, KERRY	FDIC	(800) 234-0867
RANCHO CUCAMONGA	$79,900		See page 4	LINN JONES	FREDDIE MAC	(909) 591-0158
RANCHO CUCAMONGA	$109,900	12333 WINTERGREEN STRE	See page 4	DOUGLAS MC COWAN	FANNIE MAE	(909) 948-0051
RANCHO CUCAMONGA	$88,500	6941 LAGUNA PLACE	See page 4	DOUGLAS MC COWAN	FANNIE MAE	(909) 948-0051
RANCHO CUCAMONGA	$94,900	7313 BELPINE PL #9	See page 4	DALE REHFELD	FANNIE MAE	(909) 625-7881
RANCHO CUCAMONGA	$105,900	7331 BELPINE PLACE	See page 4	DOUGLAS MC COWAN	FANNIE MAE	(909) 948-0051
RANCHO CUCAMONGA	$72,900	8167 VINEYARD AVE	See page 4	DOUGLAS MC COWAN	FANNIE MAE	(909) 948-0051
RANCHO CUCAMONGA	$126,900	8383 HELMES AVE	See page 4	DOUGLAS MC COWAN	FANNIE MAE	(909) 948-0051
RANCHO CUCAMONGA	$133,500	8679 WILLOW DRIVE	See page 4	KERRY PATTERSON	FANNIE MAE	(800) 732-6643
RANCHO CUCAMONGA	$131,000	8897 HEMLOCK STREET	See page 4	DOUGLAS MC COWAN	FANNIE MAE	(909) 948-0051
RANCHO CUCAMONGA	$89,900	9229 E. RANCHO PARK CI	See page 4	DOUGLAS MC COWAN	FANNIE MAE	(909) 948-0051
RANCHO CUCAMONGA	$115,500	9264 PERSIMMON AVENUE	See page 4	DOUGLAS MC COWAN	FANNIE MAE	(909) 948-0051
RANCHO MIRAGE	Call	36809 MARBER DRIVE	See page 4	CANDICE JOHNSTON	FANNIE MAE	(619) 773-0063
RANCHO MURIETA	Call		See page 4	KATO, EDWARD	FDIC	(916) 440-1090
RANCHO PALOS VERDES	$99,750		See page 4	MATHEWS, STEVE	FDIC	(310) 831-0222
RANCHO SANTA	Call	8 EL GUIRO	See page 4	KEN BOGDAN	FANNIE MAE	(714) 998-5870

* A RECENT PROPERTY ASKING PRICE AND YOUR LOCAL CONTACT FOR CURRENT LISTINGS

CONSUMER DATA SERVICE

California

CITY	ASKING	ADDRESS	DETAILS	CONTACT	AGENCY	PHONE
RC MARGARITA	Call	3292 AUBURN DRIVE	See page 4	KEN BOGDAN	FANNIE MAE	(714) 998-5870
REDDING	$106,900	3588 BRIDGER DRIVE	See page 4	LIZ WAITS	FANNIE MAE	(916) 221-7550
REDDING	$109,000	106 PIONEER AVENUE	See page 4	LIZ WAITS	FANNIE MAE	(916) 221-7550
REDLANDS	$78,900	1608 KIRBY CT	See page 4	WANDA & BILL PEYTON	FANNIE MAE	(909) 864-3970
REDLANDS	$94,000	824 FRONTIER ST	See page 4	WANDA & BILL PEYTON	FANNIE MAE	(909) 864-3970
REDLANDS	$117,900	834 HARVARD COURT	See page 4	JANE BLESCH	FANNIE MAE	(909) 793-3346
REDLANDS	$109,000		See page 4	WANDA & BILL PEYTON	FANNIE MAE	(909) 864-3970
RESEDA	$41,900		See page 4	JOSEPHINA FAJARD	FREDDIE MAC	(818) 361-5599
RESEDA	$134,900	18148 HATTON ST.	See page 4	RENA SCHWEIZER	FANNIE MAE	(818) 990-3131
RESEDA	$124,900	18249 WELBY WAY	See page 4	RENA SCHWEIZER	FANNIE MAE	(818) 990-3131
RESEDA	Call	18340 HART STREET	See page 4	PEDRO JIMENIZ	FANNIE MAE	(800) 732-6643
RESEDA	$119,900	18946 HARTLAND	See page 4	TOM HAVEY	FANNIE MAE	(800) 732-6643
RESEDA	$94,900	18956 SHERMAN WAY	See page 4	TOM HAVEY	FANNIE MAE	(800) 732-6643
RESEDA	$114,900	19414 INGOMAR STREET	See page 4	RENA SCHWEIZER	FANNIE MAE	(818) 990-3131
RESEDA	$65,000	7631 RESEDA BLVD #4	See page 4	MATHEWS, STEVE	FDIC	(818) 701-9000
RIALTO	$84,900		See page 4	RONN STARK	FREDDIE MAC	(909) 272-3000
RIALTO	$115,900	1051 N EVALINE AVE	See page 4	ALLEN GELLER	FANNIE MAE	(800) 732-6643
RIALTO	$69,900	163 W. MORGAN STREET	See page 4	JEFF TEEL	FANNIE MAE	(909) 881-2641
RIALTO	$114,900	19689 KAURI AVENUE	See page 4	LINN JONES	FANNIE MAE	(800) 732-6643
RIALTO	$89,900	566 W. MARIPOSA DRIVE	See page 4	WANDA & BILL PEYTON	FANNIE MAE	(909) 864-3970
RIALTO	$67,900	6112 NORTH CEDAR AVENU	See page 4	LINN JONES	FANNIE MAE	(800) 732-6643
RIALTO	$84,900	712 S. FILLMORE AVENUE	See page 4	ALLEN GELLER	FANNIE MAE	(800) 732-6643
RIALTO	$79,900	807 E. WINCHESTER DRIV	See page 4	JOSAM OZYP	FANNIE MAE	(909) 883-9541
RIALTO	Call	VALLEY BLVD & LILAC AVE	See page 4	HIBBS, RUSS	FDIC	(310) 436-5800
RICHMOND	$129,900	2127 COALINGA AVE	See page 4	MICHAEL A. HARRIS	FANNIE MAE	(800) 732-6643
RICHMOND	$31,000	2408 MAINE AVE	Single family residence	GERUM, MARY	FDIC	(510) 970-7650
RICHMOND	$34,900	560 THIRD STREET	See page 4	JACK BURNS JR	FANNIE MAE	(800) 732-6643
RIDGECREST	Call		See page 4	GERUM, MARY	FDIC	(619) 375-3900
RIDGECREST	$54,900	401 S. LINCOLN	See page 4	RITA READ	FANNIE MAE	(800) 732-6643
RIDGECREST	$84,900	649 E RIDGECREST BLVD.	See page 4	RITA READ	FANNIE MAE	(800) 732-6643
RIM FOREST	Call		See page 4	VEE WARD	FANNIE MAE	(800) 225-1114
RIO NIDO	Call		See page 4	JAMES MADISON	FANNIE MAE	(707) 524-8583
RIVERBANK	$119,900	2025 GOLDSTONE WAY	See page 4	LINDA ROGERS	FANNIE MAE	(209) 527-2010
RIVERBANK	$89,900	3625 KENTUCKY AVE.	See page 4	AL FERREIRA	FANNIE MAE	(209) 575-0148
RIVERSIDE	$75,000		See page 4	MATHEWS, STEVE	FDIC	(909) 781-6204
RIVERSIDE	$79,900	11201 TOWN & COUNTRY DR	See page 4	DARLENE KEARNEY	FANNIE MAE	(909) 784-5263
RIVERSIDE	$131,500	11475 WYBOURN AVENUE	See page 4	NANCI MERINO	FANNIE MAE	(909) 788-3800
RIVERSIDE	$104,900	11483 QUEENSBOROUGH ST	See page 4	DARLENE KEARNEY	FANNIE MAE	(909) 784-5263
RIVERSIDE	$94,900	11555 GRAMERCY PL.	See page 4	DARLENE KEARNEY	FANNIE MAE	(909) 784-5263
RIVERSIDE	$84,900	1571 FAIRMOUNT BLVD.	See page 4	JIM HASTINGS	FANNIE MAE	(909) 788-8593
RIVERSIDE	$124,900	16770 WASHINGTON ST.	See page 4	JIM HASTINGS	FANNIE MAE	(909) 788-8593
RIVERSIDE	$84,900	2820 IMPERIAL ST.	See page 4	DARLENE KEARNEY	FANNIE MAE	(909) 784-5263
RIVERSIDE	$29,900	3064 PANORAMA ROAD	See page 4	NANCI MERINO	FANNIE MAE	(909) 788-3800
RIVERSIDE	$69,900	3368-70 LEMON STREET	See page 4	DARLENE KEARNEY	FANNIE MAE	(909) 784-5263
RIVERSIDE	$99,900	3416 HILLVIEW DR.	See page 4	JIM HASTINGS	FANNIE MAE	(909) 788-8593
RIVERSIDE	$84,900	3420 CHASE RD.	See page 4	DARLENE KEARNEY	FANNIE MAE	(909) 784-5263
RIVERSIDE	$124,900	3426 CREEKWOOD CT.	See page 4	NANCI MERINO	FANNIE MAE	(909) 788-3800

* A RECENT PROPERTY ASKING PRICE AND YOUR LOCAL CONTACT FOR CURRENT LISTINGS

CONSUMER DATA SERVICE

California

CITY	ASKING	ADDRESS	DETAILS	CONTACT	AGENCY	PHONE
RIVERSIDE	$104,900	4108 IVANPAH PL.	See page 4	STEVE NICODEMUS	FANNIE MAE	(714) 781-6900
RIVERSIDE	$119,900	4200 ILEX CT.	See page 4	NANCI MERINO	FANNIE MAE	(909) 788-3800
RIVERSIDE	$59,900	4373 ALDRICH CT.	See page 4	DARLENE KEARNEY	FANNIE MAE	(909) 784-5263
RIVERSIDE	$109,900	4452 WINSLOW CT.	See page 4	NANCI MERINO	FANNIE MAE	(909) 788-3800
RIVERSIDE	$112,900	4574 ALBION DR.	See page 4	JIM HASTINGS	FANNIE MAE	(909) 788-8593
RIVERSIDE	$71,500	5024 JONES AVE.	See page 4	JIM HASTINGS	FANNIE MAE	(909) 788-8593
RIVERSIDE	$39,900	516 N. ORANGE ST.	See page 4	JIM HASTINGS	FANNIE MAE	(909) 788-8593
RIVERSIDE	$66,500	5990 CANAL ST.	See page 4	DARLENE KEARNEY	FANNIE MAE	(909) 784-5263
RIVERSIDE	$99,900	6284 INDIAN CAMP RD.	See page 4	STEVE NICODEMUS	FANNIE MAE	(714) 781-6900
RIVERSIDE	$104,900	6702 HUNTSMAN ST.	See page 4	JIM HASTINGS	FANNIE MAE	(909) 788-8593
RIVERSIDE	$79,900	6815 CREST AVE.	See page 4	JIM HASTINGS	FANNIE MAE	(909) 788-8593
RIVERSIDE	$74,900	9222 COLORADO AVE.	See page 4	STEVE NICODEMUS	FANNIE MAE	(714) 781-6900
RIVERSIDE	$89,900	9271 63RD ST.	See page 4	NANCI MERINO	FANNIE MAE	(909) 788-3800
ROCKLIN	$99,900	5050 MEYERS	See page 4	OLETA THOMPSON	FANNIE MAE	(800) 732-6643
RODEO	Call		See page 4	JACK BURNS JR	FANNIE MAE	(800) 732-6643
ROHNERT	$69,900		See page 4	DOUG SOLWIK	FREDDIE MAC	(707) 545-4220
ROLLING HILLS ESTATES	Call		See page 4	NETERER, KERRY	FDIC	(310) 379-9800
ROMOLAND	$119,900	1132 HASTINGS AVE	See page 4	DEBBIE GREEN	FANNIE MAE	(909) 925-7628
ROSAMOND	$70,500	4508 ENCINTA AVENUE	See page 4	USE SUE CHANDLER	FANNIE MAE	(805) 822-5553
ROSEMEAD	Call	1302 CHIGNAHUAPAN WAY	See page 4	TOM WONG	FANNIE MAE	(818) 284-7554
ROSEVILLE	$104,900	1319 PILGRIMS DRIVE	See page 4	BOB GOGGINS	FANNIE MAE	(916) 622-5000
ROSEVILLE	$134,900	*	See page 4	BOB GOGGINS	FANNIE MAE	(916) 622-5000
ROWLAND HEIGHTS	$84,500	18412 SANTAR STREET	See page 4	SAM MURPHY	FREDDIE MAC	(214) 506-6787
ROWLAND HEIGHTS	$119,900	18665 VILLA CLARA STR	See page 4	KERRY PATTERSON	FANNIE MAE	(800) 732-6643
ROWLAND HEIGHTS	$134,900		See page 4	EDDIE CORTEZ	FANNIE MAE	(800) 732-6643
RUNNING SPRINGS	Call		See page 4	CASHMAN, PAT	FDIC	(800) 234-0867
RUNNING SPRINGS	$69,900	2232 EAGLE LANE	See page 4	VEE WARD	FREDDIE MAC	(909) 336-2131
RUNNING SPRINGS	$44,900	2426 SPRING OAK DR	See page 4	VEE WARD	FANNIE MAE	(800) 225-1114
RUNNING SPRINGS	$119,900	108 LACONTERA CT	See page 4	RUSSELL A. SKUTLEY	FANNIE MAE	(800) 225-1114
SACRAMENTO	$44,900	148 MANITOU STREET	See page 4	KERRY PATTERSON	FANNIE MAE	(916) 334-9223
SACRAMENTO	$79,900	15 DARGATE CT	See page 4	EILEEN JACKSON	FANNIE MAE	(800) 732-6643
SACRAMENTO	$104,900	1804 COMMERCIAL WAY	See page 4	KERRY PATTERSON	FANNIE MAE	(800) 732-6643
SACRAMENTO	$104,900	1814 "K" STREET - LEV	See page 4	TOM DAVES	FANNIE MAE	(916) 535-0345
SACRAMENTO	$74,900	2 FIRE LEAF COURT	See page 4	KERRY PATTERSON	FANNIE MAE	(800) 732-6643
SACRAMENTO	$104,900	2600 MARQUETTE	See page 4	RUSSELL A. SKUTLEY	FANNIE MAE	(916) 334-9223
SACRAMENTO	$114,900	2625 DORINE WY	See page 4	EILEEN JACKSON	FANNIE MAE	(800) 732-6643
SACRAMENTO	$94,900	2641 EDINGER AVENUE	See page 4	ISMAEL PEREZ	FANNIE MAE	(916) 381-0712
SACRAMENTO	$64,900	3119 32ND STREET	See page 4	JEAN GOREE /	FANNIE MAE	(800) 732-6643
SACRAMENTO	$44,900	3183 DOROTEO WAY	See page 4	TOM DAVES	FANNIE MAE	(916) 535-0345
SACRAMENTO	$99,900	3335 "Y" STREET	See page 4	TOM DAVES	FANNIE MAE	(916) 535-0345
SACRAMENTO	$42,900	3349 FELTHAM WAY	See page 4	JEAN GOREE /	FANNIE MAE	(800) 732-6643
SACRAMENTO	$109,900	3503 DEL SOL WAY	See page 4	KERRY PATTERSON	FANNIE MAE	(800) 732-6643
SACRAMENTO	$104,500	3709 ROLLINS WAY	See page 4	KERRY PATTERSON	FANNIE MAE	(800) 732-6643
SACRAMENTO	$69,900	4111 ARLINGTON AVE	See page 4	ISMAEL PEREZ	FANNIE MAE	(916) 381-0712
SACRAMENTO	$69,500	4305 BOLLENBACHER DRIV	See page 4	KERRY PATTERSON	FANNIE MAE	(800) 732-6643
SACRAMENTO	$89,900	4800 IDAHO DR.	See page 4	ISMAEL PEREZ	FANNIE MAE	(916) 381-0712

* A RECENT PROPERTY ASKING PRICE AND YOUR LOCAL CONTACT FOR CURRENT LISTINGS

CONSUMER DATA SERVICE

California

CITY	ASKING	ADDRESS	DETAILS	CONTACT	AGENCY	PHONE
SACRAMENTO	$84,900	4956 10TH AVE	See page 4	JEAN GOREE /	FANNIE MAE	(800) 732-6643
SACRAMENTO	$107,500	5000 EMERALD BROOK WA	See page 4	KERRY PATTERSON	FANNIE MAE	(800) 732-6643
SACRAMENTO	$79,900	5220 22ND AVENUE	See page 4	ISMAEL PEREZ	FANNIE MAE	(916) 381-0712
SACRAMENTO	$94,900	5305 SILVER STRAND WAY	See page 4	RUSSELL A. SKUTLEY	FANNIE MAE	(916) 334-9223
SACRAMENTO	$59,900	5635 MENDOCINO BLVD	See page 4	MICHAEL A. HARRIS	FANNIE MAE	(800) 732-6643
SACRAMENTO	$9,500	58 LA FRESA	See page 4	KERRY PATTERSON	FANNIE MAE	(800) 732-6643
SACRAMENTO	$59,800	580 SAMUEL WAY	See page 4	KERRY PATTERSON	FANNIE MAE	(800) 732-6643
SACRAMENTO	$124,900	5930 14TH ST	See page 4	PAM ROBERTSON	FANNIE MAE	(800) 732-6643
SACRAMENTO	$49,900	6020 WILKINSON STREET	See page 4	KERRY PATTERSON	FANNIE MAE	(800) 732-6643
SACRAMENTO	$79,900	6207 SUN DIAL WAY	See page 4	JEAN GOREE /	FANNIE MAE	(800) 732-6643
SACRAMENTO	$94,900	64 TILLMAN CIR	See page 4	ISMAEL PEREZ	FANNIE MAE	(916) 381-0712
SACRAMENTO	$79,900	6829 BLUE DUCK WAY	See page 4	TOM DAVES	FANNIE MAE	(916) 535-0345
SACRAMENTO	$34,900	7283 FLORIN MALL DRIVE	See page 4	KERRY PATTERSON	FANNIE MAE	(800) 732-6643
SACRAMENTO	$89,900	7289 17TH STREET	See page 4	KERRY PATTERSON	FANNIE MAE	(800) 732-6643
SACRAMENTO	$99,900	7504 COTTONTREE WAY	See page 4	PAM ROBERTSON	FANNIE MAE	(800) 732-6643
SACRAMENTO	$59,900	7517 LOMA VERDE WAY	See page 4	KERRY PATTERSON	FANNIE MAE	(800) 732-6643
SACRAMENTO	$119,900	7526 ALLSTON COURT	See page 4	RUSSELL A. SKUTLEY	FANNIE MAE	(916) 334-9223
SACRAMENTO	$114,900	7532 SOULES WAY	See page 4	PAM ROBERTSON	FANNIE MAE	(800) 732-6643
SACRAMENTO	$74,900	7684 QUINBY WAY	See page 4	ISMAEL PEREZ	FANNIE MAE	(916) 381-0712
SACRAMENTO	$94,900	7801 SANDILANDS WAY	See page 4	PAM ROBERTSON	FANNIE MAE	(800) 732-6643
SACRAMENTO	$44,000	7805 ORCHARD WOODS CIRCLE	See page 4	GERUM, MARY	FDIC	(916) 429-0752
SACRAMENTO	$69,900	7851 EAST PARKWAY	See page 4	KERRY PATTERSON	FANNIE MAE	(800) 732-6643
SACRAMENTO	$59,900	7876 BURLINGTON WAY	See page 4	JEAN GOREE /	FANNIE MAE	(800) 732-6643
SACRAMENTO	$74,900	7913 36TH AVENUE	See page 4	ISMAEL PEREZ	FANNIE MAE	(916) 381-0712
SACRAMENTO	$74,900	7991 WESTBORO WAY	See page 4	SHEILA JACKETTI	FANNIE MAE	(916) 962-0886
SACRAMENTO	$29,900	8276 CENTER PARKWAY	See page 4	TONI SASSE	FANNIE MAE	(800) 732-6643
SACRAMENTO	$119,900	8590 CLLIFWOOD WAY	See page 4	KERRY PATTERSON	FANNIE MAE	(800) 732-6643
SACRAMENTO	$114,900	8949 COLOMBARD WAY	See page 4	JEAN GOREE /	FANNIE MAE	(800) 732-6643
SACRAMENTO	$99,900	9040 ROCKY TRAIL	See page 4	TOM DAVES	FANNIE MAE	(916) 535-0345
SACRAMENTO	$104,900	9141 THILOW DRIVE	See page 4	SHEILA JACKETTI	FANNIE MAE	(916) 962-0886
SALIDA	$69,900	4540 OVERLAND PL	See page 4	AL FERREIRA	FANNIE MAE	(209) 575-0148
SAN ANDREAS	$58,000		See page 4	JOAN SAHLI	FANNIE MAE	(209) 772-1323
SAN BERNARDINO	$54,900	1769 CONEJO DRIVE	See page 4	BILL PEYTON	FREDDIE MAC	(909) 864-3970
SAN BERNARDINO	$94,900	2557 ESPERANZA STREET	See page 4	GERRY BURGRAFF	FANNIE MAE	(800) 786-5647
SAN BERNARDINO	$89,900	268 E. 42ND STREET	See page 4	PATRICK SAUNIER	FANNIE MAE	(800) 732-6643
SAN BERNARDINO	$69,900	2836 CRESCENT AVE	See page 4	WANDA & BILL PEYTON	FANNIE MAE	(909) 864-3970
SAN BERNARDINO	$79,900	3020 HARRISON STREET	See page 4	WANDA & BILL PEYTON	FANNIE MAE	(909) 864-3970
SAN BERNARDINO	$79,900	3178 CASA LOMA DRIVE	See page 4	WANDA & BILL PEYTON	FANNIE MAE	(909) 864-3970
SAN BERNARDINO	$64,900	341 WEST 23RD STREET	See page 4	JANE BLESCH	FANNIE MAE	(909) 793-3346
SAN BERNARDINO	$64,900	4026 ACRE LANE	See page 4	WANDA & BILL PEYTON	FANNIE MAE	(909) 864-3970
SAN BERNARDINO	$59,900	435 E WABASH ST	See page 4	WANDA & BILL PEYTON	FANNIE MAE	(909) 864-3970
SAN BERNARDINO	$87,900	5004 NORTH D STREET	See page 4	PATRICK SAUNIER	FANNIE MAE	(800) 732-6643
SAN BERNARDINO	$86,000	5085 NORTH LUGO AVENUE	See page 4	GERRY BURGRAFF	FANNIE MAE	(800) 786-5647
SAN BERNARDINO	$44,900	523 523 1/2 WEST 21ST	See page 4	JANE BLESCH	FANNIE MAE	(909) 793-3346
SAN BERNARDINO	$74,000	578 EAST 19TH STREET	See page 4	WANDA & BILL PEYTON	FANNIE MAE	(909) 864-3970
SAN BERNARDINO	$79,900	7188 TIPPECANOE STREET	See page 4	GERRY BURGRAFF	FANNIE MAE	(800) 786-5647

* A RECENT PROPERTY ASKING PRICE AND YOUR LOCAL CONTACT FOR CURRENT LISTINGS

CONSUMER DATA SERVICE

California

CITY	ASKING	ADDRESS	DETAILS	CONTACT	AGENCY	PHONE
SAN BERNARDINO	$79,900	940 PERRIS STREET	See page 4	PATRICK SAUNIER	FANNIE MAE	(800) 732-6643
SAN BERNARDINO	Call	ORANGE SHOW ROAD	See page 4	HIBBS, RUSS	FDIC	(909) 381-9922
SAN BRUNO	$89,900	1143 SHELTER CREEK LAN	See page 4	BOB STUCKEY	FANNIE MAE	(415) 359-2315
SAN BUENAVENTURA	Call		See page 4	CHUCK ADELSECK	FANNIE MAE	(805) 650-0433
SAN CLEMENTE	$89,950		See page 4	STEVE STOVALL	FANNIE MAE	(714) 839-2100
SAN CLEMENTE	$79,900		See page 4	HARRY SOLOMAN	FREDDIE MAC	(714) 348-2700
SAN CLEMENTE	Call		See page 4	MATHEWS, STEVE	FDIC	(714) 557-0771
SAN DEIGO	$97,900	10425 CAMINTO CUERVO	See page 4	JOE GUMMERSON	FANNIE MAE	(619) 574-5119
SAN DIEGO	Call		See page 4	GERUM, MARY	FDIC	(619) 685-9107
SAN DIEGO	$97,900	10172 CAMINITO ZAR	See page 4	DONNA SANFILLIPO	FANNIE MAE	(619) 298-3900
SAN DIEGO	$93,900	10577 CAMINITO GLENELL	See page 4	ED LANSBERG	FANNIE MAE	(619) 488-4090
SAN DIEGO	$117,900	1707 GROVE STREET	See page 4	JEANINE SEAMAN	FANNIE MAE	(800) 732-6643
SAN DIEGO	$132,900	2572 MANZANA WAY	See page 4	DONNA SANFILLIPO	FANNIE MAE	(619) 298-3900
SAN DIEGO	$97,900	2834 A CASEY STREET	See page 4	ROSE AVEDISIAN	FANNIE MAE	(619) 569-5800
SAN DIEGO	$113,900	3412 HERMAN AVENUE	See page 4	JOE GUMMERSON	FANNIE MAE	(619) 574-5119
SAN DIEGO	$102,900	3575 B MONAIR DRIVE	See page 4	JEANINE SEAMAN	FANNIE MAE	(800) 732-6643
SAN DIEGO	$112,900	3635 N. 51ST STREET	See page 4	DONNA SANFILLIPO	FANNIE MAE	(619) 298-3900
SAN DIEGO	$39,900	3761 BOUNDARY ST.	See page 4	ED LANSBERG	FANNIE MAE	(619) 488-4090
SAN DIEGO	$39,500	4466 41ST STREET	See page 4	ED LANSBERG	FANNIE MAE	(619) 488-4090
SAN DIEGO	$92,900	4504-6 52ND STREET	See page 4	JEANINE SEAMAN	FANNIE MAE	(800) 732-6643
SAN DIEGO	$55,500	4506 ALABAMA STREET	See page 4	DONNA SANFILLIPO	FANNIE MAE	(619) 298-3900
SAN DIEGO	$116,900	4820 ARAGON DR.	See page 4	JEANINE SEAMAN	FANNIE MAE	(800) 732-6643
SAN DIEGO	$85,900	6029 STREAMVIEW DRIVE	See page 4	LINDA RING	FANNIE MAE	(619) 421-2020
SAN DIEGO	$127,900	6161 CALLE MARISELDA	See page 4	DONNA SANFILLIPO	FANNIE MAE	(619) 298-3900
SAN DIEGO	$89,900	6243 CELESTE WAY	See page 4	ED LANSBERG	FANNIE MAE	(619) 488-4090
SAN DIEGO	$94,900	7478 GRIBBLE ST	See page 4	DONNA SANFILLIPO	FANNIE MAE	(619) 298-3900
SAN DIEGO	$132,900	8341 MENKAR ROAD	See page 4	ED LANSBERG	FANNIE MAE	(619) 488-4090
SAN DIEGO	$39,900	9129 VILLAGE GLEN DRIV	See page 4	LINDA RING	FANNIE MAE	(619) 421-2020
SAN DIEGO	$42,000	9528 CARROLL CANYON	See page 4	ED LANSBERG	FANNIE MAE	(619) 488-4090
SAN DIMAS	Call		See page 4	CHARLES KARICH	FANNIE MAE	(818) 967-7902
SAN FERNANDO	$115,950		See page 4	GRETCHEN	FANNIE MAE	(818) 365-3650
SAN FERNANDO	$134,950	1015 LIBRARY STREET	See page 4	ANA MARIA COLON	FANNIE MAE	(818) 361-1235
SAN FRANCISCO	Call		See page 4	RIVAS, JEFFREY	FDIC	(800) 234-0867
SAN FRANCISCO	Call		See page 4	MARCIA THOMAS X176	FANNIE MAE	(415) 695-7707
SAN FRANCISCO	$129,900	3550 CARTER DRIVE	See page 4	MARCIA THOMAS X176	FANNIE MAE	(415) 695-7707
SAN GABRIEL	Call		See page 4	TOM WONG	FANNIE MAE	(818) 284-7554
SAN JACINTO	Call		See page 4	LARSON, CHRIS	FDIC	(800) 234-0867
SAN JACINTO	$55,500		See page 4	KEVIN ANDERSON	FREDDIE MAC	(909) 677-5283
SAN JACINTO	$84,900	565 SOBOBA AVENUE	See page 4	DEBBIE GREEN	FANNIE MAE	(909) 925-7628
SAN JOSE	$120,000		See page 4	GARY HARPER	FREDDIE MAC	(408) 264-5000
SAN JOSE	$86,000	490 AMARGOSA STREET	See page 4	AURORA CASTILLO	FANNIE MAE	(408) 773-9292
SAN JUAN	$124,950	26192 MAPLEWOOD COURT	See page 4	KATHY OHARA	FANNIE MAE	(714) 597-9888
SAN JUAN	$94,950	32552 ALIPAZ ST.	See page 4	STEVE STOVALL	FANNIE MAE	(714) 839-2100
SAN LEANDRO	$100,000		See page 4	MAGEE, MELINDA	FDIC	(312) 642-7900
SAN LEANDRO	Call	1017 AUBURN AVENUE	See page 4	MIKE CHILDRES	FANNIE MAE	(909) 677-5283
SAN LEANDRO	$124,900	135 OAKS BOULEVARD	See page 4	WINI MADISON	FANNIE MAE	(510) 562-8600
SAN MARCOS	$144,900		See page 4	ROSE AVEDISIAN	FANNIE MAE	(619) 569-5800

* A RECENT PROPERTY ASKING PRICE AND YOUR LOCAL CONTACT FOR CURRENT LISTINGS

CONSUMER DATA SERVICE

California

CITY	ASKING	ADDRESS	DETAILS	CONTACT	AGENCY	PHONE
SAN MARCOS	Call	1068 CYPRESS CIRCLE	See page 4	LORRAINE MARTHA	FANNIE MAE	(619) 944-4414
SAN PABLO	Call		See page 4	O'TOOLE, SHANNON	FDIC	(909) 483-2444
SAN PABLO	$99,900	132 WESTGAGE CIRCLE	See page 4	JACK BURNS JR	FANNIE MAE	(800) 732-6643
SAN PABLO	$84,900	2314 17TH STREET	See page 4	JACK BURNS JR	FANNIE MAE	(800) 732-6643
SAN PABLO	$109,900	2972 19TH STREET	See page 4	JACK BURNS JR	FANNIE MAE	(800) 732-6643
SAN PEDRO	$134,900	1448 BRETT PL	See page 4	MICHAEL A. HARRIS	FANNIE MAE	(800) 732-6643
SAN PEDRO	$104,900	27980 WESTERN AVENUE #	See page 4	MICHAEL A. HARRIS	FANNIE MAE	(800) 732-6643
SAN RAFAEL	Call		See page 4	GUPTA, SUSEELA	FDIC	(415) 563-5900
SAN RAMON	Call		See page 4	GARRY SAMUELS	FANNIE MAE	(510) 426-3800
SANTA ANA	$62,000		See page 4	SAL HUIZAR	FREDDIE MAC	(714) 973-1266
SANTA ANA	Call		See page 4	MATHEWS, STEVE	FDIC	(714) 262-2281
SANTA ANA	$139,900	1006-1008 W WALNUT STR	See page 4	ANDY LAKATOSH	FANNIE MAE	(714) 557-0771
SANTA ANA	$114,900	1213 W SANTA ANA BLVD	See page 4	VICKI MCDONALD	FANNIE MAE	(714) 841-5177
SANTA ANA	$134,900	1334 S VAN NESS AVE	See page 4	SUSIE PINEDA	FANNIE MAE	(714) 639-0677
SANTA ANA	$119,900	2050 S BIRCH STREET	See page 4	SUSIE PINEDA	FANNIE MAE	(714) 639-0677
SANTA ANA	$124,900	2122 S. RENE DRIVE	See page 4	SUSIE PINEDA	FANNIE MAE	(714) 639-0677
SANTA ANA	Call	2520-2522 N GRAND AVENUE	See page 4	NETERER, KERRY	FDIC	(714) 939-2220
SANTA ANA	$79,900	4006 WEST 5TH STREET	See page 4	ANDY LAKATOSH	FANNIE MAE	(714) 557-0771
SANTA ANA	$89,900	4313 W MCFADDEN AVE	See page 4	ANDY LAKATOSH	FANNIE MAE	(714) 557-0771
SANTA ANA	$49,900	4600 W 5TH ST	See page 4	SCOTT LAWRENCE	FANNIE MAE	(800) 732-6643
SANTA ANA	$109,900	5126 W SEVENTH ST	See page 4	ANDY LAKATOSH	FANNIE MAE	(714) 557-0771
SANTA ANA	$109,900	522 E NORMANDY PL	See page 4	SUSIE PINEDA	FANNIE MAE	(714) 639-0677
SANTA ANA	$79,900	601 NEWHOPE ST.	See page 4	VICKI MCDONALD	FANNIE MAE	(714) 841-5177
SANTA ANA	$138,900	621 SO. TOWNSEND STRE	See page 4	KERRY PATTERSON	FANNIE MAE	(800) 732-6643
SANTA ANA	$114,500	702 AMBERWOOD DRIVE	See page 4	KERRY PATTERSON	FANNIE MAE	(800) 732-6643
SANTA ANA	$119,900	801 S. PARTON ST	See page 4	SUSIE PINEDA	FANNIE MAE	(714) 639-0677
SANTA BARBARA	Call		See page 4	STEVE EPSTEIN	FREDDIE MAC	(805) 563-7272
SANTA BARBARA	Call		See page 4	FEDUSKA, SUE	FDIC	(800) 234-0867
SANTA CLARITA	Call		See page 4	DAN VERDIN	FREDDIE MAC	(805) 495-1048
SANTA CLARITA	$68,500	20911 JUDAH LN	See page 4	DIANE KAUZLARICH	FANNIE MAE	(310) 447-6000
SANTA CLARITA	$109,900	22000 WEST LUCY COURT	See page 4	DIANE KAUZLARICH	FANNIE MAE	(805) 286-5042
SANTA CLARITA	Call	23318 TRISTIN DRIVE	See page 4	FRED BECKER, JR.	FANNIE MAE	(805) 286-5042
SANTA CLARITA	$69,900	23515 LYONS AVENUE	See page 4	FRED BECKER, JR.	FANNIE MAE	(805) 294-9525
SANTA CLARITA	$119,900	23615 DEL MONTE DR	See page 4	FRED BECKER, JR.	FANNIE MAE	(805) 294-9525
SANTA CLARITA	Call	SANTA CLARITA LAND	See page 4	WHITSON, CAROL	FDIC	(818) 907-4616
SANTA FE	$99,900	13317 MEYER ROAD	See page 4	ISSA MARTHA	FANNIE MAE	(310) 696-3300
SANTA JOSE	$126,900	1916 ELLIOTT STREET	See page 4	TOM MORMAN	FANNIE MAE	(408) 996-7100
SANTA MARIA	$104,900	1884 TEAKWOOD DRIVE	See page 4	DICK KEENAN	FANNIE MAE	(805) 481-3699
SANTA MARIA	$47,900	245 N. WESTERN	See page 4	DICK KEENAN	FANNIE MAE	(805) 481-3699
SANTA MARIA	Call	291 MOUNTAIN VIEW	See page 4	DICK KEENAN	FANNIE MAE	(805) 481-3699
SANTA MARIA	$119,900	844 WEST PATTI LANE	See page 4	NETERER, KERRY	FDIC	(800) 234-0867
SANTA MONICA	Call		See page 4	DAVID WEHRLY	FANNIE MAE	(800) 732-6643
SANTA MONICA	Call	1217 20TH STREET	See page 4	HONESCKO, JOSEPH	FDIC	(714) 263-7732
SANTA PAULA	Call		See page 4	RON CONTI	FREDDIE MAC	(805) 985-8800
SANTA PAULA	$99,900		See page 4	GUPTA, SUSEELA	FDIC	(714) 263-7787
SANTA ROSA	Call					

*A RECENT PROPERTY ASKING PRICE AND YOUR LOCAL CONTACT FOR CURRENT LISTINGS

35

CONSUMER DATA SERVICE

California

CITY	ASKING	ADDRESS	DETAILS	CONTACT	AGENCY	PHONE
SANTA ROSA	Call	1033 SONORA COURT	See page 4	JAMES MADISON	FANNIE MAE	(707) 524-8583
SANTA ROSA	$132,000	600 CHERRYWOOD DRIVE	See page 4	JAMES MADISON	FANNIE MAE	(707) 524-8583
SANTEE	$59,900		See page 4	PAT HARTMAN	FREDDIE MAC	(619) 560-0658
SANTEE	$129,900	9120 NORTHCOTE ROAD	See page 4	ROSE AVEDISIAN	FANNIE MAE	(619) 569-5800
SANTEE	$134,900	9481 PIKE ROAD	See page 4	CAROLYN D'AGOSTA	FANNIE MAE	(800) 732-6643
SAUGUS	Call	28148 BOBWHITE CR	See page 4	VALERIE THOMAS	FANNIE MAE	(805) 255-4600
SCOTTS VALLEY	Call	2220 LOCKHART GULCH RD	See page 4	ROBERT MOUNT	FANNIE MAE	(408) 427-1380
SEAL BEACH	$72,900		See page 4	RICK ROBLES	FANNIE MAE	(310) 795-6706
SEAL BEACH	Call		See page 4	VICKI MCDONALD	FREDDIE MAC	(714) 841-5177
SEBASTOPOL			See page 4	ELIZABETH BASKETT	FANNIE MAE	(707) 545-4220
SELMA	$64,950	8703 E. DINUBA AVENUE	See page 4	LARRY SCHRIMP	FANNIE MAE	(209) 436-4061
SEPULVEDA	Call		See page 4	O'TOOLE, SHANNON	FDIC	(909) 483-2444
SEPULVEDA	$51,500		See page 4	DAN VERDIN	FREDDIE MAC	(310) 447-6000
SEPULVEDA	$33,250	8414 COLUMBUS AVENUE	See page 4	STEVE OWEN JR.	FANNIE MAE	(818) 892-7979
SEPULVEDA	$134,900	8523 NORWICH	See page 4	BEA LAUFER	FANNIE MAE	(800) 732-6643
SEPULVEDA	$136,900	9000 LEMONA AVENUE	See page 4	BOB PEARSON	FANNIE MAE	(818) 880-4304
SEPULVEDA	$47,900	9131 BURNET AVENUE	See page 4	BEA LAUFER	FANNIE MAE	(800) 732-6643
SEPULVEDA	Call	9209 WOODLEY AVE	See page 4	MICHAEL A. HARRIS	FANNIE MAE	(800) 732-6643
SEPULVEDA	$126,000	9218 AQUEDUCT AVENUE	See page 4	JOSEFINA FAJARDO	FANNIE MAE	(818) 361-5599
SEPULVEDA	$67,900	9800 SEPULVEDA	See page 4	JON COHEN	FANNIE MAE	(818) 993-1511
SHERMAN OAKS	Call		See page 4	MAGEE, MELINDA	FDIC	(714) 263-7747
SHERMAN OAKS	$85,000		See page 4	MATHEWS, STEVE	FDIC	(818) 345-7477
SHERMAN OAKS	$69,900		See page 4	DAN VERDIN	FREDDIE MAC	(310) 447-6000
SHERMAN OAKS	$109,900	15335 MAGNOLIA BLVD	See page 4	ANNGEL BENOUN	FANNIE MAE	(818) 788-7900
SHERMAN	$99,900	14115 MOOREPARK ST #	See page 4	JON COHEN	FANNIE MAE	(818) 993-1511
SHINGLE SPRINGS	Call		See page 4	BOB GOGGINS	FANNIE MAE	(916) 622-5000
SIGNAL HILL	$98,900	2396 E. 21ST STREET	See page 4	SAM MURPHY	FANNIE MAE	(214) 506-6787
SIGNAL HILL	$128,000		See page 4	BERTHA PADILLA	FREDDIE MAC	(310) 835-1862
SIMI VALLEY	$79,900		See page 4	FRITZ KLING	FREDDIE MAC	(805) 446-1867
SIMI VALLEY	$109,900	1661 SABINA CIRCLE	See page 4	JEAN POOLE	FANNIE MAE	(805) 583-5424
SIMI VALLEY	$77,500	2036 N. AVENIDA VISTA	See page 4	BRYAN FLEMING	FANNIE MAE	(800) 732-6643
SIMI VALLEY	$126,900	2224 BIRCH GLEN	See page 4	JEAN POOLE	FANNIE MAE	(805) 583-5424
SIMI VALLEY	Call	2253 E. COCHRAN STREET	See page 4	JEAN POOLE	FANNIE MAE	(805) 583-5424
SIMI VALLEY	Call	2297 N. CONNELL AVE	See page 4	JEAN POOLE	FANNIE MAE	(805) 583-5424
SIMI VALLEY	$129,900	2918 TEXAS AVE	See page 4	JEAN POOLE	FANNIE MAE	(805) 583-5424
SO LAKE	Call	804 CLEMENT ST REET #1	See page 4	MARK LUCKSINGER	FANNIE MAE	(916) 544-0660
SONORA	$104,900	20084 PEACEFUL OAK ROA	See page 4	AL FERREIRA	FANNIE MAE	(209) 575-0148
SONORA	$104,900	326 AYBA STREET	See page 4	DAVE STAPP	FANNIE MAE	(209) 586-3221
SOUTH GATE	$129,900	10630 SAN ANSELMO AVEN	See page 4	JESSE ALVAREZ	FANNIE MAE	(213) 563-8813
SOUTH GATE	$119,900	3925 MISSOURI AVE	See page 4	LE FRANCIS ARNOLD	FANNIE MAE	(310) 635-7191
SOUTH GATE	$119,900	8044 GOLDEN AVENUE	See page 4	TONY GREENE	FANNIE MAE	(800) 732-6643
SOUTH GATE	Call	9532 KARMONT AVENUE	See page 4	KERRY PATTERSON	FANNIE MAE	(800) 732-6643
SOUTH LAKE TAHOE	$134,900		Home	MAGEE, MELINDA	FDIC	(714) 263-7747
SOUTHGATE	$75,900	10415 HUNT AVENUE	See page 4	TONY GREENE	FANNIE MAE	(800) 732-6643
SPRING HILL	Call		See page 4	LINDA RING	FANNIE MAE	(619) 421-2020
SPRING VALLEY	Call		See page 4	PAT HARTMAN	FANNIE MAE	(619) 560-0658
SPRING VALLEY	$129,900	2506 CRESTTOP LANE	See page 4	LINDA RING	FANNIE MAE	(619) 421-2020

* A RECENT PROPERTY ASKING PRICE AND YOUR LOCAL CONTACT FOR CURRENT LISTINGS

CONSUMER DATA SERVICE

California

CITY	ASKING	ADDRESS	DETAILS	CONTACT	AGENCY	PHONE
SPRING VALLEY	Call	432 GRAND AVE	See page 4	ROSE AVEDISIAN	FANNIE MAE	(619) 569-5800
ST. HELENA	Call	787 STRALLA COURT	See page 4	TERRY WUNDERLICH	FANNIE MAE	(800) 732-6643
STANTON	$89,900		See page 4	RICK ROBLES	FANNIE MAE	(310) 795-6706
STEVENSON RANCH	$93,500		See page 4		FREDDIE MAC	(805) 259-7653
STEVENSON RANCH	$99,900	25222 STEINBECK AVE	See page 4	FRED BECKER, JR.	FANNIE MAE	(805) 294-9525
STOCKTON	$45,000		See page 4	BETTY BUFF	FREDDIE MAC	(209) 836-5287
STOCKTON	$86,900	1033 KLEMEYER CIRCLE	See page 4	STEPHEN HOWARD	FANNIE MAE	(209) 956-9990
STOCKTON	$99,900	1409 CANDLE WOOD WAY	See page 4	STEPHEN HOWARD	FANNIE MAE	(209) 956-9990
STOCKTON	$74,900	1419 MICHIGAN AVENUE	See page 4	STEPHEN HOWARD	FANNIE MAE	(209) 956-9990
STOCKTON	$93,900	248 W ACACIA ST	See page 4	STEPHEN HOWARD	FANNIE MAE	(209) 956-9990
STOCKTON	$109,900	2737 BIRCH AVENUE	See page 4	WARREN WISSINK	FANNIE MAE	(209) 239-7225
STOCKTON	$104,900	36 EAST MENDOCINO AVE.	See page 4	STEPHEN HOWARD	FANNIE MAE	(209) 956-9990
STOCKTON	$84,900	3612 KIRK AVENUE	See page 4	STEPHEN HOWARD	FANNIE MAE	(209) 956-9990
STOCKTON	$91,900	4624 BIRMINGHAM WAY	See page 4	WARREN WISSINK	FANNIE MAE	(209) 239-7225
STOCKTON	$92,900	6485 EMBARCADERO DRIVE	See page 4	STEPHEN HOWARD	FANNIE MAE	(209) 956-9990
STOCKTON	$109,900	679 WEST ALPINE AVENUE	See page 4	STEPHEN HOWARD	FANNIE MAE	(209) 956-9990
STOCKTON	$66,900	714 PALOMA AVENUE	See page 4	STEPHEN HOWARD	FANNIE MAE	(209) 956-9990
STOCKTON	$89,900	9184 FITZPATRICK CIR	See page 4	STEPHEN HOWARD	FANNIE MAE	(209) 956-9990
STOCKTON	$110,900	9643 DUCHESS LN	See page 4	STEPHEN HOWARD	FANNIE MAE	(209) 956-9990
STRATHMORE	Call		See page 4	SAM SCIACCA	FANNIE MAE	(209) 733-9696
STUDIO CITY	Call		See page 4	HONESCKO, JOSEPH	FDIC	(714) 263-7732
STUDIO CITY	$49,900	4220 COLFAX AVE.	See page 4	SANDY KENNEY	FANNIE MAE	(818) 505-9681
STUDIO CITY	$117,500	4542 COLDWATER CYN. AV	See page 4	RICHARD HOLBROOK	FANNIE MAE	(818) 508-3200
SUGARLOAF	$49,900	403 LEONARD LANE	See page 4	RUSTY BARNS	FANNIE MAE	(909) 866-6622
SUGARLOAF	$40,000	405 HOLMES LANE	See page 4	RUSTY BARNS	FANNIE MAE	(909) 866-6622
SUISAN CITY	Call	334 FLAGSTONE CIRCLE	See page 4	FORT PEARSON	FANNIE MAE	(707) 448-8422
SUISUN CITY	$129,900	1106 PARTRIDGE PLACE	See page 4	FORT PEARSON	FANNIE MAE	(707) 448-8422
SUN CITY	Call		See page 4	KEVIN ANDERSON	FREDDIE MAC	(909) 677-5283
SUN CITY	$64,900	26094 LANCASTER DRIVE	See page 4	TERRI KEMP	FANNIE MAE	(909) 244-1867
SUN VALLEY	$79,900	10950 SATICOY STREET	See page 4	MICHAEL A. HARRIS	FANNIE MAE	(800) 732-6643
SUN VALLEY	$124,900	7326 CASE AVE	See page 4	SHERI CECERE	FANNIE MAE	(818) 248-9100
SUN VALLEY	$109,900	8408 AMBOY AVENUE	See page 4	RAQUEL MAGRO	FANNIE MAE	(818) 365-0677
SUNLAND	$64,900	10509 WOODWARD AVE	See page 4	MICHAEL A. HARRIS	FANNIE MAE	(800) 732-6643
SUNSET BEACH	Call		See page 4	NETERER, KERRY	FDIC	(800) 234-0867
SUTTER	$55,000		See page 4	KATHY MCCOLL	FREDDIE MAC	(916) 273-9516
SYLMAR	$73,900		See page 4	RON KELLY	FREDDIE MAC	(818) 885-5638
SYLMAR	$89,900	13043 HUBBARD STREET	See page 4	RAQUEL MAGRO	FANNIE MAE	(818) 365-0677
SYLMAR	$44,900	13126 BROMONT AVE.	See page 4	GRETCHEN	FANNIE MAE	(818) 365-3650
SYLMAR	$69,900	13145 BROMONT AVE	See page 4	RAQUEL MAGRO	FANNIE MAE	(818) 365-0677
SYLMAR	$89,900	13750 HUBBARD ST #54	See page 4	JOSEFINA FAJARDO	FANNIE MAE	(818) 361-5599
SYLMAR	$64,900	14425 FOOTHILL BLVD	See page 4	RAQUEL MAGRO	FANNIE MAE	(818) 365-0677
SYLMAR	$95,000	15235 LAVALLE STREET	See page 4	GRETCHEN	FANNIE MAE	(818) 365-3650
TAFT	$64,900	304 EAST SAN EMIDIO S	See page 4	LAURIE MCCARTY	FANNIE MAE	(805) 665-7653
TARZANA	Call		See page 4	BERESFORD, LINDA	FDIC	(818) 774-2222
TARZANA	$44,000		See page 4	ZACK SOLOMON	FREDDIE MAC	(818) 757-8900
TARZANA	$64,900	18307 BURBANK BLVD.	See page 4	LAURETTA MARTIN	FANNIE MAE	(800) 732-6643
TARZANA	$29,900	18307 BURBANK BOULEVAR	See page 4	RENA SCHWEIZER	FANNIE MAE	(818) 990-3131

* A RECENT PROPERTY ASKING PRICE AND YOUR LOCAL CONTACT FOR CURRENT LISTINGS

CONSUMER DATA SERVICE

California

CITY	ASKING	ADDRESS	DETAILS	CONTACT	AGENCY	PHONE
TARZANA	$74,900	18408 HATTERAS STREET	See page 4	LAURETTA MARTIN	FANNIE MAE	(800) 732-6643
TARZANA	$74,900	19611 COLLINS STREET	See page 4	RENA SCHWEIZER	FANNIE MAE	(818) 990-3131
TEHACHAPI	Call		See page 4	NETERER, KERRY	FDIC	(805) 322-9140
TEHACHAPI	$93,900	23340 BUNKER CT	See page 4	USE SUE CHANDLER	FANNIE MAE	(805) 822-5553
TEHACHAPI	$124,900	23781 LAKEVIEW DR.	See page 4	SUE CHANDLER	FANNIE MAE	(805) 822-5553
TEHACHAPI	Call	25911 BEAR VALLEY ROAD	See page 4	SUE CHANDLER	FANNIE MAE	(805) 822-5553
TEHACHAPI	$88,900	26510 TEAL COURT	See page 4	SUE CHANDLER	FANNIE MAE	(805) 822-5553
TEHACHAPI	$124,900	26941 OWL COURT	See page 4	SUE CHANDLER	FANNIE MAE	(805) 822-5553
TEHACHAPI	$39,900	32 MEADOW LAKES	See page 4	SUE CHANDLER	FANNIE MAE	(805) 822-5553
TEHACHAPI	$68,500	826 ASPEN DRIVE	See page 4	SUE CHANDLER	FANNIE MAE	(805) 822-5553
TEMECULA	Call		See page 4	FEDUSKA, SUE	FDIC	(714) 263-7724
TEMECULA	$134,900	29642 RAMSEY COURT	See page 4	FELICIA HOGAN	FANNIE MAE	(909) 676-5736
TEMECULA	Call	31210 CORTE ALHAMBRA	See page 4	FELICIA HOGAN	FANNIE MAE	(909) 676-5736
TEMECULA	$119,900	41720 ASTEROID WAY	See page 4	FELICIA HOGAN	FANNIE MAE	(909) 676-5736
TEMPLE CITY	Call		See page 4	KERRY PATTERSON	FANNIE MAE	(800) 832-2345
THOUSAND OAKS	Call		See page 4	WHITSON, CAROL	FDIC	(800) 234-0867
THOUSAND OAKS	$94,900	1560 CHARTERWOOD CT	See page 4	JILL BARKER	FREDDIE MAC	(805) 446-6232
THOUSAND OAKS	$79,900	1745 LOS FELIZ DR	See page 4	TERRY HOLLAND	FANNIE MAE	(805) 496-0555
THOUSAND OAKS	$84,900	2486 PLEASANT WAY	See page 4	TERRY HOLLAND	FANNIE MAE	(805) 496-0555
THOUSAND OAKS	$84,900	3019 N. ROLLINGS AVE.	See page 4	TERRY HOLLAND	FANNIE MAE	(805) 496-0555
THOUSAND OAKS	$74,900	35 221 SOUTH BORDER ST	See page 4	BARB GARLAND	FANNIE MAE	(800) 732-6643
THOUSAND PAL	$138,000		See page 4	DAN VERDIN	FREDDIE MAC	(310) 447-6000
TORRANCE	$124,900	1026 WEST 225TH STREET	See page 4	HOUSTON SMITH X245	FANNIE MAE	(310) 376-2225
TORRANCE	$134,900	1045 WEST JAY STREET	See page 4	MICHAEL A. HARRIS	FANNIE MAE	(800) 732-6643
TORRANCE	$84,900	1229 W. 223RD ST.	See page 4	HOUSTON SMITH X245	FANNIE MAE	(310) 376-2225
TORRANCE	$59,900	20545 SOUTH VERMONT AV	See page 4	HOUSTON SMITH X245	FANNIE MAE	(310) 376-2225
TORRANCE	$124,900	2126 DEL AMO BLVD	See page 4	HOUSTON SMITH X245	FANNIE MAE	(310) 376-2225
TORRANCE	Call	2563 PLAZA DEL AMO	See page 4	WHITSON, CAROL	FDIC	(310) 379-8800
TORRANCE	Call	3556 TORRANCE BLVD	See page 4	HOUSTON SMITH X245	FANNIE MAE	(310) 376-2225
TORRANCE	$36,900	838 CORIANDER DRIVE	See page 4	KATHY OHARA	FANNIE MAE	(714) 597-9888
TRABUCO CANYON	Call		See page 4	JIM PUTT	FANNIE MAE	(209) 836-2306
TRACY	$114,900	302 WEST 22ND STREET	See page 4	JIM PUTT	FANNIE MAE	(209) 836-2306
TRACY	Call	490 ALTAMONT DRIVE	See page 4	JIM PUTT	FANNIE MAE	(209) 836-2306
TRACY	$134,900	855 ALMOND BLOSSON DR	See page 4	MATHEWS, STEVE	FDIC	(714) 263-7716
TRONA	Call		See page 4	HONESCKO, JOSEPH	FDIC	(714) 263-7783
TUJUNGA	Call		See page 4	SAM MURPHY	FREDDIE MAC	(214) 506-6787
TUJUNGA	$48,500	7060 SHADY GROVE STR	See page 4	SHERI CECERE	FANNIE MAE	(818) 248-9100
TULARE	Call		See page 4	D'ANTONIO, BOB	FDIC	(714) 263-7783
TURLOCK	Call		See page 4	AL FERRIERA	FANNIE MAE	(209) 575-0148
TURLOCK	Call		See page 4	HONESCKO, JOSEPH	FDIC	(714) 263-7732
TUSTIN	$109,900	1082 SAN JUAN ST. UNI	See page 4	WHITSON, CAROL	FDIC	(800) 234-0867
TUSTIN	Call	12727 TRENT JONES LANE	See page 4	SUSIE PINEDA	FANNIE MAE	(714) 639-0677
TUSTIN	$79,900	17552 16 VANDERBERG AV	See page 4	JOE LIGHTMAN	FANNIE MAE	(800) 732-6643
TUSTIN			See page 4	VICKI MCDONALD	FANNIE MAE	(714) 841-5177
TWENTYNINE PALMS	$16,900	3222 MORONGO ROAD	See page 4	CANDICE JOHNSTON	FANNIE MAE	(619) 773-0063

* A RECENT PROPERTY ASKING PRICE AND YOUR LOCAL CONTACT FOR CURRENT LISTINGS

CONSUMER DATA SERVICE

California

CITY	ASKING	ADDRESS	DETAILS	CONTACT	AGENCY	PHONE
TWIN PEAKS	Call		See page 4	VEE WARD	FANNIE MAE	(800) 225-1114
UNION CITY	Call		See page 4	TED CHEDWICK	FANNIE MAE	(510) 794-3400
UPLAND	$115,500	648 W 8TH STREET	See page 4	DOUGLAS MC COWAN	FANNIE MAE	(909) 948-0051
UPLAND	Call	79 & 79 1/2 W VERNON D	See page 4	JUSTINE W	FANNIE MAE	(909) 590-7114
VACAVILLE	$113,900	2648 NUT TREE ROAD	See page 4	FORT PEARSON	FANNIE MAE	(707) 448-8422
VACAVILLE	$88,000	348 ACACIA STREET	See page 4	FORT PEARSON	FANNIE MAE	(707) 448-8422
VACAVILLE	Call	509 REGENCY CIRCLE	See page 4	FORT PEARSON	FANNIE MAE	(707) 448-8422
VACAVILLE	$119,900	791 LA CRUZ LANE	See page 4	VALERIE THOMAS	FANNIE MAE	(707) 448-8422
VAL VERDE	Call		See page 4	VALERIE THOMAS	FANNIE MAE	(805) 255-4600
VALENCIA	$119,900	23943 ARROYO PK DR.	See page 4	VALERIE THOMAS	FANNIE MAE	(805) 255-4600
VALINDA	$132,000	601 ROXLEY DRIVE	See page 4	LOLITA GUTIERREZ	FANNIE MAE	(800) 732-6643
VALLEJO	$136,900	537 HENRY STREET	See page 4	JIM SNOOK	FANNIE MAE	(707) 746-4868
VALLEJO	$109,900	652 HENRY STREET	See page 4	FORT PEARSON	FANNIE MAE	(707) 448-8422
VALLEJO	$109,900	901 NORTH CAMINO ALTO	See page 4	FORT PEARSON	FANNIE MAE	(707) 448-8422
VALLEJO	$136,000	956 BENICIA ROAD	See page 4	JIM SNOOK	FANNIE MAE	(707) 746-4868
VALLEJO	$136,000	960 A,B,C &D BENICIA R	See page 4	JIM SNOOK	FANNIE MAE	(707) 746-4868
VALLEY CENTER	Call	27367 LATIGO RD.	See page 4	LORRAINE MARTHA	FANNIE MAE	(619) 944-4414
VALLEY SPRING	$129,900	8436 JENNY LIND VISTA	See page 4	AL FERREIRA	FANNIE MAE	(209) 575-0148
VAN NUYS	$58,900		See page 4	MATHEWS, STEVE	FDIC	(818) 788-7900
VAN NUYS	Call		See page 4	BROWN, DAVID	FDIC	(800) 234-0867
VAN NUYS	$44,500		See page 4	CINDY LIBO	FREDDIE MAC	(818) 703-6100
VAN NUYS	$39,900	13747 VANOWEN ST	See page 4	GEOF ROUSS	FANNIE MAE	(800) 732-6643
VAN NUYS	$119,900	14545 MARGATE STREET	See page 4	LULU MERCADO	FANNIE MAE	(818) 908-4455
VAN NUYS	$99,900	14609 VOSE STREET	See page 4	GEOF ROUSS	FANNIE MAE	(800) 732-6643
VAN NUYS	$59,900	14821 SHERMAN WAY	See page 4	GEOF ROUSS	FANNIE MAE	(800) 732-6643
VAN NUYS	$89,900	15023 SHERMAN WAY	See page 4	GEOF ROUSS	FANNIE MAE	(800) 732-6643
VAN NUYS	$109,900	15057 SYLVAN STREET	See page 4	LULU MERCADO	FANNIE MAE	(818) 908-4455
VAN NUYS	$114,900	16028 LEADWELL STREET	See page 4	GEOF ROUSS	FANNIE MAE	(800) 732-6643
VAN NUYS	$69,900	16739 VANOWEN STREET	See page 4	MELODY CUTLER	FANNIE MAE	(800) 732-6643
VAN NUYS	$124,900	17233 LEMAY STREET	See page 4	ANNGEL BENOUN	FANNIE MAE	(818) 788-7900
VAN NUYS	$134,900	6737 SUNNYSLOPE AVENUE	See page 4	MICHAEL A. HARRIS	FANNIE MAE	(800) 732-6643
VAN NUYS	$39,900	7307 HASKELL AVENUE	See page 4	BOB PEARSON	FANNIE MAE	(818) 880-4304
VAN NUYS	$94,900	7550 ZOMBAR AVENUE	See page 4	BOB PEARSON	FANNIE MAE	(818) 880-4304
VENICE	$124,900	559 VERNON AVE	See page 4	DAVID WEHRLY	FANNIE MAE	(800) 732-6643
VENTURA	Call		See page 4	CHUCK ADELSECK	FANNIE MAE	(805) 650-0433
VENTURA	$79,000		See page 4	HONESCKO, JOSEPH	FDIC	(714) 263-7732
VENTURA	$36,900		See page 4	LINDA FREENY	FREDDIE MAC	(805) 648-5555
VICTORVILLE	$104,900	12310 ROADRUNNER	See page 4	CRAIG KUDRLE	FREDDIE MAC	(619) 243-3803
VICTORVILLE	$134,900	12474 PARKWOOD PLACE	See page 4	KAREN BROWN	FANNIE MAE	(619) 243-7653
VICTORVILLE	$69,900	12728 BANYON TREE LANE	See page 4	KAREN BROWN	FANNIE MAE	(619) 243-7653
VICTORVILLE	$108,000	12982 HIGH VISTA STREET	Single family residence	MICHAEL A. HARRIS	FANNIE MAE	(800) 732-6643
VICTORVILLE	$99,900	14717 ANN DRIVE	See page 4	FEDUSKA, SUE	FDIC	(619) 244-5481
VICTORVILLE	$69,900	16623 MANNING STREET	See page 4	KAREN BROWN	FANNIE MAE	(619) 243-7653
VICTORVILLE	$89,900	3309 PURPLE SAG	See page 4	BESS KLINE	FANNIE MAE	(619) 244-6633
VICTORVILLE	Call		See page 4	KAREN BROWN	FANNIE MAE	(619) 243-7653
VILLA PARK	Call		See page 4	FEDUSKA, SUE	FDIC	(714) 495-4044
VISALIA	$64,900	1117 S. PINKHAM RD	See page 4	SAM SCIACCA	FANNIE MAE	(209) 733-9696

* A RECENT PROPERTY ASKING PRICE AND YOUR LOCAL CONTACT FOR CURRENT LISTINGS

39

CONSUMER DATA SERVICE

California

CITY	ASKING	ADDRESS	DETAILS	CONTACT	AGENCY	PHONE
VISALIA	$134,900	1141 W. IRIS AVENUE	See page 4	SAM SCIACCA	FANNIE MAE	(209) 733-9696
VISALIA	$122,900	2146 SOUTH JOHNSON	See page 4	SAM SCIACCA	FANNIE MAE	(209) 733-9696
VISALIA	$41,900	232 NE 4TH AVENUE	See page 4	SAM SCIACCA	FANNIE MAE	(209) 733-9696
VISALIA	$120,900	3731 W TULARE AVE	See page 4	SAM SCIACCA	FANNIE MAE	(209) 733-9696
VISTA	$26,000		See page 4	MATHEWS, STEVE	FDIC	(619) 931-1200
VISTA	$99,900	1147 WAXWING DRIVE	See page 4	KAREN KUNZE	FANNIE MAE	(619) 724-0601
VISTA	$129,950	2360 MAPLELEAF DRIVEE	See page 4	KAREN KUNZE	FANNIE MAE	(619) 724-0601
VISTA	$85,000	722 LA VIDA CIRCLE	See page 4	KAREN KUNZE	FANNIE MAE	(619) 724-0601
WALNUT	Call		See page 4	CASHMAN, PAT	FDIC	(818) 967-1779
WALNUT CREEK	$114,900	470 N CIVIC DRIVE	See page 4	DAVID SCHUBB	FANNIE MAE	(510) 938-9200
WEAVERVILLE	Call		See page 4	SARAH SPELLENBERG	FANNIE MAE	(800) 832-2345
WEST COVINA	$123,900		See page 4	SAM MURPHY	FREDDIE MAC	(214) 506-6787
WEST COVINA	Call	1236 E. SHALENE ST	See page 4	DAVID TOVAR	FANNIE MAE	(818) 968-4112
WEST COVINA	Call	1631 NANETTE AVENUE	See page 4	GREG YOUNG	FANNIE MAE	(800) 732-6643
WEST COVINA	$138,000	1805 GREENLEAF DRIVE	See page 4	MIKE DURKIN	FANNIE MAE	(818) 967-7951
WEST COVINA	$136,900	2053 E. WALNUT CREED P	See page 4	DAVID TOVAR	FANNIE MAE	(818) 968-4112
WEST COVINA	$135,000	3136 E. HOLLINGWORTH S	See page 4	MIKE DURKIN	FANNIE MAE	(818) 967-7951
WEST COVINA	$99,900	3509 EUCALYPTUS	See page 4	RAUL NOVALES	FANNIE MAE	(818) 915-8990
WEST COVINA	$134,900	521 S. LARK ELLEN AVEN	See page 4	LOURDES GARRISON	FANNIE MAE	(818) 339-1116
WESTLAKE VILLAGE	$114,900	31505 LINDERO CANYON	See page 4	PETER M. ALEXANDER	FANNIE MAE	(800) 732-6643
WESTLAKE VILLAGE	$109,900	31515 LINDERO CANYON R	See page 4	BOB PEARSON	FANNIE MAE	(818) 880-4304
WESTMINSTER	Call		See page 4	MAGEE, MELINDA	FDIC	(714) 474-7394
WESTMINSTER	$74,900	6955 HOMER	See page 4	RICK ROBLES	FANNIE MAE	(310) 795-6706
WESTMINSTER	$74,900	6955 HOMER ST	See page 4	PAT NEAL	FANNIE MAE	(800) 732-6643
WHITTIER	Call		See page 4	CASHMAN, PAT	FDIC	(800) 234-0867
WHITTIER	$86,900	10025 AVONCROFT STREET	See page 4	LEROY SALVATO	FREDDIE MAC	(310) 809-1938
WHITTIER	$114,900	4140 WORKMAN MILL ROAD	See page 4	JOAN MUELLER	FANNIE MAE	(310) 947-4771
WHITTIER	$104,900		See page 4	ISSA MARTHA	FANNIE MAE	(310) 696-3300
WHITTIER	$94,900	4512 WORKMAN MILL ROAD	See page 4	JOAN MUELLER	FANNIE MAE	(310) 947-4771
WHITTIER	$134,900	9641 FIREBIRD AVENUE	See page 4	ISSA MARTHA	FANNIE MAE	(310) 696-3300
WILDOMAR	Call		See page 4	BROWN, DAVID	FDIC	(800) 234-0867
WILDOMAR	$99,900		See page 4	JACQUILINE JOHNSON	FREDDIE MAC	(619) 945-6900
WILLITS	Call		See page 4	JOAN DOOLEY	FANNIE MAE	(800) 832-2345
WILMINGTON	$89,500		See page 4	SAM MURPHY	FREDDIE MAC	(214) 506-6787
WILMINGTON	$30,000		See page 4	CASHMAN, PAT	FDIC	(310) 376-8871
WINNETKA	Call		See page 4	LARRY CARR	FANNIE MAE	(818) 716-9500
WOODBRIDGE	$105,000		See page 4	STEVEN HOWARD	FREDDIE MAC	(209) 956-9990
WOODLAND HILLS	Call		See page 4	HAYNES, RON	FDIC	(310) 785-0272
WOODLAND HILLS	$127,900		See page 4		FREDDIE MAC	(818) 703-6100
WOODLAND HILLS	$69,900	20931 ARCANA ROAD	See page 4	LARRY CARR	FANNIE MAE	(818) 716-9500
WOODLAND HILLS	$69,900	22100 BURBANK BLVD #23	See page 4	LARRY CARR	FANNIE MAE	(818) 716-9500
WOODLAND HILLS	$94,900	22109 BURBANK BLVD #	See page 4	LARRY CARR	FANNIE MAE	(818) 716-9500
WOODLAND HILLS	$94,900	23011 DEL VALLE ST	See page 4	LARRY CARR	FANNIE MAE	(818) 716-9500
WOODLAND	$119,900	1980 HUSTON CIRCLE	See page 4	JP & ANN MORGAN	FANNIE MAE	(800) 732-6643
WRIGHTWOOD	$99,900	5944 CEDAR STREET	See page 4	RICHARD DEVLIN	FANNIE MAE	(818) 703-6100
YERMO	Call		See page 4	FEDUSKA, SUE	FDIC	(800) 234-0867
YORBA LINDA	Call		See page 4	NANCY CHURCHILL	FANNIE MAE	(714) 777-1166

* A RECENT PROPERTY ASKING PRICE AND YOUR LOCAL CONTACT FOR CURRENT LISTINGS

CONSUMER DATA SERVICE

California

CITY	ASKING	ADDRESS	DETAILS	CONTACT	AGENCY	PHONE
YORBA LINDA	$149,900	4750 CARDENA PLAZA	See page 4	JUDY LOPEZ	FANNIE MAE	(800) 732-6643
YUBA CITY	$39,900		See page 4	KATHY MCCOLL	FREDDIE MAC	(916) 273-9516
YUBA CITY	Call	1139 PORTOLA VALLEY	See page 4	DANIEL GARCIA	FANNIE MAE	(916) 674-2842
YUBA CITY	$129,900	1995 WILD RIVER DR	See page 4	SHARON JACKSON	FANNIE MAE	(800) 732-6643
YUBA CITY	$89,900	933 STARLITE LANE	See page 4	DANIEL GARCIA	FANNIE MAE	(916) 674-2842
YUBA	$74,900	3670 FRAKES WAY	See page 4	DANIEL GARCIA	FANNIE MAE	(916) 674-2842
YUCAIPA	Call	10686 MISTY CREEK CIRC	See page 4	PATRICK SAUNIER	FANNIE MAE	(800) 732-6643
YUCAIPA	$106,000	13512 5TH PLACE	See page 4	GERRY BURGRAFF	FANNIE MAE	(800) 786-5647
YUCAIPA	$89,900	35977 DATE AVENUE	See page 4	PATRICK SAUNIER	FANNIE MAE	(800) 732-6643
YUCAIPA	Call	34939 AVE F	See page 4	WANDA & BILL PEYTON	FANNIE MAE	(909) 864-3970
YUCCA VALLEY	Call		See page 4	NETERER, KERRY	FDIC	(800) 234-0867
YUCCA VALLEY	$24,900	5951 LINDA LEE	See page 4	DEBBIE MORGANTE	FANNIE MAE	(619) 365-2392

Colorado

CITY	ASKING	ADDRESS	DETAILS	CONTACT	AGENCY	PHONE
*Statewide	Call		See page 4.		FDIC	(800) 234-0867
*Statewide	Call		See page 4.		FREDDIE MAC	(800) 373-3343
*Statewide	Call		Refer to "Home Buyer's Guide", page 81		DVA	(800) 556-4945
AURORA	Call		See page 4	D'ANTONIO, BOB	FDIC	(714) 263-7783
BAILEY	$105,000	120 RIDGE ROAD	See page 4	MIKE KRESSIN	FANNIE MAE	(303) 797-5000
BUENA VISTA	$99,900	121 BAYLOR DRIVE	See page 4	MEL KESERICH	FANNIE MAE	(800) 732-6643
CASTLE ROCK	Call		See page 4	D'ANTONIO, BOB	FDIC	(714) 263-7783
CASTLE ROCK	Call		See page 4	ZVONEK, MARY	FDIC	(714) 263-7783
CLIFTON	Call		See page 4	DAVID DURHAM	FANNIE MAE	(303) 241-4000
COLORADO SPRINGS	Call		See page 4	HONESCKO, JOSEPH	FDIC	(714) 263-7732
COLORADO SPRINGS	Call		See page 4	PENA, HENRY	FDIC	(719) 573-1100
COLORADO SPRINGS	Call		See page 4	RIVAS, JEFFREY	FDIC	(714) 263-7787
COLORADO SPRINGS	Call		See page 4	D'ANTONIO, BOB	FDIC	(714) 263-7783
COLORADO SPRINGS	$133,900	7803 SWIFTRUN ROAD	See page 4	RICK MULDOON	FANNIE MAE	(719) 591-8332
COLORADO SPRINGS	$111,000	NEAL RANCH	See page 4	OTT, DAN	FDIC	(719) 573-1100
DENVER	Call		See page 4	TRAIL, MARK	FDIC	(303) 628-7436
DENVER	Call		See page 4	VERNE HARRIS	FANNIE MAE	(303) 295-2128
DENVER	$17,900		See page 4	SAM MURPHY	FREDDIE MAC	(214) 506-6787
FREDERICK	$129,900	204 LINDEN STREET	See page 4	D. B. WILSON	FANNIE MAE	(303) 441-5655
GRAND JUNCTION	Call		See page 4	D'ANTONIO, BOB	FDIC	(714) 263-7783
GREELEY	Call		See page 4	Bob Johnson Auction	REO	(303) 356-2998
GREELEY	Call		See page 4	Kreps & Wiedeman	REO	(303) 356-3943
IDAHO SPRINGS	Call		See page 4	YENCO, BOB	FDIC	(800) 319-1444
LITTLETON	Call		See page 4	LARSON, CHRIS	FDIC	(303) 424-7077
LITTLETON	Call		See page 4	HONESCKO, JOSEPH	FDIC	(714) 263-7732
LITTLETON	Call		See page 4	Harris Auction	REO	(303) 932-7823
LITTLETON	Call	8598 WEST FREMONT PLACE	See page 4	BRUCE LINDER	FREDDIE MAC	(203) 926-2247
PUEBLO	Call		See page 4	ZVONEK, MARY	FDIC	(800) 568-9161
STEAMBOAT SPRINGS	Call		See page 4	Lockhart Auction	REO	(303) 879-0565
THORNTON	Call		See page 4	YENCO, BOB	FDIC	(800) 319-1444
VAIL	Call		See page 4	SMALL, SHIRLEY	FDIC	(970) 926-3077

* A RECENT PROPERTY ASKING PRICE AND YOUR LOCAL CONTACT FOR CURRENT LISTINGS

CONSUMER DATA SERVICE

Colorado

CITY	ASKING	ADDRESS	DETAILS	CONTACT	AGENCY	PHONE
WESTMINSTER	Call		See page 4	ZVONEK, MARY	FDIC	(714) 263-7757

Connecticut

CITY	ASKING	ADDRESS	DETAILS	CONTACT	AGENCY	PHONE
*Statewide	Call		See page 4.		FDIC	(800) 234-0867
*Statewide	Call		See page 4.		FREDDIE MAC	(800) 373-3343
*Statewide	Call		Refer to "Home Buyer's Guide", page 81		DVA	(800) 556-4945
ANSONIA	$30,000	15 SCHUMACHER DRIVE	See page 4	LEROUX, COLLEEN	FDIC	(203) 389-2105
ATTAWAUGAN	Call		See page 4	WAYNE ARUTE	FREDDIE MAC	(203) 677-9000
AVON	$119,000	3 FINCH RUN ROAD POND	See page 4	MARK PORRIELLO	FANNIE MAE	(203) 879-6491
BLOOMFIELD	$34,900	1079 BLUE HILLS AVE.	See page 4	FERN NADOLNY	FANNIE MAE	(203) 956-7448
BLOOMFIELD	$86,500	2 SANDRA DRIVE	See page 4	PHIL LEDWITH	FANNIE MAE	(203) 242-9620
BLOOMFIELD	$46,200	ADAMS ROAD, LOT 1173	See page 4	SLAGLE, FRED	FDIC	(203) 242-9620
BLOOMFIELD	$99,000	DUNCASTER RD,LOTS 1176 &	See page 4	SLAGLE, FRED	FDIC	(203) 242-9620
BRIDGEPORT	Call		See page 4	SLAGLE, FRED	FDIC	(800) 365-0381
BRIDGEPORT	$32,500	120 HUNTINGTON TPK U-302	See page 4	TERI BENNETT	FREDDIE MAC	(203) 378-7978
BRIDGEPORT	$23,500	120 HUNTINGTON TURNPIK	See page 4	TERRI BENNETT	FANNIE MAE	(203) 378-7978
BRIDGEPORT	$91,500	148 INFIELD STREET	See page 4	TERRI BENNETT	FANNIE MAE	(203) 378-7978
BRIDGEPORT	$24,700	216 REMINGTON STREET	See page 4	TERRI BENNETT	FANNIE MAE	(203) 378-7978
BRIDGEPORT	Call	631 GRAND ST/376 CENTER S	See page 4	GARRITSON, GARRY	FDIC	(203) 348-8566
BRISTOL	$39,900	111-113 GREENE STREET	See page 4	FERN NADOLNY	FANNIE MAE	(203) 879-6491
BRISTOL	$53,900	165 ROBERTSON ST.	See page 4	FERN NADOLNY	FANNIE MAE	(203) 879-6491
BRISTOL	$66,000	295 EAST ROAD	See page 4	FERN NADOLNY	FANNIE MAE	(203) 879-6491
BROOKFIELD	Call	52 BERKSHIRE DRIVE	See page 4	JAMES PRESNELL	FANNIE MAE	(203) 426-8228
BROOKFIELD	$72,000	60 WHISCONIER ROAD	See page 4	LEROUX, COLLEEN	FDIC	(203) 775-7100
BURLINGTON	$35,000	5 MISTY MEADOW ROAD, LT 1	See page 4	LEROUX, COLLEEN	FDIC	(860) 291-4076
CANTERBURY	Call		See page 4	LORENZO, MARGARET	FDIC	(800) 365-0381
CANTERBURY	$129,900	21 HOWE ROAD	See page 4	CHARLES BROWNING	FANNIE MAE	(203) 564-1100
CLINTON	Call		See page 4	QUINN, PETER	FDIC	(860) 291-4047
CLINTON	$75,000	43 KILLINGWORTH TP	See page 4	NANCY KINIRY &	FANNIE MAE	(203) 344-1000
COLCHESTER	$139,900	617 DEEP RIVER RD.	See page 4	SANDY HELME	FANNIE MAE	(203) 464-7231
CROMWELL	$80,900	5 LOCUST CT	See page 4	NANCY KINIRY &	FANNIE MAE	(203) 344-1000
DANBURY	Call		See page 4	LEROUX, COLLEEN	FDIC	(860) 291-4076
DANBURY	$142,000	34 FARM STREET	See page 4	JAMES PRESNELL	FANNIE MAE	(203) 426-8228
DANIELSON	$57,900	41A-41B CARTER ST.	See page 4	DEBRA CADY	FANNIE MAE	(203) 774-0050
DERBY	$57,900	91 ATWATER UNIT 36	See page 4	JOHN COPPOLA	FANNIE MAE	(203) 932-6669
E. HARTFORD	$70,000	21 CUMBERLAND DR.	See page 4	MARK PORRIELLO	FANNIE MAE	(203) 677-9000
E. HAVEN	$84,000	111 COSEY BEACH RD.	See page 4	NICK MASTRANGELO	FANNIE MAE	(203) 932-2255
EAST GRANBY	Call	NORTH MAIN ST.,A&H	See page 4	QUINN, PETER	FDIC	(860) 291-4047
EAST HAMPTON	$126,500	10 FERNWOOD DRIVE	See page 4	DONNA BROWN	FANNIE MAE	(203) 829-3600
EAST HAMPTON	$69,900	9 CHAUCER ROAD	See page 4	DONNA BROWN	FANNIE MAE	(203) 829-3600
EAST HARTFORD	$65,000	21 LINDEN ST	See page 4	MERRIGAN, PETER	FDIC	(203) 646-4525
EAST HARTFORD	$119,000	25 & 25 1/2 LINDEN ST	See page 4	MERRIGAN, PETER	FDIC	(203) 646-4525
EAST HARTFORD	$99,000	281-283 BURNSIDE AVE	See page 4	MERRIGAN, PETER	FDIC	(203) 282-9101
EAST HARTFORD	Call	692-696 BURNSIDE AVE	See page 4	HESS, MONICA B	FDIC	(203) 633-8336
EAST HAVEN	$103,000	1 MANSFIELD GROVE ROAD	See page 4	NICK MASTRANGELO	FANNIE MAE	(203) 932-2255

* A RECENT PROPERTY ASKING PRICE AND YOUR LOCAL CONTACT FOR CURRENT LISTINGS

42

CONSUMER DATA SERVICE

Connecticut

CITY	ASKING	ADDRESS	DETAILS	CONTACT	AGENCY	PHONE
EAST HAVEN	$53,900	173 RUSSO AVENUE U504	See page 4	WAYNE ARUTE	FREDDIE MAC	(203) 677-9000
EAST HAVEN	Call	564 THOMPSON AVENUE	See page 4	LUSSIER, MONIQUE	FDIC	(203) 488-1005
ELLINGTON	$34,000	14 PINNEY STREET	See page 4	PHILLIP BLAZAWSKI	FANNIE MAE	(203) 742-1450
ELLINGTON	$140,000	84 CRANE ROAD	Single family residence	SLAGLE, FRED	FDIC	(860) 291-4049
ENFIELD	$45,000		Apartment	LEROUX, COLLEEN	FDIC	(203) 571-7005
ENFIELD	$60,500	33 WINDSOR STREET	See page 4	FERN NADOLNY	FANNIE MAE	(203) 879-6491
FAIRFIELD	Call	64 LOOKOUT DRIVE NORTH	Single family residence	SLAGLE, FRED	FDIC	(203) 259-8305
FAIRFIELD	Call	671 FAIRFIELD BEACH RD	See page 4	MERRIGAN, PETER	FDIC	(203) 348-8566
GLASTONBURY	$39,900	60 RAMBLING BROOK	See page 4	PHIL LEDWITH	FANNIE MAE	(203) 956-7448
GOSHEN	Call		See page 4	SLAGLE, FRED	FDIC	(203) 567-4551
GROTON	$110,700	116 SHENNECOSSETT PKWY	See page 4	ROBERT T. BLOUGH	FANNIE MAE	(401) 322-0357
GUILFORD	$77,000	35 OAK AVENUE	Single family residence	LUSSIER, MONIQUE	FDIC	(203) 245-2701
HAMDEN	$89,900		See page 4	TERI BENNETT	FREDDIE MAC	(203) 378-7978
HAMDEN	$69,900	1690-1780 DIXWELL AVENUE	See page 4	HESS, MONICA B	FDIC	(203) 521-1741
HAMDEN	Call	2105-2107 STATE STREET	See page 4	HESS, MONICA B	FDIC	(203) 789-6118
HAMDEN	Call	249 PUTNAM AVENUE	See page 4	GARRITSON, GARRY	FDIC	(860) 291-4067
HARTFORD, W	$24,900	100 KANE ST	See page 4	JOANN MIRABELLI	FANNIE MAE	(203) 665-0850
HARTFORD, W	$80,000	15 HIGHLAND ST #211	See page 4	LEROUX, COLLEEN	FDIC	(860) 589-1611
HARTFORD, W	$86,500	17 DANFORTH LANE	See page 4	JOANN MIRABELLI	FANNIE MAE	(203) 665-0850
HARTFORD, W	$79,900	71 ENGLEWOOD AVENUE	See page 4	JOANN MIRABELLI	FANNIE MAE	(203) 665-0850
HARTFORD, W	$57,000	872 FLATBUSH AVE	See page 4	JOANN MIRABELLI	FANNIE MAE	(203) 665-0850
HARTFORD	$16,900	126-28 OAKLAND TERRACE	See page 4	MARK PORRIELLO	FANNIE MAE	(203) 677-9000
HARTFORD	$31,400	140 MAPLE AVENUE	See page 4	SALLY PATTERSON	FANNIE MAE	(203) 380-6131
HARTFORD	Call	148-152 COLLINS STREET	See page 4	LUSSIER, MONIQUE	FDIC	(860) 728-1776
HARTFORD	$47,500	149-151 MAGNOLIA STREET	Apartment	BAILEY, CASSY	FDIC	(203) 282-9101
HARTFORD	$39,900	21-23 VERNON STREET	Apartment	MERRIGAN, PETER	FDIC	(860) 291-4929
HARTFORD	$62,900	254-256 SO WHITNEY STREET	Apartment	BAILEY, CASSY	FDIC	(203) 249-6521
HARTFORD	$28,900	2569-2571 MAIN	See page 4	MARK PORRIELLO	FANNIE MAE	(203) 677-9000
HARTFORD	$11,000	2631 MAIN STREET	See page 4	MARK PORRIELLO	FANNIE MAE	(203) 665-0850
HARTFORD	$17,900	264-66 PARK TERRACE	See page 4	JOANN MIRABELLI	FANNIE MAE	(203) 956-7448
HARTFORD	$12,900	39-41 ELMER STREET	See page 4	PHIL LEDWITH	FANNIE MAE	(203) 282-9101
HARTFORD	$47,500	410-412 GARDEN STREET	Apartment	BAILEY, CASSY	FDIC	(203) 282-9101
HARTFORD	Call	50-60 ELM STREET	See page 4	LUSSIER, MONIQUE	FDIC	(203) 520-1000
HARTFORD	Call	63-65,69-71,73&75 WEBSTER	See page 4	MERRIGAN, PETER	FDIC	(203) 282-9101
HARTFORD	$12,900	68 E RAYMOND ST	See page 4	JOANN MIRABELLI	FANNIE MAE	(203) 665-0850
HARTFORD	$121,000	69-71 BARTHOLOMEW AVE	See page 4	TUCKER, DON	FDIC	(203) 528-0884
HARTFORD	$89,900	75-77 ROOSEVELT STREET	Apartment	PAT POWER	FANNIE MAE	(203) 561-1550
HARTFORD	$10,000	82 MADISON STREET	Apartment	BAILEY, CASSY	FDIC	(203) 282-9101
HARTFORD	$135,000	825-829 WETHERSFIELD AVE	See page 4	LEROUX, COLLEEN	FDIC	(203) 282-9101
HARTFORD	$22,000	CHURCH ST, PAR 1 & 2	See page 4	QUINN, PETER	FDIC	(860) 291-4047
HEBRON	Call	8 COACHMAN PIKE	See page 4	SANDY HELME	FANNIE MAE	(203) 464-7231
LEDYARD	Call	1480 & 1480R TOLLAND TPKE	See page 4	HESS, MONICA B	FDIC	(860) 528-0884
MANCHESTER	$65,900	34 HIGHLAND AVE	See page 4	LARRY MADOW	FANNIE MAE	(203) 265-1821
MERIDAN	$5,500	111 1/2 HOBART STREET	See page 4	MARK BUTTAFUOCO	FANNIE MAE	(800) 732-6643
MERIDEN	$55,000	148 COOK AVENUE	See page 4	LEROUX, COLLEEN	FDIC	(203) 265-2356
MERIDEN	$28,000	156 COOK AVENUE	See page 4	LEROUX, COLLEEN	FDIC	(203) 234-2100
MERIDEN	$99,750	188 OLD BALDWIN AVENUE	See page 4	LARRY MADOW	FANNIE MAE	(203) 265-1821

* A RECENT PROPERTY ASKING PRICE AND YOUR LOCAL CONTACT FOR CURRENT LISTINGS

CONSUMER DATA SERVICE
Connecticut

CITY	ASKING	ADDRESS	DETAILS	CONTACT	AGENCY	PHONE
MERIDEN	$84,900	20 CASTLE DRIVE	See page 4	MARK PORRIELLO	FANNIE MAE	(203) 677-9000
MERIDEN	$68,900	44 ALCOVE STREET	See page 4	NICK MASTRANGELO	FANNIE MAE	(203) 932-2255
MERIDEN	$29,900	54 MAIN STREET	See page 4	SLAGLE, FRED	FDIC	(203) 234-2100
MERIDEN	$85,800	849 PADDOCK AVENUE	See page 4	SLAGLE, FRED	FDIC	(203) 521-1741
MIDDLETOWN	$56,900	99 CARRIAGE CROSS	See page 4	FERN NADOLNY	FANNIE MAE	(203) 879-6491
MIDDLETOWN	$17,000	UNIT 8 BURGUNDY	See page 4	DONNA BROWN	FANNIE MAE	(203) 829-3600
MILFORD	$69,900	1060 NEW HAVEN AVE.	See page 4	NICK MASTRANGELO	FANNIE MAE	(203) 932-2255
MILFORD	$89,250	12 TREMONT STREET	See page 4	LARRY MADOW	FANNIE MAE	(203) 265-1821
MONTVILLE	Call	1 GLEN CRAG PLACE	See page 4	ROBERT T. BLOUGH	FANNIE MAE	(401) 322-0357
MOOSUP	$60,500	22-26 MAIN STREET	See page 4	LENGEL, JANET	FDIC	(860) 779-1939
NEW BRITAIN	Call	100 UPTON STREET	Apartment	LEROUX, COLLEEN	FDIC	(203) 249-6521
NEW BRITAIN	$15,000	143 GROVE STREET	Apartment	LEROUX, COLLEEN	FDIC	(203) 932-2255
NEW BRITAIN	$20,900	29D MEAD STREET	See page 4	JOANN MIRABELLI	FANNIE MAE	(203) 665-0850
NEW BRITAIN	$27,500	30 ERWIN PLACE	Apartment	BAILEY, CASSY	FDIC	(860) 589-1611
NEW HARTFORD	$90,000	671 LITCHFIELD TURNPIKE	See page 4	LUSSIER, MONIQUE	FDIC	(860) 677-8746
NEW HAVEN	$19,900		See page 4	KATHLEEN CROTEAU	FREDDIE MAC	(203) 239-2553
NEW HAVEN	$59,500	126 KIMBERLY AVENUE	See page 4	LEROUX, COLLEEN	FDIC	(203) 932-2255
NEW HAVEN	$88,000	133 SCRANTON STREET	Apartment	MERRIGAN, PETER	FDIC	(203) 234-2100
NEW HAVEN	$69,000	149 CLINTON AVENUE	See page 4	BAILEY, CASSY	FDIC	(203) 234-2100
NEW HAVEN	$12,900	156 FRANK STREET	See page 4	JOHN COPPOLA	FANNIE MAE	(203) 932-6669
NEW HAVEN	$57,750	18 - 20 FIORE STREET	See page 4	NICK MASTRANGELO	FANNIE MAE	(203) 932-2255
NEW HAVEN	Call	27 ELM STREET	See page 4	LUSSIER, MONIQUE	FDIC	(203) 932-2255
NEW HAVEN	$76,500	30 HAWTHORNE RD #J	See page 4	BAILEY, CASSY	FDIC	(203) 865-2000
NEW HAVEN	$26,600	375 LOMBARD STREET	See page 4	NICK MASTRANGELO	FANNIE MAE	(860) 291-4069
NEW HAVEN	$28,900	72 HOUSTON ST.	See page 4	NICK MASTRANGELO	FANNIE MAE	(203) 932-2255
NEW HAVEN	$29,500	805 GRAND AVENUE	See page 4	MERRIGAN, PETER	FDIC	(203) 932-2255
NEW LONDON	Call		See page 4	LUSSIER, MONIQUE	FDIC	(203) 287-1155
NEW MILFORD	$115,000	120 WYNWOOD DRIVE	See page 4	DICK REED	FANNIE MAE	(800) 365-0381
NEWINGTON	$95,000	15 DARTMOUTH PL	See page 4	FERN NADOLNY	FANNIE MAE	(203) 261-2260
NEWTOWN	$135,500	5 KING PHILLIP TRAIL	See page 4	JAMES PRESNELL	FANNIE MAE	(203) 879-6491
NORTH BRANFORD	Call		See page 4	NICK MASTRANGELO	FANNIE MAE	(203) 426-8228
NORWALK	$109,900	3 SHADYBROOK LANE	See page 4	SLAGLE, FRED	FDIC	(203) 932-2255
NORWALK	Call	400 MAIN AVENUE	See page 4	SLAGLE, FRED	FDIC	(203) 857-0155
NORWICH	$52,500		See page 4	BAILEY, CASSY	FDIC	(203) 855-8050
NORWICH	Call		See page 4	SANDY HELME	FANNIE MAE	(860) 677-8746
OLD LYME	Call	HATCHETTS HILL RD PARCEL	See page 4	TUCKER, DON	FDIC	(203) 464-7231
PAWCATUCK	$34,900	67 GRISWOLD ST	See page 4	SUSAN SHORT	FANNIE MAE	(203) 571-7005
PLAINFIELD	Call		See page 4	MERRIGAN, PETER	FDIC	(203) 536-4906
PLAINFIELD	$76,900	159 COLONIAL RD.	See page 4	DONNA BROWN	FANNIE MAE	(860) 291-4050
PLAINVILLE	$69,900	122 MILFORD ST	See page 4	FERN NADOLNY	FANNIE MAE	(203) 829-3600
PLAINVILLE	$27,900	17 FARMINGTON AVENUE	See page 4	JOANN MIRABELLI	FANNIE MAE	(203) 879-6491
PLAINVILLE	$68,900	33 SPRING ST	See page 4	FERN NADOLNY	FANNIE MAE	(203) 665-0850
PUTNAM	$74,200	4244 CHAPMAN ST	See page 4	DEBRA CADY	FANNIE MAE	(203) 879-6491
ROCKY HILL	$81,000	109 LITTLE OAK LANE	See page 4	PHIL LEDWITH	FANNIE MAE	(203) 774-0050
ROCKY HILL	$29,900	1115 HARBOUR VIEW DRIV	See page 4	FERN NADOLNY	FANNIE MAE	(203) 956-7448
ROCKY HILL	$89,900	12 LEXINGTON CT	See page 4	JOANN MIRABELLI	FANNIE MAE	(203) 879-6491
SEYMOUR	$29,900		See page 4	PATRICIA RUPWANI	FREDDIE MAC	(203) 665-0850
						(203) 729-7458

* A RECENT PROPERTY ASKING PRICE AND YOUR LOCAL CONTACT FOR CURRENT LISTINGS

44

CONSUMER DATA SERVICE

Connecticut

CITY	ASKING	ADDRESS	DETAILS	CONTACT	AGENCY	PHONE
SEYMOUR	$44,500	81 BALANCE ROCK ROAD	See page 4	DICK REED	FANNIE MAE	(203) 261-2260
SHELTON	Call		See page 4	TUCKER, DON	FDIC	(860) 291-4457
SHELTON	$134,900	60 WELLS AVENUE	See page 4	TERRI BENNETT	FANNIE MAE	(203) 378-7978
SOMERS	$122,600	16 WOOD ROAD	See page 4	ILENE L. WHITMARSH	FANNIE MAE	(203) 684-4215
SOMERS	$55,000	41 FRANKLIN WOODS DR	See page 4	LUSSIER, MONIQUE	FDIC	(860) 633-1300
SOUTH MERIDA	$137,600	145 SOMER DR	See page 4	LARRY MADOW	FANNIE MAE	(203) 265-1821
SOUTH WINDHAM	$99,900	44 PIGEON SWAMP	See page 4	CHARLES BROWNING	FANNIE MAE	(203) 564-1100
SOUTHBURY	$7,500		See page 4	LEROUX, COLLEEN	FDIC	(203) 263-4737
STAMFORD	Call		See page 4	BAAN, DALE	FDIC	(203) 291-4058
STAMFORD	$69,900		See page 4	WAYNE ARUTE	FREDDIE MAC	(203) 677-9000
STAMFORD	$49,000	17 RENWICK	See page 4	JIM BRUHNS	FANNIE MAE	(203) 327-5353
TALCOTVILLE	$25,500	565 TALCOTTVILLE RD	See page 4	PHILLIP BLAZAWSKI	FANNIE MAE	(203) 742-1450
TORRINGTON	Call	133 KINNEY STREET	See page 4	GARRITSON, GARRY	FDIC	(860) 496-1995
TORRINGTON	$43,000	4648 NORFOLK ST	See page 4	MARY LEBLANC	FANNIE MAE	(203) 496-1151
VERNON	$29,900		See page 4	EARL MELENDY	FREDDIE MAC	(203) 875-1818
VERNON	$76,900	12 HIGHLAND AVE	See page 4	SALLY PATTERSON	FANNIE MAE	(203) 380-6131
WALLINGFORD	Call	64 SOUTH TURNPIKE RD	See page 4	HESS, MONICA B	FDIC	(203) 281-3400
WALLINGFORD	$89,900	89 QUINNIPIAC STREET	See page 4	QUINN, PETER	FDIC	(203) 265-2356
WATERBURY	$7,700		See page 4	MERRIGAN, PETER	FDIC	(860) 291-4929
WATERBURY	$49,900	19 TAFT POINTE	See page 4	FERN NADOLNY	FANNIE MAE	(203) 879-6491
WATERBURY	$78,750	32-34 VERMONT ST.	See page 4	LARRY MADOW	FANNIE MAE	(203) 265-1821
WATERBURY	$17,500	35 MOUNTAIN VILLAGE RO	See page 4	FERN NADOLNY	FANNIE MAE	(203) 879-6491
WATERBURY	$45,900	925 ORONOKE RD.	See page 4	FERN NADOLNY	FANNIE MAE	(203) 879-6491
WEST HAVEN	$59,900	10 WESTFIELD ST.12	See page 4	NICK MASTRANGELO	FANNIE MAE	(203) 932-2255
WEST HAVEN	$52,000	33 ORANGE TERRACE	See page 4	DONNA BROWN	FANNIE MAE	(203) 829-3600
WEST HAVEN	$89,500	649 THIRD AVENUE	See page 4	NICK MASTRANGELO	FANNIE MAE	(203) 932-2255
WEST HAVEN	$71,900	93 DALTON STREET	Single family residence	BAILEY, CASSY	FDIC	(203) 799-8877
WESTBROOK	Call		Single family residence	SLAGLE, FRED	FDIC	(203) 245-2701
WETHERSFIELD	$76,900	21 MCMULLEN AVE	See page 4	PHIL LEDWITH	FANNIE MAE	(203) 956-7448
WETHERSFIELD	Call	616-620 SILAS DEANE HWY	See page 4	HESS, MONICA B	FDIC	(860) 291-4052
WILLINGTON	$105,900	45 ST.MORITZ CIR	See page 4.	ILENE L. WHITMARSH	FANNIE MAE	(203) 684-4215
WILLINGTON	$99,500	62 PINNEY HILL ROAD	See page 4.	MARK PORRIELLO	FANNIE MAE	(203) 677-9000
WINDSOR	Call	219 BROAD ST & 30 CENTRAL	See page 4	HESS, MONICA B	FDIC	(203) 225-0304
WOODBURY	$65,900	45 CLUBHOUSE DRIVE	See page 4	MARY LEBLANC	FANNIE MAE	(203) 496-1151

Delaware

CITY	ASKING	ADDRESS	DETAILS	CONTACT	AGENCY	PHONE
*Statewide	Call		See page 4	Town & Country	Marshal	(703) 536-7650
*Statewide	Call		See page 4		RECD	(302) 697-4314
*Statewide	Call		See page 4.		FDIC	(800) 234-0867
*Statewide	Call		See page 4.		FREDDIE MAC	(800) 373-3343
*Statewide	Call		Refer to "Home Buyer's Guide", page 81		DVA	(800) 556-4945
BEAR	$79,900	126 CHANNING DR	See page 4	PAUL PANTANO	REO	(302) 657-8000
BEAR	$89,900	34 PEPPERWOOD LN	See page 4	PAUL M. PANTANO	FANNIE MAE	(302) 657-8000
CAMDEN	Call		See page 4		RECD	(302) 697-8755
DOVER	Call		See page 4	Schaeffer Assoc	REO	(302) 734-4464

* A RECENT PROPERTY ASKING PRICE AND YOUR LOCAL CONTACT FOR CURRENT LISTINGS

45

CONSUMER DATA SERVICE

Delaware

CITY	ASKING	ADDRESS	DETAILS	CONTACT	AGENCY	PHONE
DOVER	$101,900	1523 FAWN STREET	See page 4	TERRY BURKE	FANNIE MAE	(302) 429-7370
DOVER	$76,500	48 FOREST CREEK DRIVE	See page 4	TERRY BURKE	FANNIE MAE	(302) 429-7370
NEW CASTLE	$82,900	1120 OLD FORGE RD	See page 4	RITA NILON	FANNIE MAE	(610) 325-0330
NEW CASTLE	$92,900	206 STONEBRIDGE BLVD	See page 4	TERRY BURKE	FANNIE MAE	(302) 429-7370
NEWARK	$45,900	COBBLECREEK CURVE	See page 4	JON LOHR	Bank REO	(800) 558-9900
WILMINGTON	$99,900	1022 NORTH CLAYTON STR	See page 4	PAUL M. PANTANO	FANNIE MAE	(302) 657-8000
WILMINGTON	$64,900	1405 COLEMAN STREET	See page 4	JON LOHR	Bank REO	(800) 558-9900
WILMINGTON	$89,900	217 WEST 34TH ST	See page 4	PAUL M. PANTANO	FANNIE MAE	(302) 657-8000
WILMINGTON	$65,900	318 BROOKLAND AVENUE	See page 4	PAUL M. PANTANO	FANNIE MAE	(302) 657-8000
WILMINGTON	$59,900	401 WEST 3RD STREET	See page 4	PAUL M. PANTANO	FANNIE MAE	(302) 657-8000
WILMINGTON	$69,900	413 N BROOM STREET	See page 4	SAM MURPHY	FREDDIE MAC	(214) 506-6787
WILMINGTON	$89,900	510 WEST NINTH STREET	See page 4	BRUCE LINDER	FREDDIE MAC	(203) 926-2247
WILMINGTON	$42,500	5422 VALLEY GREEN	See page 4	PAUL M. PANTANO	FANNIE MAE	(302) 657-8000

Florida

CITY	ASKING	ADDRESS	DETAILS	CONTACT	AGENCY	PHONE
*Statewide	Call		See page 4.		FDIC	(800) 234-0867
*Statewide	Call		See page 4.		FREDDIE MAC	(800) 373-3343
*Statewide	Call		Refer to "Home Buyer's Guide", page 81		DVA	(800) 556-4945
ALTAMONTE SPRINGS	$24,900	323 MONTICELLO DR	See page 4	HOOVER, KEN	FDIC	(407) 420-1318
ALTAMONTE SPRINGS	$115,500	1137 BARDWELL COURT	See page 4		FREDDIE MAC	(407) 682-1200
ALTAMONTE SPRINGS	$57,900	1236 CLEVELAND AVE.	See page 4	COMER TAYLOR	FANNIE MAE	(407) 898-5060
APOPKA	$72,500	1262 PALM BLUFF DRIVE	See page 4	BONNIE KOEHN	FANNIE MAE	(800) 243-0438
APOPKA	Call	449 COMFORT DR.	See page 4	CAROLE IMES	FANNIE MAE	(407) 896-9666
APOPKA	$80,900	910 S. LAKEVIEW AVE.	See page 4	HIGGINS & HEATH	FREDDIE MAC	(407) 896-9666
APOPKA	$46,500		See page 4	CAROLE IMES	FANNIE MAE	(407) 896-9666
BARTOW	Call		See page 4	MIKE NOLAN, JR.	FANNIE MAE	(813) 294-7541
BAYONET POINT	Call		See page 4	DAN MARACICH	FANNIE MAE	(904) 688-9990
BELLEVIEW	Call		See page 4	MIKE SCHRADER	FANNIE MAE	(904) 732-8350
BOCA GRANDE	Call		See page 4	GREENE, BOB	FDIC	(800) 765-3342
BOCA RATON	$177,900	20311 MONTEVERDI CIRCL	See page 4	MEZZARA, BOB	FDIC	(305) 358-7710
BOCA RATON	$189,900	20771 SONETO DR	See page 4	GINA MATTILA	FREDDIE MAC	(407) 734-6397
BOCA RATON	$119,900	23037 SW 56TH AVE	See page 4	KATHY RUTH	FANNIE MAE	(407) 734-6397
BOCA RATON	$120,900	9260 SADDLECREEK DRIVE	See page 4	KATHY RUTH	FANNIE MAE	(407) 734-6397
BONITA SPRINGS	$38,900	10101 SANDY HOLLOW #10	See page 4	CLARE DELLO RUSSO	FANNIE MAE	(305) 782-4900
BONITA SPRINGS	$125,900	27070 DEL LANE	See page 4	CLARE DELLO RUSSO	FANNIE MAE	(305) 782-4900
BOYNTON BEACH	$57,500	1729 PALMLAND DRIVE #10A	See page 4	BOB HAGMANN	FANNIE MAE	(813) 945-1414
BOYNTON BEACH	$67,500	213 MEADOWS DRIVE	See page 4	BOB HAGMANN	FANNIE MAE	(813) 945-1414
BRADENTON	Call		See page 4	ROBYN DORAN	FREDDIE MAC	(407) 641-8200
BRADENTON	$31,900	5934-36 12TH STREET EAST	See page 4	KATHY RUTH	FANNIE MAE	(407) 734-6397
BRADENTON	$1,450,000	6207 W. CORTEZ ROAD	See page 4	RUTH LAWLER	FANNIE MAE	(813) 794-8200
BRANDON	$69,900	416 E. JERSEY AVE	See page 4	SHINN, RICKEY H.	FDIC	(800) 765-3342
CAPE CORAL	Call		See page 4	TRAVIS, JIM	FDIC	(813) 961-6000
CAPE CORAL	$56,900	104 SE 42ND TERRACE	See page 4	IRWIN WILENSKY	FANNIE MAE	(800) 237-3342
			See page 4	RODGER BEVINGTO	FREDDIE MAC	(813) 945-1414
			See page 4	BOB HAGMANN	FANNIE MAE	(813) 945-1414

* A RECENT PROPERTY ASKING PRICE AND YOUR LOCAL CONTACT FOR CURRENT LISTINGS

46

CONSUMER DATA SERVICE

Florida

CITY	ASKING	ADDRESS	DETAILS	CONTACT	AGENCY	PHONE
CAPE CORAL	$30,900	1321 SW 16TH TERRACE	See page 4	BOB HAGMANN	FANNIE MAE	(813) 945-1414
CAPE CORAL	$64,900	1509 SW 29TH ST	See page 4	BOB HAGMANN	FANNIE MAE	(813) 945-1414
CAPE CORAL	$89,900	738 SE 43RD TERRACE	See page 4	BOB HAGMANN	FANNIE MAE	(813) 945-1414
CAROL CITY	$127,900	18835 N.W. 80 AVE	See page 4	DICK GEISLAND	FANNIE MAE	(305) 558-3030
CASSELBERRY	$42,500		See page 4	WALT MULLER	FREDDIE MAC	(407) 682-1200
CASSELBERRY	$63,900	525 FOOTHILL WAY	See page 4	CAROLE IMES	FANNIE MAE	(407) 896-9666
CHARLOTTE	$36,900	1515 FORREST NELSON	See page 4	BARBARA E PHELPS	FANNIE MAE	(813) 639-4121
CITRONELLE	Call		See page 4	SHINN, RICKEY H.	FDIC	(800) 331-6620
CLEARWATER	$40,900	1301 TERRACE ROAD	See page 4	ROBERT TRIPKA	FANNIE MAE	(813) 725-2190
CLERMONT	$45,900	13648 HELEN ST	See page 4	DONNI DRAWDY	FANNIE MAE	(904) 394-0307
COCOA BEACH	Call		See page 4	MEZZARA, BOB	FDIC	(800) 765-3342
COCOA BEACH	Call		See page 4	BARBARA ZORN	FANNIE MAE	(407) 242-1900
COCOA	$44,900	19 LEE STREET	See page 4	BARBARA ZORN	FANNIE MAE	(407) 242-1900
COCOA	$29,900	730-32 LYNELL	See page 4	BARBARA ZORN	FANNIE MAE	(407) 242-1900
COCOA	$51,000	7360N. US HWY 1	See page 4	BARBARA ZORN	FANNIE MAE	(407) 242-1900
COCOA	$14,850	LTS 9,10,11 WILSON RAY SD	See page 4	MEZZARA, BOB	FDIC	(800) 765-3342
COCOA	$59,900	3180 CARTER ST.	See page 4	ED SAN ROMAN	FANNIE MAE	(305) 551-9400
COCONUT GROVE	Call		See page 4	ROSENBERG, JACK	FDIC	(800) 765-3342
COOPER CITY	Call	PINE ISLE & STERLING RD	See page 4	ED SAN ROMAN	FANNIE MAE	(305) 551-9400
CORAL GABLES	$34,900	517 MADEIRA	See page 4	PERRY FROST	FREDDIE MAC	(305) 587-4100
CORAL SPRINGS	$74,900	2542 NW 99TH AVE	See page 4	CLARE DELLO RUSSO	FANNIE MAE	(305) 782-4900
CORAL SPRINGS	$35,200	3187 CORAL RIDGE DRIVE	See page 4	SHINN, RICKEY H.	FDIC	(800) 765-3342
CORAL SPRINGS	$79,900	4230 NW 114 TERRACE	See page 4	DOTTIE MILES	FANNIE MAE	(305) 946-8700
CORAL SPRINGS	Call	4809 NW 104TH TERR	See page 4	STEVE MODICA	FANNIE MAE	(305) 572-7777
CRESTVIEW	$30,500	802 E EDNEY AVE	See page 4	BRENDA J. BUNDRICK	FANNIE MAE	(800) 732-6643
DAVIE	$74,900	5180 S UNIVERSITY DRIV	See page 4	STEVE MODICA	FANNIE MAE	(305) 572-7777
DAYTONA BEACH	$57,900	2800 N ATLANTIC AVENUE	See page 4	FRANK CARDARELLI	FANNIE MAE	(904) 677-1211
DEERFIELD BEACH	Call		See page 4	CLARE DELLO RUSSO	FANNIE MAE	(305) 782-4900
DEERFIELD BEACH	$38,500		See page 4		FDIC	(305) 587-4100
DELAND	$42,300	404 N. BOSTON AVE.	See page 4	CHERYL SASSANO	FDIC	(800) 732-6643
DELRAY BEACH	Call		See page 4	MEZZARA, BOB	FDIC	(800) 765-3342
DELRAY BEACH	$89,900	1025 NW 18TH AVENUE	See page 4	KATHY RUTH	FANNIE MAE	(407) 734-6397
DELRAY BEACH	$58,500	14320 ALTOCEDRO DR.	See page 4	KATHY RUTH	FANNIE MAE	(407) 734-6397
DELRAY BEACH	$32,500	2300 SW 22ND AVE #116	See page 4	ROBYN DORAN	FREDDIE MAC	(407) 641-8200
DELRAY BEACH	$79,900	5186 TENNIS LANE	See page 4	KATHY RUTH	FANNIE MAE	(407) 734-6397
DELRAY BEACH	$64,900	5346 JOG LN	See page 4	KATHY RUTH	FANNIE MAE	(407) 734-6397
EDGEWATER	$54,500		See page 4	LINDA HAYES	FREDDIE MAC	(904) 427-0439
EDGEWATER	$25,500	526 LIVE OAK ST.	See page 4	FRANK CARDARELLI	FANNIE MAE	(904) 677-1211
FERNANDINA BEACH	$59,900		See page 4		FREDDIE MAC	(904) 733-9162
FERNANDINA BEACH	Call	1370 MANUCY ROAD	See page 4	ROBERT S. FERREIRA	FANNIE MAE	(904) 261-5571
FERNANDINA BEACH	$119,900		See page 4	ROBERT S. FERREIRA	FANNIE MAE	(904) 261-5571
FL LAUDERDALE	Call		See page 4	BERESFORD, LINDA	FDIC	(305) 975-6270
FLORAL CITY	Call		See page 4	JOYCE KIRCHNER	FANNIE MAE	(904) 726-5263
FORT LAUDERDALE	Call		See page 4	DAVIS, JONATHAN	FDIC	(800) 765-3342
FORT LAUDERDALE	$22,500	1625 SE 10 AVE	See page 4	PERRY FROST	FREDDIE MAC	(305) 587-4100
FORT LAUDERDALE	$81,900		See page 4	DOTTIE MILES	FANNIE MAE	(305) 946-8700
FORT LAUDERDALE	$74,900	2531 NW 26TJ STREET	See page 4	CLARE DELLO RUSSO	FANNIE MAE	(305) 782-4900

* A RECENT PROPERTY ASKING PRICE AND YOUR LOCAL CONTACT FOR CURRENT LISTINGS

47

CONSUMER DATA SERVICE

Florida

CITY	ASKING	ADDRESS	DETAILS	CONTACT	AGENCY	PHONE
FORT LAUDERDALE	$119,900	3314 NW 68TH COURT	See page 4	CLARE DELLO RUSSO	FANNIE MAE	(305) 782-4900
FORT LAUDERDALE	$26,900	5131 W OAKLAND PARK	See page 4	CLARE DELLO RUSSO	FANNIE MAE	(305) 782-4900
FORT LAUDERDALE	Call	577 BRIDGETON ROAD	See page 4	DOTTIE MILES	FANNIE MAE	(305) 946-8700
FORT LAUDERDALE	$109,900	6750 NW21 TERRACE	See page 4	DOTTIE MILES	FANNIE MAE	(305) 946-8700
FORT LAUDERDALE	$33,900	805 W OAKLAND PARK BLV	See page 4	CLARE DELLO RUSSO	FANNIE MAE	(305) 782-4900
FORT LAUDERDALE	$102,900	916 SOUTHWEST 18TH ST.	See page 4	STEVE MODICA	FANNIE MAE	(305) 572-7777
FORT MYERS	$72,500	11431-11437 KIMBLE DRIVE	See page 4	SHINN, RICKEY H.	FDIC	(800) 455-9401
FORT MYERS	$79,900	2829 CORTEZ BOULEVARD	See page 4	BOB HAGMANN	FREDDIE MAC	(800) 741-1912
FORT MYERS	$69,000	4230 RIVERVIEW ROAD	See page 4	RODGER BEVINGTO	FREDDIE MAC	(800) 237-3342
FORT MYERS	$33,900	4733 NOTTINGHAM DR	See page 4	TIM BOKMULLER	FANNIE MAE	(813) 489-0444
FORT MYERS	$52,500	9 CASTLEBAR CIRCLE	See page 4	ROBIN CORSENTINO	FANNIE MAE	(813) 549-1117
FORT MYERS	Call	SUMMERLIN ROAD	See page 4	GREENE, BOB	FDIC	(800) 765-3342
FORT PIERCE	Call		See page 4	GENE H. LIGHTNER	FANNIE MAE	(407) 461-3250
FT PIERCE	$15,235	2604 ROLYAT STREET	See page 4	SHINN, RICKEY H.	FDIC	(800) 765-3342
FT PIERCE	$54,900	7401 SAN CARLOS DR	Single family residence	GENE H. LIGHTNER	FANNIE MAE	(407) 461-3250
FT WALTON	$82,900	125 VIRGINIA DRIVE NW	See page 4	VAN BLARICUM	FANNIE MAE	(904) 244-5143
GAINESVILLE	Call		See page 4	BERESFORD, LINDA	FDIC	(714) 263-7743
GAINESVILLE	Call		See page 4	JOANN WHITWORTH	FANNIE MAE	(904) 373-3583
GENEVA	Call		See page 4	ELIZABETH HATHAW	FREDDIE MAC	(407) 322-2420
GREENACRES	Call		See page 4	KATHY RUTH	FANNIE MAE	(407) 734-6397
GULFPORT	$29,900		See page 4	ROBERT TRIPKA	FANNIE MAE	(813) 725-2190
HAINES CITY	$45,900	300 TOWNBRIDGE DRIVE	See page 4	Foreclosure Clearing	FREDDIE MAC	(941) 683-6706
HAINES CITY	Call		See page 4	BILL BERRY	FANNIE MAE	(813) 683-6706
HALLANDALE	$32,000	330 SE 2ND ST	See page 4	STEVE MODICA	FANNIE MAE	(305) 572-7777
HALLANDALE	$24,900	503 S.E. 4TH ST	See page 4	CLARE DELLO RUSSO	FANNIE MAE	(305) 782-4900
HAWTHORNE	$39,900	3438 CANTRELL STREET	See page 4	JOANN WHITWORTH	FANNIE MAE	(904) 373-3583
HIALEAH GARD	Call		See page 4	DICK GEISLAND	FANNIE MAE	(305) 558-3030
HIALEAH	$64,900	1460 W. 39TH PLACE	See page 4	ED SAN ROMAN	FANNIE MAE	(305) 551-9400
HIALEAH	$99,900	2129 W 55 ST	See page 4	DICK GEISLAND	FANNIE MAE	(305) 558-3030
HOLIDAY	Call		See page 4	AUBREY GATES	FREDDIE MAC	(813) 848-1234
HOLIDAY	$50,900	3049 COLDWELL DRIVE	See page 4	AUBREY H. GATES	FANNIE MAE	(813) 848-1234
HOLIDAY	$46,900	3052 MUIR	See page 4	AUBREY H. GATES	FANNIE MAE	(813) 848-1234
HOLIDAY	$39,900	3438 CANTRELL STREET	See page 4	ROBERT TRIPKA	FANNIE MAE	(813) 725-2190
HOLLYWOOD	Call		See page 4	JOYCE DAVIDOWITZ	FREDDIE MAC	(305) 746-2800
HOLLYWOOD	$23,500	101 N. OCEAN DRIVE	See page 4	CLARE DELLO RUSSO	FANNIE MAE	(305) 782-4900
HOLLYWOOD	$52,900	3199 FOXCRAFT ROAD	See page 4	CLARE DELLO RUSSO	FANNIE MAE	(305) 782-4900
HOLLYWOOD	$47,500	4301 SW 36TH STREET	See page 4	DOTTIE MILES	FANNIE MAE	(305) 946-8700
HOLLYWOOD	$184,900	4600 HAYES CIRCLE	See page 4	DOTTIE MILES	FANNIE MAE	(305) 946-8700
HOLLYWOOD	$90,500	900 N. 46TH AVENUE	See page 4	DOTTIE MILES	FANNIE MAE	(305) 946-8700
HOMESTEAD	Call		See page 4	ED SAN ROMAN	FANNIE MAE	(305) 551-9400
HOMOSASSA	$18,500		See page 4	GAIL DECATREL	FREDDIE MAC	(904) 726-6668
HOMOSASSA	$135,500	22 PINE STREET	See page 4	JOYCE KIRCHNER	FANNIE MAE	(904) 765-5263
HUDSON	Call		See page 4	CARROLL, CLAYTON	FDIC	(800) 765-3342
HUDSON	$99,900	7609 SYLVAN DR.	See page 4	AUBREY H. GATES	FANNIE MAE	(813) 848-1234
JACKSONVILLE	Call		See page 4	SHINN, RICKEY H.	FDIC	(800) 765-3342
JACKSONVILLE	$37,000		See page 4	BOB ATKINS	FREDDIE MAC	(904) 262-2122
JACKSONVILLE	$110,900	13640 MALLORCA DR.	See page 4	MARK JENKS	FANNIE MAE	(800) 732-6643

* A RECENT PROPERTY ASKING PRICE AND YOUR LOCAL CONTACT FOR CURRENT LISTINGS

48

CONSUMER DATA SERVICE

Florida

CITY	ASKING	ADDRESS	DETAILS	CONTACT	AGENCY	PHONE
JACKSONVILLE	$8,250	2063 HOLCROFT DRIVE	See page 4	GREENE, BOB	FDIC	(800) 765-3342
JACKSONVILLE	$123,200	5999 NORMANDY ROAD	See page 4	KING, ROBERT	FDIC	(904) 358-1206
JENSEN BEACH	$64,900	3541 NE OCEAN BLVD #13	See page 4	MARY ANN ATKISSON	FANNIE MAE	(407) 288-1111
JENSEN BEACH	$99,900	9940 S OCEAN DR	See page 4	MARY ANN ATKISSON	FANNIE MAE	(407) 288-1111
JUPITER	$59,900		See page 4	KATHY RUTH	FANNIE MAE	(407) 734-6397
KISSIMMEE	Call		See page 4	DOROTHY BUSE	FREDDIE MAC	(800) 338-2549
KISSIMMEE	$98,900	1503 LUND AVE	See page 4	DOROTHY S. BUSE	FANNIE MAE	(407) 846-4040
KISSIMMEE	$96,500	2525 COLONY AVENUE	See page 4	LINDA GOODWIN	FANNIE MAE	(407) 846-2787
KISSIMMEE	$65,900	4 COUNTRY CLUB COURT	See page 4	LINDA GOODWIN	FANNIE MAE	(407) 846-2787
KISSIMMEE	$64,900	604 BASINGSTOKE CT	See page 4	LINDA GOODWIN	FANNIE MAE	(407) 846-2787
KISSIMMEE	Call	ACADEMY DRIVE	See page 4	DAVIS, JONATHAN	FDIC	(800) 765-3342
KISSIMMEE	$80,900	149 ACAPULCO	See page 4	LINDA GOODWIN	FANNIE MAE	(407) 846-2787
KISSIMMIE	Call	#1 SEASIDE II CONDO	See page 4	KING, ROBERT	FDIC	(941) 951-6600
KNIGHT ISLAND	$48,900	4005 SENA LANE	See page 4	JANICE GROVES	FANNIE MAE	(813) 675-2650
LABELLE	$77,500	532 ALCAZAR COURT	See page 4	FRANK KUTCH	FANNIE MAE	(904) 326-8282
LADY LAKE	$15,500	RT 1 BOX 230-B	See page 4	MARIA ROGERS	FANNIE MAE	(904) 752-6575
LAKE CITY	$119,900	546 HASSOCKS LOOP	See page 4	COMER TAYLOR	FANNIE MAE	(407) 898-5060
LAKE MARY	Call	PAOLA ROAD IN LAKE MARY	See page 4	KING, ROBERT	FDIC	(800) 765-3342
LAKE MARY	Call		See page 4	KATHY RUTH	FANNIE MAE	(407) 734-6397
LAKE PARK	$47,900	3028 BONAVENTURE CIRCL	See page 4	ROBERT TRIPKA	FANNIE MAE	(813) 725-2190
LAKE TARPON	$84,900	4339 APPIAN WAY	See page 4	GINA MATTILA	FREDDIE MAC	(407) 734-6397
LAKE WORTH	$38,900	4438 S 47TH AVENUE	See page 4	KATHY RUTH	FANNIE MAE	(407) 734-6397
LAKE WORTH	$19,900	895 WORCESTER LANE	See page 4	GREGORY SULLIVAN	FREDDIE MAC	(407) 392-2333
LAKELAND	Call		See page 4	MAGEE, MELINDA	FDIC	(714) 263-7747
LAKELAND	Call		See page 4	BILL BERRY	FANNIE MAE	(813) 683-6706
LAKELAND	Call		See page 4	REBECCA ELLIOT	FREDDIE MAC	(941) 858-1434
LAND'O LAKES	Call		See page 4	IRWIN WILENSKY	FANNIE MAE	(813) 961-6000
LARGO	$26,900		See page 4	BARBARA WILCOX	FREDDIE MAC	(800) 872-6730
LARGO	Call	3770 MCKAY CREEK DR	See page 4	ROBERT TRIPKA	FANNIE MAE	(813) 725-2190
LARGO	$26,900	7200 ULMERTON ROAD	See page 4	ROBERT TRIPKA	FANNIE MAE	(813) 725-2190
LAUDERDALE LAKES	Call		See page 4	SHINN, RICKEY H.	FDIC	(800) 765-3342
LAUDERDALE LAKES	$22,500		See page 4	DOTTIE MILES	FREDDIE MAC	(305) 587-4100
LAUDERDALE, N	Call		See page 4	DOTTIE MILES	FANNIE MAE	(305) 946-8700
LAUDERDALE, N	Call		See page 4	CLARE DELLO RUSSO	FANNIE MAE	(305) 782-4900
LAUDERHILL CITY	$17,000	1440 43RD TERRACE #204	See page 4	BERESFORD, LINDA	FDIC	(800) 234-0867
LAUDERHILL	Call	4917 NW 67TH AVENUE	See page 4	CLARE DELLO RUSSO	FANNIE MAE	(305) 782-4900
LAUDERHILL	$131,500	7300 N.W. 49TH PLACE	See page 4	CLARE DELLO RUSSO	FANNIE MAE	(305) 782-4900
LEESBURG	$44,900	1509 LANCASTER	See page 4	FRANK KUTCH	FANNIE MAE	(904) 326-8282
LEHIGH ACRES	$33,900	57 WESTMINISTER ST	See page 4	TIM BOKMULLER	FANNIE MAE	(813) 489-0444
LEHIGH ACRES	$39,900	602 ARTHUR AVENUE	See page 4	TIM BOKMULLER	FANNIE MAE	(813) 489-0444
LEISURE CITY	Call		See page 4	ED SAN ROMAN	FANNIE MAE	(305) 551-9400
LIGHTHOUSE PT	Call		See page 4	DOTTIE MILES	FANNIE MAE	(305) 946-8700
LONGWOOD	$56,900	203 CROWN OAKS WAY	See page 4	CAROLE IMES	FANNIE MAE	(407) 896-9666
LUTZ	Call		See page 4	MARIA ESTRADA	FREDDIE MAC	(813) 289-6600
LUTZ	$28,900	1910 N MOBILE VILLA	See page 4	IRWIN WILENSKY	FANNIE MAE	(813) 961-6000
MADIERA BEACH	$103,900	735 BLAND WAY	See page 4	ROBERT TRIPKA	FANNIE MAE	(813) 725-2190
MAITLAND	Call	2343 HUNTERFIELD ROAD	See page 4	BONNIE KOEHN	FANNIE MAE	(800) 243-0438

* A RECENT PROPERTY ASKING PRICE AND YOUR LOCAL CONTACT FOR CURRENT LISTINGS

CONSUMER DATA SERVICE

Florida

CITY	ASKING	ADDRESS	DETAILS	CONTACT	AGENCY	PHONE
MAITLAND	$60,900	421 MONROE AVE	See page 4	BONNIE KOEHN	FANNIE MAE	(800) 243-0438
MAITLAND	$99,900	701 WINDGROVE TRAIL	See page 4	CAROLE IMES	FANNIE MAE	(407) 896-9666
MARGATE	$22,900	3120 HOLIDAY SPRINGS B	See page 4	CLARE DELLO RUSSO	FANNIE MAE	(305) 782-4900
MARGATE	$29,900	3241 HOLIDAY SPR BLVD	See page 4	DOTTIE MILES	FANNIE MAE	(305) 946-8700
MARGATE	$114,900	860 SW TERRACE	See page 4	CLARE DELLO RUSSO	FANNIE MAE	(305) 782-4900
MEDLEY	Call		See page 4	ROSENBERG, JACK	FDIC	(800) 765-3342
MELBOURNE	$89,900	3021 E. ONTARIO CIRCLE	See page 4	JACK MCGINLEY	FANNIE MAE	(407) 255-1018
MELBOURNE	Call	AURORA RD/LANSING ST.	See page 4	GREENE, BOB	FDIC	(800) 765-3342
MERRITT ISLAND	$99,900	140 FLORIDA BLVD	See page 4	BARBARA ZORN	FANNIE MAE	(407) 242-1900
MIAMI	Call		See page 4	TRAVIS, JIM	FDIC	(305) 536-1606
MIAMI	Call		See page 4	JOSE FENTE	FREDDIE MAC	(305) 558-5210
MIAMI BEACH	$139,900	5601 COLLINS AVE	See page 4	ED SAN ROMAN	FANNIE MAE	(305) 551-9400
MIAMI, N	Call		See page 4	ADRIAN AMBROS	FREDDIE MAC	(305) 273-1888
MIAMI, N	$74,900	15891 NE 8TH AVE	See page 4	ED SAN ROMAN	FANNIE MAE	(305) 551-9400
MIAMI, N	Call	2345 N.E. 197TH ST.	See page 4	DICK GEISLAND	FANNIE MAE	(305) 558-3030
MIAMI	$74,900	10030 HAMMOCKS BLVD	See page 4	ED SAN ROMAN	FANNIE MAE	(305) 551-9400
MIAMI	$134,900	12774 NW 9TH TERR	See page 4	ED SAN ROMAN	FANNIE MAE	(305) 551-9400
MIAMI	$59,900	1340-1342 NW 58 STREET	See page 4	ED SAN ROMAN	FANNIE MAE	(305) 551-9400
MIAMI	$129,900	15255 SW 57TH STREET	See page 4	ED SAN ROMAN	FANNIE MAE	(305) 551-9400
MIAMI	$139,900	15818 SW 72 TERRACE	See page 4	ED SAN ROMAN	FANNIE MAE	(305) 551-9400
MIAMI	$119,900	16570 S W 298 TERRACE	See page 4	ED SAN ROMAN	FANNIE MAE	(305) 551-9400
MIAMI	Call	17605 SW 74TH PL	See page 4	ED SAN ROMAN	FANNIE MAE	(305) 551-9400
MIAMI	$94,500	18373 SW 136TH AVE	See page 4	ED SAN ROMAN	FANNIE MAE	(305) 551-9400
MIAMI	$49,900	22312 OLD CUTLER RD	See page 4	ED SAN ROMAN	FANNIE MAE	(305) 551-9400
MIAMI	$72,000	26700 SW 127 AVE	See page 4	ED SAN ROMAN	FANNIE MAE	(305) 551-9400
MIAMI	$29,900	3871 NW 207 RD	See page 4	DICK GEISLAND	FANNIE MAE	(305) 558-3030
MIAMI	$124,900	5201 SOUTHWEST 97 COUR	See page 4	ED SAN ROMAN	FANNIE MAE	(305) 551-9400
MIAMI	$119,900	561 SW 122 AVE	See page 4	ED SAN ROMAN	FANNIE MAE	(305) 551-9400
MIAMI	$69,900	571 NE 175TH TERR	See page 4	ED SAN ROMAN	FANNIE MAE	(305) 551-9400
MIAMI	$79,900	6666 SW 115TH COURT	See page 4	ED SAN ROMAN	FANNIE MAE	(305) 551-9400
MIAMI	$84,900	6704 SW 113 AVE	See page 4	ED SAN ROMAN	FANNIE MAE	(305) 551-9400
MIAMI	$85,000	7680 SW 156TH COURT #	See page 4	ED SAN ROMAN	FANNIE MAE	(305) 551-9400
MIAMI	$89,900	800 N. E. 70TH STREET	See page 4	DICK GEISLAND	FANNIE MAE	(305) 558-3030
MIAMI	$49,900	841 NE 207TH LA	See page 4	DICK GEISLAND	FANNIE MAE	(305) 558-3030
MIAMI	$78,900	8620 SW 149 AVE	See page 4	ED SAN ROMAN	FANNIE MAE	(305) 551-9400
MIAMI	$84,900	965 NE 146TH	See page 4	DICK GEISLAND	FANNIE MAE	(305) 558-3030
MIAMI	$149,600	SOUTH SIDE OF SW 224TH ST	See page 4	MEZZARA, BOB	FDIC	(305) 826-6050
MIDDLEBURG	Call		See page 4	MIKE APPLE	FANNIE MAE	(904) 998-7653
MILTON	$49,900		See page 4	DAN HANSEN	FREDDIE MAC	(904) 476-2154
MIRAMAR	$138,500	9781 ENCINO COURT	See page 4	CLARE DELLO RUSSO	FANNIE MAE	(305) 782-4900
NAPLES	$29,000	4007 THOMASSON DR	See page 4	DAVE HOFFMAN	FREDDIE MAC	(941) 262-4333
NAPLES	$28,800	9301 GULF SHORES DR, #207	See page 4	RON SANSON	FANNIE MAE	(800) 732-2643
NEW PORT RICHEY	$11,000		See page 4	GREENE, BOB	FDIC	(800) 765-3342
NEW PORT	$28,500				FDIC	
NEW PORT	$34,500	3106 EL MERITA	See page 4	AUBREY H. GATES	FANNIE MAE	(813) 848-1234
NEW PORT	$86,900	41 MINEOLA	See page 4	AUBREY H. GATES	FANNIE MAE	(813) 848-1234
NEW PORT	$31,900	4409 KOHLER STREET	See page 4	AUBREY H. GATES	FANNIE MAE	(813) 848-1234

* A RECENT PROPERTY ASKING PRICE AND YOUR LOCAL CONTACT FOR CURRENT LISTINGS

CONSUMER DATA SERVICE

Florida

CITY	ASKING	ADDRESS	DETAILS	CONTACT	AGENCY	PHONE
NEW PORT	$33,900	5240 MARINE PARKWAY	See page 4	AUBREY H. GATES	FANNIE MAE	(813) 848-1234
NEW PORT	$35,900	9322 PALM ST	See page 4	AUBREY H. GATES	FANNIE MAE	(813) 848-1234
NEW SMYRNA	Call	EAST CLUBHOUSE BLVD	See page 4	TRAVIS, JIM	FDIC	(800) 765-3342
NOKOMIS	Call		See page 4	AL DUMAS	FANNIE MAE	(813) 924-2424
NORTH PORT	$44,900		See page 4	LINDA MEGILL	FREDDIE MAC	(813) 625-6120
NORTH PORT	$45,900	7536 MESA ST.	See page 4	MARY JANE HAYES	FANNIE MAE	(813) 426-1108
OAKLAND PARK	Call		See page 4	DOTTIE MILES	FANNIE MAE	(305) 946-8700
OAKLAND PARK	Call	NW 21ST AVE & NW 39TH ST	See page 4	DAVIS, JONATHAN	FDIC	(800) 765-3342
OCALA	Call		See page 4	MIKE SCHRADER	FANNIE MAE	(904) 732-8350
OCALA	Call		See page 4	BERESFORD, LINDA	FDIC	(602) 263-0500
OKEECHOBEE	Call		See page 4	SHARON PREVATT	FANNIE MAE	(813) 763-2104
ORANGE CITY	$66,900	1545 N. SILVERSTONE CT	See page 4	CHERYL SASSANO	FANNIE MAE	(800) 732-6643
ORANGE PARK	$75,900	924 BAY TREE CT	See page 4	MIKE APPLE	FANNIE MAE	(904) 733-9162
ORLANDO	$39,000		See page 4	WALT MULLER	FREDDIE MAC	(407) 682-1200
ORLANDO	$91,900	1211 SERISSA CT	See page 4	BONNIE KOEHN	FANNIE MAE	(800) 243-0438
ORLANDO	$53,900	1339 41ST ST	See page 4	BONNIE KOEHN	FANNIE MAE	(800) 243-0438
ORLANDO	$28,500	1426 W 18TH ST	See page 4	CAROLE IMES	FANNIE MAE	(407) 896-9666
ORLANDO	$12,900	2428 BARK WATER DR	See page 4	COMER TAYLOR	FANNIE MAE	(407) 898-5060
ORLANDO	$58,900	308 DOVER ST	See page 4	COMER TAYLOR	FANNIE MAE	(407) 898-5060
ORLANDO	$107,900	4124 EAGLE FEATHER DR	See page 4	COMER TAYLOR	FANNIE MAE	(407) 898-5060
ORLANDO	$14,900	4132 INGLENOOK LANE	See page 4	COMER TAYLOR	FANNIE MAE	(407) 898-5060
ORLANDO	$54,900	4491 GOLDENRAIN	See page 4	COMER TAYLOR	FANNIE MAE	(407) 898-5060
ORLANDO	$81,900	5229 MACADAMIA COURT	See page 4	CAROLE IMES	FANNIE MAE	(407) 896-9666
ORLANDO	$36,900	5681 CHARLESTON STREET	See page 4	CAROLE IMES	FANNIE MAE	(407) 896-9666
ORLANDO	$13,200	906-908 GRAND STREET	See page 4	GREENE, BOB	FDIC	(800) 765-3342
ORMOND BEACH	$64,900	1 CASTLE MANOR	See page 4	FRANK CARDARELLI	FANNIE MAE	(904) 677-1211
OVIEDO	$114,900	1002 BRIELLE CT	See page 4	CAROLE IMES	FANNIE MAE	(407) 896-9666
PALM BAY	$44,900		See page 4	MAGEE, MELINDA	FREDDIE MAC	(407) 951-8861
PALM BAY	Call		See page 4	JACK McGINLEY	FDIC	(407) 255-1018
PALM BAY	$42,900	1131 S.E. PASADENA RD	See page 4	JACK McGINLEY	FANNIE MAE	(407) 255-1018
PALM BAY	$29,900	1641 NE SUNNY BROOK LA	See page 4	JACK McGINLEY	FANNIE MAE	(407) 255-1018
PALM BAY	$44,900	250 S E ENSENADA STREE	See page 4	JACK McGINLEY	FANNIE MAE	(407) 255-1018
PALM BAY	$34,900	9633 SW SHEAFE AVE	See page 4	JACK McGINLEY	FANNIE MAE	(407) 255-1018
PALM BEACH	Call		See page 4	BERESFORD, LINDA	FDIC	(800) 234-0867
PALM BEACH GARDENS	$302,500	SANDTREE DRIVE	See page 4	KING, ROBERT	FDIC	(800) 765-3342
PALM BEACH	Call	3543 S. OCEAN BLVD. #102	See page 4	ROBYN DORAN	FREDDIE MAC	(407) 641-8200
PALM BEACH	Call	5790 WHIRLAWAY ROAD	See page 4	STEVE MODICA	FANNIE MAE	(305) 572-7777
PALM CITY	Call		See page 4	MARY ANN ATKISSON	FANNIE MAE	(407) 288-1111
PALM COAST	$56,900		See page 4	CHARLES KIDD	FANNIE MAE	(904) 445-7030
PALM COAST	$85,500		See page 4	ARLENE CREE	FREDDIE MAC	(904) 445-2272
PALM HARBOR	Call	2652 JARVIS CIRCLE	See page 4	ROBERT TRIPKA	FANNIE MAE	(813) 725-2190
PALM HARBOR	$168,900	798 TOMOKA DRIVE	See page 4	ROBERT TRIPKA	FANNIE MAE	(813) 725-2190
PALM HARBOR	Call	US 19 & ROUTE 584	See page 4	HOOVER, KEN	FDIC	(813) 556-0556
PANAMA CITY	$48,900		See page 4	GLENDA GRIGGS	FANNIE MAE	(904) 769-1484
PANAMA CITY	$50,600	6700 OAKSHORE DR. #202	See page 4	SHINN, RICKEY H.	FDIC	(800) 765-3342
PANAMA CITY	$58,300	6700 OAKSHORE DR. #301	See page 4	SHINN, RICKEY H.	FDIC	(800) 765-3342
PEMBROOKE PIN	$104,900	1433 NW 124TH AVE	See page 4	DOTTIE MILES	FANNIE MAE	(305) 946-8700

* A RECENT PROPERTY ASKING PRICE AND YOUR LOCAL CONTACT FOR CURRENT LISTINGS

CONSUMER DATA SERVICE

Florida

CITY	ASKING	ADDRESS	DETAILS	CONTACT	AGENCY	PHONE
PEMBROOKE PIN	Call	20157 NW 10TH ST	See page 4	STEVE MODICA	FANNIE MAE	(305) 572-7777
PENSACOLA	$20,900	525 W. GREGORY STREET	See page 4	PAT CHAMBERS	FANNIE MAE	(904) 478-4141
PENSACOLA	$137,500	810 SCENIC HWY.	See page 4	MEZZARA, BOB	FDIC	(904) 243-3102
PERRY	Call		See page 4	SHINN, RICKEY H.	FDIC	(305) 358-7710
PINELLAS PARK	$47,500	7430 34TH STREET NORTH	See page 4	ROBERT TRIPKA	FANNIE MAE	(813) 725-2190
PLANT CITY	Call		See page 4	BARBARA WILCOX	FREDDIE MAC	(800) 872-6730
PLANTATION	Call		See page 4	PERRY FROST	FREDDIE MAC	(305) 587-4100
POINCIANNA	$52,500	707 CADDY LN E	See page 4	LINDA GOODWIN	FANNIE MAE	(407) 846-2787
POMPANO BEACH	$34,900	1021 CRYSTAL LAKE DRIV	See page 4	CLARE DELLO RUSSO	FANNIE MAE	(305) 782-4900
POMPANO BEACH	$80,300	3208 SE 11TH STREET #202	See page 4	SHINN, RICKEY H.	FDIC	(800) 765-3342
POMPANO BEACH	$37,900	7023 SW 20TH ST	See page 4	CLARE DELLO RUSSO	FANNIE MAE	(305) 782-4900
PORT CHARLOTTE	$27,500	1300 FORREST NELSON BL	See page 4	BARBARA E PHELPS	FANNIE MAE	(813) 639-4121
PORT CHARLOTTE	$39,900	13100 MCCALL RD.	See page 4	BARBARA E PHELPS	FANNIE MAE	(813) 639-4121
PORT CHARLOTTE	$36,900	1320 FOREST NELSON BLV	See page 4	BARBARA E PHELPS	FANNIE MAE	(813) 639-4121
PORT CHARLOTTE	$38,900	1320 FORREST NELSON BL	See page 4	BARBARA E PHELPS	FANNIE MAE	(813) 639-4121
PORT CHARLOTTE	$102,900	162 BUCKEYE AVE NW	See page 4	BARBARA E PHELPS	FANNIE MAE	(813) 639-4121
PORT CHARLOTTE	$44,900	20025 GOLDCUP COURT	See page 4	DENOMME	FREDDIE MAC	(800) 476-2190
PORT CHARLOTTE	$42,900	2309 N.W CROW STREET	See page 4	BARBARA E PHELPS	FANNIE MAE	(813) 639-4121
PORT CHARLOTTE	$44,900	390 CHAVES CIR.	See page 4	BARBARA E PHELPS	FANNIE MAE	(813) 639-4121
PORT CHARLOTTE	$72,500	825 DOBELL TERR *OL	See page 4	LINDA MEGILL	FREDDIE MAC	(813) 625-6120
PORT RICHEY	Call		See page 4	AUBREY H. GATES	FANNIE MAE	(813) 848-1234
PORT ST LUCIE	Call	8521 CONGRESS STREET	See page 4	DAVIS, JONATHAN	FDIC	(800) 765-3342
PORT ST LUCIE	Call		See page 4	D'ANTONIO, BOB	FDIC	(407) 335-4333
PORT ST LUCIE	$49,900	1967 DUNBROOKE CIRCLE	See page 4	GENE H. LIGHTNER	FANNIE MAE	(407) 461-3250
PORT ST LUCIE	$49,900	2517 S E GRAND DR.	See page 4	GENE H. LIGHTNER	FANNIE MAE	(407) 461-3250
PORT ST LUCIE	Call	497 NE SOLIDA CIRCLE	See page 4	GENE H. LIGHTNER	FANNIE MAE	(407) 461-3250
PORT ST LUCIE	$29,500	507 SW SARA BLVD	See page 4	JEAN ROSSER	FREDDIE MAC	(407) 461-3250
PORT ST LUCIE	$67,500	560 SW ASTOR RD	See page 4	GREGORY CALIGUIR	FREDDIE MAC	(407) 878-9108
PORT ST LUCIE	$39,900	644 S.W. JEANNE STREET	See page 4	GENE H. LIGHTNER	FANNIE MAE	(407) 461-3250
RIVERSIDE PL	$134,500	10421 HARVESTTIME PLAC	See page 4	IRWIN WILENSKY	FANNIE MAE	(813) 961-6000
RIVERVIEW	Call		See page 4	IRWIN WILENSKY	FANNIE MAE	(813) 961-6000
ROCKLEDGE	$89,900	944 JAMESTOWN DRIVE	See page 4	BRENDA C-K MUH	FANNIE MAE	(407) 723-3000
SAFETY HARBOR	Call		See page 4	ROBERT TRIPKA	FANNIE MAE	(813) 725-2190
SANFORD	Call		See page 4	BERESFORD, LINDA	FDIC	(714) 263-7743
SANFORD	$34,500	1211 PINE RIDGE CIR.,S.	See page 4	HAZEL HISSAM	FREDDIE MAC	(407) 629-6330
SANFORD	$56,900	122 LAMPLIGHTER DRIVE	See page 4	COMER TAYLOR	FANNIE MAE	(407) 898-5060
SANFORD	$103,900	2751 BIT-N-BRIDAL PL	See page 4	CHERYL SASSANO	FANNIE MAE	(800) 732-6643
SARASOTA	Call		See page 4	AL DUMAS	FANNIE MAE	(813) 924-2424
SATELLITE BEACH	$139,900	426 SANDPIPER DRIVE	See page 4	JACK MCGINLEY	FANNIE MAE	(407) 255-1018
SEBASTIAN	$39,900	873 GILBERT STREET	See page 4	DAVE STEWART	FANNIE MAE	(407) 231-5611
SEBRING	$37,900	1015 GRAND PRIX DRIVE	See page 4	DAN SHERRICK	FANNIE MAE	(813) 382-3157
SEBRING	$42,500	3905 BRIARIDGE CIRCLE	See page 4	DAN SHERRICK	FANNIE MAE	(813) 382-3157
SEMINOLE	Call	13701 76TH TERRACE	See page 4	ROBERT TRIPKA	FANNIE MAE	(813) 725-2190
SILVER SPRING	Call		See page 4	CRYSTAL MCCALL	FANNIE MAE	(904) 732-3222
SOUTH DAYTON	$52,500	854 TEAGUE STREET	See page 4	FRANK CARDARELLI	FANNIE MAE	(904) 677-1211
SPRING HILL	Call		See page 4	DAN MARACICH	FANNIE MAE	(904) 688-9990
ST CLOUD	Call		See page 4	LINDA GOODWIN	FANNIE MAE	(407) 846-2787

* A RECENT PROPERTY ASKING PRICE AND YOUR LOCAL CONTACT FOR CURRENT LISTINGS

52

CONSUMER DATA SERVICE

Florida

CITY	ASKING	ADDRESS	DETAILS	CONTACT	AGENCY	PHONE
ST CLOUD	$29,900	9060 SALEM ROAD	See page 4	DOROTHY S. BUSE	FANNIE MAE	(407) 846-4040
ST PETERSBURG	$39,900		See page 4	ROBERT TRIPKA	FANNIE MAE	(813) 725-2190
ST PETERSBURG	Call		See page 4	ROSENBERG, JACK	FDIC	(800) 765-3342
ST PETERSBURG	$42,900	1546 70TH STREET N	See page 4	ROBERT TRIPKA	FANNIE MAE	(813) 725-2190
ST PETERSBURG	$31,900	2334 DARTMOUTH	See page 4	ROBERT TRIPKA	FANNIE MAE	(813) 725-2190
ST PETERSBURG	$15,000	612 14TH AVENUE SOUTH	Single family residence	LARSON, CHRIS	FDIC	(602) 263-0500
ST. AUGUSTINE	Call		See page 4	OTT, DAN	FDIC	(714) 263-7732
ST. CLOUD	Call		See page 4	MEZZARA, BOB	FDIC	(407) 388-1164
ST. CLOUD	Call		See page 4	DOROTHY S. BUSE	FANNIE MAE	(407) 846-4040
ST. CLOUD	$45,900	212 17TH ST.	See page 4	LINDA GOODWIN	FANNIE MAE	(407) 846-2787
ST. JAMES	$77,900	2471 AVOCADO ST	See page 4	ROBIN CORSENTINO	FANNIE MAE	(813) 549-1117
STARKE	$52,500	SE 8TH AVE RT 3 B	See page 4	SHEILA DAUGHERTY	FANNIE MAE	(800) 732-6643
STUART	$39,000		See page 4	GREGORY CALIGUIR	FREDDIE MAC	(407) 878-9108
STUART	$44,900	403 E PARKWAY	See page 4	All Points, Inc	FREDDIE MAC	(800) 443-0090
SUMMERFIELD	$59,900		See page 4	SUSAN WILLIAMS	FREDDIE MAC	(800) 476-3706
SUNRISE	$54,900	10007 WINDING LAKE RD	See page 4	DOTTIE MILES	FANNIE MAE	(305) 946-8700
SUNRISE	$97,900	11531 NW 29PL	See page 4	CLARE DELLO RUSSO	FANNIE MAE	(305) 782-4900
SUNRISE	$87,900	7878 NW 20TH CT.	See page 4	STEVE MODICA	FANNIE MAE	(305) 572-7777
TALLAHASSEE	Call		See page 4	BETTY SHACKLEFORD	FANNIE MAE	(904) 224-6900
TALLAHASSEE	$66,000	S. MONROE/POLK DR.	See page 4	MEZZARA, BOB	FDIC	(904) 386-2600
TALLAHASSEE	$70,400	VILLAGE GREEN LOT 6-A	See page 4	KING, ROBERT	FDIC	(800) 765-3342
TAMARAC	Call		See page 4	D'ANTONIO, BOB	FDIC	(714) 263-7783
TAMPA	Call		See page 4	BERESFORD, LINDA	FDIC	(714) 263-7743
TAMPA	Call		See page 4	BARBARA WILCOX	FREDDIE MAC	(800) 872-6730
TAMPA	$98,500	11903 STEPPINGSTONE BL	See page 4	IRWIN WILENSKY	FANNIE MAE	(813) 961-6000
TAMPA	$72,900	3211 SWANN AVE	See page 4	HERBERT FISHER	FANNIE MAE	(813) 879-1933
TAMPA	$76,900	3211 SWANN AVENUE	See page 4	IRWIN WILENSKY	FANNIE MAE	(813) 961-6000
TAMPA	$44,900	3419 ARBOR OAKS	See page 4	IRWIN WILENSKY	FANNIE MAE	(813) 961-6000
TAMPA	$39,900	3807 DARTMOUTH AVE N.	See page 4	IRWIN WILENSKY	FANNIE MAE	(813) 961-6000
TAMPA	$67,500	6502 W HANNA	See page 4	HERBERT FISHER	FANNIE MAE	(813) 879-1933
TARPON SPRINGS	$52,500	1352 HILLSIDE DRIVE	See page 4	ROBERT TRIPKA	FREDDIE MAC	(813) 785-9000
TARPON SPRINGS	$136,500		See page 4	ROBERT TRIPKA	FANNIE MAE	(813) 725-2190
TITUSVILLE	$39,900		See page 4	BRENDA MUH	FREDDIE MAC	(407) 723-3000
TITUSVILLE	$36,900	115 WEST TOWNE PLACE	See page 4	PAT CONNOR	FANNIE MAE	(407) 267-3600
TITUSVILLE	$69,900	725 HIGHLAND TERRACE	See page 4	PAT CONNOR	FANNIE MAE	(407) 267-3600
UMATILLA	$38,500		See page 4	FRANK KUTCH	FREDDIE MAC	(904) 326-8282
VALRICO	Call	2619 DURANT WOODS ST	See page 4	IRWIN WILENSKY	FANNIE MAE	(813) 961-6000
VENICE	Call		See page 4	AL DUMAS	FANNIE MAE	(813) 924-2424
VENICE	$59,400	416 CERROMAR CT UNIT 254	See page 4	SHINN, RICKEY H.	FDIC	(800) 765-3342
VERO BEACH	$44,900	1475 19TH AVE SW	See page 4	DAVE STEWART	FANNIE MAE	(407) 231-5611
W PALM BEACH	$15,850		See page 4		FREDDIE MAC	(407) 734-6397
W PALM BEACH	$61,500	730 PENN STREET	See page 4	ROBYN DORAN	FREDDIE MAC	(407) 641-8200
WEIRSDALE	$43,900	12600 SE SUNSET HARBOR	See page 4	MIKE SHRADER	FANNIE MAE	(904) 732-8350
WEST PALM BEACH	Call		See page 4	DAVIS, JONATHAN	FDIC	(407) 734-6397
WEST PALM BEACH	$335,000	HAVERHILL ROAD	See page 4	KING, ROBERT	FDIC	(407) 691-8080
WEST PALM	$114,900	11234 PINE VALLEY DR	See page 4	CLARE DELLO RUSSO	FANNIE MAE	(305) 782-4900
WEST PALM	$79,900	1388 APPLE BLOSSOM LAN	See page 4	HERME RICHARDSON	FANNIE MAE	(407) 738-6000

* A RECENT PROPERTY ASKING PRICE AND YOUR LOCAL CONTACT FOR CURRENT LISTINGS

CONSUMER DATA SERVICE

Florida

CITY	ASKING	ADDRESS	DETAILS	CONTACT	AGENCY	PHONE
WEST PALM	$45,900	5800 W. FERNLEY DR.	See page 4	KATHY RUTH	FANNIE MAE	(407) 734-6397
WILTON MANOR	$34,900	801 NE 18TH COURT	See page 4	DOTTIE MILES	FANNIE MAE	(305) 946-8700
WINTER PARK	$34,900		See page 4	HAZEL HISSAM	FREDDIE MAC	(407) 629-6330
WINTER PARK	$74,900	8026 PORT SAID DR	See page 4	HIGGINS & HEATH	FREDDIE MAC	(407) 896-9666
WINTER SPRING	Call		See page 4	COMER TAYLOR	FANNIE MAE	(407) 898-5060

Georgia

CITY	ASKING	ADDRESS	DETAILS	CONTACT	AGENCY	PHONE
*Statewide	Call		See page 4.		FDIC	(800) 234-0867
*Statewide	Call		See page 4.		FREDDIE MAC	(800) 373-3343
*Statewide	Call		Refer to "Home Buyer's Guide", page 81		DVA	(800) 556-4945
ACWORTH	Call	5556 FALLSBROOK TRACE	See page 4	Norma Elkin	Bank REO	(770) 422-3311
ADAIRVILLE	$59,900		See page 4	MELVA MADDIX	FREDDIE MAC	(770) 429-0600
ARCADE	Call		See page 4	CARLTON PURVIS	FANNIE MAE	(800) 832-2345
ATLANTA	$19,900		See page 4	MELVA MADDIX	FREDDIE MAC	(770) 429-0600
ATLANTA	$39,900		See page 4	FAYE NOWLIN-TURN	FREDDIE MAC	(404) 241-8080
ATLANTA, SW	Call		See page 4	MATHEWS, STEVE	FDIC	(714) 263-7716
ATLANTA	$27,000	1004 LAWTON STREET	See page 4	VALERIE FORTIER	FANNIE MAE	(404) 843-2500
ATLANTA	$41,000	1287 LORENZO DR	See page 4	STEVE TAYLOR	FANNIE MAE	(404) 256-3400
ATLANTA	$45,000	153 SAVANNAH STREET	See page 4	WINSTON NURSE	FANNIE MAE	(404) 377-0733
ATLANTA	$53,500	1735 SIMPSON ROAD	See page 4	MARC OPPENHEIMER	FREDDIE MAC	(770) 673-3423
ATLANTA	$24,900	1867 MYRTLE DRIVE, #6	See page 4	STEVE TAYLOR	FANNIE MAE	(404) 256-3400
ATLANTA	$38,900	2011 SOUTH PRYOR RD.	See page 4	GLORIA SPEED	FANNIE MAE	(404) 767-8111
ATLANTA	$28,500	2026 BANKHEAD HWY	See page 4	MARC OPPENHEIMER	FREDDIE MAC	(770) 673-3423
ATLANTA	$52,500	30 LESLIE ST	See page 4	STEVE TAYLOR	FANNIE MAE	(404) 256-3400
ATLANTA	$34,500	3753 ADKINS RD	See page 4	STEVE TAYLOR	FANNIE MAE	(404) 256-3400
ATLANTA	$45,000	451 FAIRLOCK LANE	See page 4	VALERIE FORTIER	FANNIE MAE	(404) 843-2500
ATLANTA	$48,900	892 MARION AVENUE	See page 4	WINSTON NURSE	FANNIE MAE	(404) 377-0733
AUBURN	Call		See page 4	VALERIE FORTIER	FANNIE MAE	(404) 843-2500
AUGUSTA	$69,900	1215 SUMMERTIME PLACE	See page 4	LAURA STRICKLAND	FREDDIE MAC	(706) 736-2281
AUGUSTA	$18,500	2747 THOMAS LANE	See page 4	HELEN TERRY	FANNIE MAE	(706) 860-3032
AUGUSTA	Call	838 RIVERFRONT DR	See page 4	LAURA STRICKLAND	FREDDIE MAC	(706) 736-2281
AUSTELL	$71,500	LOTS 59-72,78-81 S/D	See page 4	KING, ROBERT	FDIC	(800) 765-3342
BLAKELEY	$47,500	220 ARONALD BLVD.	See page 4	JACK WATSON	FANNIE MAE	(800) 732-6643
BLOOMINGDALE	Call	125 W DEERFIELD RD	See page 4	TIM ADAMS	FANNIE MAE	(912) 234-1464
BREMEN	$53,900	177 BRAD STREET	See page 4	SUSAN PARRISH	FANNIE MAE	(404) 577-3302
BRUNSWICK	Call		See page 4	DAVIS, JONATHAN	FDIC	(800) 765-3342
BUFORD	$45,900	489 WILLIAMS ST.	See page 4	GLENICE MAJOR	FANNIE MAE	(404) 844-9944
BYRON	$49,500	123 ROGERS DRIVE	See page 4	LARRY KEMPER	FANNIE MAE	(912) 745-3991
CLARKSTON	$33,900	1368 BROCKETT PLACE	See page 4	MARC OPPENHEIMER	FREDDIE MAC	(770) 673-3423
COLLEGE PARK	Call		See page 4	VALERIE FORTIER	FANNIE MAE	(404) 843-2500
COLLEGE PARK	$39,900		See page 4	MARC OPPENHEIMER	FREDDIE MAC	(770) 673-3423
COLUMBUS	$61,900		See page 4	DICK CLARK	FANNIE MAE	(706) 324-4424
CONLEY	Call		See page 4	DUANE HAYES	FANNIE MAE	(404) 477-6400
CONYERS	Call	2417 HARVEST DRIVE	See page 4	DUANE HAYES	FANNIE MAE	(404) 477-6400
CONYERS	$88,000	2592 KING LOUIS RD	See page 4	DAVE MORRISON	FANNIE MAE	(404) 483-2079

* A RECENT PROPERTY ASKING PRICE AND YOUR LOCAL CONTACT FOR CURRENT LISTINGS

CONSUMER DATA SERVICE

Georgia

CITY	ASKING	ADDRESS	DETAILS	CONTACT	AGENCY	PHONE
COOLIDGE	Call		See page 4	KING, ROBERT	FDIC	(800) 765-3342
COVINGTON	$52,900		See page 4	KATHY BISHOP	FREDDIE MAC	(770) 483-2079
CUMMING	Call	1965 GOLDMINE DR	See page 4	SHARON ABERNATH	FREDDIE MAC	(770) 536-9700
DACULA	$92,500	626 TANNER ROAD	See page 4	PAT KIRVES	FANNIE MAE	(404) 979-1700
DALLAS	Call		See page 4	JAYNE RICE	FANNIE MAE	(404) 973-9700
DALLAS	Call	1069 J H BLOCK ROAD	See page 4	KING, ROBERT	FDIC	(800) 765-3342
DALLAS	Call	301 WHITE INGRAM PARKWAY	See page 4	MEZZARA, BOB	FDIC	(800) 765-3342
DALLAS	$44,000	393 WEST MEMORIAL DRIVE	Single family residence	SHINN, RICKEY H.	FDIC	(800) 765-3342
DALLAS	$69,520	395 WEST MEMORIAL DRIVE	See page 4	KING, ROBERT	FDIC	(800) 765-3342
DAWSONVILLE	Call		See page 4	BRAD NICHOLS	FANNIE MAE	(404) 216-7207
DECATUR	$51,000	145 PARK DRIVE	See page 4	WINSTON NURSE	FANNIE MAE	(404) 377-0733
DECATUR	$52,500	1869 DERRILL DRIVE	See page 4	STEVE TAYLOR	FANNIE MAE	(404) 256-3400
DECATUR	$74,500	2371 MIRIAM LANEE	See page 4	VALERIE FORTIER	FANNIE MAE	(404) 843-2500
DECATUR	$45,500	3463 COBB FERRY DRIVE	See page 4	STEVE TAYLOR	FANNIE MAE	(404) 256-3400
DOUGLASVILLE	$49,900	5292 KINGS HIGHWAY	See page 4	BRUCE LINDER	FREDDIE MAC	(203) 926-2247
DOUGLASVILLE	Call	6330 HILLCREST WAY	See page 4	SAM MURPHY	FREDDIE MAC	(214) 506-6787
DOUGLASVILLE	Call	8622 WOOD SPRING CT	See page 4	GLORIA SPEED	FANNIE MAE	(404) 767-8111
DUNWOODY	Call	1290 VERDON DRIVE	See page 4	STEVE TAYLOR	FANNIE MAE	(404) 256-3400
EAST DUBLIN	$39,900	122 PINECONE DRIVE	See page 4	GEORGE DURDEN	FANNIE MAE	(800) 732-6643
EAST POINT	Call		See page 4	GLORIA SPEED	FANNIE MAE	(404) 767-8111
ELLENWOOD	$71,500	2806 SHELLY LANE	See page 4	LILY WILLIAMS	FANNIE MAE	(404) 471-3625
ELLENWOOD	Call	3781 MISTY LAKE	See page 4	STEVE TAYLOR	FANNIE MAE	(404) 256-3400
EVANS	Call		See page 4	HELEN TERRY	FANNIE MAE	(706) 860-3032
FAIRBURN	$68,200	125 HEARTH WAY	Single family residence	SHINN, RICKEY H.	FDIC	(404) 767-8111
FAIRBURN	$78,900	471 MARY ERNA DRIVE	See page 4	LILY WILLIAMS	FANNIE MAE	(404) 471-3625
FAYETTEVILLE	Call	120 TROLLING WAY	See page 4	ROBERT DISBAROON	FREDDIE MAC	(770) 461-3525
FAYETTEVILLE	$109,900	245 FAYETTE COURT	See page 4	LILY WILLIAMS	FANNIE MAE	(404) 471-3625
FOREST PARK	$45,500		See page 4	LILY WILLIAMS	FANNIE MAE	(404) 471-3625
FOREST PARK	$19,900		See page 4	FAYE NOWLIN-TURN	FREDDIE MAC	(404) 241-8080
FRANKLIN	Call	2645 MACEDONIA ROAD	See page 4	BRUCE LINDER	FREDDIE MAC	(203) 926-2247
GAINESVILLE	Call		See page 4	JAYNE RICE	FANNIE MAE	(404) 973-9700
GRIFFIN	Call		See page 4	DUANE HAYES	FREDDIE MAC	(770) 477-6400
GUYTON	Call	100 CENTRE BOULEVA	See page 4	TIM ADAMS	FANNIE MAE	(912) 234-1464
HIRAM	$89,900	8601 WELLSPRING PT	See page 4	BOBBY CORBIN	FANNIE MAE	(404) 591-2275
JESUP	$51,000	289 HARRINGTON STREET	See page 4	MARK WILLIAMS	FANNIE MAE	(912) 427-6028
JONESBORO	$69,900	2128 HIGHWAY 138 E	See page 4	DUANE HAYES	FREDDIE MAC	(770) 477-6400
KENNESAW	Call		See page 4	ETHEL DIBALA	FREDDIE MAC	(503) 271-3607
KENNESAW	Call	1681 BEAUMONT DR	See page 4	BOBBY CORBIN	FANNIE MAE	(404) 591-2275
KINGSLAND	$118,900	107 SEAPARC CT LOT 4	See page 4	JEAN JOWERS	FANNIE MAE	(800) 732-6643
LAWRENCEVILLE	$115,000	2562 PEMBROKE WAY	See page 4	CARL JARRETT	FANNIE MAE	(404) 496-9600
LAWRENCEVILLE	$115,500	525 RIVER OVERLOOK	See page 4	PAT KIRVES	FANNIE MAE	(404) 979-1700
LITHIA SPRINGS	Call		See page 4	STEVE TAYLOR	FANNIE MAE	(404) 256-3400
LITHONIA	Call			Norma Elkin	Bank REO	(770) 422-3311
LITHONIA	$93,500	3783 SUMMIT VIEW LANE	See page 4	VALERIE FORTIER	FANNIE MAE	(404) 843-2500
LITHONIA	$46,900	6068 REGENT MANOR	See page 4	VALERIE FORTIER	FANNIE MAE	(404) 843-2500
LIZELLA	$94,500	4851 WILD HERON DRIVE	See page 4	LARRY KEMPER	FANNIE MAE	(912) 745-3991
LOGANVILLE	Call		See page 4	DAVE MORRISON	FANNIE MAE	(404) 483-2079

* A RECENT PROPERTY ASKING PRICE AND YOUR LOCAL CONTACT FOR CURRENT LISTINGS

CONSUMER DATA SERVICE

Georgia

CITY	ASKING	ADDRESS	DETAILS	CONTACT	AGENCY	PHONE
MABLETON	$21,000	1209 BROOKSIDE COURT	See page 4	VALERIE FORTIER	FANNIE MAE	(404) 843-2500
MABLETON	$77,900	1399 VONDA LN	See page 4	JAYNE RICE	FANNIE MAE	(404) 973-9700
MABLETON	$96,000	160 ST ANNE COURT	See page 4	VALERIE FORTIER	FANNIE MAE	(404) 843-2500
MACON	$36,900	1237 CHAPEL HILL CIR	See page 4	BILL MCNAIR	FANNIE MAE	(912) 742-3304
MACON	$45,900	1441 JEFFERSONVILLE RO	See page 4	LARRY KEMPER	FANNIE MAE	(912) 745-3991
MACON	$9,900	195 LAKESHORE DRIVE N	See page 4	JOE ADAMS	FREDDIE MAC	(912) 477-2424
MACON	$59,900	4250 CARLO AVE	See page 4	BILL MCNAIR	FANNIE MAE	(912) 742-3304
MACON	$31,900	RT 4 BOX 131 HOYAL LAN	See page 4	LARRY KEMPER	FANNIE MAE	(912) 745-3991
MARIETTA	$77,900	1907 RIVERVIEW DR	See page 4	JAYNE RICE	FANNIE MAE	(404) 973-9700
MARIETTA	$98,500	4241 MEADOW WAY	See page 4	JAYNE RICE	FANNIE MAE	(404) 973-9700
MARIETTA	$110,000	510 FAIRGROUNDS ST BLDG B	See page 4	SHINN, RICKEY H.	FDIC	(305) 358-7710
MARIETTA	Call	512 FAIRGROUNDS ST BLDG A	See page 4	SHINN, RICKEY H.	FDIC	(305) 358-7710
MARIETTA	$110,000	516 FAIRGROUNDS ST BLDG C	See page 4	SHINN, RICKEY H.	FDIC	(305) 358-7710
MARIETTA	Call	612 FAIRWAY COURT	See page 4	SAM MURPHY	FREDDIE MAC	(214) 506-6787
MARTINEZ	Call	585 OAK BROOK DRIVE	See page 4	LAURA STRICKLAND	FREDDIE MAC	(706) 736-2281
MORROW	$66,900	2823 HERITAGE LANE	See page 4	DUANE HAYES	FREDDIE MAC	(770) 477-6400
MURRAVILLE	$81,000	RT 1 BOX 3001 EMORY ST	See page 4	GLENICE MAJOR	FANNIE MAE	(404) 844-9944
NICHOLSON	$59,900	RT 2 BOX 3431	See page 4	CARLTON PURVIS	FANNIE MAE	(800) 732-6643
PEACHTREE CITY	Call	906 HIP POCKET ROAD	See page 4	SAM MURPHY	FREDDIE MAC	(241) 506-6787
POWDER SPRING	$87,500	5310 INDIAN TRAIL LANE	See page 4	JAYNE RICE	FANNIE MAE	(404) 973-9700
RINCON	$73,500	103 MELROSE PLACE	See page 4	TIM ADAMS	FANNIE MAE	(912) 234-1464
RIVERDALE	Call		See page 4	VALERIE FORTIER	FANNIE MAE	(404) 843-2500
RIVERDALE	$35,000	105 ASPEN DRIVE	See page 4	LILY WILLIAMS	FANNIE MAE	(404) 471-3625
ROME	$20,000	33 CEDAR LANE	See page 4	OFFICE	FREDDIE MAC	(706) 291-0202
ROSWELL	$9,000		See page 4	MELVA MADDIX	FANNIE MAE	(770) 429-0600
SAVANNAH	Call	228 WILEY BOTTOM ROAD	See page 4	TIM ADAMS	FANNIE MAE	(912) 233-1276
SAVANNAH	Call	41 FRANKLIN CREEK	See page 4	David Byck	Bank REO	(912) 234-1464
SAVANNAH	$12,600	629 E. 39TH ST.	See page 4	TIM ADAMS	FANNIE MAE	(912) 234-1464
SAVANNAH	$142,900	HOWLEY LANE	See page 4	TIM ADAMS	FANNIE MAE	(912) 234-1464
SPRINGFIELD	$91,500	1197 HIGHWAY 119 S	See page 4	David Byck	Bank REO	(912) 233-1276
STOCKBRIDGE	Call	502 COUNTRY CLUB DRIVE	See page 4	TIM ADAMS	FANNIE MAE	(912) 234-1464
STONE MOUNTAIN	Call		See page 4	DUANE HAYES	FREDDIE MAC	(770) 477-6400
STONE MOUNTAIN	$99,500	1346 TO-LANI FARM ROAD	See page 4	SHINN, RICKEY H.	FDIC	(800) 765-3342
STONE MOUNTAIN	Call	1729 S HIDDEN HILLS PK	See page 4	CARL JARRETT	FANNIE MAE	(404) 496-9600
STONE MOUNTAIN	$112,900	5007 CHEDDAR SPRINGS	See page 4	VALERIE FORTIER	FANNIE MAE	(404) 843-2500
SUMMERVILLE	$30,900		See page 4	VALERIE FORTIER	FANNIE MAE	(404) 843-2500
TENNILLE	$72,000	401 N MAIN STREET	See page 4	REX JACKSON	FANNIE MAE	(404) 638-3345
TOCCOA	$99,900	RT 2 BOX 294	See page 4	OWEN LORD	FANNIE MAE	(800) 732-6643
TUNNELL HILL	$59,000	3953 STANDING RD	See page 4	DEE COCHRAN	FANNIE MAE	(404) 754-5700
WINDER	Call		See page 4	BECKY KINNEY	FANNIE MAE	(404) 226-3001
WOODLAND	$41,500	RT 1 MCDEVITT DR	See page 4	PAT KIRVES	FANNIE MAE	(404) 979-1700
WOODSTOCK	Call		See page 4	HARRY BARNES	FANNIE MAE	(800) 732-6643
				JAYNE RICE	FANNIE MAE	(404) 973-9700

* A RECENT PROPERTY ASKING PRICE AND YOUR LOCAL CONTACT FOR CURRENT LISTINGS

CONSUMER DATA SERVICE

Hawaii

CITY	ASKING	ADDRESS	DETAILS	CONTACT	AGENCY	PHONE
*Statewide	Call		See page 4.		FDIC	(800) 234-0867
*Statewide	Call		See page 4.		FREDDIE MAC	(800) 373-3343
*Statewide	Call		Refer to "Home Buyer's Guide", page 81		DVA	(800) 556-4945
AIEA	$79,900	98-103 4 MOANALUA RD 4-102	See page 4	GEORGIA ROBERSON	FREDDIE MAC	(808) 539-9600
AIEA	$94,000	98-295 UALO STREET #X-4	See page 4	GEORGIA ROBERSON	FREDDIE MAC	(808) 947-8129
EWA BEACH	Call		See page 4	RON OKUBO	FANNIE MAE	(808) 591-8998
HILO	Call		See page 4	LES BROWN	FANNIE MAE	(808) 961-0191
HILO	$45,900	*	See page 4	GEORGIA ROBERSON	FREDDIE MAC	(808) 539-9600
HONOLULU	$169,900	2916 DATE STREET	See page 4	RON OKUBO	FANNIE MAE	(808) 591-8998
HONOLULU	$96,900	4128-2 KEANU STREET, #10	See page 4	GEORGIA ROBERSON	FREDDIE MAC	(808) 539-9600
HONOLULU	Call	511 HAHAIONE	See page 4	RON OKUBO	FANNIE MAE	(808) 591-8998
HONOLULU	Call	775 KINALAU PLACE, APT #206	See page 4	GEORGIA ROBERSON	FREDDIE MAC	(808) 947-8129
KAAAWA	Call		See page 4	RON OKUBO	FANNIE MAE	(808) 591-8998
KAILUA-KONA	Call		See page 4	WHITSON, CAROL	FDIC	(808) 329-3545
KAILUA	$54,900	75 5719 ALII DRIVE #	See page 4	ROBIN SIMON	FANNIE MAE	(808) 329-0021
KANEOHE	Call	45-106 SEABURY PL	See page 4	RON OKUBO	FANNIE MAE	(808) 591-8998
KANEOHE	Call	46-010 ALII KANE PL #214	See page 4	GEORGIA ROBERSON	FREDDIE MAC	(808) 539-9600
KANEOHE	Call	46-259 KAHUHIPA ST B312	See page 4	GEORGIA ROBERSON	FREDDIE MAC	(808) 947-8129
KAPOLET	Call	1217 HULUKOA PLACE	See page 4	GEORGIA ROBERSON	FANNIE MAE	(800) 732-6643
KAUAI	$46,900	3411 WILCOX ROAD #25	See page 4	GEORGIA ROBERSON	FREDDIE MAC	(808) 947-8129
KEAAU	Call		See page 4	ROBIN SIMON	FANNIE MAE	(808) 329-0021
KEAAU	$99,900	LOT 546 MAKUU	See page 4	GEORGIA ROBERSON	FANNIE MAE	(800) 732-6643
KIHEI	Call		See page 4	FEDUSKA, SUE	FDIC	(808) 879-5233
KIHEI	$94,900	140 UWAPO ROAD	See page 4	LORNA SILKWOOD	FANNIE MAE	(808) 874-3800
KOLOA	$89,900	2253 POIPU ROAD #310	See page 4	Jon Lohr	Bank REO	(800) 558-9900
KOLOA	$95,900	2253 POIPU ROAD #333	See page 4	Jon Lohr	Bank REO	(800) 558-9900
LIHUE	Call		See page 4	GEORGIA ROBERSON	FANNIE MAE	(800) 832-2345
MILILANI	$87,900	*	See page 4	GEORGIA ROBERSON	FREDDIE MAC	(808) 539-9600
MILILANI	Call	94 105 HOKUALI CT	See page 4	GEORGIA ROBERSON	FANNIE MAE	(800) 732-6643
PEARL CITY	Call		See page 4	GEORGIA ROBERSON	FANNIE MAE	(800) 832-2345
PUKALANI	Call	2791 LEOLANI PLACE	See page 4	LORNA SILKWOOD	FANNIE MAE	(808) 874-3800
WAIAHAE	$149,900	86 907 IHUKU STREET	See page 4	GEORGIA ROBERSON	FANNIE MAE	(800) 732-6643
WAIANAE	$38,000	754 ALA MAHIKU	See page 4	GEORGIA ROBERSON	FANNIE MAE	(800) 732-6643
WAIANAE	$114,900	87 1871 HOLOMALIA	See page 4	GEORGIA ROBERSON	FANNIE MAE	(800) 732-6643
WAIANAE	Call	87-163 KULAHELELA PLAC	See page 4	GEORGIA ROBERSON	FANNIE MAE	(800) 732-6643
WAIKOLOA	Call	68-176 1 MELIA ST. APT#AL-1	See page 4	GEORGIA ROBERSON	FREDDIE MAC	(808) 539-9600
WAIPAHU	Call		See page 4	RON OKUBO	FANNIE MAE	(808) 591-8998
WAIPAHU	Call	94-528 LOAA ST	See page 4	GEORGIA ROBERSON	FREDDIE MAC	(808) 947-8129

* A RECENT PROPERTY ASKING PRICE AND YOUR LOCAL CONTACT FOR CURRENT LISTINGS

CONSUMER DATA SERVICE

Idaho

CITY	ASKING	ADDRESS	DETAILS	CONTACT	AGENCY	PHONE
*Statewide	Call		See page 4		RECD	(208) 334-1301
*Statewide	Call		See page 4	Office of Real Estate	GSA	(800) 472-1313
*Statewide	Call		See page 4.		FDIC	(800) 234-0867
*Statewide	Call		See page 4.		FREDDIE MAC	(800) 373-3343
*Statewide	Call		Refer to "Home Buyer's Guide", page 81		DVA	(800) 556-4945
ARCO	Call		See page 4	KIM BLACKBURN	VA	(208) 334-9696
BLANCHARD	$89,900	NSA LOT 7 BLOCK 3 SPIR	See page 4	ALLEN PLAHN	FANNIE MAE	(800) 732-6643
BOISE	Call		See page 4	KIM BLACKBURN	VA	(208) 334-9696
COEUR D'ALENE	$134,900	1047 MOUNTAIN AVENUE	See page 4	ALLEN PLAHN	FANNIE MAE	(800) 732-6643
FIRTH	Call		See page 4	KIM BLACKBURN	VA	(208) 334-9696
HAYDEN LAKE	$85,000	10489 N. CAMP COURT	See page 4		VA	(208) 334-1900
IDAHO FALLS	Call		See page 4	BRUCE LINDER	FANNIE MAE	(203) 926-2247
IDAHO FALLS	Call	3260 HARTERT DRIVE	See page 4	SAM MURPHY	FREDDIE MAC	(214) 506-6787
ISLAND PARK	Call	1960 VERBENA	See page 4	DONNA BACH	FANNIE MAE	(208) 733-2365
MERIDIAN	Call	128 WESTWOOD DRIVE	See page 4		VA	(208) 334-1900
POST FALLS	Call		See page 4		VA	(208) 334-1900
TWIN FALLS	$118,500	2172 RUSTY COURT	See page 4	DONNA BACH	FANNIE MAE	(208) 733-2365

Illinois

CITY	ASKING	ADDRESS	DETAILS	CONTACT	AGENCY	PHONE
*Statewide	Call		See page 4.		FDIC	(800) 234-0867
*Statewide	Call		See page 4.		FREDDIE MAC	(800) 373-3343
*Statewide	Call		Refer to "Home Buyer's Guide", page 81		DVA	(800) 556-4945
ALSIP	$53,900	11901 S LAWNDALE	See page 4	GARY WEGLARZ	FANNIE MAE	(312) 779-8500
ALTON	$9,900		See page 4	RON TIALDO	FANNIE MAE	(618) 235-9000
AURORA	$74,900	838 S. 4TH STREET	See page 4	JACK PRAGIT	FANNIE MAE	(800) 732-6643
AURORA	$134,900	871 CALIFORNIA COURT	See page 4	JACK PRAGIT	FANNIE MAE	(800) 732-6643
BELLEVILLE	Call		See page 4	CESTA HALL	FANNIE MAE	(618) 397-5588
BELLEVILLE	$59,900	6001 W B STREET	See page 4	RON TIALDO	FANNIE MAE	(618) 235-9000
BELLWOOD	Call		See page 4	BRUCE ALCORN	FANNIE MAE	(708) 544-3550
BENSENVILLE	$121,600	196 SOUTH MAY ST	See page 4	JACK PRAGIT	FANNIE MAE	(800) 732-6643
BROADVIEW	Call		See page 4	ERLENE A. WILLIAMS	FANNIE MAE	(708) 656-7400
BURBANK	$44,900	*	See page 4	CARLO D'AMICO	FANNIE MAE	(708) 636-5550
BURBANK	$15,900	*	See page 4	SAM MURPHY	FREDDIE MAC	(214) 506-6787
CAHOKIA	Call		See page 4	TOMMY GREEN	FREDDIE MAC	(214) 541-6400
CARBONDALE	Call		See page 4	BOVAY, JAY	FDIC	(618) 532-1283
CHICAGO	$96,900	11865 S LONGWOOD DR	See page 4	SALLY J. DONNELL	FANNIE MAE	(312) 363-8875
CHICAGO	$116,900	1237 N. HONORE	See page 4	LINDA O'DONNELL	FANNIE MAE	(312) 404-3800
CHICAGO	$67,500	1304 N CENTRAL AVE	See page 4	IRA MIZELL	FANNIE MAE	(708) 674-4445
CHICAGO	$97,900	1656 N MASON AVE	See page 4	LEE GARCIA	FANNIE MAE	(312) 745-0404
CHICAGO	$162,900	2212 W. ROSEMONT AVE.	See page 4	LINDA O'DONNELL	FANNIE MAE	(312) 404-3800
CHICAGO	$25,000	2524 N MARMORA	See page 4	SAM MURPHY	FREDDIE MAC	(214) 506-6787
CHICAGO	$102,900	2629 N AUSTIN RD	See page 4	LINDA O'DONNELL	FANNIE MAE	(312) 404-3800
CHICAGO	$38,900	2828 WEST HADDON	See page 4	IRA MIZELL	FANNIE MAE	(708) 674-4445
CHICAGO	$115,900	2955 KOLMAR AVE	See page 4	IRA MIZELL	FANNIE MAE	(708) 674-4445
CHICAGO	$69,900	3100 N. LAKE SHORE	See page 4	LINDA O'DONNELL	FANNIE MAE	(312) 404-3800

* A RECENT PROPERTY ASKING PRICE AND YOUR LOCAL CONTACT FOR CURRENT LISTINGS

58

CONSUMER DATA SERVICE

Illinois

CITY	ASKING	ADDRESS	DETAILS	CONTACT	AGENCY	PHONE
CHICAGO	$15,000	3110-3112 W. MONROE	See page 4	BOEHME, RICHARD	FDIC	(312) 994-5470
CHICAGO	$77,900	4000 SOUTH CAMPBELL	See page 4	RONALD BRANCH	FANNIE MAE	(312) 643-5111
CHICAGO	$154,900	4733 NORTH SACRAMENT	See page 4	LINDA O'DONNELL	FANNIE MAE	(312) 404-3800
CHICAGO	$163,900	5121 WEST WINDORS	See page 4	LINDA O'DONNELL	FANNIE MAE	(312) 404-3800
CHICAGO	$37,900	5232 W MONROE	See page 4	LINDA O'DONNELL	FANNIE MAE	(312) 404-3800
CHICAGO	$119,900	6819 W 64TH STREET	See page 4	GARY WEGLARZ	FANNIE MAE	(312) 779-8500
CHICAGO	$44,900	8215 S DORCHESTER	See page 4	GARY WEGLARZ	FANNIE MAE	(312) 779-8500
CHICAGO	$75,900	8222 S KIMBARK AVE	See page 4	SALLY J. DONNELL	FANNIE MAE	(312) 363-8875
CHRISTOPHER	$16,500	810 S. THOMAS	See page 4	JOEL TOLLIVER	FANNIE MAE	(618) 542-3333
CICERO	Call	3319 SOUTH 56TH COURT	See page 4	SAM MURPHY	FREDDIE MAC	(214) 506-6787
CICERO	$86,900	3741 S 57TH AVE	See page 4	SAM MURPHY	FANNIE MAE	(312) 643-5111
COUNTRY CLUB HI	$78,900	3849 W 168TH STREET	See page 4	RONALD BRANCH	FREDDIE MAC	(214) 506-6787
CRYSTAL LAKE	Call		See page 4	IRA MIZELL	FANNIE MAE	(708) 674-4445
DANVILLE	$7,900	1137 E FAIRCHILD	See page 4	LES FAHEY	FANNIE MAE	(217) 443-1660
DARIEN	Call		See page 4	SAM MURPHY	FREDDIE MAC	(214) 506-6787
DIXON	$84,500	108 MAPLE LN	See page 4	VICKIE GUTIERREZ	FANNIE MAE	(815) 288-4444
DOWNERS GROVE	Call		See page 4	CLARDELL JOHNSON	FREDDIE MAC	(312) 264-2600
DOWNERS GROVE	$115,900	110 55TH STREET	See page 4	COYA SMITH	FANNIE MAE	(800) 732-6643
ELGIN	Call		See page 4	PATTI FURMAN	FANNIE MAE	(708) 729-7200
FOREST PARK	Call		See page 4	ERLENE A. WILLIAMS	FANNIE MAE	(708) 656-7400
GRANITE CITY	Call		See page 4	SAM MURPHY	FREDDIE MAC	(214) 506-6787
HANOVER PARK	Call		See page 4	JACK PRAGIT	FANNIE MAE	(708) 968-2600
HANOVER	$109,900	1976 ST CLAIR LANE	See page 4	JACK PRAGIT	FANNIE MAE	(800) 732-6643
HARVARD	Call	1326 6TH ST	See page 4	IRA MIZELL	FANNIE MAE	(708) 674-4445
HARVEY	$33,300	14812 S HONORE DRIVE	See page 4	DON BENKENDORF	FANNIE MAE	(815) 469-1100
HAZEL CREST	$37,950	3014 W 171ST UNIT 2-C	See page 4	SAM MURPHY	FREDDIE MAC	(214) 506-6787
HOMETOWN	$74,500	9021 S. KNOX AVENUE	See page 4	RONALD BRANCH	FANNIE MAE	(312) 643-5111
JOLIET	$52,900		See page 4	JAMES W. CONWAY	FANNIE MAE	(815) 741-5065
KEWANEE	$22,900	630 E 5TH ST	See page 4	FRANK BETTASSO, SR	FANNIE MAE	(815) 875-1106
KINCAID	$34,000	803 SUMMIT	See page 4	BOB CRAGGS	FANNIE MAE	(800) 732-6643
LAKE BLUFF	Call		See page 4	PATTI FURMAN	FANNIE MAE	(708) 729-7200
LANSING	$88,500	17552 STATE LINE ROAD	See page 4	MAUREEN BELLA	FANNIE MAE	(708) 798-1855
LINCOLN	$87,900	104 CRESTWOOD DRIVE	See page 4	ROBERT E. ALBERT	FANNIE MAE	(217) 735-2303
LOMBARD	Call		See page 4	IRA MIZELL	FANNIE MAE	(708) 674-4445
LOMBARD	$141,800	1125 S AHERNS	See page 4	JACK PRAGIT	FANNIE MAE	(800) 732-6643
MARION	Call		See page 4	SCHUG, JOHN	FDIC	(800) 319-1444
MELROSE PARK	$105,900	10512 MONTANA AVE	See page 4	BRUCE ALCORN	FANNIE MAE	(708) 544-3550
MOUNT PROSPE	Call		See page 4	CLARDELL JOHNSON	FANNIE MAE	(312) 264-2600
MT. VERNON	Call		See page 4	COLEEN SAXE	FANNIE MAE	(800) 832-2345
N. CHICAGO	$127,900	3129 15TH PLACE	See page 4	IRA MIZELL	FANNIE MAE	(708) 674-4445
NORTH AURORA	Call	344 TIMBER OAKS DR	See page 4	SAM MURPHY	FREDDIE MAC	(214) 506-6787
OAK PARK	Call		See page 4	ERLENE A. WILLIAMS	FANNIE MAE	(708) 656-7400
OAKWOOD	$14,900	337 TIMBER RIDGE DR.	See page 4	LES FAHEY	FANNIE MAE	(217) 443-1660
OLYMPIA FIELD	Call		See page 4	DON BENKENDORF	FANNIE MAE	(815) 469-1100
OSWEGO	Call		See page 4	CLARDELL JOHNSON	FREDDIE MAC	(312) 264-2600
PEORIA	$36,900	2324 N. DELAWARE	See page 4	VICKIE DICKERSON	FANNIE MAE	(309) 692-3900
PROSPECT HEIGHTS	Call		See page 4	PATTI FURMAN	FANNIE MAE	(708) 729-7200

* A RECENT PROPERTY ASKING PRICE AND YOUR LOCAL CONTACT FOR CURRENT LISTINGS

CONSUMER DATA SERVICE

Illinois

CITY	ASKING	ADDRESS	DETAILS	CONTACT	AGENCY	PHONE
RIVERSIDE	Call		See page 4	COYA SMITH	FANNIE MAE	(800) 832-2345
ROCK ISLAND	$66,900	745 15TH ST	See page 4	GARY WILLIAMS	FANNIE MAE	(800) 732-6643
ROCKFORD	$43,900	1312 NELSON BLVD	See page 4	JON KRAUSE	FANNIE MAE	(815) 282-2222
ROCKFORD	$66,500	1403 19 STREET	See page 4	JON KRAUSE	FANNIE MAE	(815) 282-2222
ROXANA	$23,900		See page 4	RON TIALDO	FANNIE MAE	(618) 235-9000
SCHAUMBURG	Call		See page 4	STEVE HETMAN	FANNIE MAE	(708) 991-6500
SOUTH ELGIN	$152,900	1173 FAIRFAX LANE	See page 4	IRA MIZELL	FANNIE MAE	(708) 674-4445
SPOKIE	Call	8107 HAMILIN AVE	See page 4	IRA MIZELL	FANNIE MAE	(708) 674-4445
SPRINGFIELD	$39,000	1055 N. 6TH	See page 4	LINDA WALDRON	FANNIE MAE	(217) 787-8872
SPRINGFIELD	Call	3508 PERSIMMON DRIVE	See page 4	LINDA WALDRON	FANNIE MAE	(217) 787-8872
ST. CHARLES	$77,000	*	See page 4	HANK ERWIN	FREDDIE MAC	(708) 377-3800
UNIVERSITY P	Call		See page 4	DON BENKENDORF	FANNIE MAE	(815) 469-1100
WHEELING	$59,900	119 E DUNDEE	See page 4	CATHY SMITH	FANNIE MAE	(708) 684-2220
ZION	$115,900	1904 HOREB	See page 4	IRA MIZELL	FANNIE MAE	(708) 674-4445

Indiana

CITY	ASKING	ADDRESS	DETAILS	CONTACT	AGENCY	PHONE
*Statewide	Call		See page 4	Office of Real Estate	GSA	(800) 472-1313
*Statewide	Call		See page 4.		FDIC	(800) 234-0867
*Statewide	Call		See page 4.		FREDDIE MAC	(800) 373-3343
*Statewide	Call		Refer to "Home Buyer's Guide", page 81		DVA	(800) 556-4945
ALBANY	$38,500	400 NORTH PLUM ST.	See page 4	KERRY WIGGERLY	FANNIE MAE	(317) 284-6313
ANDERSON	Call		See page 4	DENNIS JACKSON	REO	(317) 642-8958
ANDERSON	Call		See page 4	MARK VOLT	REO	(317) 378-4409
BLUFFTON	$49,900	422 MEADOW LANE	See page 4	JAY HOWELL	FANNIE MAE	(219) 744-1165
BOONVILLE	$49,900	829 S 2ND STREET	See page 4	TOMMY GREEN	FREDDIE MAC	(214) 541-6400
BRAZIL	Call		See page 4	BUTTS-PELL	REO	(812) 446-2322
BROWNSBURG	Call		See page 4	DAVE SHORT	FANNIE MAE	(317) 844-4052
CAMDEN	Call		See page 4	CRAFT & MICHAEL	REO	(219) 686-2615
CARMEL	Call		See page 4	FC TUCKER	REO	(317) 844-4437
CARMEL	$152,500	37 SYCAMORE RD.	See page 4	RALPH ALLEN	FANNIE MAE	(317) 881-8155
CLOVERDALE	Call		See page 4	Branneman Auctions	REO	(317) 795-3145
CLOVERDALE	$63,900	RR# 2 BOX 218-33	See page 4	NANCY E. FOGLE	FANNIE MAE	(317) 653-3141
COLUMBIA CITY	Call		See page 4	Schrader RE & Auction	REO	(219) 244-7606
CONNERSVILLE	Call		See page 4	Koons Auction	REO	(317) 825-3594
CRAWFORDSVILLE	Call		See page 4	Town Crier Auctions	REO	(317) 362-4465
CROMWELL	$24,900	238 BAKER ST	See page 4	JAY HOWELL	FANNIE MAE	(219) 744-1165
ELKHART	Call		See page 4	BARBARA CAMPBELL	FANNIE MAE	(219) 262-0770
EVANSVILLE	Call		See page 4	Curran Miller	REO	(812) 867-2486
EVANSVILLE	Call		See page 4	Kurtz Auction	REO	(812) 464-9308
FLORA	Call		See page 4	Rinehart	REO	(219) 967-4195
FORT WAYNE	Call		See page 4	Bauermeister Auction	REO	(219) 541-9206
FORT WAYNE	Call	11724 CARROLL LYNN DRIVE	See page 4	TOMMY GREEN	FREDDIE MAC	(214) 541-6400
FORT WAYNE	$53,500	6114 BLUE SPRUCE COURT	See page 4	JAY HOWELL	FANNIE MAE	(219) 744-1165
GALVESTON	Call		See page 4	Johnson Ins Real Estate	REO	(219) 699-6756
GARY	$19,900	*	See page 4	BRUCE LINDER	FREDDIE MAC	(203) 926-2247

* A RECENT PROPERTY ASKING PRICE AND YOUR LOCAL CONTACT FOR CURRENT LISTINGS

60

CONSUMER DATA SERVICE

Indiana

CITY	ASKING	ADDRESS	DETAILS	CONTACT	AGENCY	PHONE
GARY	$12,500	1529 ROOSERVELT	See page 4	JAMES M. GASVODA	FANNIE MAE	(800) 732-6643
GARY	$72,500	4330 KING COURT	See page 4	JAMES M. GASVODA	FANNIE MAE	(800) 732-6643
GOSHEN	$24,900	*	See page 4	SAM MURPHY	FREDDIE MAC	(214) 506-6787
HAMILTON	Call		See page 4	Oberlin Real Estate	REO	(219) 488-2813
HIGHLAND	$105,000	3541 JEWETT ST	See page 4	JAMES M. GASVODA	FANNIE MAE	(800) 732-6643
HOBART	Call		See page 4	JAMES M. GASVODA	FANNIE MAE	(800) 832-2345
HUNTINGTON	Call		See page 4	JAY HOWELL	FANNIE MAE	(219) 744-1165
INDIANAPOLIS	Call		See page 4	BOVAY, JAY	FDIC	(317) 633-5555
INDIANAPOLIS	Call		See page 4	Herman D. Strakis Auct	REO	(317) 244-8063
INDIANAPOLIS	Call		See page 4	TOMMY GREEN	FREDDIE MAC	(214) 541-6400
INDIANAPOLIS	$54,500	3634 N. WINTHROP AVE.	See page 4	RALPH ALLEN	FANNIE MAE	(317) 881-8155
INDIANAPOLIS	$12,500	633 N. HAMILTON AVENUE	See page 4	DAVE SHORT	FANNIE MAE	(317) 844-4052
JEFFERSONVILLE	Call		See page 4	Crum's Auction	REO	(812) 282-6043
KENDALLVILLE	Call		See page 4	JAY HOWELL	FANNIE MAE	(219) 744-1165
LIBERTY	Call		See page 4	Abernathy Auction	REO	(317) 458-5826
LOSANTVILLE	Call		See page 4	KERRY WIGGERLY	FANNIE MAE	(317) 284-6313
MISHAWAKA	Call		See page 4	Goodrich-McIntyre	REO	(219) 255-2556
MONTICELLO	Call		See page 4	Vogel Auction	REO	(219) 583-6002
MORRISTOWN	Call		See page 4	RALPH ALLEN	FANNIE MAE	(317) 881-8155
MUNCIE	$17,500	2027 SOUTH JEFFERSON	See page 4	KERRY WIGGERLY	FANNIE MAE	(317) 284-6313
NEW HARMONY	Call		See page 4	William Wilson Auction	REO	(812) 682-4000
NOBLESVILLE	Call		See page 4	DAVE SHORT	FANNIE MAE	(317) 844-4052
NORTH WEBSTER	Call		See page 4	DAVE BLACKWELL	FANNIE MAE	(219) 267-2600
PIERCETON	Call		See page 4	ABC Auctioneers Inc	REO	(219) 594-2126
PLYMOUTH	Call		See page 4	DOT TAICLET	FANNIE MAE	(800) 832-2345
PLYMOUTH	Call		See page 4	Oak Crest Realty	REO	(219) 936-7616
PLYMOUTH	Call		See page 4	Masterson & Assoc Inc	REO	(219) 936-8237
RUSSIAVILLE	$69,900	358 E. SEWARD STREET	See page 4	JANE KAUFMAN	FANNIE MAE	(317) 453-1356
SALEM	Call		See page 4	Fletcher Auction	REO	(812) 883-4727
SHELBYVILLE	Call		See page 4	SHARON SIEBERT	FANNIE MAE	(317) 392-4171
SHIPSHEWANA	Call		See page 4	Swartzentruber Realty	REO	(219) 768-4744
SOUTH BEND	Call		See page 4	KAREN K. ROUSH	FANNIE MAE	(219) 255-5858
SOUTH BEND	Call		See page 4	DHI Realtors Auctioneers	REO	(219) 288-8800
ST JOHN	$129,900	9201 KARDEL DR	See page 4	JAMES M. GASVODA	FANNIE MAE	(800) 732-6643
SYRACUSE	$39,900	54 EMS D 24 B LANE	See page 4	DAVE BLACKWELL	FANNIE MAE	(219) 267-2600
VALPARAISO	$132,500	159 SOUTHPORT DRIVE	See page 4	NORMAN GRADEN	FANNIE MAE	(219) 759-4444
VALPAROISO	Call		See page 4	Lacy Auction & Realty Co	REO	(219) 462-1402
VINCENNES	Call		See page 4	CHERIE KOTTER	FANNIE MAE	(800) 832-2345

* A RECENT PROPERTY ASKING PRICE AND YOUR LOCAL CONTACT FOR CURRENT LISTINGS

CONSUMER DATA SERVICE

Iowa

CITY	ASKING	ADDRESS	DETAILS	CONTACT	AGENCY	PHONE
*Statewide	Call		See page 4		RECD	(515) 284-4663
*Statewide	Call		See page 4.		FDIC	(800) 234-0867
*Statewide	Call		See page 4.		FREDDIE MAC	(800) 373-3343
*Statewide	Call		Refer to "Home Buyer's Guide", page 81		DVA	(800) 556-4945
BETTENDORF	$95,000		See page 4	RAYMOND MORRIS	VA	(515) 284-4657
CEDAR RAPIDS	$54,900	1221 B AVE NW	See page 4	JUDI MCCOY	FANNIE MAE	(800) 732-6643
CEDAR RAPIDS	$118,500	310 NORMAN DR NE	See page 4	JUDI MCCOY	FANNIE MAE	(800) 732-6643
COLFAX	Call		See page 4	GAIL FLAGEL	FANNIE MAE	(800) 832-2345
COUNCIL BLUFF	Call		See page 4		HUD	(515) 284-4215
DES MOINES	Call		See page 4	PAULETTE MOYLAN	FANNIE MAE	(515) 224-5788
DES MOINES	Call		See page 4		HUD	(515) 284-4215
DES MOINES	Call		See page 4	SAM MURPHY	FREDDIE MAC	(214) 506-6787
DUBUQUE	Call		See page 4	Tri-State Auction		(319) 588-4637
GRISWOLD	Call		See page 4	BRUCE LINDER	FREDDIE MAC	(203) 926-2247
HINTON	Call		See page 4	Goebel RE & Auction	REO	(712) 239-3753
MASON CITY	Call		See page 4	Gordon E. Taylor Auction	REO	(515) 423-5242
NEW LONDON	Call		See page 4	Van Syoc Auction	REO	(319) 367-5744
PERRY	$21,750		See page 4	RAYMOND MORRIS	VA	(515) 284-4657
RED OAK	Call		See page 4	Rubey Auction	REO	(712) 623-2724
SIGOURNEY	Call		See page 4	Hi-$ Auction	REO	(515) 622-2015
SIOUX CITY	$46,500	2514 MCFAUL AVE	See page 4	GEORGE BENSON	FANNIE MAE	(800) 732-6643
SPENCER	$44,000	*	See page 4	BRUCE LINDER	FREDDIE MAC	(203) 926-2247
UNION	Call		See page 4	Rogers Auction	REO	(515) 486-2475
URBANDALE	Call	8201 AIRLINE AVE	See page 4	SAM MURPHY	FREDDIE MAC	(214) 506-6787
WEBSTER CITY	$29,900	1206 2ND STREET	See page 4	SANDRA VANHAUEN	FANNIE MAE	(800) 732-6643

Kansas

CITY	ASKING	ADDRESS	DETAILS	CONTACT	AGENCY	PHONE
*Statewide	Call		See page 4	Office of Real Estate	RECD	(913) 271-2700
*Statewide	Call		See page 4		GSA	(800) 472-1313
*Statewide	Call		See page 4.		FDIC	(800) 234-0867
*Statewide	Call		See page 4.		FREDDIE MAC	(800) 373-3343
*Statewide	Call		Refer to "Home Buyer's Guide", page 81		DVA	(800) 556-4945
BELOIT	Call		See page 4	Haskins Auction Co	REO	(913) 877-3275
DODGE CITY	Call		See page 4	Reinert Real Estate	REO	(316) 227-7144
EL DORADO	$48,500	ROUTE 3 BOX 173A	See page 4	ANGIE HENSEN	FANNIE MAE	(316) 321-2481
FREDONIA	Call		See page 4	Marshall Auction	REO	(316) 378-4356
GARDEN CITY	Call		See page 4	Jones Auction	REO	(316) 276-8124
GOODLAND	Call		See page 4	Cole Auction	REO	(913) 899-2683
HAYS	Call		See page 4	Legere Auction	REO	(913) 625-2545
HOLSINGTON	Call		See page 4	Schremmer Auct & Appr	REO	(316) 792-3988
HOLTON	Call		See page 4	Pagel Inc	REO	(913) 364-3733
HUTCHINSON	$12,600	*	See page 4	SAM MURPHY	FREDDIE MAC	(214) 506-6787
JUNCTION CITY	Call		See page 4	Earl M. Brown	REO	(913) 762-2266
JUNCTION CITY	$47,000	501 S JEFFERSON	See page 4	MARY CRITES	FANNIE MAE	(800) 732-6643
KANSAS CITY	Call		See page 4	BOEHME, RICHARD	FDIC	(816) 531-1400

* A RECENT PROPERTY ASKING PRICE AND YOUR LOCAL CONTACT FOR CURRENT LISTINGS

62

CONSUMER DATA SERVICE

Kansas

CITY	ASKING	ADDRESS	DETAILS	CONTACT	AGENCY	PHONE
KANSAS CITY	$22,500	329 N 30TH ST	See page 4	ANNE SILVER	FANNIE MAE	(913) 642-4888
KANSAS CITY	$24,900	424 NORTH 83RD TERRACE	See page 4	SAM MURPHY	FREDDIE MAC	(214) 506-6787
KANSAS CITY	$19,900	5627 MIAMI	See page 4	ANNE SILVER	FANNIE MAE	(913) 642-4888
KANSAS CITY	$36,900	6821 YECKER AVE.	See page 4	ANNE SILVER	FANNIE MAE	(913) 642-4888
LARNED	Call		See page 4	Carr Auction	REO	(316) 285-3148
LENEXA	Call		See page 4	BOEHME, RICHARD	FDIC	(816) 531-8100
LENEXA	$264,000	87TH & QUIVIRA	See page 4	BOVAY, JAY	FDIC	(816) 531-8100
LYONS	Call		See page 4	Double H Auction	REO	(316) 257-5656
MANNHATTAN	Call		See page 4	Elburn Parker Auction	REO	(913) 539-3802
MARYVILLE	Call		See page 4	Donald Prell Auction	REO	(913) 799-3787
MOUNDRIDGE	Call		See page 4	Gehring Auction	REO	(316) 345-8195
OLATHE	Call		See page 4	SAM MURPHY	FREDDIE MAC	(214) 506-6787
OLATHE	$192,500	15330 S KEELER STREET	See page 4	BOVAY, JAY	FDIC	(913) 681-5888
OVERLAND PARK	Call		See page 4	Allied Real Estates	REO	(913) 681-8883
PAOLA	$39,500	906 E WEA	See page 4	BRUCE LINDER	FREDDIE MAC	(203) 926-2247
SOLOMON	Call		See page 4	Riordan Auction	REO	(913) 655-4747
ST GEORGE	Call		See page 4	Wilson Auction	REO	(913) 776-9237
TOPEKA	Call		See page 4	State of Kansas	State Surplus	(913) 296-2334
TOPEKA	Call		See page 4	Kull Auction	REO	(913) 266-5550
TOPEKA	Call		See page 4		RECD	(913) 271-2700
TOPEKA	Call		See page 4	BOEHME, RICHARD	FDIC	(913) 381-3311
WAKEENEY	Call		See page 4	Olson Auction	REO	(913) 743-2774
WICHITA	$17,900	1726 S. SANTA FE	See page 4	R L BATT	FANNIE MAE	(316) 722-9393
WICHITA	$23,500	NORTH CLARA	See page 4	R L BATT	FANNIE MAE	(316) 722-9393

Kentucky

CITY	ASKING	ADDRESS	DETAILS	CONTACT	AGENCY	PHONE
*Statewide	Call		See page 4.		FDIC	(800) 234-0867
*Statewide	Call		See page 4.		FREDDIE MAC	(800) 373-3343
*Statewide	Call		Refer to "Home Buyer's Guide", page 81		DVA	(800) 556-4945
ALVATON	$60,000	1121 BEN T. JOHNS ROAD	See page 4	Chris Grube	HUD	(502) 582-6163
BOWLING GREEN	Call		See page 4	Chris Grube	HUD	(502) 582-6163
COVINGTON	$28,500	117 E. 35TH STREET	See page 4	Chris Grube	HUD	(502) 582-6163
DANVILLE	$33,000	940 WESTWOOD COURT	See page 4	Chris Grube	HUD	(502) 582-6163
EDGEWOOD	Call	3194 LAUREL OAK DRIVE	See page 4	SAM MURPHY	FREDDIE MAC	(214) 506-6787
ERLANGER	$59,000	3431 BOTTOMWOOD DRIVE	See page 4	Chris Grube	HUD	(258) 261-63
FRANKFORT	Call		See page 4	Chris Grube	HUD	(502) 582-6163
GRAYSON	Call		See page 4	SHINN, RICKEY H.	FDIC	(800) 765-3342
GRAYSON	Call		See page 4	GRACZ, STEVE	FDIC	(800) 765-3342
GREENUP	$21,500	R#2 BOX 404 ALPINE VGE	See page 4	Chris Grube	HUD	(502) 582-6163
GREENVILLE	$35,000	R#1 OLD RUMSEY ROAD	See page 4	Chris Grube	HUD	(502) 582-6163
HENDERSON	$28,000	1214 HELM STREET	See page 4	Chris Grube	HUD	(502) 582-6163
LEXINGTON	$44,500	440 CARISLE AVENUE	See page 4	Chris Grube	HUD	(502) 582-6163
LOUISVILLE	$54,000	1527 ALGONQUIN PARKWAY	See page 4	Judith Kersey	HUD	(502) 582-6163
MACEO	$39,900	*	See page 4	BRUCE LINDER	FREDDIE MAC	(203) 926-2247
MT. WASHINGTON	$68,000		See page 4	HUD	FDIC	(502) 582-6163

* A RECENT PROPERTY ASKING PRICE AND YOUR LOCAL CONTACT FOR CURRENT LISTINGS

63

CONSUMER DATA SERVICE

Kentucky

CITY	ASKING	ADDRESS	DETAILS	CONTACT	AGENCY	PHONE
NEW CASTLE	$37,500	214 E. CROSS MAIN	See page 4	Judith Kersey	HUD	(502) 582-6163
OWENSBORO	Call		See page 4	MEZZARA, BOB	FDIC	(800) 765-3342
OWENSBORO	Call		See page 4	Judith Kersey	HUD	(502) 582-6163
PADUCAH	Call		See page 4	KING, ROBERT	FDIC	(800) 765-3342
PADUCAH	Call		See page 4	GREENE, BOB	FDIC	(800) 765-3342
STURGIS	Call		See page 4	Judith Kersey	HUD	(502) 582-6163
VINE GROVE	$22,500	209 OTTER CREEK ROAD	See page 4	Judith Kersey	HUD	(502) 582-6163

Louisiana

CITY	ASKING	ADDRESS	DETAILS	CONTACT	AGENCY	PHONE
*Statewide	Call		See page 4		RECD	(318) 473-7920
*Statewide	Call		See page 4	Office of Real Estate	GSA	(800) 472-1313
*Statewide	Call		See page 4.		FDIC	(800) 234-0867
*Statewide	Call		See page 4		FREDDIE MAC	(800) 373-3343
*Statewide	Call		Refer to "Home Buyer's Guide", page 81		DVA	(800) 556-4945
ALEXANDRIA	Call		See page 4	HESLEP, JOE	FDIC	(800) 568-9161
ALEXANDRIA	$15,000	2427 ALMA STREET	Single family residence	WILLIFORD, MARY	FDIC	(800) 319-1444
ALEXANDRIA	$34,650	5503 A AND B MANSOUR DR	Single family residence	WILLIFORD, MARY	FDIC	(800) 319-1444
ARABI	$39,000	*	See page 4	SAM MURPHY	FREDDIE MAC	(214) 506-6787
BATON ROUGE	Call		See page 4	GREENE, BOB	FDIC	(800) 568-9161
BATON ROUGE	Call	1947 BEAUMONT DR	See page 4	TRAIL, MARK	FDIC	(504) 357-2300
BATON ROUGE	$34,500	4432 CANNON DRIVE	See page 4	RITA HORTON	FANNIE MAE	(504) 927-1200
BATON ROUGE	$42,500	6912 BLUE GRASS DR	See page 4	RITA HORTON	FANNIE MAE	(504) 927-1200
BATON ROUGE	$39,500	7714 GRAYSON AVENUE	See page 4	BONNIE BOYTER	FANNIE MAE	(800) 732-6643
DENHAM SPRINGS	Call		See page 4	DAVIS, JONATHAN	FDIC	(800) 568-9161
DUSON	$3,300	808 4TH ST	See page 4	SAM MURPHY	FREDDIE MAC	(214) 506-6787
ELDERSBURG	Call		See page 4	Relish Land Auctioneers	REO	(410) 781-4623
EUNICE	Call		See page 4	BOYLES, JAMES	FDIC	(800) 568-9161
HAMMOND	Call		See page 4	VIRGINIA MCCOY	FANNIE MAE	(504) 569-9369
HAUGHTON	Call		See page 4	MIKE HARRIS	FANNIE MAE	(318) 861-6000
HAUGHTON	Call		See page 4	MEZZARA, BOB	FDIC	(800) 568-9161
HOLDEN	$43,500	29020 COWART RD	See page 4	VIRGINIA MCCOY	FANNIE MAE	(504) 569-9369
HOUMA	$44,500	107 OLYMPE DRIVE	See page 4	EARL BOURGEOIS	FANNIE MAE	(504) 537-3285
JACKSON	$39,900	RT 1 BOX 69K2 H	See page 4	BONNIE BOYTER	FANNIE MAE	(800) 732-6643
KENNER	Call		See page 4	LIZ ASHE	FANNIE MAE	(504) 464-1300
LA PLACE	$52,500	1513 SUGARRIDGE	See page 4	VIRGINIA MCCOY	FANNIE MAE	(504) 569-9369
LEESVILLE	$39,900	207 BELVIEW RD	See page 4	RANELLE BIRMINGHAM	FANNIE MAE	(800) 732-6643
MANY	$49,900	94 BRITTAIN DRIVE	See page 4	MARTHA DEBLIEUX	FANNIE MAE	(800) 738-0068
MARRERO	Call		See page 4	HOOVER, KEN	FDIC	(504) 340-9339
METAIRIE	$44,900	2500 HOUMA BLVD	See page 4	LIZ ASHE	FANNIE MAE	(504) 464-1300
METAIRIE	$29,900	6220 ACKEL ST.	See page 4	LIZ ASHE	FANNIE MAE	(504) 464-1300
NEW ORLEANS	Call		See page 4	DAVIS, JONATHAN	FDIC	(800) 568-9161
NEW ORLEANS	$12,500	*	See page 4	SAM MURPHY	FREDDIE MAC	(214) 506-6787
NEW ORLEANS	$114,500	1107 SOUTH PETERS ST	See page 4	CYNTHIA BRYAN	FANNIE MAE	(504) 368-7132
NEW ORLEANS	$72,900	2026-2028 1/2 PENISTON	See page 4	CYNTHIA BRYAN	FANNIE MAE	(504) 368-7132
NEW ORLEANS	$29,900	2670 ACACIA STREET	See page 4	FRANK WILLIAMS	FANNIE MAE	(504) 944-7755

* A RECENT PROPERTY ASKING PRICE AND YOUR LOCAL CONTACT FOR CURRENT LISTINGS

CONSUMER DATA SERVICE

Louisiana

CITY	ASKING	ADDRESS	DETAILS	CONTACT	AGENCY	PHONE
NEW ORLEANS	$56,500	3117 UPPERLINE STREET	See page 4	VIRGINIA MCCOY	FANNIE MAE	(504) 569-9369
NEW ORLEANS	$57,500	3719 TIMBER WOLF LN	See page 4	CYNTHIA BRYAN	FANNIE MAE	(504) 368-7132
NEW ORLEANS	$59,900	8316-18 PANOLA STREET	See page 4	VIRGINIA MCCOY	FANNIE MAE	(504) 569-9369
NEW ORLEANS	$12,000	8531 COHN ST.	See page 4	CYNTHIA BRYAN	FANNIE MAE	(504) 368-7132
PINEVILLE	$60,500	137 ARLINGTON DRIVE	Single family residence	WILLIFORD, MARY	FDIC	(800) 319-1444
PINEVILLE	$97,900	320 BABE ATES ROAD	Single family residence	WILLIFORD, MARY	FDIC	(800) 319-1444
PINEVILLE	$36,300	6245 CLARK CIRCLE	Single family residence	WILLIFORD, MARY	FDIC	(800) 319-1444
PLAQUEMINE	$74,900	58955 HAASEE ST.	See page 4	VIRGINIA MCCOY	FANNIE MAE	(504) 569-9369
SHREVEPORT	$10,000	2519 MERWIN STREET	See page 4	JAY SLATER	FANNIE MAE	(318) 869-3386
SHREVEPORT	$72,500	3607 PARKWAY DR	See page 4	MIKE HARRIS	FANNIE MAE	(318) 861-6000
SHREVEPORT	$59,900	9445 CORONADO DR	See page 4	MIKE HARRIS	FANNIE MAE	(318) 861-6000
SLIDELL	Call		See page 4	HESLEP, JOE	FDIC	(800) 568-9161
SLIDELL	$52,500	209 ALMOND CREEK	See page 4	VIRGINIA MCCOY	FANNIE MAE	(504) 569-9369
SLIDELL	$49,900	226 PUTTERS LANE	See page 4	SAM MURPHY	FREDDIE MAC	(214) 506-6787
SULPHUR	Call		See page 4	MARY KAY HOPKINS	FANNIE MAE	(318) 439-1079
VIOLET	$64,900	3400 ANGELIQUE DRIVE	See page 4	VIRGINIA MCCOY	FANNIE MAE	(504) 569-9369
WAGGAMAN	Call		See page 4	VIRGINIA MCCOY	FANNIE MAE	(504) 569-9369

Maine

CITY	ASKING	ADDRESS	DETAILS	CONTACT	AGENCY	PHONE
*Statewide	Call		See page 4.	JANE FAULKNER	FDIC	(800) 234-0867
*Statewide	Call		See page 4.	RICH RAMBO	FREDDIE MAC	(800) 373-3343
*Statewide	Call		Refer to "Home Buyer's Guide", page 81		DVA	(800) 556-4945
ACTON	Call	GOLDEN RIDGE ROAD	See page 4	JANE FAULKNER	FANNIE MAE	(207) 879-0770
ALNA	$126,000	RFD 1 BOX 267	See page 4	RICH RAMBO	FANNIE MAE	(207) 582-5074
ARGYLE	$42,750		See page 4	MARY SHERWOOD	FANNIE MAE	(207) 942-4626
AUGUSTA	Call		See page 4	RICK RAMBO	FANNIE MAE	(207) 582-5074
AUGUSTA	Call		See page 4	BURKE, MONICA	FDIC	(207) 774-1885
BANGOR	Call		See page 4	MARY SHERWOOD	FANNIE MAE	(207) 942-4626
BANGOR	$1,000,000	1-15 & 21-35 CENTRAL ST	See page 4	BURKE, MONICA	FDIC	(860) 291-4052
BANGOR	$59,900	12 CRESCENT STREET	See page 4	HESS, MONICA B	FDIC	(207) 774-1885
BETHEL	$29,900		See page 4	MARY JO KENNETT	FANNIE MAE	(207) 824-3187
BREWER	Call		See page 4	SAM MURPHY	FREDDIE MAC	(214) 506-6787
BRIDGETON	$68,900	33 LAKE AVENUE	See page 4	LENGEL, JANET	FDIC	(800) 792-1150
CUMBERLAND	$63,900	88 WADLIN RD	See page 4	MARK WALTON	FANNIE MAE	(800) 883-7362
DAYTON	$46,900	*	See page 4	JANE FAULKNER	FANNIE MAE	(207) 879-0770
DENMARK	Call		See page 4	BRUCE LINDER	FREDDIE MAC	(203) 926-2247
GORHAM	$129,900	EASTERN AVE	See page 4	SAM MURPHY	FREDDIE MAC	(214) 506-6787
HOLDEN	$24,900	319 WATER ST	See page 4	MARY SHERWOOD	FANNIE MAE	(207) 942-4626
HOLLOWELL	Call		See page 4	RICH RAMBO	FANNIE MAE	(207) 582-5074
KENNEBUNK	$69,900	WEBB RD 4	See page 4	BRUCE LINDER	FREDDIE MAC	(203) 926-2247
KNOX	Call		See page 4	LARRY FOGLE	FANNIE MAE	(207) 338-2700
LILLIE	$49,500	*	See page 4	GRADY MAHONEY	FANNIE MAE	(207) 492-9281
LINCOLN	Call		See page 4	SAM MURPHY	FREDDIE MAC	(214) 506-6787
MAXFIELD	Call		See page 4	PHIL MCPHAIL	FANNIE MAE	(207) 794-6164
MAXFIELD	$65,750	BUNKER HILL ROAD	See page 4	MARY SHERWOOD	FANNIE MAE	(207) 942-4626

* A RECENT PROPERTY ASKING PRICE AND YOUR LOCAL CONTACT FOR CURRENT LISTINGS

CONSUMER DATA SERVICE

Maine

CITY	ASKING	ADDRESS	DETAILS	CONTACT	AGENCY	PHONE
MECHANIC FALLS	Call		See page 4	JANE FAULKNER	FANNIE MAE	(207) 879-0770
MEDFORD	$19,900	*	See page 4	SAM MURPHY	FREDDIE MAC	(214) 506-6787
MINOT	$32,500	ROUTE 124	See page 4	JANE FAULKNER	FANNIE MAE	(207) 879-0770
NAPLES	$104,500	NAPLES BAY COLONY	See page 4	JANE FAULKNER	FANNIE MAE	(207) 879-0770
NEW GLOUCEST	$57,900	*	See page 4	JANE FAULKNER	FANNIE MAE	(207) 879-0770
NOBLEBORO	Call		See page 4	SAM MURPHY	FREDDIE MAC	(214) 506-6787
NORTH BERWICK	$75,900	12 SPRING LAKE	See page 4	PEGGY KNOETTNER	FANNIE MAE	(603) 472-8833
NORTH WATERBURY	$59,900	*	See page 4	JANE FAULKNER	FANNIE MAE	(207) 879-0770
NORWAY	Call		See page 4	BRUCE LINDER	FREDDIE MAC	(203) 926-2247
OLD ORCHARD	Call		See page 4	JANE FAULKNER	FANNIE MAE	(207) 879-0770
ORONO	$69,900	22 KELLY ROAD	See page 4	MARY SHERWOOD	FANNIE MAE	(207) 942-4626
OTISFIELD	$69,900	ANDREW HILL ROAD	See page 4	JANE FAULKNER	FANNIE MAE	(207) 879-0770
PORTLAND	Call		See page 4	MARK WALTON	FANNIE MAE	(800) 883-7362
SANFORD	Call		See page 4	JANE FAULKNER	FANNIE MAE	(207) 879-0770
SANFORD	Call		See page 4	SAM MURPHY	FREDDIE MAC	(214) 506-6787
SANFORD	$77,000	12-14 ROBERTS STREET	Apartment	TUCKER, DON	FDIC	(207) 324-5264
SANFORD	$69,900	18 & 18 1/2 MAPLE STREET	See page 4	BAILEY, CASSY	FDIC	(207) 934-7622
SANFORD	$71,900	23 SCHOOL STREET	See page 4	BAILEY, CASSY	FDIC	(207) 934-7622
SANFORD	$59,900	43 ISLAND AVE & 14 THOMPS	See page 4	BAILEY, CASSY	FDIC	(207) 934-7622
SCARBOROUGH	Call		See page 4	MARK WALTON	FANNIE MAE	(800) 883-7362
SOMERVILLE	Call		See page 4	EARLE KENNY	FANNIE MAE	(800) 832-2345
WADE	Call		See page 4	LEROUX, COLLEEN	FDIC	(207) 492-4571
WATERVILLE	$19,900	*	See page 4	BRUCE LINDER	FREDDIE MAC	(203) 926-2247
WINDHAM	$78,900	15 GAMBO RD.	See page 4	JANE FAULKNER	FANNIE MAE	(207) 879-0770
YORK	Call		See page 4	BURKE, MONICA	FDIC	(207) 363-4053

Maryland

CITY	ASKING	ADDRESS	DETAILS	CONTACT	AGENCY	PHONE
*Statewide	Call		See page 4.	ROSENBERG, JACK	FDIC	(800) 234-0867
*Statewide	Call		See page 4.	KING, ROBERT	FREDDIE MAC	(800) 373-3343
*Statewide	Call		Refer to "Home Buyer's Guide", page 81	BARBARA VAUGHN	DVA	(800) 556-4945
BALTIMORE	Call		See page 4	ROSENBERG, JACK	FDIC	(800) 765-3342
BALTIMORE	Call		See page 4	KING, ROBERT	FDIC	(800) 765-3342
BALTIMORE	$7,500	*	See page 4	BARBARA VAUGHN	FREDDIE MAC	(800) 727-9559
BALTIMORE	$79,500	10 MARDREW ROAD	See page 4	SALLY WOOD	FANNIE MAE	(703) 359-1826
BALTIMORE	Call	1110 WEDDEL AVENUE	See page 4	JODY GREBER/CINDY	FANNIE MAE	(410) 224-0099
BALTIMORE	$24,900	1113 WEST LOMBARD STRE	See page 4	LONNIE WISKMAN	FANNIE MAE	(410) 931-9200
BALTIMORE	$29,900	1114 STEELTON AVE	See page 4	MILT GRIFFITH	FANNIE MAE	(410) 557-9933
BALTIMORE	Call	12022 PARK HEIGHTS	See page 4	MILT GRIFFITH	FANNIE MAE	(410) 557-9933
BALTIMORE	$23,500	1609 APPLETON STREET	See page 4	SALLY WOOD	FANNIE MAE	(703) 359-1826
BALTIMORE	$29,900	2220 EASTERN AVE.	See page 4	LONNIE WISKMAN	FANNIE MAE	(410) 931-9200
BALTIMORE	$5,900	2411 E MADISON ST	See page 4	SALLY WOOD	FANNIE MAE	(703) 359-1826
BALTIMORE	$37,500	2517 SOUTHDENE	See page 4	LONNIE WISKMAN	FANNIE MAE	(410) 931-9200
BALTIMORE	$94,900	26 PERRY OAK PLACE	See page 4	MILT GRIFFITH	FANNIE MAE	(410) 557-9933
BALTIMORE	$14,900	3307 WOODLAND AVE	See page 4	SALLY WOOD	FANNIE MAE	(703) 359-1826
BALTIMORE	$39,900	3317 ALTO RD	See page 4	LONNIE WISKMAN	FANNIE MAE	(410) 931-9200

* A RECENT PROPERTY ASKING PRICE AND YOUR LOCAL CONTACT FOR CURRENT LISTINGS

66

CONSUMER DATA SERVICE

Maryland

CITY	ASKING	ADDRESS	DETAILS	CONTACT	AGENCY	PHONE
BALTIMORE	$54,900	347 HOMELAND SOUTHWAY	See page 4	MILT GRIFFITH	FANNIE MAE	(410) 557-9933
BALTIMORE	$31,900	3915 DUDLEY AVENUE	See page 4	SHINN, RICKEY H.	FDIC	(800) 765-3342
BALTIMORE	$73,700	4 RETINUE COURT UNIT 204	See page 4	SHINN, RICKEY H.	FDIC	(800) 765-3342
BALTIMORE	$11,000	4203 E. LOMBARD ST.	Single family residence	SHINN, RICKEY H.	FDIC	(800) 765-3342
BALTIMORE	$64,900	4646 COLEHERNE RD	See page 4	SALLY WOOD	FANNIE MAE	(703) 359-1826
BALTIMORE	$19,900	521 N. LUZERNE AVENUE	See page 4	SALLY WOOD	FANNIE MAE	(703) 359-1826
BALTIMORE	$94,900	5913 ROBINDALE	See page 4	SALLY WOOD	FANNIE MAE	(703) 359-1826
BALTIMORE	$54,900	6215 BIRCHWOOD AVENUE	See page 4	LONNIE WISKMAN	FANNIE MAE	(410) 931-9200
BALTIMORE	$24,900	733 SPRINGFIELD	See page 4	LONNIE WISKMAN	FANNIE MAE	(410) 931-9200
BALTIMORE	$124,900	8 ESPERANZA CT	See page 4	MILT GRIFFITH	FANNIE MAE	(410) 557-9933
BEL AIR	Call	407 RING FACTORY RD. E	See page 4	SALLY WOOD	FANNIE MAE	(703) 359-1826
BELTSVILLE	$44,900		See page 4	GLADWIN D'COSTA	FANNIE MAE	(301) 490-5400
BELTSVILLE	Call	RT 1 & AMMENDALE ROAD	See page 4	DAVIS, JONATHAN	FDIC	(800) 765-3342
BETHESDA	Call	9853 BRISTOL SQUARE	See page 4	JILL BAUER	FANNIE MAE	(201) 397-3528
BIVALVE	$27,900	3845 TEXAS AVE.	See page 4	HURSEY PORTER	FANNIE MAE	(800) 734-4178
BLADENSBURG	$29,900	*	See page 4	EDWIN SCOTT	FREDDIE MAC	(202) 543-8060
BOWIE	$129,900	12651 HEMING LANE	See page 4	GLADWIN D'COSTA	FANNIE MAE	(301) 490-5400
BOWIE	$129,900	15319 ENDICOTT DRIVE	See page 4	GLADWIN D'COSTA	FANNIE MAE	(301) 490-5400
BRANDYWINE	$147,500	12901 WHEATLAND WAY	See page 4	BOB CASPER	FANNIE MAE	(301) 702-4210
BURTONSVILLE	Call		See page 4	LARRY GARDNER	FANNIE MAE	(301) 652-0400
CALLAWAY	Call		See page 4	SALLY WOOD	FANNIE MAE	(703) 359-1826
CAMP SPRINGS	Call		See page 4	PAT DADING	FREDDIE MAC	(301) 681-0400
CAPITOL HEIGHTS	Call		See page 4	BOB CASPER	FANNIE MAE	(301) 702-4210
CLINTON	Call	9606 MASSIE DR.	See page 4	BOB CASPER	FANNIE MAE	(301) 702-4210
CROFTON	Call	1815 E. REGENTS PARK R	See page 4	JODY GREBER/CINDY	FANNIE MAE	(410) 224-0099
CUMBERLAND	$5,000		See page 4		USDA	(301) 334-1977
CUMBERLAND	$27,500	619 PATTERSON AVE	See page 4	SALLY WOOD	FANNIE MAE	(703) 359-1826
DERWOOD	Call		See page 4	SALLY WOOD	FANNIE MAE	(703) 359-1826
EDGEWATER	Call	3977 BAYSIDE DRIVE	See page 4	JODY GREBER/CINDY	FANNIE MAE	(410) 224-0099
EDGEWOOD	Call		See page 4	SALLY WOOD	FANNIE MAE	(703) 359-1826
ELLICOTT CITY	Call	3080 N RIDGE ROAD	See page 4	GREENE, BOB	FDIC	(800) 765-3342
ELLICOTT CITY	Call	5030 STONEHILL DR	See page 4	LONNIE WISKMAN	FANNIE MAE	(410) 931-9200
ELLICOTT CITY	Call	714 OELLA AVE	See page 4	LONNIE WISKMAN	FANNIE MAE	(410) 931-9200
ELLICOTT CITY	$155,900	7744 CHATFIELD LANE	See page 4	SALLY WOOD	FANNIE MAE	(703) 359-1826
ELLICOTT CITY	$144,900	8792 MANAHAN DRIVE	See page 4	SALLY WOOD	FANNIE MAE	(703) 359-1826
FEDERALSBURG	Call		See page 4	NANCY PASSWATER	FANNIE MAE	(800) 832-2345
FOREST HEIGHTS	Call		See page 4	GEORGE HUGHES	FREDDIE MAC	(301) 262-6800
FORESTVILLE	$109,900	8311 RICHVILLE DR.	See page 4	BOB CASPER	FANNIE MAE	(301) 702-4210
FORT WASHINGTON	$164,900	10709 RIVERVIEW ROAD	See page 4	BOB CASPER	FANNIE MAE	(301) 702-4210
FORT WASHINGTON	$184,900	223 BLACKBERRY DRIVE	See page 4	BOB CASPER	FANNIE MAE	(301) 702-4210
FREDERICK	Call		See page 4	BRUCE LINDER	FREDDIE MAC	(203) 926-2247
FREDERICK	$54,900	701 D. HEATHER RIDGE D	See page 4	SALLY WOOD	FANNIE MAE	(703) 359-1826
FRUITLAND	Call		See page 4	HURSEY PORTER	FANNIE MAE	(800) 734-4178
FRUITLAND	$5,000		See page 4		USDA	(410) 546-0786
GAITHERSBURG	$45,000	*	See page 4	ROB CROW	FREDDIE MAC	(301) 258-7757
GAITHERSBURG	$164,900	7517 MATTINGLY LANE	See page 4	GLADWIN D'COSTA	FANNIE MAE	(301) 490-5400
GAITHERSBURG	$119,950	8771 RAVENGLASS WAY	See page 4	SALLY WOOD	FANNIE MAE	(703) 359-1826

* A RECENT PROPERTY ASKING PRICE AND YOUR LOCAL CONTACT FOR CURRENT LISTINGS

CONSUMER DATA SERVICE

Maryland

CITY	ASKING	ADDRESS	DETAILS	CONTACT	AGENCY	PHONE
GAITHERSBURG	$199,900	9201 TULIP GROVE RD	See page 4	SALLY WOOD	FANNIE MAE	(703) 359-1826
GAMBRILLS	$204,900	2330 COLUMBINE COURT	See page 4	JODY GREBER/CINDY	FANNIE MAE	(410) 224-0099
GERMANTOWN	$204,500	13401 BURNT WOODS PLAC	See page 4	SALLY WOOD	FANNIE MAE	(703) 359-1826
GERMANTOWN	$114,900	18536 EAGLES ROOST DRI	See page 4	JILL BAUER	FANNIE MAE	(201) 397-3528
GLEN BURNIE	Call		See page 4	GLADWIN D'COSTA	FREDDIE MAC	(301) 490-5400
GLEN BURNIE	$134,900	7912 PARKEWEST DRIVE	See page 4	JODY GREBER/CINDY	FANNIE MAE	(410) 224-0099
GLENARDEN	$159,900	3308 BRIGHTSEAT RD	See page 4	BOB CASPER	FANNIE MAE	(301) 702-4210
GREENBELT	Call	7401 ORA GLEN DRIVE	See page 4	TRAVIS, JIM	FDIC	(301) 490-5778
GREENBELT	Call	7603 GREENBROOK DRIVE	See page 4	JILL BAUER	FANNIE MAE	(201) 397-3528
GREENBELT	$71,500	7970 LAKE CREST DRIVE	See page 4	JILL BAUER	FANNIE MAE	(201) 397-3528
GREENBELT	$39,900	9K SOUTHWAY ROAD	See page 4	KIM KENDRICKS	FANNIE MAE	(800) 732-6643
HAGERSTOWN	$33,900	*	See page 4	BRUCE LINDER	FREDDIE MAC	(203) 926-2247
HAGERSTOWN	$27,000	318 S. BURHANS BLVD	See page 4	VICTOR MARTIN	FANNIE MAE	(301) 790-1700
HAGERSTOWN	$59,900	751 SOUTH POTOMAC ST.	See page 4	VICTOR MARTIN	FANNIE MAE	(301) 790-1700
HAVRE DE GRACE	Call		See page 4	SALLY WOOD	FREDDIE MAC	(703) 359-1800
HILLCREST HGTS	$57,900	*	See page 4	SALLY WOOD	FREDDIE MAC	(703) 359-1800
HYATTSVILLE	Call	10406 IRIS PLACE	See page 4	BOB CASPER	FANNIE MAE	(301) 702-4210
HYATTSVILLE	$29,900	1822 METZEROTT ROAD	See page 4	SALLY WOOD	FANNIE MAE	(703) 359-1826
HYATTSVILLE	Call	2218 CHARLESTON PL	See page 4	JODY GREBER/CINDY	FANNIE MAE	(410) 224-0099
HYATTSVILLE	$119,900	4205 KENNEDY STREET	See page 4	PAT DADING	FREDDIE MAC	(301) 681-0400
HYATTSVILLE	$89,900	5601 40TH AVENUE	See page 4	BOB CASPER	FANNIE MAE	(301) 702-4210
HYATTSVILLE	$114,900	7210 16TH PLACE, ADELP	See page 4	BOB CASPER	FANNIE MAE	(301) 702-4210
JESSUP	Call		See page 4	SALLY WOOD	FREDDIE MAC	(703) 359-1800
JOPPA	Call		See page 4	SALLY WOOD	FREDDIE MAC	(703) 359-1800
LA PLATA	$5,000		See page 4		USDA	(301) 934-8011
LANHAM	Call		See page 4	GEORGE HUGHES	FREDDIE MAC	(301) 262-6800
LANHAM SEABR	$134,900	10513 STORCH DRIVE	See page 4	JODY GREBER/CINDY	FANNIE MAE	(410) 224-0099
LARGO	Call		See page 4	GLADWIN D'COSTA	FANNIE MAE	(301) 490-5400
LAUREL	Call	12525-12793 LAUREL-BOWIE	See page 4	TRAVIS, JIM	FDIC	(301) 441-4554
LAUREL	$134,900	13505 BRIARWOOD RD	See page 4	GLADWIN D'COSTA	FREDDIE MAC	(301) 490-5400
LAUREL	$182,500	8734 SUSINI DRIVE	See page 4	GEORGE HUGHES	FREDDIE MAC	(301) 262-6800
LEXINGTON PARK	$119,950	123 WEATHERBY	See page 4	SALLY WOOD	FANNIE MAE	(703) 359-1826
LUSBY	$84,900	713 GUNSMOKE TRAIL	See page 4	BUDDY CLARK	FANNIE MAE	(301) 952-1600
LUSBY	$88,000	8235 PINE BLVD	See page 4	SALLY WOOD	FANNIE MAE	(703) 359-1826
LUTHERVILLE	$159,900	49 MERRION CT.	See page 4	MILT GRIFFITH	FANNIE MAE	(410) 557-9933
MARDELA	$5,000		See page 4		USDA	(410) 546-0786
MITCHELLVILLE	$194,900	1908 WETHERBOURNE CT	See page 4	BOB CASPER	FANNIE MAE	(301) 702-4210
MT AIRY	$144,900	4932 OLD BARTHLOWS ROA	See page 4	SALLY WOOD	FANNIE MAE	(703) 359-1826
MT AIRY	$139,900	6708 HEMLOCK ROAD	See page 4	SALLY WOOD	FANNIE MAE	(703) 359-1826
MT. LAKE PARK	$5,000		See page 4		USDA	(301) 334-1977
MT. LAKE PARK	$92,500	803 PENSINGER BLVD	See page 4	ELIZABETH MORELAND	FANNIE MAE	(800) 732-6643
MT. RAINIER	$144,900	2401 QUEEN CHAPEL ROAD	See page 4	BOB CASPER	FANNIE MAE	(301) 702-4210
MT. RAINIER	$79,900	4111 33RD STREET	See page 4	PAT DADING	FREDDIE MAC	(301) 681-0400
N CHESAPEAKE	$109,900	3625 4TH STREEET	See page 4	SALLY WOOD	FANNIE MAE	(703) 359-1826
NEW CARROLLTON	$119,900	6441 FAIRBANKS STREET	See page 4	GLADWIN D'COSTA	FANNIE MAE	(301) 490-5400
NEW CARROLLTON	$119,900	7309 GOOD LUCK RD	See page 4	GLADWIN D'COSTA	FANNIE MAE	(301) 490-5400
NEW CARROLLTON	$22,500	7519 RIVERDALE ROAD	See page 4	GLADWIN D'COSTA	FANNIE MAE	(301) 490-5400

* A RECENT PROPERTY ASKING PRICE AND YOUR LOCAL CONTACT FOR CURRENT LISTINGS

CONSUMER DATA SERVICE

Maryland

CITY	ASKING	ADDRESS	DETAILS	CONTACT	AGENCY	PHONE
NEW WINDSOR	$197,500	1415 WAKEFEILD VALLEY	See page 4	SALLY WOOD	FANNIE MAE	(703) 359-1826
NORTH POTOMA	$209,900	15835 GLACIER CT	See page 4	GLADWIN D'COSTA	FANNIE MAE	(301) 490-5400
OLNEY	$84,900	18122 WINDSOR HILL DR	See page 4	LARRY GARDNER	FANNIE MAE	(301) 652-0400
OLNEY	$129,900	3702 GELDERLAND CT	See page 4	GLADWIN D'COSTA	FANNIE MAE	(301) 490-5400
OLNEY	$117,900	4505 BOASTFIELD LANE	See page 4	GLADWIN D'COSTA	FANNIE MAE	(301) 490-5400
OWINGS MILLS	Call		See page 4	RICHARD MAY	FREDDIE MAC	(410) 761-9500
OWINGS MILLS	$129,900	8019 GREEN VALLEY LANE	See page 4	SALLY WOOD	FANNIE MAE	(703) 359-1826
OXON HILL	$84,900	704 LEYTE PLACE	See page 4	GLADWIN D'COSTA	FANNIE MAE	(301) 490-5400
PARKTON	Call		See page 4	LONNIE WISKMAN	FANNIE MAE	(410) 931-9200
PASADENA	$139,900	2934 WEST ALMONDBURY	See page 4	JODY GREBER/CINDY	FANNIE MAE	(410) 224-0099
PASADENA	$109,900	7607 STONEY HARBOR COU	See page 4	JODY GREBER/CINDY	FANNIE MAE	(410) 224-0099
PIKESVILLE	Call		See page 4	TED COATES	FREDDIE MAC	(800) 543-0954
POCOMOKE CITY	$65,900	*	See page 4	BRUCE LINDER	FREDDIE MAC	(203) 926-2247
RANDALLSTOWN	$164,900	8738 LISA LANE	See page 4	LONNIE WISKMAN	FANNIE MAE	(410) 931-9200
RANDALLSTOWN	$74,900	9635 AXEHEAD CT.	See page 4	LONNIE WISKMAN	FANNIE MAE	(410) 931-9200
REHOBOTH	Call		See page 4	HANNON, TIM	FDIC	(800) 765-3342
ROCKVILLE	Call		See page 4	LARRY GARDNER	FANNIE MAE	(301) 652-0400
ROCKVILLE	Call		See page 4	GLADWIN D'COSTA	FANNIE MAE	(301) 490-5400
ROCKVILLE	$114,900	1022 CRAWFORD DRIVE	See page 4	BOB CASPER	FREDDIE MAC	(301) 702-4210
ROCKVILLE	$77,000	14426 PARKVALE RD #4	See page 4	SHINN, RICKEY H.	FDIC	(301) 294-6161
ROCKVILLE	$71,500	14442 PARKVAL RD #3	See page 4	SHINN, RICKEY H.	FDIC	(301) 294-6161
ROCKVILLE	$86,900	2511 BALTIMORE RD #7	See page 4	SHINN, RICKEY H.	FDIC	(301) 294-6161
ROCKVILLE	$114,900	511 BALTIMORE ROAD	See page 4	JILL BAUER	FANNIE MAE	(201) 397-3528
ROCKVILLE	$55,000	5574 BURNSIDE RD #1	See page 4	SHINN, RICKEY H.	FDIC	(301) 294-6161
SALISBURY	$5,000		See page 4		USDA	(410) 546-0786
SALISBURY	$5,000		See page 4		USDA	(410) 546-0786
SALISBURY	$5,000		See page 4		USDA	(410) 546-0786
SALISBURY, S	Call		See page 4	HURSEY PORTER	FANNIE MAE	(800) 734-4178
SEVERN	$74,900	7923 CLARK STATION RD.	See page 4	JODY GREBER/CINDY	FANNIE MAE	(410) 224-0099
SHADYSIDE	$204,900	4721 OAK ROAD	See page 4	GEORGE HUGHES	FREDDIE MAC	(301) 262-6800
SILVER SPRING	$49,000	*	See page 4	PAT DADING	FREDDIE MAC	(301) 681-0400
SILVER SPRING	Call	10 CATOCTIN COURT	See page 4	LARRY GARDNER	FANNIE MAE	(301) 652-0400
SILVER SPRING	$167,500	1204 RAINBOW DRIVE	See page 4	GLADWIN D'COSTA	FANNIE MAE	(301) 490-5400
SILVER SPRING	$89,900	13706 MODRAD WAY	See page 4	LARRY GARDNER	FANNIE MAE	(301) 652-0400
SILVER SPRING	$104,900	13947 PALMER HOUSE WAY	See page 4	SALLY WOOD	FANNIE MAE	(703) 359-1826
SILVER SPRING	$142,500	2021 AQUAMARINE TERR	See page 4	GLADWIN D'COSTA	FANNIE MAE	(301) 490-5400
SILVER SPRING	$54,900	3822 BEL PRE RD	See page 4	LARRY GARDNER	FANNIE MAE	(301) 652-0400
SILVER SPRING	$39,900	3944 BEL PRE ROAD	See page 4	LARRY GARDNER	FANNIE MAE	(301) 652-0400
SILVER SPRING	$119,900	8311 B. FLOWER	See page 4	LARRY GARDNER	FANNIE MAE	(301) 652-0400
SILVER SPRING	$124,900	8701 KODIAK DR.	See page 4	LARRY GARDNER	FANNIE MAE	(301) 652-0400
SUITLAND	$137,500	2009 LAKEWOOD DR.	See page 4	GLADWIN D'COSTA	FANNIE MAE	(301) 490-5400
TAKOMA PARK	$149,900	6406 4TH AVENUE	See page 4	SALLY WOOD	FANNIE MAE	(703) 359-1826
TAKOMA PARK	$154,900	8211 FLOWER	See page 4	LARRY GARDNER	FANNIE MAE	(301) 652-0400
TAKOMA PARK	$119,900	8311 A FLOWER AVE	See page 4	LARRY GARDNER	FANNIE MAE	(301) 652-0400
TANEYTOWN	Call		See page 4	HELEN SKARULIS	FANNIE MAE	(301) 937-3261
TANEYTOWN	$5,000				USDA	(301) 663-5461
TEMPLE HILLS	$119,900	2605 KENTON PLACE	See page 4	BUDDY CLARK	FANNIE MAE	(301) 952-1600

* A RECENT PROPERTY ASKING PRICE AND YOUR LOCAL CONTACT FOR CURRENT LISTINGS

CONSUMER DATA SERVICE

Maryland

CITY	ASKING	ADDRESS	DETAILS	CONTACT	AGENCY	PHONE
TIMONIUM	$219,900	11966 MAYES CHAPEL RD	See page 4	SALLY WOOD	FANNIE MAE	(703) 359-1826
UPPER MARLBORO	Call	204 JOHNSBERG LANE	See page 4	JILL BAUER	FANNIE MAE	(201) 397-3528
WALDORF	Call		See page 4	ROSENBERG, JACK	FDIC	(800) 765-3342
WALDORF	Call		See page 4	GEORGE HUGHES	FREDDIE MAC	(301) 262-6800
WALDORF	$99,900	2217 PINEFILED WAY	See page 4	BUDDY CLARK	FREDDIE MAC	(301) 952-1600
WESTMINSTER	$5,000		See page 4		USDA	(301) 663-5461
WHEATON	Call		See page 4	PAT DADING	FREDDIE MAC	(301) 681-0400
WHEATON	$109,900	3204 CLAY ST	See page 4	LARRY GARDNER	FANNIE MAE	(301) 652-0400
WOODBINE	Call		See page 4	DAVIS, JONATHAN	FDIC	(800) 765-3342

Massachusetts

CITY	ASKING	ADDRESS	DETAILS	CONTACT	AGENCY	PHONE
*Statewide	Call		See page 4.		FDIC	(800) 234-0867
*Statewide	Call		See page 4.		FREDDIE MAC	(800) 373-3343
*Statewide	Call		Refer to "Home Buyer's Guide", page 81		DVA	(800) 556-4945
ACTON	Call	4 LOTHROP RD.	See page 4	JOAN DENARO	FANNIE MAE	(800) 732-6643
AMESBURY	$71,000	5 PAMAELA ST	See page 4	RHONDA GOFF	FANNIE MAE	(508) 475-2201
ATHOL	$61,600	1756-1760 MAIN ST.	Apartment	NICHOLS, BARBARA	FDIC	(617) 769-2222
ATTLEBORO	Call		See page 4	DOTTIE HIBBERT	FREDDIE MAC	(508) 699-0608
ATTLEBORO, S	$89,900	56 SLOCUM STREET	See page 4	ALAN GREENFIELD	FANNIE MAE	(508) 699-0608
ATTLEBORO	$94,900	203 HAZAEL STREET	See page 4	N. PETROCELLI/S. EFR	FANNIE MAE	(617) 341-6100
ATTLEBORO	$105,900	46 HEBRON AVE	See page 4	ALAN GREENFIELD	FANNIE MAE	(508) 699-0608
ATTLEBURY, N	$84,500	78-80 BROADWAY	See page 4	ALAN GREENFIELD	FANNIE MAE	(508) 699-0608
AYER	Call	ONE NEW ENGLAND WAY	See page 4	LENGEL, JANET	FDIC	(508) 534-6300
BELCHERTOWN	Call	MUNSELL ROAD	See page 4	LUSSIER, MONIQUE	FDIC	(413) 256-4181
BELLINGHAM	Call		See page 4	SCOTT EFRON	FREDDIE MAC	(617) 341-6100
BILLERICA	$35,000	16 KENMAR DRIVE, UNIT 134	See page 4	HANNON, TIM	FDIC	(800) 365-0381
BILLERICA	$38,900	5 KENMAR DR.	See page 4	CHRISTINE BELLEVILLE	FANNIE MAE	(508) 256-6667
BLACKSTONE	$103,400	26 RENNIE DRIVE	See page 4	LENGEL, JANET	FDIC	(800) 365-0381
BOSTON	Call	12 SHEAFE ST.	See page 4	ANN BEHEN	FANNIE MAE	(617) 395-7676
BOSTON	$66,500	2 HESTIA PARK	See page 4	ROY CALEY	FANNIE MAE	(617) 731-4644
BOSTON	$79,900	3 MELROSE STREET	See page 4	ANN BEHEN	FANNIE MAE	(617) 395-7676
BOSTON	Call	812-814 HUNTINGTON AVENUE	See page 4	LUSSIER, MONIQUE	FDIC	(617) 864-6800
BRIDGEWATER	$104,500	10 LAKEVIEW PARK LANE	See page 4	N. PETROCELLI/S. EFR	FANNIE MAE	(617) 341-6100
BRIDGEWATER	Call	25 ELM STREET	See page 4	LORENZO, MARGARET	FDIC	(617) 330-8000
BROCKTON	$54,900	11 EMERALD ST.	See page 4	N. PETROCELLI/S. EFR	FANNIE MAE	(617) 341-6100
BROCKTON	$54,900	18-20 WATSON STREET	See page 4	DAVID RADIVONYK	FANNIE MAE	(508) 584-5800
BROCKTON	$40,900	28 TRUDY TERRACE	See page 4	N. PETROCELLI/S. EFR	FANNIE MAE	(617) 341-6100
BROCKTON	Call	285 PLAIN STREET	See page 4	HANNON, TIM	FDIC	(800) 365-0381
BROCKTON	$74,900	59 BROOKFIELD	See page 4	JACK O'LEARY	FANNIE MAE	(508) 238-1044
BUZZARDS BAY	$69,900	38 RIP VAN WINKLE WAY	See page 4	DAVID HOLT	FANNIE MAE	(508) 398-0600
CANTON	$53,500	59 WILL DRIVE	See page 4	N. PETROCELLI/S. EFR	FANNIE MAE	(617) 341-6100
CHELMSFORD	Call	ONE LONE PINE CIRCLE	See page 4	LENGEL, JANET	FDIC	(800) 365-0381
CHICOPEE	$94,500	111 FERNWOOD STREET	Single family residence	BAILEY, CASSY	FDIC	(860) 291-4069
DALTON	Call	517 DALTON DIVISION	See page 4	ARTIE JOPPRU	FANNIE MAE	(413) 443-4416
DORCHESTER	$49,900	*	See page 4	DICK HEMINGWAY	FREDDIE MAC	(617) 770-1444

* A RECENT PROPERTY ASKING PRICE AND YOUR LOCAL CONTACT FOR CURRENT LISTINGS

CONSUMER DATA SERVICE

Massachusetts

CITY	ASKING	ADDRESS	DETAILS	CONTACT	AGENCY	PHONE
DORCHESTER	$74,900	10 MELBOURNE ST.	See page 4	PATTI BRAINARD	FANNIE MAE	(617) 876-1719
DORCHESTER	$44,500	142 BALLOU AVE	See page 4	ANN BEHEN	FANNIE MAE	(617) 395-7676
DORCHESTER	$35,500	19 CARSON	See page 4	PATTI BRAINARD	FANNIE MAE	(617) 876-1719
DORCHESTER	$73,900	24 LEROY STREET	See page 4	JUDY HEMINGWAY	FANNIE MAE	(617) 770-1444
DORCHESTER	$45,500	26 TRULL ST.	See page 4	BONNIE GLENN	FANNIE MAE	(617) 265-1000
DORCHESTER	$99,000	29-31 FERNDALE STREET	Apartment	NICHOLS, BARBARA	FDIC	(508) 393-4930
DORCHESTER	Call	51-53 HARBOR VIEW	See page 4	N. PETROCELLI/S. EFR	FANNIE MAE	(617) 341-6100
DRACUT	$49,900	*	See page 4	ARTHUR ZITIS	FREDDIE MAC	(508) 957-5400
DRACUT	$66,500	84 TENNIS PLAZA RD.	See page 4	CHRISTINE BELLEVILLE	FANNIE MAE	(508) 256-6667
DUDLEY	Call	47 JOSEPH DRIVE	See page 4	PRISCILLA	FANNIE MAE	(508) 248-3256
DUDLEY	$113,500	82 CENTER ROAD	See page 4	PRISCILLA	FANNIE MAE	(508) 248-3256
EAST BROOKFIELD	$119,900	110 DRAKE LANE	See page 4	PRISCILLA	FANNIE MAE	(508) 248-3256
EASTON	$117,500	34-6 POQUANTICUT AVEN	See page 4	KEN OLSON	FANNIE MAE	(508) 543-3210
FEEDING HILL	$109,900	1067 NORTH ST. EXTENSI	See page 4	DOUG COOMBS	FANNIE MAE	(800) 732-6643
FEEDING HILL	$102,100	289 NORTH ST	See page 4	CINDY BOURQUE	FANNIE MAE	(413) 785-1676
FITCHBURG	Call	100 JOHN FITCH HIGHWAY	See page 4	HANNON, TIM	FDIC	(508) 534-0615
FITCHBURG	$33,000	143 WESTMINSTER ST.	See page 4	LENGEL, JANET	FDIC	(800) 365-0381
FITCHBURG	$69,900	16 WILDWOOD DRIVE	See page 4	DONNA BROOKS	FANNIE MAE	(508) 534-0615
GARDNER	$67,500	164 LEAMY STREET	See page 4	GERALD BOURGEOIS,	FANNIE MAE	(508) 537-6401
GLOUCESTER	$64,900	*	See page 4	MICHAEL WRAY	FREDDIE MAC	(508) 927-9100
GLOUCESTER	$78,900	1 SARGENT STREET	See page 4	JULIANNA TACHE	FANNIE MAE	(800) 732-6643
GLOUCESTER	$59,900	6 SUMMER ST.	See page 4	JANET ANDREWS	FANNIE MAE	(800) 732-6643
GREENFIELD	$94,900	44 BURNHAM RD.	See page 4	GERI JOHNSON	FANNIE MAE	(413) 863-9736
HAMILTON	Call	43 MARGARET ROAD	See page 4	MICHAEL WRAY	FANNIE MAE	(508) 927-9100
HAMPDEN	$62,500	GLENDALE ROAD, LOT 2	See page 4	LORENZO, MARGARET	FDIC	(800) 792-1150
HANOVER	Call	219 WINTER STREET	See page 4	HANNON, TIM	FDIC	(617) 330-8000
HARWICH	$45,000	SADIES WAY, LOT 5	See page 4	LEROUX, COLLEEN	FDIC	(860) 291-4076
HAVERHILL	$79,900	17 HANCOCK STREET	See page 4	MARY KOONTZ	FANNIE MAE	(508) 688-7251
HAVERHILL	$62,900	2 BLAISDELL STREET	See page 4	PAUL GUSELLI	FANNIE MAE	(800) 732-6643
HAVERHILL	$67,500	72 6TH AVE	See page 4	LINDA KODY	FANNIE MAE	(508) 686-1954
HOLDEN	Call	BROAD ST. & BRYANT ROAD	See page 4	HANNON, TIM	FDIC	(617) 330-8000
HUDSON	Call	15-17 BRENT DRIVE	See page 4	HANNON, TIM	FDIC	(617) 237-5600
HULL	$84,900	10 G STREET	See page 4	JUDY HEMINGWAY	FANNIE MAE	(617) 770-1444
HYANNIS	$82,900	183 BUCKWOOD DRIVE	See page 4	DAN WAREHAM	FANNIE MAE	(508) 362-1300
HYDE PARK	$69,900	*	See page 4	PAUL MYDELSKI	FREDDIE MAC	(617) 876-1719
HYDE PARK	$129,900	20 BRADLEE STREET	See page 4	N. PETROCELLI/S. EFR	FANNIE MAE	(617) 341-6100
HYDE PARK	Call	71 GARFIELD AVENUE	See page 4	BONNIE GLENN	FANNIE MAE	(617) 265-1000
INDIAN ORCHARD	$42,000	1189-1191 WORCESTER ST.	See page 4	NICHOLS, BARBARA	FDIC	(800) 365-0381
IPSWICH	$79,900	IPSWICH COUNTRY CLUB,#120	See page 4	LENGEL, JANET	FDIC	(800) 365-0381
JAMAICA PLAIN	$106,000	26 ARMSTRONG STREET	See page 4	KATY KELLY-RAND	FANNIE MAE	(617) 277-2122
JAMAICA PLAIN	$99,500	30 IFFLEY ROAD	See page 4	BONNIE GLENN	FANNIE MAE	(617) 265-1000
LANCASTER	Call	RT 2 & LUNENBURG ROAD	See page 4	SLAGLE, FRED	FDIC	(508) 537-1900
LAWRENCE	$31,500	20 KNOX STREET	See page 4	PAUL GUSELLI	FANNIE MAE	(800) 732-6643
LAWRENCE	$67,500	29 FRONT ST	See page 4	LINDA KODY	FANNIE MAE	(508) 686-1954
LAWRENCE	$43,700	388 LOWELL STREET	See page 4	MARY KOONTZ	FANNIE MAE	(508) 688-7251
LAWRENCE	$39,900	83-85 BUTLER ST	See page 4	PAUL GUSELLI	FANNIE MAE	(800) 732-6643
LITTLETON	$72,000	LOT 2 NEWTOWN ROAD	See page 4	HANNON, TIM	FDIC	(800) 365-0381

* A RECENT PROPERTY ASKING PRICE AND YOUR LOCAL CONTACT FOR CURRENT LISTINGS

CONSUMER DATA SERVICE

Massachusetts

CITY	ASKING	ADDRESS	DETAILS	CONTACT	AGENCY	PHONE
LONGMEADOW	Call	104 WILLOW BROOK ROAD	Single family residence	NICHOLS, BARBARA	FDIC	(800) 365-0381
LOWELL	$6,500	*	See page 4	ARTHUR ZITIS	FREDDIE MAC	(508) 957-5400
LOWELL	$47,500	1384-1386 GORHAM ST	See page 4	CAROL SAGER	FANNIE MAE	(508) 459-0533
LOWELL	$57,900	234 BEACON STREET	See page 4	CHRISTINE BELLEVILLE	FANNIE MAE	(508) 256-6667
LOWELL	$67,900	283C BOYLSTON STREET	See page 4	BAILEY, CASSY	FDIC	(860) 291-4069
LOWELL	$47,500	49 LUNDBERG ST	See page 4	LINDA KODY	FANNIE MAE	(508) 686-1954
LUDLOW	$99,900	115 KENDALL STREET	See page 4	GARY BURNETT	FANNIE MAE	(413) 733-2277
LUDLOW	Call	44 SEWALL STREET	See page 4	HESS, MONICA B	FDIC	(860) 291-4052
LYNN	$42,900	*	See page 4	JULIE TACHE	FREDDIE MAC	(508) 745-2004
LYNN	$79,000	18 WILLIMS AVE.	See page 4	STEVE ROBERTS	FANNIE MAE	(617) 599-1776
LYNN	$69,620	260 MAPLE STREET	See page 4	DOTTIE FELCH	FANNIE MAE	(508) 532-3636
LYNN	$62,500	3 BEEDE AVE	See page 4	BOB GREGORY	FANNIE MAE	(617) 289-2100
LYNN	$99,500	492 CHATHAM ST.	See page 4	JULIANNA TACHE	FANNIE MAE	(800) 732-6643
LYNN	$83,500	74 COLLINS STREET	See page 4	JULIANNA TACHE	FANNIE MAE	(800) 732-6643
MALDEN	$86,900	45 LOOMIS ST., UNIT 111B	See page 4	NICHOLS, BARBARA	FDIC	(800) 365-0381
MARLBORO	$234,000	28 LORD ROAD, UNIT 230	See page 4	HANNON, TIM	FDIC	(800) 365-0381
MASHPEE	$118,900	169 TIMBERLANE DRIVE	See page 4	DAVID HOLT	FANNIE MAE	(508) 398-0600
MASHPEE	$44,900	ASHUMET ROAD	See page 4	DAN WAREHAM	FANNIE MAE	(508) 362-1300
MEDFORD	$142,100	48 BROOKINGS STREET	See page 4	ANN BEHEN	FANNIE MAE	(617) 395-7676
METHUEN	$71,500	25 MARSHALL STREET	See page 4	RHONDA GOFF	FANNIE MAE	(508) 475-2201
MIDDLEBURY	$89,900	5 COTTAGE COURT	See page 4	SUSAN EDWARDS	FANNIE MAE	(508) 746-8100
MILFORD	$92,900	12 WESTLEY COURT	See page 4	KEN OLSON	FANNIE MAE	(508) 543-3210
MILFORD	$94,600	LOT 13B, EAST MAIN ST.	See page 4	NICHOLS, BARBARA	FDIC	(617) 769-2222
MILFORD	Call	WEST STREET, PARCEL C-1	See page 4	HANNON, TIM	FDIC	(800) 365-0381
MILLIS	$71,500	LOT 77 ACORN ST.	See page 4	NICHOLS, BARBARA	FDIC	(617) 769-2222
MONSON	$65,000	SILVER STREET	See page 4	MERRIGAN, PETER	FDIC	(413) 594-5901
NEW BEDFORD	$54,900	128 SUMMER ST	See page 4	CHARLES ROBERTS	FANNIE MAE	(508) 675-1900
NEW BEDFORD	$49,900	14 SALISBURY ST	See page 4	RITA GOODROW	FANNIE MAE	(508) 676-3435
NEW BEDFORD	$57,900	56 MOSHER ST	See page 4	RITA GOODROW	FANNIE MAE	(508) 676-3435
NORTHBRIDGE	$55,000	SUTTON ROAD	See page 4	NICHOLS, BARBARA	FDIC	(508) 473-7799
OXFORD	$64,900	16 PLANTATION ROAD	See page 4	PRISCILLA	FANNIE MAE	(508) 248-3256
PLAINVILLE/ATTLEBORO	Call	MANMAR DRIVE LOTS 21-24	See page 4	HANNON, TIM	FDIC	(617) 330-8000
PLYMOUTH	Call	*	See page 4	EDGAR RAMEY	FREDDIE MAC	(508) 830-1900
PLYMOUTH	$99,900	29 ELLISVILLE DRIVE	See page 4	PAM CHUTE	FANNIE MAE	(508) 747-5900
PLYMOUTH	Call	SUMMER & SAMOSET STREETS	See page 4	NICHOLS, BARBARA	FDIC	(508) 746-8100
REHOBOTH	$88,000	125 TREMONT ST.	Single family residence	HANNON, TIM	FDIC	(800) 365-0381
REVERE	$89,500	438 REVERE BEACH PARKW	See page 4	JANET ANDREWS	FANNIE MAE	(800) 732-6643
ROSLINDALE	$92,500	28 MT CALVARY ROAD	See page 4	ROY CALEY	FANNIE MAE	(617) 731-4644
ROXBURY	$75,900	13 SHIRLEY ST.	See page 4	KATY KELLY-RAND	FANNIE MAE	(617) 277-2122
ROXBURY	$106,000	28 WHITING STREET	See page 4	N. PETROCELLI/S. EFR	FANNIE MAE	(617) 341-6100
SALEM	Call	*	See page 4	JULIE TACHE	FREDDIE MAC	(508) 745-2004
SALEM	$63,500	32 HANCOCK STREET	See page 4	JULIANNA TACHE	FANNIE MAE	(800) 732-6643
SEEKONK	$134,900	65 BISHOP AVENUE	See page 4	CHARLES ROBERTS	FANNIE MAE	(508) 675-1900
SHIRLEY	$166,500	10 BAYWOODS RC	See page 4	DONNA BROOKS	FANNIE MAE	(508) 534-0615
SOUTHBRIDGE	$56,100	123 PLEASANT STREET	See page 4	MERRIGAN, PETER	FDIC	(860) 291-4929
SOUTHBRIDGE	$93,500	300-308 MAIN STREET	See page 4	HANNON, TIM	FDIC	(800) 365-0381
SPRINGFIELD	$29,750	*	See page 4	SUE LOBELLO	FREDDIE MAC	(413) 782-6000

* A RECENT PROPERTY ASKING PRICE AND YOUR LOCAL CONTACT FOR CURRENT LISTINGS

72

CONSUMER DATA SERVICE

Massachusetts

CITY	ASKING	ADDRESS	DETAILS	CONTACT	AGENCY	PHONE
SPRINGFIELD, W	$99,000	21 LANCASTER AVENUE	Single family residence	BAILEY, CASSY	FDIC	(413) 532-1452
SPRINGFIELD, W	$69,900	23 WORTHEN STREET	See page 4	CINDY BOURQUE	FANNIE MAE	(413) 785-1676
SPRINGFIELD, W	$39,500	80 BRUSH HILL	See page 4	DOUG COOMBS	FANNIE MAE	(800) 732-6643
SPRINGFIELD	$51,300	103-105 COMMONWEALTH	See page 4	NICHOLS, BARBARA	FDIC	(413) 739-6100
SPRINGFIELD	$41,500	104-106 COMMONWEALTH A	See page 4	DOUG COOMBS	FANNIE MAE	(800) 732-6643
SPRINGFIELD	$34,200	136 LANCASHIRE RD	See page 4	CINDY BOURQUE	FANNIE MAE	(413) 785-1676
SPRINGFIELD	$79,900	14 WELLFLEET DRIVE	See page 4	DOUG COOMBS	FANNIE MAE	(800) 732-6643
SPRINGFIELD	$69,900	146-148 DORSET STREET	See page 4	HANNON, TIM	FDIC	(413) 532-1452
SPRINGFIELD	$44,900	182 FLORIDA ST	See page 4	DOUG COOMBS	FANNIE MAE	(800) 732-6643
SPRINGFIELD	$34,900	199 EASTERN AVE	See page 4	CINDY BOURQUE	FANNIE MAE	(413) 785-1676
SPRINGFIELD	$27,500	20 CROSBY STREET	See page 4	GARY BURNETT	FANNIE MAE	(413) 733-2277
SPRINGFIELD	$24,900	27 MONTMORENCI ST.	See page 4	CINDY BOURQUE	FANNIE MAE	(413) 785-1676
SPRINGFIELD	$64,900	28 THORNDYKE	See page 4	DOUG COOMBS	FANNIE MAE	(800) 732-6643
SPRINGFIELD	$53,500	44 BRUCE STREET	See page 4	DOUG COOMBS	FANNIE MAE	(800) 732-6643
SPRINGFIELD	$69,900	47-49 BLODGETT STREET	See page 4	HANNON, TIM	FDIC	(413) 532-1452
SPRINGFIELD	$19,900	488 LIBERTY STREET	See page 4	GARY BURNETT	FANNIE MAE	(413) 733-2277
SPRINGFIELD	$29,900	51-53 GROVER ST.	See page 4	GARY BURNETT	FANNIE MAE	(413) 733-2277
SPRINGFIELD	$50,350	58 DAVISTON ST	See page 4	GARY BURNETT	FANNIE MAE	(413) 733-2277
SPRINGFIELD	$8,800	80 ALDEN STREET	See page 4	NICHOLS, BARBARA	FDIC	(508) 393-4930
SPRINGFIELD	$15,000	86 ARMORY STREET	Apartment	LORENZO, MARGARET	FDIC	(800) 331-6620
STERLING	$108,000	LOTS 5,6 & 9 PRATTS JUNC	See page 4	NICHOLS, BARBARA	FDIC	(508) 624-4858
STURBRIDGE	Call	167 CEDAR STREET, LOT	See page 4	PRISCILLA	FANNIE MAE	(508) 248-3256
SWAMPSCOTT	$27,500	LOT 27 PLEASANT VIEW AVE	See page 4	LORENZO, MARGARET	FDIC	(508) 393-4930
TEWKSBURY	$39,900	*	See page 4	ARTHUR ZITIS	FREDDIE MAC	(508) 957-5400
TEWKSBURY	$124,500	17 HERITAGE DR.	See page 4	LINDA KODY	FANNIE MAE	(508) 686-1954
TOWNSEND	$104,890	189 WALLACE HILL ROAD	See page 4	JOAN DENARO	FANNIE MAE	(800) 732-6643
UXBRIDGE	$84,500	2 MANOR HOUSE LAND	See page 4	BEVERLY CANCELMO	FANNIE MAE	(508) 757-4200
UXBRIDGE	$104,500	LOT 6 RIVER ROAD	See page 4	NICHOLS, BARBARA	FDIC	(800) 365-0381
WALPOLE	Call	161 WASHINGTON STREET	See page 4	HESS, MONICA B	FDIC	(860) 291-4052
WARE	$39,900	136 NORTH STREET	See page 4	PRISCILLA	FANNIE MAE	(508) 248-3256
WESTFIELD	$63,190	8 BELMONT STREET	See page 4	DOUG COOMBS	FANNIE MAE	(800) 732-6643
WINCHENDON	$60,000	596 RIVER ROAD	Single family residence	HANNON, TIM	FDIC	(800) 365-0381
WINCHENDON	$39,900	BANNER PLACE	See page 4	CATHY DODGE	FANNIE MAE	(508) 249-4666
WORCESTER	$59,900	*	See page 4	JOANNE GENERELLI	FREDDIE MAC	(508) 757-4200
WORCESTER	$87,900	20 SPOFFORD RD	See page 4	MICHELE ALEXANDER	FANNIE MAE	(508) 870-0500
WORCESTER	$34,500	6 CHATAM PLACE	See page 4	BEVERLY CANCELMO	FANNIE MAE	(508) 757-4200
WORCESTER	$53,900	71 STANTON STREET	See page 4	BEVERLY CANCELMO	FANNIE MAE	(508) 757-4200
WORCESTER	$71,500	8 WHIPPLE ST.	See page 4	LORENZO, MARGARET	FDIC	(508) 393-4930

* A RECENT PROPERTY ASKING PRICE AND YOUR LOCAL CONTACT FOR CURRENT LISTINGS

CONSUMER DATA SERVICE

Michigan

CITY	ASKING	ADDRESS	DETAILS	CONTACT	AGENCY	PHONE
*Statewide	Call		See page 4.	Office of Real Estate	GSA	(800) 472-1313
*Statewide	Call		See page 4.		FDIC	(800) 234-0867
*Statewide	Call		Refer to "Home Buyer's Guide", page 81		FREDDIE MAC	(800) 373-3343
*Statewide	Call				DVA	(800) 556-4945
*Statewide	Call		Refer to "Home Buyer's Guide", page 81		DVA	(800) 556-4945
ALLEN PARK	Call		See page 4	NANCY E. NEWMAN	FANNIE MAE	(313) 851-7077
BATTLE CREEK	Call		See page 4	SCHIRF, HERBERT	FDIC	(800) 765-3342
BELLEVILLE	$89,900	51360 MICHIGAN AVE	See page 4	DAVE MITZ	FANNIE MAE	(313) 525-6880
BELLEVUE	$79,900	465 E VAN BUREN	See page 4	TOMMY GREEN	FREDDIE MAC	(214) 541-6400
CHESANING	Call		See page 4	JAMES D. DOWSETT	FANNIE MAE	(313) 653-9212
DEARBORN HEIGHT	Call		See page 4	DAVE MITZ	FANNIE MAE	(313) 525-6880
DETROIT	Call		See page 4	THOMAS BONK	FANNIE MAE	(313) 372-8822
DETROIT	Call		See page 4	JOE SPALDING	FANNIE MAE	(313) 273-4300
DETROIT	$7,900	14284 SPRING GARDEN	See page 4	TOMMY GREEN	FANNIE MAE	(214) 541-6400
DETROIT	$24,000	19435 ROSEMONT	Single family residence	BOEHME, RICHARD	FREDDIE MAC	(313) 861-1422
FLINT	$7,490	1517 JANE AVE	See page 4	SAM MURPHY	FREDDIE MAC	(214) 506-6787
FLINT	$52,900	2025 CHELAN ST.	See page 4	LARRY A MILLER	FANNIE MAE	(810) 767-3209
FLINT	$31,000	2110 CHATEAU	See page 4	LARRY A MILLER	FANNIE MAE	(810) 767-3209
FLINT	$19,900	2244 DOUGLAS JOEL DRIV	See page 4	LARRY A MILLER	FANNIE MAE	(810) 767-3209
FLINT	$26,900	2710 BEGOLE	See page 4	LARRY A MILLER	FANNIE MAE	(810) 767-3209
FLUSHING	Call	11210 W MT. MORRIS	See page 4	SAM MURPHY	FREDDIE MAC	(214) 506-6787
FREDERIC	$29,900	5724 VERLINDE DR	See page 4	FRANK R. JANCA III	FANNIE MAE	(517) 892-2828
GALESBURG	Call	2370 CARRIAGE STREET	See page 4	BRUCE LINDER	FREDDIE MAC	(203) 926-2247
GIBRALTAR	$154,900	30039 WINDSOR	See page 4	DAVE MITZ	FANNIE MAE	(313) 525-6880
GRAND RAPIDS	$30,000	215 SW BANNER STREET	See page 4	SUZANNE SCOTT	FANNIE MAE	(616) 956-0022
HARTFORD	$44,500	2 WEST BERNARD	See page 4	ALICE FLOWERS	FANNIE MAE	(616) 463-5300
HIGHLAND TWP	Call		See page 4	NANCY E. NEWMAN	FANNIE MAE	(313) 851-7077
HOUGHTON LAKE	$34,900	313 HUDSON	See page 4	FRANK R. JANCA III	FANNIE MAE	(517) 892-2828
HURON TWP	$229,900	23335 EVAN COURT	See page 4	DAVE MITZ	FANNIE MAE	(313) 525-6880
JACKSON	Call		See page 4	TOMMY GREEN	FREDDIE MAC	(214) 541-6400
LAKE ORION	Call		See page 4	NANCY E. NEWMAN	FANNIE MAE	(313) 851-7077
LANSING	Call		See page 4	CHRIS WRETSCHKO	FANNIE MAE	(517) 321-6373
LANSING	$22,500	422 WEST OAKLAND	See page 4	PAT MCNAMARA	FANNIE MAE	(800) 447-5589
LINCOLN PARK	$42,750	1512 WASHINGTON	See page 4	JIM HESS	FREDDIE MAC	(810) 473-4560
LINCOLN PARK	$44,900	1653 WILSON	See page 4	TOMMY GREEN	FANNIE MAE	(214) 541-6400
LOWELL	$139,900	4977 KYSER RD.	See page 4	SHARI VANDER HORN	FANNIE MAE	(616) 363-9814
MAYVILLE	Call		See page 4	RONALD DAMSEN	FANNIE MAE	(517) 790-0890
OAK PARK	$44,900	15431 PARK	See page 4	BRUCE LINDER	FREDDIE MAC	(203) 926-2247
OXFORD	Call	5465 BLISS DRIVE	See page 4	TOMMY GREEN	FANNIE MAE	(214) 541-6400
PONTIAC	$30,000	435 MAXWELL	See page 4	RAY O'NEIL	FANNIE MAE	(810) 674-3333
READING	$39,900	412 RAILROAD STREET	See page 4	BRUCE LINDER	FREDDIE MAC	(203) 926-2247
REDFORD	Call		See page 4	DAVE MITZ	FANNIE MAE	(313) 525-6880
REDFORD	$23,900	11636 HAZELTON	See page 4	SAM MURPHY	FREDDIE MAC	(214) 506-6787
SAGINAW	$31,600	*	See page 4	SAM MURPHY	FREDDIE MAC	(214) 506-6787
SANFORD	$56,900	*	See page 4	TOMMY GREEN	FREDDIE MAC	(214) 541-6400
SOUTHFIELD	Call		See page 4	BOVAY, JAY	FDIC	(810) 351-4389
SOUTHFIELD	Call	17000 WEST EIGHT MILE RD	See page 4	BOEHME, RICHARD	FDIC	(810) 351-4389

* A RECENT PROPERTY ASKING PRICE AND YOUR LOCAL CONTACT FOR CURRENT LISTINGS

CONSUMER DATA SERVICE

Michigan

CITY	ASKING	ADDRESS	DETAILS	CONTACT	AGENCY	PHONE
SPRINGFIELD	$47,900	206 REYNOLDS STREET	See page 4	ERNEST HOFFMAN	FANNIE MAE	(616) 968-2323
STOCKBRIDGE	Call		See page 4	TOMMY GREEN	FREDDIE MAC	(214) 541-6400
WARREN	Call		See page 4	NOLA COLLINS	FANNIE MAE	(313) 574-1400
WATERFORD TWP	$39,900	*	See page 4	TOMMY GREEN	FREDDIE MAC	(214) 541-6400
WESTLAND	Call		See page 4	DAVE MITZ	FANNIE MAE	(313) 525-6880
WYANDOTTE	$73,500	293 KINGS HWY	See page 4	DAVE MITZ	FANNIE MAE	(313) 525-6880
WYOMING	$58,900	2100 S W ROOS	See page 4	SUZANNE SCOTT	FANNIE MAE	(616) 956-0022
YPSILANTI	$44,500	1412 CLARK ROAD	See page 4	BRUCE LINDER	FREDDIE MAC	(203) 926-2247

Minnesota

CITY	ASKING	ADDRESS	DETAILS	CONTACT	AGENCY	PHONE
*Statewide	Call		See page 4.		FDIC	(800) 234-0867
*Statewide	Call		See page 4.		FREDDIE MAC	(800) 373-3343
*Statewide	Call		Refer to "Home Buyer's Guide", page 81		DVA	(800) 556-4945
ANDOVER	Call		See page 4	TOMMY GREEN	FREDDIE MAC	(214) 541-6400
ANDOVER	Call		See page 4	SAM MURPHY	FREDDIE MAC	(214) 506-6787
BLAIN	Call		See page 4	SCHIRF, HERBERT	FDIC	(800) 765-3342
BROOKLYN CENTER	$69,900		See page 4	TOMMY GREEN	FREDDIE MAC	(214) 541-6400
BURNSVILLE	Call		See page 4	JEFF DETLOFF	FANNIE MAE	(612) 829-2938
COLUMBIA HEIGHTS	$68,900	*	See page 4	TOMMY GREEN	FREDDIE MAC	(214) 541-6400
EAST BETHEL	Call		See page 4	STEVE KRAFT	FANNIE MAE	(612) 755-5050
EAST BETHEL	$32,900	607 LINCOLN DR	See page 4	CLAUDE WORRELL	FANNIE MAE	(612) 591-6000
EVELETH	Call		See page 4	DAVID SKALBECK	FANNIE MAE	(218) 749-4050
FRIDLEY	Call		See page 4	JIM ANGLE	FANNIE MAE	(612) 844-1583
HENNEPIN	Call		See page 4	D'ANTONIO, BOB	FDIC	(714) 263-7783
HENNEPIN	Call		See page 4	GUPTA, SUSEELA	FDIC	(714) 263-7783
INTL. FALLS	$10,900	305 8TH ST.	See page 4	JAN BOYLE	FANNIE MAE	(800) 732-6643
LAKEVILLE	$210,000	10367 209TH ST	See page 4	JIM ANGLE	FANNIE MAE	(612) 844-1583
MARSHALL	Call		See page 4	BOVAY, JAY	FDIC	(507) 532-6209
MARSHALL	$111,400	MARSHALL SQUARE	See page 4	BOEHME, RICHARD	FDIC	(507) 532-6209
MAZEPPA	Call		See page 4	JIM CONWAY	FANNIE MAE	(507) 288-1111
MERIDEN TOWN	$27,900	RT 1 BOX 162	See page 4	BLAIN NELSON	FANNIE MAE	(507) 835-2260
MINNEAPOLIS	Call		See page 4	DIANNE COLEMAN	FANNIE MAE	(612) 721-7495
MINNEAPOLIS	Call		See page 4	BILL DYSTE	FANNIE MAE	(612) 484-7283
MINNEAPOLIS	Call		See page 4	BOVAY, JAY	FDIC	(800) 765-3342
MINNEAPOLIS	Call		See page 4	GUPTA, SUSEELA	FDIC	(714) 263-7783
MINNEAPOLIS	$19,900	1900 STEVENS AVENUE	See page 4	TED ESAU	FANNIE MAE	(800) 732-6643
MINNEAPOLIS	$40,500	2627N JAMES AVE	See page 4	MARY JO ELLIOTT	FANNIE MAE	(612) 338-4577
MINNEAPOLIS	$47,500	3424 PLEASANT AVE SOUT	See page 4	JIM ANGLE	FANNIE MAE	(612) 844-1583
MINNEAPOLIS	$25,650	4731 EMERSON AVE N	See page 4	TOMMY GREEN	FREDDIE MAC	(214) 541-6400
MONTICELLO	Call		See page 4	FRANK KANE	FANNIE MAE	(612) 255-9000
PINE CITY	$34,900	*	See page 4	TOMMY GREEN	FREDDIE MAC	(214) 541-6400
PLYMOUTH	Call		See page 4	TOMMY GREEN	FREDDIE MAC	(214) 541-6400
ROCHESTER	Call		See page 4	JIM CONWAY	FANNIE MAE	(507) 288-1111
RUSH CITY	Call		See page 4	DOROTHY HOWARD	FANNIE MAE	(800) 832-2345
SAVAGE	Call		See page 4	JEFF DETLOFF	FANNIE MAE	(612) 829-2938

* A RECENT PROPERTY ASKING PRICE AND YOUR LOCAL CONTACT FOR CURRENT LISTINGS

CONSUMER DATA SERVICE

Minnesota

CITY	ASKING	ADDRESS	DETAILS	CONTACT	AGENCY	PHONE
ST. PAUL	$61,900		Single family residence	GERUM, MARY	FDIC	(800) 765-3342
ST. PAUL	$29,900	*	See page 4	TOMMY GREEN	FREDDIE MAC	(214) 541-6400
ST. PAUL	$64,500	593 LAUREL AVE 6	See page 4	KIM JOHNSON	FANNIE MAE	(612) 224-2012
WARREN	$28,000	629 N. MAIN	See page 4	GUS BERGGREN	FANNIE MAE	(218) 681-4960

Mississippi

CITY	ASKING	ADDRESS	DETAILS	CONTACT	AGENCY	PHONE
*Statewide	Call		See page 4.		FDIC	(800) 234-0867
*Statewide	Call		See page 4.		FREDDIE MAC	(800) 373-3343
*Statewide	Call		Refer to "Home Buyer's Guide", page 81		DVA	(800) 556-4945
ALCORN COUNTY	Call	ALCORN COUNTY	See page 4	Harold Mills	Farm Service	(601) 728-2124
BAY ST	Call		See page 4	AUDREY GARRETT	FANNIE MAE	(601) 864-1610
BILOXI	Call		See page 4	ROSENBERG, JACK	FDIC	(305) 358-7710
BOLIVAR COUNTY	$30,280	BOLIVAR COUNTY	See page 4	Gail Riddick	Farm Service	(601) 843-9401
CANTON	$81,000	212 W N STREET	See page 4		HUD	(601) 965-5308
CLINTON	$49,500	104 MEADOW VIEW CIR	See page 4		HUD	(601) 965-5308
COLDWATER	$39,800	701 ROSEWOOD LN	See page 4		HUD	(601) 965-5308
COLLINS	$69,900	603 SECOND STREET	See page 4	ROY HANBERRY	FANNIE MAE	(601) 264-4989
COLUMBUS	$60,010	166 OAK DALE DR	See page 4		HUD	(601) 965-5308
COURTLAND	Call	ROUTE 1, BOX 140F	See page 4	KERRY PATTERSON	REO	(800) 241-6529
DIAMOND HEAD	$29,500	LOT 13, BLOCK 15	See page 4	GERTRUDE GARDNER	FDIC	(504) 834-1190
GREENVILLE	Call		See page 4	JOE AZAR	FANNIE MAE	(601) 332-8366
GREENVILLE	$82,000	1651 PETE ST	See page 4		HUD	(601) 965-5308
GREENWOOD	$38,500	1342 VIRDEN AVE	See page 4		HUD	(601) 965-5308
GULFPORT	$74,000	15121 ROSEWOOD ST	See page 4		HUD	(601) 965-5308
GULFPORT	$35,000	3930 MONTEREY	See page 4		HUD	(601) 965-5308
GULFPORT	$56,500	915 HEMLOCK RD	See page 4	AUDREY GARRETT	FANNIE MAE	(601) 864-1610
HATTIESBURG	Call		See page 4	ROY HANBERRY	FANNIE MAE	(601) 264-4989
HERNANDO	Call		See page 4	CHARLES TAYLOR	FANNIE MAE	(601) 429-9041
HORN LAKE	$55,000	6935 E TULANE RD E	See page 4		HUD	(601) 965-5308
Humphreys County	$63,570	Humphreys County	See page 4	William Leflore	Farm Service	(601) 455-2751
JACKSON	$3,000	1422 BRIEF ST	See page 4		HUD	(601) 965-5308
JACKSON	$4,500	2220 PROSPERITY	See page 4		HUD	(601) 965-5308
JACKSON	$17,900	3823 JAYNE AVE	See page 4	BENNY BURNETT	FANNIE MAE	(601) 982-8874
JACKSON	$31,985	755 VALENCIA	See page 4		HUD	(601) 965-5308
LAUREL	$45,900	5 EASTVIEW DRIVE	See page 4	ROY HANBERRY	FANNIE MAE	(601) 264-4989
LONG BEACH	$73,000	101 POMPAS	See page 4		HUD	(601) 965-5308
LYON	Call	Coahoma County	See page 4	Hardy Jones	Farm Service	(601) 627-2533
MERIDIAN	$23,500	2328 41ST AVE	See page 4	TERRY WINSTEAD	FANNIE MAE	(601) 483-4563
MERIDIAN	$56,246	4511 30 TH ST	See page 4		HUD	(601) 965-5308
NEW ALBANY	Call		See page 4	CHRIS JOHNSON	FANNIE MAE	(800) 832-2345
NEWTON COUNTY	$50,465	Newton County	See page 4	Gary Thorne	Farm Service	(601) 635-2556
OCEAN SPRINGS	Call		See page 4	DAVIS, JONATHAN	FDIC	(800) 765-3342
PEARL RIVER COUNTY	$30,525	Pearl River County	See page 4	Jackie Williams	Farm Service	(601) 795-4932
RICHTON	$40,000	1141 OLD AUGUSTA	See page 4		HUD	(601) 965-5308
SARDIS	$25,764	Panola County	See page 4	Paul Savage	Farm Service	(601) 563-3026

76

* A RECENT PROPERTY ASKING PRICE AND YOUR LOCAL CONTACT FOR CURRENT LISTINGS

CONSUMER DATA SERVICE

Mississippi

CITY	ASKING	ADDRESS	DETAILS	CONTACT	AGENCY	PHONE
SOUTHAVEN	$46,000	8638 LOCHWOOD DR	See page 4		HUD	(601) 965-5308
TUPELO	$58,500	1903 MARTIN HILL DR	See page 4		HUD	(601) 965-5308
TUPELO	$74,500	2500 PEMBERTON AVE	See page 4	CHRIS JOHNSON	FANNIE MAE	(800) 732-6643

Missouri

CITY	ASKING	ADDRESS	DETAILS	CONTACT	AGENCY	PHONE
*Statewide	Call		See page 4.		FDIC	(800) 234-0867
*Statewide	Call		See page 4.		FREDDIE MAC	(800) 373-3343
*Statewide	Call		Refer to "Home Buyer's Guide", page 81		DVA	(800) 556-4945
BLUE SPRINGS	Call		See page 4	SCHIRF, HERBERT	FDIC	(800) 765-3342
BLUE SPRINGS	Call	1320 MARGARET	See page 4	SAM MURPHY	FREDDIE MAC	(214) 506-6787
CAPE GIRARDE	$57,500	1320 MARGARET	See page 4	JOHN HEEB	FANNIE MAE	(800) 732-6643
CEDAR HILL	Call		See page 4	SAM MURPHY	FREDDIE MAC	(214) 506-6787
DELLWOOD	$39,900	287 ATWATER AVE.	See page 4	MARC KUTTEN	FANNIE MAE	(314) 647-0001
EAST PRAIRIE	Call		See page 4	TOMMY GREEN	FREDDIE MAC	(214) 541-6400
FARMINGTON	Call		See page 4	TOMMY GREEN	FREDDIE MAC	(214) 541-6400
FENTO	Call		See page 4	MARC KUTTEN	FANNIE MAE	(314) 647-0001
FERGUSEN	$26,500	1113 HALEY AVE.	See page 4	MARC KUTTEN	FANNIE MAE	(314) 647-0001
FERGUSON	$25,900	308 LAMOTTE LN.	See page 4	MARC KUTTEN	FANNIE MAE	(314) 647-0001
GALENA	$57,900	RT 4 BOX 390	See page 4	TONY DELONG	FANNIE MAE	(800) 732-6643
GRANDVIEW	Call		See page 4	ANNE SILVER	FANNIE MAE	(913) 642-4888
HARRISONVILLE	Call		See page 4	ANNE SILVER	FANNIE MAE	(913) 642-4888
HIGHRIDGE	Call		See page 4	MARC KUTTEN	FANNIE MAE	(314) 647-0001
IMPERIAL	$79,900	2211 COUNTRY FOREST	See page 4	MARC KUTTEN	FANNIE MAE	(314) 647-0001
INDEPENDENCE	Call		See page 4	ANNE SILVER	FANNIE MAE	(913) 642-4888
INDEPENDENCE	$28,500	504 E NETTLETON AVE	See page 4	SHIRLEY CALHOUN	FANNIE MAE	(816) 229-6391
JENNINGS	$43,500	5549 SAPPHIRE	See page 4	MARC KUTTEN	FANNIE MAE	(314) 647-0001
KANSAS CITY	Call		See page 4	ANNE SILVER	FANNIE MAE	(913) 642-4888
KANSAS CITY	Call		See page 4	BOEHME, RICHARD	FDIC	(619) 292-1991
KANSAS CITY	Call	1200 US HWY 50, LEE SUMMIT	See page 4	ELAINE HASTINGS	GSA	(816) 926-1175
KANSAS CITY	$39,900	143 S LAWN	See page 4	TOMMY GREEN	FREDDIE MAC	(214) 541-6400
KANSAS CITY	$46,800	2517-23 PASEO BLVD	Single family residence	BOVAY, JAY	FDIC	(816) 523-6001
KANSAS CITY	$17,900	3310 WABASH	See page 4	SAM MURPHY	FREDDIE MAC	(214) 506-6787
KANSAS CITY	$4,475,000	87TH & N EXECUTIVE HILLS	See page 4	JONES, LONA	FDIC	(913) 381-3311
LAKE ST.	$81,500	1009 FAIRWAYS DRIVE	See page 4	MARC KUTTEN	FANNIE MAE	(314) 647-0001
MARYLAND HEIGHTS	Call		See page 4	PRAZAK, PAUL	FDIC	(800) 765-3342
OAK RIDGE	$79,400	4876 STATE HWY B	See page 4	SAM MURPHY	FREDDIE MAC	(214) 506-6787
SAINT LOUIS	Call		See page 4	BYRON AUSTIN	FANNIE MAE	(314) 652-8200
SAINT LOUIS	Call		See page 4	BERESFORD, LINDA	FDIC	(314) 389-6495
SAINT LOUIS	Call		See page 4	BARRY ADELSTEIN	FANNIE MAE	(314) 832-2345
SAINT LOUIS	$19,900	4619 ALASKA AVE	See page 4	MARC KUTTEN	FANNIE MAE	(314) 647-0001
SPRINGFIELD	$86,000	4024 WEST FARM RD.	See page 4	MILLIE SIMKINS	FANNIE MAE	(417) 887-6664
ST JOSEPH	Call		See page 4	DONNA HOFFMAN	FANNIE MAE	(816) 233-2500
ST LOUIS	$33,500	3469 MONTANA	See page 4	MARC KUTTEN	FANNIE MAE	(314) 647-0001
ST LOUIS	$27,900	4148 SHAW BLVD	See page 4	BARRY ADELSTEIN	FANNIE MAE	(800) 732-6643
ST LOUIS	Call	415-417 NORTH 10TH ST.	See page 4	BOVAY, JAY	FDIC	(800) 765-3342

* A RECENT PROPERTY ASKING PRICE AND YOUR LOCAL CONTACT FOR CURRENT LISTINGS

CONSUMER DATA SERVICE

Missouri

CITY	ASKING	ADDRESS	DETAILS	CONTACT	AGENCY	PHONE
ST LOUIS	$22,500	4666 PENROSE STREET	See page 4	BYRON AUSTIN	FANNIE MAE	(314) 652-8200
ST LOUIS	$38,500	4925 SUNSHINE	See page 4	BYRON AUSTIN	FANNIE MAE	(314) 652-8200
ST LOUIS	$19,950	7016 EDISON AVE	See page 4	BARRY ADELSTEIN	FANNIE MAE	(800) 732-6643
ST LOUIS	$17,500	8224 VIRGINIA	See page 4	BYRON AUSTIN	FANNIE MAE	(314) 652-8200

Montana

CITY	ASKING	ADDRESS	DETAILS	CONTACT	AGENCY	PHONE
*Statewide	Call		See page 4		RECD	(406) 585-2515
*Statewide	Call		See page 4.	Office of Real Estate	GSA	(800) 472-1313
*Statewide	Call		See page 4.		FDIC	(800) 234-0867
*Statewide	Call		Refer to "Home Buyer's Guide", page 81		FREDDIE MAC	(800) 373-3343
*Statewide	Call		See page 4		DVA	(800) 556-4945
BOZEMAN	Call		See page 4		RECD	(406) 585-2515
COLSTRIP	$62,000	2220 PRIMROSE DR	See page 4	TOM MURRIN	VA	(408) 447-7993
FORT HARRISON	Call		See page 4	TOM MURRIN	VA	(408) 447-7993
GREAT FALLS	$68,000	1105 1ST AVE SW	See page 4	TOM MURRIN	VA	(408) 447-7993
KALLISPELL	Call		See page 4	MARK TRAIL	FDIC	(800) 319-1444

Nebraska

CITY	ASKING	ADDRESS	DETAILS	CONTACT	AGENCY	PHONE
*Statewide	Call		See page 4		RECD	(402) 437-5551
*Statewide	Call		See page 4.		FDIC	(800) 234-0867
*Statewide	Call		See page 4.		FREDDIE MAC	(800) 373-3343
*Statewide	Call		Refer to "Home Buyer's Guide", page 81		DVA	(800) 556-4945
LINCOLN	Call	NORTHWESTERN NATIONAL	See page 4	BURKE, MONICA	FDIC	(402) 345-5866
LINCOLN	Call	506 MEADOW LANE	See page 4	HESS, MONICA B	FDIC	(402) 345-5866
NORFOLK	$39,900		See page 4	RH DIVISION	RECD	(402) 437-5557
OMAHA	$40,900		See page 4	TIM HEARTY	FANNIE MAE	(402) 397-5008
OMAHA	Call	625 SOUTH 120TH AVENUE	See page 4	BRUCE LINDER	FREDDIE MAC	(203) 926-2247
OMAHA	Call	6405 S 118TH PLAZA	See page 4	TIM HEARTY	FANNIE MAE	(402) 397-5008
SARGENT	Call	R.R. #1	Farm	BOVAY, JAY	FDIC	(800) 765-3342
SARGENT	$160,000	R.R. #1, BOX 108	Farm	BOVAY, JAY	FDIC	(308) 389-4800

Nevada

CITY	ASKING	ADDRESS	DETAILS	CONTACT	AGENCY	PHONE
*Statewide	Call		See page 4.		FDIC	(800) 234-0867
*Statewide	Call		See page 4.		FREDDIE MAC	(800) 373-3343
*Statewide	Call		Refer to "Home Buyer's Guide", page 81		DVA	(800) 556-4945
AMARGOSA VALLEY	$84,900	TRIPLE R RANCH	See page 4	DAN WOOLSTON	FANNIE MAE	(702) 796-7777
CARSON CITY	$159,900	1220 THOMPSON STREET	See page 4	JORGA BENTLEY	FANNIE MAE	(702) 323-0101
CARSON CITY	$174,900	535 CAMBRIDGE COURT	See page 4	JIM WILSON	FANNIE MAE	(702) 882-2134
HENDERSON	$194,900	1045 GERANIUM DRIVE	See page 4	JIM WADE	FANNIE MAE	(702) 251-1010
HENDERSON	$84,900	14 UTAH WAY	See page 4	THOMAS BLANCHARD	FANNIE MAE	(800) 732-6643
HENDERSON	Call	227 WINDSONG DR	See page 4	Bank REO	Bank REO	(800) 558-9900
HENDERSON	$114,900	2826 NOFOLK AVENUE	See page 4	DAN WOOLSTON	FANNIE MAE	(702) 796-7777

* A RECENT PROPERTY ASKING PRICE AND YOUR LOCAL CONTACT FOR CURRENT LISTINGS

CONSUMER DATA SERVICE

Nevada

CITY	ASKING	ADDRESS	DETAILS	CONTACT	AGENCY	PHONE
HENDERSON	$49,900	6 MONTANA WAY	See page 4	JIM WADE	FANNIE MAE	(702) 251-1010
HENDERSON	$124,900	625 GLENWOOD LANE	See page 4	JIM WADE	FANNIE MAE	(702) 251-1010
LAS VEGAS	Call		See page 4	BERESFORD, LINDA	FDIC	(702) 732-7587
LAS VEGAS	Call		See page 4	LARSON, CHRIS	FDIC	(702) 732-7587
LAS VEGAS	Call		See page 4	ZVONEK, MARY	FDIC	(702) 732-7587
LAS VEGAS	$109,900	1308 PACIFIC TERRACE D	See page 4	JIM WADE	FANNIE MAE	(702) 251-1010
LAS VEGAS	$61,900	1900 TIERRA VISTA DR	See page 4	JIM WADE	FANNIE MAE	(702) 251-1010
LAS VEGAS	$129,500	213 CLIFTON HEIGHTS DR	See page 4	DAN WOOLSTON	FREDDIE MAC	(702) 796-7777
LAS VEGAS	$114,900	216 FIG COURT	See page 4	JIM WADE	FANNIE MAE	(702) 251-1010
LAS VEGAS	$169,900	2516 GOLDENMOON STREET	See page 4	JIM WADE	FANNIE MAE	(702) 251-1010
LAS VEGAS	Call	3580 BLACKSTONE STREET	See page 4	DAN WOOLSTON	FREDDIE MAC	(702) 796-7777
LAS VEGAS	$61,900	3950 LANCOME STREET	See page 4	DAN WOOLSTON	FREDDIE MAC	(702) 796-7777
LAS VEGAS	$159,900	3972 LINDELL ROAD	See page 4	JIM WADE	FANNIE MAE	(702) 251-1010
LAS VEGAS	$99,900	4838 E VAN BUREN AVENUE	See page 4	DAN WOOLSTON	FREDDIE MAC	(702) 796-7777
LAS VEGAS	$84,900	5136 DOE AVENUE	See page 4	DAN WOOLSTON	FREDDIE MAC	(702) 796-7777
LAS VEGAS	$56,900	5167 GREENE LN DR	See page 4	DAN WOOLSTON	FANNIE MAE	(702) 796-7777
LAS VEGAS	$169,900	5220 MUSTANG ST	See page 4	DAVID BATEMAN	BANK REO	(801) 246-2830
LAS VEGAS	$99,500	5810 QUICKSILVER CR.	See page 4	DAN WOOLSTON	FREDDIE MAC	(702) 796-7777
LAS VEGAS	$104,900	608 BILJAC STREET	See page 4	JIM WADE	FANNIE MAE	(702) 251-1010
LAS VEGAS	$119,900	7868 SURFCREST COURT	See page 4	Jon Lohr	Bank REO	(800) 558-9900
LAS VEGAS	$129,900	8400 TELESCOPE PEAK CT	See page 4	DAN WOOLSTON	FREDDIE MAC	(702) 796-7777
LAS VEGAS	Call	9116 QUIET COVE WAY	See page 4	DAN WOOLSTON	FREDDIE MAC	(702) 796-7777
LAUGHLIN	$47,500	2012 MESQUITE LANE #302	See page 4	BRUCE LINDER	FREDDIE MAC	(203) 926-2247
LAUGHLIN	$49,900	2044 MESQUITE LANE	See page 4	KEVIN BARBARITA	FANNIE MAE	(800) 732-6643
STATELINE	$49,900	495 "D" TRAMWAY DRIVE	See page 4	BRUCE LINDER	FREDDIE MAC	(203) 926-2247
TONOPAH	Call	Tonopah Housing Complex	See page 4	DAN WOOLSTON	FREDDIE MAC	(800) 421-7848
WASHOE VALLEY	Call		See page 4	HIBBS, RUSS	FDIC	(800) 234-0867
WASHOE VALLEY	$1,750,000	WASHOE DEVELOPMENT INC	See page 4	FEDUSKA, SUE	FDIC	(800) 234-0867

New Hampshire

CITY	ASKING	ADDRESS	DETAILS	CONTACT	AGENCY	PHONE
*Statewide	Call		See page 4.		FDIC	(800) 234-0867
*Statewide	Call		See page 4.		FREDDIE MAC	(800) 373-3343
*Statewide	Call		Refer to "Home Buyer's Guide", page 81		DVA	(800) 556-4945
ALLENSTOWN	$72,900	3 WEST STREET	See page 4	DICK YOUNG	FANNIE MAE	(603) 622-2200
ALTON	Call		See page 4	ZANNAH RICHARDS	FREDDIE MAC	(603) 875-6600
AMHERST	$55,000	68 ROUTE 101-A	See page 4	TUCKER, DON	FDIC	(603) 886-8800
AMHURST	Call		See page 4	LINDA CRAIN	FANNIE MAE	(603) 888-3990
ASHLAND	Call	NORTH ASHLAND ROAD	See page 4	TUCKER, DON	FDIC	(860) 291-4457
BARNSTEAD	Call		See page 4	NANCY DESROSIERS	FANNIE MAE	(603) 524-5256
BARRINGTON	Call	333 CALEF'S HWY	See page 4	LENGEL, JANET	FDIC	(800) 765-3342
BEDFORD	$33,000	CAMPBELL ROAD, LOT 117	See page 4	MERRIGAN, PETER	FDIC	(603) 625-5665
BERLIN	Call		See page 4	PETER POWELL	FANNIE MAE	(603) 788-4848
BERLIN	$21,900	*	See page 4	LEE COULOMBE	FREDDIE MAC	(603) 752-7535
BETHLEHEM	Call		See page 4	WALTER JOHNSON	FANNIE MAE	(603) 745-3601
CARROLL	$47,900	163 PROFILE RD RTE 3	See page 4	WALTER JOHNSON	FANNIE MAE	(603) 745-3601

* A RECENT PROPERTY ASKING PRICE AND YOUR LOCAL CONTACT FOR CURRENT LISTINGS

79

CONSUMER DATA SERVICE

New Hampshire

CITY	ASKING	ADDRESS	DETAILS	CONTACT	AGENCY	PHONE
CENTER BARNSTEA	$39,900	*	See page 4	ZANNAH RICHARDS	FREDDIE MAC	(603) 875-6600
CENTER HARBOR	Call		See page 4	SCOTT ROLFE	FANNIE MAE	(603) 253-4345
CHARLESTOWN	Call		See page 4	ROZ CAPLAN	FANNIE MAE	(603) 542-7766
CHESTER	$112,900	146 RAND DRIVE	See page 4	PEG WALTHER	FANNIE MAE	(603) 434-2377
CHESTERFIELD	Call		See page 4	HERMAN SCHIERIOTH	FANNIE MAE	(603) 352-6030
CLAREMONT	$52,500	242 BROAD ST.	See page 4	ROZ CAPLAN	FANNIE MAE	(603) 542-7766
CONCORD	$132,900	35 CARTER HILL ROAD	See page 4	OFFICE	FANNIE MAE	(603) 224-3377
DERRY	$81,400	33L ADAMS POND ROAD	See page 4	BAILEY, CASSY	FDIC	(800) 365-0381
DERRY	$94,900	34 EMERALD DR.	See page 4	PEGGY KNOETTNER	FANNIE MAE	(603) 472-8833
DOVER	$74,900	220 MAST ROAD	See page 4	MARK HOURIHANE	FANNIE MAE	(603) 332-6611
EFFINGHAM	$17,600	PLAINS ROAD, LOT 23	See page 4	MERRIGAN, PETER	FDIC	(860) 291-4929
EPSOM	Call		See page 4	PATRICIA HEWITT	FANNIE MAE	(603) 224-3377
EXETER	Call		See page 4	DOROTHY DUNN	FANNIE MAE	(603) 964-9907
EXETER	Call		See page 4	GISELA ASHLEY	FREDDIE MAC	(603) 926-3648
FRANKLIN	Call		See page 4	MERRIGAN, PETER	FDIC	(800) 365-0381
FREMONT	$76,000	MAIN STREET	See page 4	PEG WALTHER	FANNIE MAE	(603) 434-2377
FREMONT	$73,500	RIDGEWOOD DR	See page 4	LAUREN STONE	FANNIE MAE	(800) 732-6643
GILFORD	Call		See page 4	STEVE DESTEPHANO	FREDDIE MAC	(603) 224-3377
GILFORD	$79,900	73 WATSON ROAD	See page 4	SCOTT ROLFE	FANNIE MAE	(603) 253-4345
GILFORD	$66,900	SUMMER PLACE	See page 4	SCOTT ROLFE	FANNIE MAE	(603) 253-4345
GILSUM	Call		See page 4	PATRICIA SPICER	FREDDIE MAC	(603) 357-5525
GOFFSTOWN	$52,500	61 LARCH ST	See page 4	DICK YOUNG	FANNIE MAE	(603) 622-2200
GOFFSTOWN	$56,900	BLDG 11-UNIT 6 OAKWOO	See page 4	DICK YOUNG	FANNIE MAE	(603) 622-2200
GREENVILLE	Call		See page 4	PEGGY KNOETTNER	FANNIE MAE	(603) 472-8833
GREENVILLE	$43,900	*	See page 4	ROD CLERMONT	FREDDIE MAC	(603) 886-8800
HILLSBORO	$39,900		See page 4	HERMAN SCHIERIOTH	FANNIE MAE	(603) 352-6030
HOPKINTON	$44,000	BOUND TREE ROAD, LT 74	See page 4	TUCKER, DON	FDIC	(860) 291-4457
KEENE	$43,900	*	See page 4	PATRICIA SPICER	FREDDIE MAC	(603) 357-5525
LANCASTER	Call		See page 4	PETER POWELL	FANNIE MAE	(603) 788-4848
LINCOLN	Call		See page 4	WALTER JOHNSON	FANNIE MAE	(603) 745-3601
LITCHFIELD	Call		See page 4	PEG WALTHER	FANNIE MAE	(603) 434-2377
LONDONDERRY	$21,950	2A CONSTITUTION DR.	See page 4	LUSSIER, MONIQUE	FDIC	(800) 365-0381
LONDONDERRY	Call		See page 4	PEGGY KNOETTNER	FANNIE MAE	(603) 472-8833
MADISON	Call		See page 4	DEBBIE OLDAKOWSKI	FANNIE MAE	(603) 447-2117
MANCHESTER	$39,600	11 NORTHBROOK DR,UT 1105	See page 4	STEVEN COTRAN	FREDDIE MAC	(603) 627-7653
MANCHESTER	$84,900	755 MAMMOTH ROAD	See page 4	BAILEY, CASSY	FDIC	(603) 432-3200
MANCHESTER	$45,500	4 E. BLUFF HIGHLAND	See page 4	DICK YOUNG	FANNIE MAE	(603) 622-2200
MEREDITH	Call		See page 4	SCOTT ROLFE	FANNIE MAE	(603) 253-4345
MERRIMACK	$48,900	6 HARWICH COURT	See page 4	NICHOLS, BARBARA	FDIC	(800) 365-0381
MERRIMACK	Call		See page 4	JUDY STEINMETZ	FANNIE MAE	(603) 886-8800
MILFORD	$47,300		See page 4	HANNON, TIM	FDIC	(800) 365-0381
NASHUA	Call		Single family residence	SLAGLE, FRED	FDIC	(603) 889-7600
NASHUA	Call		See page 4	ROD CLERMONT	FREDDIE MAC	(603) 886-8800
NEW DURHAM	Call		See page 4	MARK HOURIHANE	FANNIE MAE	(603) 332-6611
NEWTON	$129,900	111 NORTH MAIN ST	See page 4	PEGGY KNOETTNER	FANNIE MAE	(603) 472-8833
NOTTINGHAM	Call		See page 4	BURKE, MONICA	FDIC	(800) 365-0381
PORTSMOUTH	Call	55 HERITAGE AVE	See page 4	HANNON, TIM	FDIC	(603) 882-0111

* A RECENT PROPERTY ASKING PRICE AND YOUR LOCAL CONTACT FOR CURRENT LISTINGS

CONSUMER DATA SERVICE

New Hampshire

CITY	ASKING	ADDRESS	DETAILS	CONTACT	AGENCY	PHONE
ROCHESTER	$57,500	15 HIGHLAND AVENUE	See page 4	MARK HOURIHANE	FANNIE MAE	(603) 332-6611
ROCHESTER	Call	ROUTE 202	See page 4	SLAGLE, FRED	FDIC	(603) 430-4000
SALEM	Call	24 HAVERHILL ROAD	See page 4	ROBERT ALLARD	FREDDIE MAC	(603) 893-2100
SALEM	$105,900	*	See page 4	PAT BERNARD	FANNIE MAE	(800) 732-6643
SOUTH NEWBURY	$59,900	*	See page 4	ARTHUR ZERBEL	FREDDIE MAC	(800) 639-9960
TAMWORTH	$49,900		See page 4	SKIP SMITH	FREDDIE MAC	(603) 447-2117
TROY	$92,500	OLD KEENE ROAD	See page 4	HERMAN SCHIERIOTH	FANNIE MAE	(603) 352-6030
WAKEFIELD	Call		See page 4	MERRIGAN, PETER	FDIC	(800) 365-0381
WEARE	$82,500	95 BARTLETT DRIVE	See page 4	JOANNE LAYCHAK	FANNIE MAE	(800) 732-6643
WENTWORTH	$66,500	BUFFALO ROAD	See page 4	KING COVEY	FANNIE MAE	(603) 444-6737
WILTON	Call		See page 4	HERMAN SCHIERIOT	FREDDIE MAC	(603) 352-6030

New Jersey

CITY	ASKING	ADDRESS	DETAILS	CONTACT	AGENCY	PHONE
*Statewide	Call		See page 4.		FDIC	(800) 234-0867
*Statewide	Call		See page 4.		FREDDIE MAC	(800) 373-3343
*Statewide	Call		Refer to "Home Buyer's Guide", page 81		DVA	(800) 556-4945
ABERDEEN	$86,900	135 WILLOW AVE	See page 4	MITHCELL SCHANEN	FANNIE MAE	(908) 985-1515
ASBURY PARK	$32,500	*	See page 4	LINDA SCHROECK	FREDDIE MAC	(908) 721-9000
ATCO	$79,900	119 CROSLEY DRIVE	See page 4	JOHN REGAN	FANNIE MAE	(800) 648-3303
ATCO	$13,500	655 ABSECON BLVD	See page 4	JOHN REGAN	FANNIE MAE	(800) 648-3303
ATLANTIC CITY	Call		See page 4	RITA BOYER	FANNIE MAE	(609) 652-5600
BARNEGAT	Call	1169 WEST BAY AVE, RT 554	See page 4	LINDA SANGIOVANNI	FANNIE MAE	(908) 244-4900
BARNEGAT TOWNSHIP	Call		See page 4	GARRITSON, GARRY	FREDDIE MAC	(609) 597-6464
BAYONNE	$102,600	200 PARK RD	See page 4	PAUL DEL FORNO	FDIC	(201) 376-1110
BAYONNE	Call		See page 4	VANNA HARBAS	FREDDIE MAC	(800) 732-6643
BAYVILLE	Call		See page 4	JOHN REGAN	FANNIE MAE	(800) 648-3303
BAYVILLE	Call		See page 4	JOHN CLANCY	FREDDIE MAC	(908) 270-1476
BELLEVILLE	Call		See page 4	CAIN, W. CURTIS	FDIC	(212) 944-5240
BELLEVILLE	Call		See page 4	DONNA SCIMEME	FREDDIE MAC	(908) 874-0550
BOGOTA	Call		See page 4	JOYCE APONTE	FREDDIE MAC	(201) 935-0202
BORDENTOWN	Call		See page 4	JOHN REGAN	FANNIE MAE	(800) 648-3303
BOUND BROOD	$61,500	35 ROMNEY ROAD	See page 4	MITHCELL SCHANEN	FANNIE MAE	(908) 985-1515
BRICK	Call		See page 4	MARGARET D'ESPOS	FREDDIE MAC	(908) 364-0099
BRICK TOWN	Call		See page 4	ELAINE MCCRYSTAL	FANNIE MAE	(908) 364-6767
BRICK	$119,500	93 CHANNEL DRIVE	See page 4	TOM SWIFT	FANNIE MAE	(800) 732-6643
BRIDGETON	Call		See page 4	JOHN REGAN	FANNIE MAE	(800) 648-3303
BRIDGETON	$34,900	203 EAST AVENUE	See page 4	JOHN REGAN	FANNIE MAE	(800) 648-3303
BRIDGEWATER	$148,000	1162 ROUTE 206 NORTH	Single family residence	GARRITSON, GARRY	FDIC	(908) 469-1515
BRIGANTINE	Call		See page 4	CATHY LALTRELLO	FREDDIE MAC	(609) 823-7470
BRIGANTINE	$82,500	5 TRAVERS PLACE	See page 4	RITA BOYER	FANNIE MAE	(609) 652-5600
BROWNS MILLS	$67,900	*	See page 4	DEAN HARNER	FREDDIE MAC	(609) 261-4422
CALDWELL	Call		See page 4	DONNA SCIMEME	FREDDIE MAC	(908) 874-0550
CAMDEN	$39,900	1025 EAST IRONSIDE ROA	See page 4	RAY BYARD	FANNIE MAE	(609) 963-5784
CAMDEN	$14,250	1401 1/2 S. 10TH ST.	See page 4	RAY BYARD	FANNIE MAE	(609) 963-5784
CAMDEN	$33,900	2986 N CONSTITUTION RD	See page 4	RAY BYARD	FANNIE MAE	(609) 963-5784

* A RECENT PROPERTY ASKING PRICE AND YOUR LOCAL CONTACT FOR CURRENT LISTINGS

CONSUMER DATA SERVICE

New Jersey

CITY	ASKING	ADDRESS	DETAILS	CONTACT	AGENCY	PHONE
CAMDEN	$39,900	348 HILLSIDE AVENUE	See page 4	RAY BYARD	FANNIE MAE	(609) 963-5784
CAPE MAY	Call		See page 4	DEBBIE GANNON	FANNIE MAE	(609) 390-3400
CARNEYS POINT	$63,900	91 N. WATSON ROAD	See page 4	JOHN REGAN	FANNIE MAE	(800) 648-3303
CEDAR GROVE	Call		See page 4	LENGEL, JANET	FDIC	(800) 365-0381
CINNAMINSON	$89,900	730 WESTFIELD DRIVE	See page 4	DEAN HARNER	FANNIE MAE	(609) 261-4422
CINNAMINSON	$85,000	731 WESTFIELD AVENUE	See page 4	DEAN HARNER	FANNIE MAE	(609) 261-4422
CLAYTON	Call		See page 4	JOHN REGAN	FANNIE MAE	(800) 648-3303
CLAYTON	$124,900	2 BAYBERRY CT.	See page 4	JOHN REGAN	FANNIE MAE	(800) 648-3303
COLTS NECK	Call		See page 4	LORENZO, MARGARET	FDIC	(800) 365-0381
COLUMBUS	Call		See page 4	DEAN HARNER	FREDDIE MAC	(609) 261-4422
DENVILLE/ROCKAWAY	Call	FORD RD NORTH, 3 LOTS	See page 4	SLAGLE, FRED	FDIC	(609) 290-0050
DEPTFORD	$72,900	1939 PARKSIDE AVE	See page 4	ALAN BROWNE	FANNIE MAE	(609) 424-4040
DUNELLEN	$128,900	1780A WEST 4TH STREET	See page 4	MITHCELL SCHANEN	FANNIE MAE	(908) 985-1515
EAST HANOVER	Call		See page 4	BURKE, MONICA	FDIC	(201) 605-1680
EAST ORANGE	$22,900	*	See page 4	DONNA SCIMEME	FREDDIE MAC	(908) 874-0550
EAST WINDSOR	Call		See page 4	EDWARD BECHOLD	FREDDIE MAC	(908) 270-4100
EAST WINDSOR	$70,900	877 JAMESTOWN RD	See page 4	JOHN REGAN	FANNIE MAE	(800) 648-3303
EDGEWATER	Call		See page 4	PAUL DEL FORNO	FREDDIE MAC	(201) 376-1110
EDISON	Call		See page 4	LINDA SCHROECK	FREDDIE MAC	(908) 721-9000
ELIZABETH	$78,900	643 MAGNOLIA AVENUE	See page 4	LARRY SHARPE	FANNIE MAE	(201) 399-7800
ENGLEWOOD	Call		See page 4	MICHAEL SENCHAK	FREDDIE MAC	(201) 818-2500
ENGLEWOOD	$97,900	191 GREEN STREET	See page 4	JOHN REGAN	FANNIE MAE	(800) 648-3303
EWINGVILLE	Call	204 W. PALISADE AVE.	See page 4	JOHN REGAN	FANNIE MAE	(800) 648-3303
FAIRLAWN	Call	40-13 GARVEY PLACE	See page 4	EDWARD BECHOLD	FREDDIE MAC	(908) 270-4100
FLEMINGTON	$112,500	14 CEDAR CT	See page 4	ROBERT NALETKO	FANNIE MAE	(201) 546-3366
FLORENCE	$22,900	20-4 TOLLGATE	See page 4	JACK BEIERLE	FANNIE MAE	(201) 625-0450
FORKED RIVER	$59,900	*	See page 4	GEORGE F. SMITH	FANNIE MAE	(609) 665-1234
FRANKLIN LAKES	Call		See page 4	JOHN CLANCY	FREDDIE MAC	(908) 270-1476
FRANKLIN PARK	$108,900	55 CHELSEA CT.	See page 4	GARRITSON, GARRY	FDIC	(201) 694-8800
FRANKLIN TOWNSHIP	Call	170 OAK GROVE ROAD	See page 4	MITHCELL SCHANEN	FANNIE MAE	(908) 985-1515
FRANKLIN TWP	Call		See page 4	GARRITSON, GARRY	FDIC	(203) 254-7100
FRANKLIN	$137,900	13 CAMEO COURT	See page 4	JOHN HANSEN	FREDDIE MAC	(201) 729-8130
FREEHOLD TWP	$69,900	7 PHOENIX CT BUILD. 1	See page 4	BILL FLAGG	FANNIE MAE	(908) 889-9111
FREEHOLD	$101,900	12-4 STUART DRIVE	See page 4	ELAINE MCCRYSTAL	FANNIE MAE	(908) 364-6767
FREEHOLD	$119,500	61 W. GEORGE RD	See page 4	ELAINE MCCRYSTAL	FANNIE MAE	(908) 364-6767
GALLOWAY TOW	Call		See page 4	MITHCELL SCHANEN	FANNIE MAE	(908) 985-1515
GIBBSTOWN	$63,500	654 WASHINGTON	See page 4	RITA BOYER	FANNIE MAE	(609) 652-5600
GLASSBORO	$68,500	107 E NEW STREET	See page 4	JOHN REGAN	FANNIE MAE	(800) 648-3303
GLOUCESTER	$52,000		See page 4	JOHN REGAN	FANNIE MAE	(800) 648-3303
GLOUCESTER	$56,900	9 CORTE DI VENEZI	See page 4	PAT GIARNIERI	FREDDIE MAC	(908) 654-3300
GREEN BROOK	Call		See page 4	KATHY LANCIANO	FANNIE MAE	(609) 429-2800
GUTTENBERG	$253,000	201 71ST STREET	See page 4	LINDA SCHROECK	FANNIE MAE	(908) 721-9000
HACKETTSTOWN	$66,500	12 GROSBEAK DR.	See page 4	SLAGLE, FRED	FDIC	(201) 348-8741
HADDON TWP	$48,500	*	See page 4	JACK BEIERLE	FANNIE MAE	(201) 625-0450
HAMILTON	Call		See page 4	DEAN HARNER	FREDDIE MAC	(609) 261-4422
HAMILTON	$39,900	*	See page 4	JOHN REGAN	FANNIE MAE	(800) 648-3303
				EDWARD BECHOLD	FREDDIE MAC	(908) 270-4100

* A RECENT PROPERTY ASKING PRICE AND YOUR LOCAL CONTACT FOR CURRENT LISTINGS

82

CONSUMER DATA SERVICE

New Jersey

CITY	ASKING	ADDRESS	DETAILS	CONTACT	AGENCY	PHONE
HAWTHORNE	Call	81 METRO VISTA DRIVE	See page 4	JOHN REGAN	FANNIE MAE	(800) 648-3303
HIGHLANDS	Call		See page 4	JOHN REGAN	FANNIE MAE	(800) 648-3303
HILLSBOROUGH	Call		See page 4	SHARON MELLORS	FANNIE MAE	(908) 685-0700
HILLSIDE	Call		See page 4	LARRY SHARPE	FANNIE MAE	(201) 399-7800
HOPATCONG	$19,900	*	See page 4	JOHN HANSEN	FREDDIE MAC	(201) 729-8130
HOPATCONG	$42,900	13 LARSEN TRAIL	See page 4	JOHN REGAN	FANNIE MAE	(800) 648-3303
HOWELL	Call		See page 4	MARGARET D'ESPOS	FREDDIE MAC	(908) 364-0099
HOWELL	$157,900	29 WEST BROOK ROAD	See page 4	ELAINE MCCRYSTAL	FANNIE MAE	(908) 364-6767
HOWELL	$220,000	WEST FARMS ROAD	See page 4	SLAGLE, FRED	FDIC	(908) 780-6500
IRVINGTON	Call		See page 4	RODNEY JOHNSON	FREDDIE MAC	(908) 815-1550
IRVINGTON	$29,900	*	See page 4	PAT GIARNIERI	FREDDIE MAC	(908) 654-3300
ISELIN	Call		See page 4	MITHCELL SCHANEN	FANNIE MAE	(908) 985-1515
JACKSON	Call		See page 4	CARA ELLICOTT	FANNIE MAE	(908) 295-9600
JEFFERSON	Call		See page 4	JOHN REGAN	FANNIE MAE	(800) 648-3303
JERSEY CITY	Call	*	See page 4	JOHN CARRAHER	FANNIE MAE	(201) 912-4180
JERSEY CITY	$14,900	18 SKYLINE DR	See page 4	PAUL DEL FORNO	FREDDIE MAC	(201) 376-1110
JERSEY CITY	$89,900	245 CLERK ST.	See page 4	PATRICK KENNY	FANNIE MAE	(201) 451-4500
JERSEY CITY	$59,900	31-33 GIFFORD AVENUE	See page 4	PATRICK KENNY	FANNIE MAE	(201) 451-4500
JERSEY CITY	Call	370 SUMMIT AVE	Apartment	LUSSIER, MONIQUE	FDIC	(908) 240-0500
JERSEY CITY	$58,900	42 BRINKERHOFF ST	See page 4	PATRICK KENNY	FANNIE MAE	(201) 451-4500
JERSEY CITY	$59,900	436 LIBERTY AVE	See page 4	PATRICK KENNY	FANNIE MAE	(201) 451-4500
JERSEY CITY	$72,900	529 MARTIN LUTHER KING	See page 4	PATRICK KENNY	FANNIE MAE	(201) 451-4500
JERSEY CITY	$21,900	*	See page 4	PATRICK KENNY	FANNIE MAE	(201) 451-4500
KEANSBURG	$39,900		See page 4	LINDA SCHROECK	FREDDIE MAC	(908) 721-9000
KEARNY	Call		See page 4	MANUEL COUTO	FANNIE MAE	(201) 997-7860
KEARNY	Call		See page 4	PAUL DEL FORNO	FREDDIE MAC	(201) 376-1110
KEYPORT	$1	52 FIFTH ST	See page 4		FDIC	(800) 365-0381
LAKE HOPATCONG	Call		See page 4	TOM SWIFT	FREDDIE MAC	(201) 729-8130
LAKEWOOD	Call		See page 4	JOHN CLANCY	FANNIE MAE	(800) 832-2345
LAKEWOOD	$48,900		See page 4	TOM SWIFT	FREDDIE MAC	(908) 270-1476
LANOKA HARBOR	$95,900	812 HAZELTON AVENUE	See page 4	TOM SWIFT	FANNIE MAE	(800) 732-6643
LAWRENCE HARBOR	$66,900	169 NORWOOD AVENUE	See page 4	MITHCELL SCHANEN	FANNIE MAE	(908) 985-1515
LIBERTY	$199,500	46 QUENBY MTN RD.	See page 4	JACK BEIERLE	FANNIE MAE	(201) 625-0450
LINDEN	$139,900	824-28 MONMOUTH AVE.	See page 4	BILL FLAGG	FANNIE MAE	(908) 889-9111
LINDENWOLD	$63,900	1907 GREENWOOD DRIVE	See page 4	ALAN BROWNE	FANNIE MAE	(609) 424-4040
LINDENWOLD	$73,500	36 E MADISON AVE	See page 4	JOHN REGAN	FANNIE MAE	(800) 648-3303
LINWOOD	Call		See page 4	CATHY LALTRELLO	FREDDIE MAC	(609) 823-7470
LITTLE EGG HARBOR	Call		See page 4	TUCKER, DON	FDIC	(609) 597-4004
LITTLE EGG HARBOR	Call		See page 4	TOM SWIFT	FANNIE MAE	(800) 832-2345
LITTLE EGG HARBOR	Call		See page 4	CATHY LALTRELLO	FREDDIE MAC	(609) 823-7470
LODI	Call		See page 4	MICHAEL SENCHAK	FREDDIE MAC	(201) 818-2500
LONG BRANCH	Call		See page 4	CANDYCE P.	FANNIE MAE	(800) 832-2345
LONG BRANCH	$48,900	*	See page 4	JOHN LECOMTE	FREDDIE MAC	(908) 264-3456
MANAHAWKIN	$78,900	232 NAUTILUS DR.	See page 4	TOM SWIFT	FANNIE MAE	(800) 732-6643
MANCHESTER	Call		See page 4	TOM SWIFT	FANNIE MAE	(800) 832-2345
MANSFIELD TWP	$57,900	*	See page 4	JOHN HANSEN	FREDDIE MAC	(201) 729-8130
MAPLEWOOD	Call		See page 4	DIANE ARMSTRONG	FANNIE MAE	(908) 769-9000

* A RECENT PROPERTY ASKING PRICE AND YOUR LOCAL CONTACT FOR CURRENT LISTINGS

83

CONSUMER DATA SERVICE

New Jersey

CITY	ASKING	ADDRESS	DETAILS	CONTACT	AGENCY	PHONE
MARLTON	Call	6 EVANS RD	See page 4	DEAN HARNER	FANNIE MAE	(609) 261-4422
MATAWAN	Call		See page 4	JOHN LECOMTE	FREDDIE MAC	(908) 264-3456
METUCHEN	Call		See page 4	JOHN LECOMTE	FREDDIE MAC	(908) 264-3456
MIDDLETOWN	$59,900	*	See page 4	MITHCELL SCHANEN	FANNIE MAE	(908) 985-1515
MIDDLETOWN	$55,900	*	See page 4	LINDA SCHROECK	FREDDIE MAC	(908) 721-9000
MILLVILLE			See page 4	KATHY LANCIANO	FREDDIE MAC	(609) 429-2800
MONMOUTH JUNCTION	$63,900	19 DEERBERRY LANE	See page 4	MITHCELL SCHANEN	FANNIE MAE	(908) 985-1515
MONTAQUE	$115,900	407 DEERFIELD LANE	See page 4	JOHN HANSEN	FANNIE MAE	(201) 729-8130
MONTCLAIR	$73,800	50 PINE STREET, UT 214	See page 4	BAILEY, CASSY	FDIC	(201) 239-7700
MORRISTOWN	Call		See page 4	JOHN REGAN	FANNIE MAE	(800) 648-3303
MORRISTOWN	Call		See page 4	DEAN HARNER	FREDDIE MAC	(609) 261-4422
MOUNT OLIVE	Call		See page 4	TUCKER, DON	FDIC	(201) 328-1700
MOUNT TABOR	Call		See page 4	JOHN REGAN	FANNIE MAE	(800) 648-3303
MOUNT TABOR	Call		See page 4	JOHN HANSEN	FREDDIE MAC	(201) 729-8130
MYSTIC ISLAND	Call		See page 4	TOM SWIFT	FANNIE MAE	(800) 832-2345
N. PLAINSFIELD	$32,900	1300 ROCK AVE	See page 4	BILL FLAGG	FANNIE MAE	(908) 889-9111
NATIONAL PARK	Call		See page 4	JOHN REGAN	FANNIE MAE	(800) 648-3303
NEPTUNE	Call		See page 4	CARA ELLICOTT	FANNIE MAE	(908) 295-9600
NEPTUNE	Call		See page 4	LINDA SCHROECK	FREDDIE MAC	(908) 721-9000
NEWARK	Call		See page 4	MANUEL COUTO	FANNIE MAE	(201) 997-7860
NEWARK	Call		See page 4	MERRIGAN, PETER	FDIC	(860) 291-4047
NEWARK	$49,900	*	See page 4	DONNA SCIMEME	FREDDIE MAC	(908) 874-0550
NORTH BERGEN	$37,500		See page 4	PATRICK KENNY	FANNIE MAE	(201) 451-4500
NORTH BERGEN	Call		See page 4	PAUL DEL FORNO	FREDDIE MAC	(201) 376-1110
NORTH BERGEN	Call	3131 KENNEDY BOULEVARD	See page 4	HESS, MONICA B	FDIC	(800) 365-0381
NORTH BRUNSWICK	Call		See page 4	JOHN REGAN	FANNIE MAE	(800) 648-3303
NORTH BRUNSWICK	Call		See page 4	GARRITSON, GARRY	FDIC	(800) 365-0381
NUTLEY	Call		See page 4	MANUEL COUTO	FANNIE MAE	(201) 997-7860
OAK RIDGE	Call		See page 4	JOHN REGAN	FANNIE MAE	(800) 648-3303
OAK RIDGE	$92,900	28 FERRIS LANE	See page 4	JOHN REGAN	FANNIE MAE	(800) 648-3303
OAKLAND	Call		See page 4	BURKE, MONICA	FDIC	(201) 967-1500
OAKLAND	Call		See page 4	MICHAEL SENCHAK	FANNIE MAE	(201) 818-2500
OCEAN CITY	$75,900	5453 ASBURY AVENUE	See page 4	GARRITSON, GARRY	FDIC	(908) 531-8888
OCEAN CITY	Call		See page 4	JEANIE BALL	FANNIE MAE	(609) 641-0011
OCEAN TOWNSHIP	Call		See page 4	TOM SWIFT	FANNIE MAE	(800) 832-2345
OCEAN VIEW	Call		See page 4	KATHY LANCIANO	FREDDIE MAC	(609) 429-2800
OCEANPORT	Call		See page 4	GARRITSON, GARRY	FDIC	(609) 291-4067
OLD BRIDGE	Call		See page 4	LINDA SCHROECK	FREDDIE MAC	(908) 721-9000
OLD BRIDGE	$62,900	*	See page 4	DONNA SCIMEME	FREDDIE MAC	(908) 874-0550
ORANGE	Call		See page 4	LARRY SHARPE	FANNIE MAE	(201) 399-7800
PALISADES PA	$155,900	538 GRAND AVE	See page 4	ROBERT NALETKO	FANNIE MAE	(201) 546-3366
PALMYRA	$75,900	1040 HARBOUR DR.	See page 4	VERNA WADIAK	FANNIE MAE	(609) 654-1800
PASSAIC	$85,900	45 CARLTON PLACE	See page 4	JOHN REGAN	FANNIE MAE	(800) 648-3303
PATTERSON	Call		See page 4	JACK BEIERLE	FREDDIE MAC	(201) 625-0450
PATTERSON	$71,900	117 CALDWELL AVENUE	See page 4	MIKE SENCHAK	FANNIE MAE	(201) 818-2500
PATTERSON	$126,900	165 SHERWOOD AVENUE	See page 4	MIKE SENCHAK	FANNIE MAE	(201) 818-2500
PATTERSON	$105,900	274 8TH AVENUE	See page 4	MIKE SENCHAK	FANNIE MAE	(201) 818-2500

* A RECENT PROPERTY ASKING PRICE AND YOUR LOCAL CONTACT FOR CURRENT LISTINGS

84

CONSUMER DATA SERVICE

New Jersey

CITY	ASKING	ADDRESS	DETAILS	CONTACT	AGENCY	PHONE
PATTERSON	$999	599 BROADWAY	See page 4	MIKE SENCHAK	FANNIE MAE	(201) 818-2500
PATTERSON	$191,900	674 E 31ST ST	See page 4	JOE SIMONE	FANNIE MAE	(800) 732-6643
PATTERSON	$137,675	9 CRYSTAL LANE	See page 4	ROBERT NALETKO	FANNIE MAE	(201) 546-3366
PENNSAUKEN	$72,900	3732 DREXEL AVENUE	See page 4	JOHN REGAN	FANNIE MAE	(800) 648-3303
PENNSVILLE	$72,900	48 LAKEVIEW AVE.	See page 4	JOHN REGAN	FANNIE MAE	(800) 648-3303
PERRINEVILLE	Call		See page 4	BAAN, DALE	FDIC	(800) 365-0381
PERTH AMBOY	$56,900	40 FAYETTE STREET	See page 4	MITHCELL SCHANEN	FANNIE MAE	(908) 985-1515
PHILLIPSBURG	Call		See page 4	JOHN HANSEN	FREDDIE MAC	(201) 729-8130
PHILLIPSBURG TWP	$5,900		See page 4		FREDDIE MAC	(201) 625-0450
PHILLIPSBURG	$35,900	202 HUDSON ST.	See page 4	JOHN REGAN	FANNIE MAE	(800) 648-3303
PHILLIPSBURG	$49,900	278 HUDSON STREET	See page 4	JOHN REGAN	FANNIE MAE	(800) 648-3303
PINE HILL	Call		See page 4	DEAN HARNER	FREDDIE MAC	(609) 261-4422
PINE HILL	Call		See page 4	PAT GIARNIERI	FREDDIE MAC	(908) 654-3300
PINE LAKE	Call		See page 4	JOHN REGAN	FANNIE MAE	(800) 648-3303
PISCATAWAY	Call		See page 4	JONES, KERRY	FDIC	(908) 422-6440
PISCATAWAY	Call		See page 4	LINDA SCHROECK	FREDDIE MAC	(908) 721-9000
PLAINFIELD	$45,900	120 PLAINFIELD AVE	See page 4	PAT GIARNIERI	FANNIE MAE	(908) 654-3300
PLAINFIELD	$83,000	187-191 NORTH AVENUE	See page 4	GARRITSON, GARRY	FDIC	(860) 291-4067
PLAINFIELD	$67,900	279 LELAND AVE.	See page 4	DIANE ARMSTRONG	FANNIE MAE	(908) 769-9000
PLAINFIELD	$49,000	56 WESTERVELT AVE	See page 4	BILL FLAGG	FANNIE MAE	(908) 889-9111
PLAINSBORO	Call		See page 4	MITHCELL SCHANEN	FANNIE MAE	(908) 985-1515
PLEASANTVILLE	$42,900	10 N. CHESTER COURT	See page 4	RITA BOYER	FANNIE MAE	(609) 652-5600
PLUMSTED	Call		See page 4	EDWARD BECHOLD	FREDDIE MAC	(908) 270-4100
POINT PLEASANT	$112,900	2405 WILLOW ST	See page 4	CARA ELLICOTT	FANNIE MAE	(908) 295-9600
RAHWAY	$49,900	225 UNION STREET	See page 4	BILL FLAGG	FANNIE MAE	(908) 889-9111
RAHWAY	$37,900	344 E MILTON AVENUE	See page 4	BILL FLAGG	FANNIE MAE	(908) 889-9111
RANDOLPH	$165,900	199 DOVER CHESTER RD	See page 4	JOHN REGAN	FANNIE MAE	(800) 648-3303
RED BANK	Call		See page 4	JOHN REGAN	FANNIE MAE	(800) 648-3303
RIDGEFILED P	$112,900	110 LINCOLN AVE.	See page 4	JOHN REGAN	FANNIE MAE	(800) 648-3303
ROCKAWAY	Call		See page 4	JOHN REGAN	FANNIE MAE	(800) 648-3303
ROCKAWAY	$105,900	100 VALLEY VIEW DR.	See page 4	JACK BEIERLE	FANNIE MAE	(201) 625-0450
ROCKAWAY	$125,900	74 ELLE DRIVE	See page 4	LARRY SHARPE	FANNIE MAE	(201) 399-7800
ROSELLE	Call		See page 4	BILL FLAGG	FANNIE MAE	(908) 889-9111
ROSELLE	$109,900	220 FLORAL STREET	See page 4	MANUEL COUTO	FANNIE MAE	(201) 997-7860
ROSELLE	$92,900	336 HARRISON AVE.	See page 4	MICHAEL SENCHAK	FREDDIE MAC	(201) 818-2500
ROXBURY	Call		See page 4	JOHN REGAN	FANNIE MAE	(800) 648-3303
RUTHERFORD	$173,900	461 STUYVESANT AVE	See page 4	LINDA SCHROECK	FREDDIE MAC	(908) 721-9000
S BRUNSWICK	Call		See page 4	ROBERT NALETKO	FREDDIE MAC	(201) 546-3366
SADDLE BROOK	$159,900	196 EVANS PLACE	See page 4	LINDA SCHROECK	FREDDIE MAC	(908) 721-9000
SAYREVILLE	Call		See page 4	JOHN LECOMTE	FREDDIE MAC	(201) 625-0450
SEA BRIGHT	$54,900	*	See page 4	CANDYCE P.	FANNIE MAE	(908) 264-3456
SEA BRIGHT	$169,900	16 VIA RIPA	See page 4	TOM SWIFT	FANNIE MAE	(800) 732-6643
SEASIDE HEIGHTS	Call		See page 4	TUCKER, DON	FDIC	(800) 832-2345
SEASIDE PARK	Call		See page 4	GARRITSON, GARRY	FDIC	(860) 291-4457
SEASIDE PARK	Call	135 L STREET	See page 4	PATRICK KENNY	FANNIE MAE	(908) 830-2700
SECAUCUS	Call		See page 4		FANNIE MAE	(201) 451-4500
SECAUCUS	Call		See page 4	PAUL DEL FORNO	FREDDIE MAC	(201) 376-1110

* A RECENT PROPERTY ASKING PRICE AND YOUR LOCAL CONTACT FOR CURRENT LISTINGS

CONSUMER DATA SERVICE

New Jersey

CITY	ASKING	ADDRESS	DETAILS	CONTACT	AGENCY	PHONE
SEWELL	Call		See page 4	JOHN REGAN	FANNIE MAE	(800) 648-3303
SEWELL	$115,900	2 HYDRA LN.	See page 4	JOHN REGAN	FANNIE MAE	(800) 648-3303
SICKLERVILLE	Call		See page 4	GEORGE F. SMITH	FANNIE MAE	(609) 665-1234
SICKLERVILLE	$39,900	168 KENWOOD DR	See page 4	RAY BYARD	FANNIE MAE	(609) 963-5784
SOMERSET	Call		See page 4	MITHCELL SCHANEN	FANNIE MAE	(908) 985-1515
SOMMERVILLE	$69,900		See page 4	SHARON MELLORS	FANNIE MAE	(908) 685-0700
SOUTH AMBOY	Call		See page 4	LINDA SCHROECK	FREDDIE MAC	(908) 721-9000
SOUTH BRUNSWICK	Call	11 PERRINE ROAD	See page 4	JOHN REGAN	FANNIE MAE	(800) 648-3303
SOUTH BRUNSWICK	Call	FOXCHASE COMMERCIAL CENTE	See page 4	HANNON, TIM	FDIC	(508) 393-4930
SOUTH BRUNSWICK	Call	9 SHELDON AVE	See page 4	LENGEL, JANET	FDIC	(800) 365-0381
SOUTH RIVER	$124,900		See page 4	MITHCELL SCHANEN	FANNIE MAE	(908) 985-1515
STANHOPE	$69,900	904 STONEGATE LANE	See page 4	JACK BEIERLE	FANNIE MAE	(201) 625-0450
STOCKHOLM	$96,900	33 GLEN AVENUE	See page 4	JOHN HANSEN	FANNIE MAE	(201) 729-8130
SUSSEX	Call		See page 4	JOHN REGAN	FANNIE MAE	(800) 648-3303
SUSSEX	$122,500	7 LINDEN STREET	See page 4	JOHN HANSEN	FANNIE MAE	(201) 729-8130
SWEDESBORO	Call		See page 4	JOHN REGAN	FANNIE MAE	(800) 648-3303
TABERNACLE TWP	Call		See page 4		FREDDIE MAC	(609) 429-2800
TABERNACLE	$115,000	18 NEW ROAD	See page 4	VERNA WADIAK	FANNIE MAE	(609) 654-1800
TABERNACLE	$110,000	8 ANN DRIVE	See page 4	VERNA WADIAK	FANNIE MAE	(609) 654-1800
TEANECK	Call		See page 4	JOHN REGAN	FANNIE MAE	(800) 648-3303
TEANECK	Call	516 NORTH ST.	See page 4	MIKE SENCHAK	FANNIE MAE	(201) 818-2500
TEANECK	$166,900	706 NORTHCUMBERLAND	See page 4	JOHN REGAN	FANNIE MAE	(800) 648-3303
TEANECK	$157,700	974 DARIEN TERR	See page 4	JOHN REGAN	FANNIE MAE	(800) 648-3303
TEANECK	$191,900		See page 4	ROBERT NALETKO	FANNIE MAE	(201) 546-3366
TEWKSBURY	Call		See page 4	GARRITSON, GARRY	FDIC	(908) 766-5666
TINTON FALLS	Call		See page 4	ELAINE MCCRYSTAL	FANNIE MAE	(908) 364-6767
TOMS RIVER	Call	627 MCKINLEY AVE	See page 4	BAILEY, CASSY	FDIC	(908) 270-6100
TOMS RIVER	$48,000		See page 4	TOM SWIFT	FANNIE MAE	(800) 732-6643
TOMS RIVER	Call		See page 4	JOHN REGAN	FANNIE MAE	(800) 648-3303
TRENTON	Call	30 SHERMAN AVENUE	See page 4	PETE LOZITO	FANNIE MAE	(908) 654-3300
TRENTON CITY	$11,000	*	See page 4	PAT GIARNIERI	FANNIE MAE	(908) 654-3300
TRENTON CITY	$21,500	104 NORWAY AVENUE	See page 4	EDWARD BECHOLD	FREDDIE MAC	(908) 270-4100
TRENTON	$73,500	185 DIVISION STREET	See page 4	JOHN REGAN	FANNIE MAE	(800) 648-3303
TRENTON	$39,900	25 HEIL AVENUE	See page 4	JOHN REGAN	FANNIE MAE	(800) 648-3303
TRENTON	$49,900	251 GRAND STREET	See page 4	KATHY LANCIANO	FANNIE MAE	(609) 429-2800
TRENTON	$34,900	34 ELM STREET	See page 4	JOHN CARRAHER	FANNIE MAE	(201) 912-4180
TRENTON	$29,900	43 CHAMBORD CT	See page 4	JOHN REGAN	FANNIE MAE	(800) 648-3303
TRENTON	$92,900	45 LAWTON AVENUE	See page 4	JOHN CARRAHER	FANNIE MAE	(201) 912-4180
TUCKERTON	$69,900		See page 4	JOHN REGAN	FANNIE MAE	(800) 648-3303
TUCKERTON	Call	24-65 N ENSIGN	See page 4	JOHN REGAN	FANNIE MAE	(800) 648-3303
TUCKERTON	$54,500	*	See page 4	EDWARD BECHOLD	FREDDIE MAC	(908) 270-4100
TUCKERTON	$49,900	705 LADY SLIPPER COURT	See page 4	TOM SWIFT	FANNIE MAE	(800) 732-6643
TURNERSVILLE	$58,900	9 RED OAK COURT	See page 4	TOM SWIFT	FANNIE MAE	(800) 732-6643
TURNERSVILLE	$127,000		See page 4	JOHN REGAN	FANNIE MAE	(800) 648-3303
UNION BEACH	Call		See page 4	MITHCELL SCHANEN	FANNIE MAE	(908) 985-1515
UNION CITY	$15,900	100 MANHATTAN AVE	See page 4	PATRICK KENNY	FANNIE MAE	(201) 451-4500

*A RECENT PROPERTY ASKING PRICE AND YOUR LOCAL CONTACT FOR CURRENT LISTINGS

CONSUMER DATA SERVICE

New Jersey

CITY	ASKING	ADDRESS	DETAILS	CONTACT	AGENCY	PHONE
UNION CITY	$145,000	2608 KENNEDY BOULEVARD	See page 4	LEROUX, COLLEEN	FDIC	(201) 348-8741
UNION CITY	$11,400	310 PATTERSON PLANK	See page 4	PATRICK KENNY	FANNIE MAE	(201) 451-4500
UNION	$126,900	1754 WOLBERT TERRACE	See page 4	LARRY SHARPE	FANNIE MAE	(201) 399-7800
VICTORY GARD	Call		See page 4	JOHN REGAN	FANNIE MAE	(800) 648-3303
VIENNA	$59,500	*	See page 4	JOHN HANSEN	FANNIE MAE	(201) 729-8130
VINCENTOWN	Call		See page 4	DEAN HARNER	FREDDIE MAC	(609) 261-4422
VINELAND	$68,900	2710 HOMECREST DRIVE	See page 4	JOHN REGAN	FANNIE MAE	(800) 648-3303
VINELAND	$60,900	911 E WHEAT RD	See page 4	JOHN REGAN	FANNIE MAE	(800) 648-3303
VOORHEES	Call		See page 4	VERNA WIADIAK	FANNIE MAE	(609) 654-1800
WALL	$24,500	*	See page 4	MARGARET D'ESPOS	FREDDIE MAC	(908) 364-0099
WANTAGE	Call		See page 4	JOHN HANSEN	FREDDIE MAC	(201) 729-8130
WARETOWN	Call		See page 4	JOHN CLANCY	FREDDIE MAC	(908) 270-1476
WASHINGTON	Call		See page 4	PAT GIARNIERI	FREDDIE MAC	(908) 654-3300
WAYNE	Call		See page 4	GARRITSON, GARRY	FDIC	(201) 835-5000
WENONAH	Call		See page 4	JOHN REGAN	FANNIE MAE	(800) 648-3303
WEST BELMAR	Call		See page 4	LINDASANGIOVANNI	FREDDIE MAC	(908) 244-4900
WEST MILFORD	Call		See page 4	JOHN HANSEN	FANNIE MAE	(201) 729-8130
WEST NEW YORK	$19,900	*	See page 4	PAUL DEL FORNO	FREDDIE MAC	(201) 376-1110
WEST NEW YORK	$179,900	153 60TH STREET	See page 4	PATRICK KENNY	FANNIE MAE	(201) 451-4500
WEST NEW YORK	$71,900	520 56TH STREET	See page 4	PATRICK KENNY	FANNIE MAE	(201) 451-4500
WEST ORANGE	Call		See page 4	JOHN REGAN	FANNIE MAE	(800) 648-3303
WEST ORANGE	$81,900	141 HIGH STREET	See page 4	JOHN CARRAHER	FANNIE MAE	(201) 912-4180
WESTAMPTON	$95,900	150 N. HILL DRIVE	See page 4	DEAN HARNER	FANNIE MAE	(609) 261-4422
WESTWOOD	$58,900	*	See page 4	MIKE SENCHAK	FANNIE MAE	(201) 818-2500
WHITING	$14,000		See page 4	JOHN CLANCY	FREDDIE MAC	(908) 270-1476
WILDWOOD	$91,900	1128 GLENHAVEN COURT	See page 4	PAT GIARNIERI	FREDDIE MAC	(908) 654-3300
WILLIAMSTOWN	$115,000	34 EDISON LN	See page 4	GEORGE F. SMITH	FANNIE MAE	(609) 665-1234
WILLINGBORO	Call		See page 4	DEAN HARNER	FANNIE MAE	(609) 261-4422
WOODBRIDGE	Call		See page 4	MITHCELL SCHANEN	FANNIE MAE	(908) 985-1515
WOODBRIDGE TWP	Call		See page 4		FREDDIE MAC	(908) 721-9000
WOODBURY	$184,900	3 ST. EMILION COURT	See page 4	BETTE SANDERS	FANNIE MAE	(800) 832-2345
WOODBURY			See page 4	JOHN REGAN	FANNIE MAE	(800) 648-3303

New Mexico

CITY	ASKING	ADDRESS	DETAILS	CONTACT	AGENCY	PHONE
*Statewide	Call		See page 4		RECD	(505) 766-2462
*Statewide	Call		See page 4.		FDIC	(800) 234-0867
*Statewide	Call		See page 4.		FREDDIE MAC	(800) 373-3343
*Statewide	Call		Refer to "Home Buyer's Guide", page 81		DVA	(800) 556-4945
ALBUQUERQUE	Call		See page 4	CINDY WALKER	FANNIE MAE	(505) 857-2318
ALBUQUERQUE	Call		See page 4		VA	(505) 766-2214
ALBUQUERQUE	Call	13815 GRADY COURT NE	See page 4	CALDWELL, MARILYN	FDIC	(505) 821-8700
ALBUQUERQUE	$147,500	5401 IMPERIAL COURT NE	See page 4	MARILYN CALDWELL	FDIC	(800) 319-1444
ALBUQUERQUE	Call		See page 4	LOU ROLLA	FANNIE MAE	(800) 732-6643
ALBUQUERQUE	Call	814 KNOX COURT NE		MARILYN CALDWELL	FDIC	(800) 319-1444

* A RECENT PROPERTY ASKING PRICE AND YOUR LOCAL CONTACT FOR CURRENT LISTINGS

87

CONSUMER DATA SERVICE

New Mexico

CITY	ASKING	ADDRESS	DETAILS	CONTACT	AGENCY	PHONE
ALBURQURQUE	$185,000	7151 DODGE TRAIL NW	See page 4	CINDY WALKER	FANNIE MAE	(505) 857-2318
ANGEL FIRE	$100,000	FIVE SPRINGS RD UNIT H-1	Single family residence	WILLIFORD, MARY	FDIC	(800) 319-1444
AZTEC	Call		See page 4	D'ANTONIO, BOB	FDIC	(312) 642-7900
AZTEC	Call		See page 4	GUPTA, SUSEELA	FDIC	(312) 642-7900
BLOOMFIELD	$7,700	COUNTY ROAD 5018	See page 4	MAGEE, MELINDA	FDIC	(714) 263-7747
CERRO	Call		See page 4	HONESCKO, JOSEPH	FDIC	(714) 263-7732
FARMINGTON	Call		See page 4	D'ANTONIO, BOB	FDIC	(714) 263-7783
FARMINGTON	Call		See page 4	GUPTA, SUSEELA	FDIC	(714) 263-7783
HOBBS	Call		See page 4	BOYLES, JAMES	FDIC	(800) 568-9161
HOBBS	$27,500	1324 TASKER	See page 4	ROB TAYLOR	FANNIE MAE	(505) 397-1000
LAS COLONIAS	Call		See page 4	D'ANTONIO, BOB	FDIC	(714) 263-7783
LAS CRUCES	Call		See page 4	HONESCKO, JOSEPH	FDIC	(714) 263-7732
PORTALES	$12,500	821 SOUTH AVE C	See page 4	GLENDA COOK	FANNIE MAE	(505) 356-4428
RED RIVER	$80,000	CENTER COURT MEADOW ROAD	See page 4	MITCHELL, MICHELLE	FDIC	(800) 319-1444
RIO RANCHO	$96,500	525 IVORY ROAD SE	See page 4	LOU ROLLA	FANNIE MAE	(800) 732-6643
ROSWELL	$18,000	22 BYRNE	Single family residence	GERUM, MARY	FDIC	(505) 622-1490
SANTA TERESA	Call		See page 4	YENCO, BOB	FDIC	(505) 298-9999
SANTA TERESA	Call		See page 4	BOB YENCO	FDIC	(800) 319-1444
SOCORRO	Call		See page 4	GERUM, MARY	FDIC	(800) 365-0381
TAOS	Call		See page 4	ZVONEK, MARY	FDIC	(714) 263-7757
TIJERAS	Call		See page 4	PENA, HENRY	FDIC	(800) 747-3342

New York

CITY	ASKING	ADDRESS	DETAILS	CONTACT	AGENCY	PHONE
*Statewide	Call		See page 4.		FDIC	(800) 234-0867
*Statewide	Call		See page 4.		FREDDIE MAC	(800) 373-3343
*Statewide	Call		Refer to "Home Buyer's Guide", page 81		DVA	(800) 556-4945
ADAMS	$41,900	*	See page 4	SAM MURPHY	FREDDIE MAC	(214) 506-6787
ALDEN	$95,500	64 NORTH SHORE DR	See page 4	MIKE JAMES	FANNIE MAE	(716) 434-8458
AMAGANSETT	Call		See page 4	CAIN, W. CURTIS	FDIC	(212) 944-5240
AMHERST	Call		See page 4	RALPH ALBANESE	FANNIE MAE	(716) 689-8383
AMHERST	$59,900	369 NIAGRA FALLS BLVD	See page 4	MIKE JAMES	FANNIE MAE	(716) 434-8458
ANGOLA	$69,900	185 POTOMAC AVENUE	See page 4	VICTOR PRZYBYL	FANNIE MAE	(716) 632-2080
APPLETON	Call		See page 4	MIKE JAMES	FANNIE MAE	(716) 434-8458
ARGYLE	Call		See page 4	JAMIE LEWIS	FANNIE MAE	(518) 692-8424
AUBURN	$44,900	52-52 1/2 PARK AVE	See page 4	DAVID BARITELL	FANNIE MAE	(315) 487-6884
BALDWIN	Call		See page 4	CLIFF HECHT	FANNIE MAE	(516) 826-2100
BALDWIN	$54,900	*	See page 4	SAM MURPHY	FREDDIE MAC	(214) 506-6787
BALDWINSVILLE	$62,700	2501 PIPERS COURT	See page 4	BILL CROSS	FANNIE MAE	(800) 732-6643
BALLSTON SPA	$64,900	505 ELK CIRCLE	See page 4	JAMIE LEWIS	FANNIE MAE	(518) 692-8424
BAYSIDE	Call		See page 4	CAIN, W. CURTIS	FDIC	(212) 944-5240
BAYSIDE	Call		See page 4	PAUL LUCIANO	FANNIE MAE	(718) 359-1900
BAYSIDE	$33,000	*	See page 4	JOHN FITZGERALD	FREDDIE MAC	(516) 293-4040
BEACON	$47,000	*	See page 4	SAM MURPHY	FREDDIE MAC	(214) 506-6787
BEMUS POINT	Call		See page 4	SAM MURPHY	FREDDIE MAC	(214) 506-6787
BETHEL	$164,500	SMALLWOOD DEVELOPMENT	See page 4	MERRIGAN, PETER	FDIC	(860) 291-4929

* A RECENT PROPERTY ASKING PRICE AND YOUR LOCAL CONTACT FOR CURRENT LISTINGS

88

CONSUMER DATA SERVICE

New York

CITY	ASKING	ADDRESS	DETAILS	CONTACT	AGENCY	PHONE
BINGHAMTON	Call		See page 4	JIM TREVITT	FANNIE MAE	(800) 832-2345
BINGHAMTON	$42,900	*	See page 4	SAM MURPHY	FREDDIE MAC	(214) 506-6787
BLACK RIVER	Call		See page 4	TUCKER, DON	FDIC	(315) 423-5389
BRENTWOOD	Call		See page 4	JOE MANERI	FANNIE MAE	(516) 582-1474
BRIARWOOD	$17,900	8455 DANIELS ST	See page 4	LAURIE WILLIAMS	FANNIE MAE	(718) 528-9521
BRIGHTWATERS	$137,500	550 PINE DR.	See page 4	CLIFF HECHT	FANNIE MAE	(516) 826-2100
BRONX	$21,900		See page 4	JOE HASSELT	FANNIE MAE	(718) 892-1700
BRONX	Call		See page 4	CAIN, W. CURTIS	FDIC	(212) 944-5240
BRONX	Call		See page 4	EARL WASHINGTON	FANNIE MAE	(718) 588-1561
BRONX	$28,900	*	See page 4	CATHERINE HASSEL	FREDDIE MAC	(781) 892-1700
BRONX	$144,900	1034 E. 222 ST.	See page 4	ROY HOLMES	FANNIE MAE	(718) 653-3100
BRONX	$17,900	1852 PATTERSON AVE	See page 4	JOE HASSELT	FANNIE MAE	(718) 892-1700
BRONX	Call	31-31 GRAND CONCOURSE	See page 4	JOE HASSELT	FANNIE MAE	(718) 892-1700
BRONX	$17,900	609 MEAD ST.	See page 4	JOE HASSELT	FANNIE MAE	(718) 892-1700
BRONXVILLE	$39,900	1 BRONXVILLE RD	See page 4	JUDY EISENHAUER	FANNIE MAE	(914) 968-6214
BROOKHAVEN	Call		See page 4	SUSAN BELZAK	FANNIE MAE	(516) 758-0557
BROOKHAVEN	Call		See page 4	HANNON, TIM	FDIC	(800) 365-0381
BROOKLYN	$19,900		See page 4	TOM MARCO	FANNIE MAE	(718) 692-1666
BROOKLYN	Call		See page 4	SLAGLE, FRED	FDIC	(800) 365-0381
BROOKLYN	$27,500	*	See page 4	JOHN FITZGERALD	FREDDIE MAC	(516) 293-4040
BROOKLYN	$24,900	1608 OCEAN PKWY 6C	See page 4	TOM MARCO	FANNIE MAE	(718) 692-1666
BROOKLYN	$72,500	25 OLIVER STREET	See page 4	TOM MARCO	FANNIE MAE	(718) 692-1666
BROOKLYN	Call	2927-2929 ATLANTIC AVE	See page 4	GARRITSON, GARRY	FDIC	(718) 253-8828
BROOKLYN	$44,900	328 101ST STREET 36	See page 4	RICHARD DINERMAN	FANNIE MAE	(718) 745-3480
BROOKLYN	$45,900	340 101ST STREET	See page 4	RICHARD DINERMAN	FANNIE MAE	(718) 745-3480
BROOKLYN	$132,000	385 PALMETTO STREET	Apartment	LUSSIER, MONIQUE	FDIC	(212) 505-5007
BROOKLYN	$17,900	415 AVE C #1D	See page 4	TOM MARCO	FANNIE MAE	(718) 692-1666
BROOKLYN	$35,500	8108 AVE. L	See page 4	TOM MARCO	FANNIE MAE	(718) 692-1666
BROOKLYN	$135,500	958 E 108TH ST	See page 4	TOM MARCO	FANNIE MAE	(718) 692-1666
BROOKTONDALE	$52,500	476 WHITE CHURCH ROAD	See page 4	IVAN NEWELL	FANNIE MAE	(607) 257-0800
BUFFALO	$1,500	*	See page 4	SAM MURPHY	FREDDIE MAC	(214) 506-6787
BUFFALO	$42,750	121 MARINER ST	See page 4	VICTOR PRZYBYL	FANNIE MAE	(716) 632-2080
BUFFALO	$42,750	125 EDWARD ST.	See page 4	VICTOR PRZYBYL	FANNIE MAE	(716) 632-2080
BUFFALO	$26,900	173 TROWBRIDGE ST	See page 4	VICTOR PRZYBYL	FANNIE MAE	(716) 632-2080
BUFFALO	$14,900	2461 BAILEY AVE	See page 4	VICTOR PRZYBYL	FANNIE MAE	(716) 632-2080
BUFFALO	$58,900	287 EAST STREET	See page 4	VICTOR PRZYBYL	FANNIE MAE	(716) 632-2080
BUFFALO	$51,200	322 PHYLLIS AVE.	See page 4	VICTOR PRZYBYL	FANNIE MAE	(716) 632-2080
BUFFALO	$9,900	425 WINSLOW AVE	See page 4	MIKE JAMES	FANNIE MAE	(716) 434-8458
BUFFALO	$39,900	61 SUFFOLK STREET	See page 4	VICTOR PRZYBYL	FANNIE MAE	(716) 632-2080
BUFFALO	$44,900	81 LAFAYETTE AVE	See page 4	GARRITSON, GARRY	FDIC	(315) 482-6320
CAPE VINCENT	$92,400	CEMETERY ROAD	Farm	MERRIGAN, PETER	FDIC	(315) 493-2442
CARTHAGE	$15,500	847 ALEXANDRIA STREET	Single family residence	JIM HARRIFF	FANNIE MAE	(315) 622-2800
CAZENOVIA	$109,900	4095 PUTNAM ROAD	See page 4	LEROUX, COLLEEN	FDIC	(860) 291-4076
CENTER MORICHES	$49,500	34 HAMPTON DRIVE	See page 4	VICTOR PRZYBYL	FANNIE MAE	(716) 632-2080
CLARENCE	$162,900	8270 CLARHERST DRIVE	See page 4	BRUCE LINDER	FREDDIE MAC	(203) 926-2247
CLAY	Call		See page 4	BILL CROSS	FANNIE MAE	(800) 732-6643
CLAY	$31,500	5497 TRASTEVERE ROAD	See page 4			

* A RECENT PROPERTY ASKING PRICE AND YOUR LOCAL CONTACT FOR CURRENT LISTINGS

CONSUMER DATA SERVICE

New York

CITY	ASKING	ADDRESS	DETAILS	CONTACT	AGENCY	PHONE
CLAYTON	Call		See page 4	GARRITSON, GARRY	FDIC	(860) 291-4067
COEYMANS	$49,000	*	See page 4	BRUCE LINDER	FREDDIE MAC	(203) 926-2247
COLLEGE POINT	Call		See page 4	PAUL LUCIANO	FANNIE MAE	(718) 359-1900
COPIAGUE	Call		See page 4	GLENN MAYERNIK	FREDDIE MAC	(516) 736-6633
CORAM	$96,500	940 SKYLINE DR.	See page 4	GLENN MAYERNIK	FREDDIE MAC	(516) 736-6633
CORINTH	$69,900	300 WALNUT ST	See page 4	JAMIE LEWIS	FANNIE MAE	(518) 692-8424
CORNING	$89,500	4 ORCHARD DRIVE	See page 4	JAN KELLY REO	FANNIE MAE	(607) 796-2646
CORNWALL	$69,900	12 SMITH RD	See page 4	MAUREEN	FANNIE MAE	(914) 647-3396
CORTLAND	Call		See page 4	BETTY FOSHAY	FREDDIE MAC	(914) 941-7020
CORTLAND MAN	$169,900	14 GABRIEL DR.	See page 4	KATHY AMERICO	FANNIE MAE	(914) 734-8400
COVENTRY	$19,900	229 NORTH ROAD	See page 4	JIM TREVITT	FANNIE MAE	(800) 732-6643
CRARYVILLE	Call		See page 4	TOM FEDORSON	FANNIE MAE	(800) 832-2345
DELANSON	$126,500	BOX 506 EATON CORNERS	See page 4	VAUGHN GORHAM	FANNIE MAE	(518) 877-3658
EAST GREENBURG	Call		See page 4	JEFF KIRCHER	FANNIE MAE	(518) 438-6441
EAST HAMPTON	Call		See page 4	GLENN MAYERNIK	FREDDIE MAC	(516) 736-6633
EAST ISLIP	$129,900	117 BEECHER AVE.	See page 4	JOE MANERI	FANNIE MAE	(516) 582-1474
EAST MARION	Call		See page 4	CLIFFORD HECHT	FREDDIE MAC	(516) 826-2100
EAST NORTHPO	$122,500	28 GEORGIA ST.	See page 4	BETSY CARL	FANNIE MAE	(516) 351-6000
EAST PATCHOGUE	Call		See page 4	BAILEY, CASSY	FDIC	(516) 549-5800
ELLENVILLE	$37,500	26 HICKORY ST.	See page 4	MAUREEN	FANNIE MAE	(914) 647-3396
ELMHURST	Call		See page 4	LAURIE WILLIAMS	FANNIE MAE	(718) 528-9521
ELMHURST	$34,500	8605 60TH RD.	See page 4	JIM PAPPAS	FANNIE MAE	(718) 478-4545
ELMHURST	$119,900	94-01 46TH AVE. 2ND FL	See page 4	JIM PAPPAS	FANNIE MAE	(718) 478-4545
ELMIRA HEIGHTS	$22,500	221 W 13TH STREET	See page 4	JANE KELLEHER	FANNIE MAE	(800) 732-6643
ELMIRA	$28,500	108 HOFFMAN STREET	See page 4	JAN KELLY REO	FANNIE MAE	(607) 796-2646
ELMIRA	$26,100	912 N MAIN ST	See page 4	JANE KELLEHER	FANNIE MAE	(800) 732-6643
ENDICOTT	$45,500	*	See page 4	SAM MURPHY	FREDDIE MAC	(214) 506-6787
ENDWELL	$43,900	*	See page 4	SAM MURPHY	FREDDIE MAC	(214) 506-6787
FALLSBURG	$47,000	*	See page 4	BRUCE LINDER	FREDDIE MAC	(203) 926-2247
FARMINGDALE, E	Call		See page 4	MARIE MONTCHAL	FREDDIE MAC	(516) 757-9000
FARMINGVILLE	Call		See page 4	MARIE MONTCHAL	FREDDIE MAC	(516) 757-9000
FAYETTEVILLE	Call		See page 4	BRUCE LINDER	FREDDIE MAC	(203) 926-2247
FLATLANDS	Call		See page 4	TOM MARCO	FANNIE MAE	(718) 692-1666
FLEETWOOD	Call		See page 4	CAIN, W. CURTIS	FDIC	(212) 944-5240
FLORAL PARK	Call		See page 4	CAIN, W. CURTIS	FDIC	(212) 944-5240
FLUSHING	$63,000	41-25 KISSENA BLVD	Apartment	TUCKER, DON	FDIC	(860) 291-4457
FLUSHING	$9,975	42-95 MAIN ST 3C	See page 4	PAUL LUCIANO	FANNIE MAE	(718) 359-1900
FLUSHING	$8,500	42-95 MAIN ST #5E	See page 4	PAUL LUCIANO	FANNIE MAE	(718) 359-1900
FOREST HILLS	Call		See page 4	CAIN, W. CURTIS	FDIC	(212) 944-5240
FOREST HILLS	$59,900	67-66 108TH ST.	See page 4	JOHN FITZGERALD	FREDDIE MAC	(516) 293-4040
FOREST HILLS	Call		See page 4	JIM PAPPAS	FANNIE MAE	(718) 478-4545
FREEPORT	$19,900	100 S. OCEAN AVE.	See page 4	GLENN MAYERNIK	FREDDIE MAC	(516) 736-6633
FREEPORT	Call		See page 4	CLIFF HECHT	FANNIE MAE	(516) 826-2100
FULTON	Call		See page 4	BILL CROSS	FANNIE MAE	(800) 832-2345
GARNERVILLE	$154,900	9 TRIMBLE ST	See page 4	EILEEN DALY	FANNIE MAE	(914) 623-0044
GLEN OAKS	Call		See page 4	PAUL LUCIANO	FANNIE MAE	(718) 359-1900
GLEN SPEY	$96,500	329 E. HOLLOW ROAD	See page 4	MAUREEN	FANNIE MAE	(914) 647-3396

* A RECENT PROPERTY ASKING PRICE AND YOUR LOCAL CONTACT FOR CURRENT LISTINGS

CONSUMER DATA SERVICE

New York

CITY	ASKING	ADDRESS	DETAILS	CONTACT	AGENCY	PHONE
GRAND ISLAND	Call		See page 4	VICTOR PRZYBYL	FANNIE MAE	(716) 632-2080
GRANVILLE	Call		See page 4	JAMIE LEWIS	FANNIE MAE	(518) 692-8424
GREAT NECK	$82,500	50 BROMPTON RD	See page 4	KARLA DENNEHY	FANNIE MAE	(516) 549-8100
GREECE	Call		See page 4	IS LEVY	FANNIE MAE	(716) 454-1900
GREECE	$55,500	*	See page 4	SAM MURPHY	FREDDIE MAC	(214) 506-6787
GREENBURGH	$119,900	273 ABBOTT AVE	See page 4	JUDY EISENHAUER	FANNIE MAE	(914) 968-6214
GREENFIELD	$133,500	440 WILTON GREENFIELD	See page 4	KATHY MACDANIEL	FANNIE MAE	(800) 732-6643
GREENPORT	$29,900	*	See page 4	BRUCE LINDER	FREDDIE MAC	(203) 926-2247
GREENVILLE	Call		See page 4	TOM FEDORSON	FANNIE MAE	(800) 832-2345
HAMPTON BAYS	Call		See page 4	SUSAN BELZAK	FANNIE MAE	(516) 758-0557
HARTSDALE	$148,900	100 E. HARTSDALE AVENU	See page 4	JUDY EISENHAUER	FANNIE MAE	(914) 968-6214
HARTSDALE	$47,900	151 E HARTSDALE AVENUE	See page 4	JUDY EISENHAUER	FANNIE MAE	(914) 968-6214
HEMPSTEAD	$127,500	996 KINGS PARKWAY	See page 4	JOHN FITZGERALD	FANNIE MAE	(516) 271-5476
HICKSVILLE	Call		See page 4	JOHN FITZGERALD	FANNIE MAE	(516) 271-5476
HIGH FALLS	$49,500	*	See page 4	SAM MURPHY	FREDDIE MAC	(214) 506-6787
HIGHLAND	$49,500		See page 4	JANE PORT	FANNIE MAE	(914) 338-7100
HIGHLAND MILLS	$44,900	*	See page 4	BRUCE LINDER	FREDDIE MAC	(203) 926-2247
HIGHLAND	$52,500	*	See page 4	BRUCE LINDER	FREDDIE MAC	(203) 926-2247
HIGHLAND	$88,900	20 MILTON AVE	See page 4	MAUREEN	FANNIE MAE	(914) 647-3396
HOLBROOK	$34,900	212D SPRINGMEADOW DR.	See page 4	MARIE MONTCHAL	FANNIE MAE	(800) 732-6643
HOMER	$24,900	59 CAYUGA STREET	See page 4	DAVID BARITELL	FANNIE MAE	(315) 487-6884
HORNELL	Call	14 FLORENCE STREET	See page 4	DONNA HARSHAW	FANNIE MAE	(607) 324-4022
HUNTINGTON STATION	Call		See page 4		FDIC	(516) 826-2100
HURLEYVILLE	Call		See page 4	MAUREEN	FANNIE MAE	(914) 647-3396
HYDE PARK	Call		See page 4	KEN DAVIES	FANNIE MAE	(914) 896-7113
HYDE PARK	Call		See page 4	HANNON, TIM	FDIC	(800) 365-0381
INWOOD	Call		See page 4	CAIN, W. CURTIS	FDIC	(203) 291-4036
IRONDEQUOIT	Call		See page 4	BRUCE LINDER	FREDDIE MAC	(203) 926-2247
ISLIP TERRACE	Call		See page 4	JIM SMITH	FANNIE MAE	(516) 757-9000
ISLIP	$158,900	3 BURLEIGH DR.	See page 4	JOE MANERI	FANNIE MAE	(516) 582-1474
JACKSON HEIGHTS	Call		See page 4	CAIN, W. CURTIS	FDIC	(203) 291-4036
JACKSON HEIGHTS	Call		See page 4		FREDDIE MAC	(718) 479-7261
JAMAICA	$82,500	114-35 INWOOD ST.	See page 4	JIM PAPPAS	FANNIE MAE	(718) 429-4400
JAMAICA	Call		See page 4	KIM HARBIN	FANNIE MAE	(718) 479-7261
JAMESTOWN	$49,900	702 LAKEVIEW AVE	See page 4	BAILEY, CASSY	FDIC	(716) 488-1177
JAMESTOWN	$62,500	733 OLD STATE ROAD	See page 4	RICHARD STAHLMAN	FANNIE MAE	(716) 484-1104
JOHNSTOWN	$32,900	*	See page 4	DEBBIE OLSON	FANNIE MAE	(518) 762-9885
KERHONKSON	Call		See page 4	SAM MURPHY	FREDDIE MAC	(214) 506-6787
KEW GARDENS	Call		See page 4	PAUL LUCIANO	FANNIE MAE	(718) 359-1900
KEW GARDENS	$39,900	*	See page 4	CAIN, W. CURTIS	FDIC	(212) 944-5240
KEW GARDENS	$65,500	*	See page 4	TOM MARCO	FREDDIE MAC	(718) 692-1666
LAFAYETTE	$164,900	3 MOUNT VERNON COURT	See page 4	SAM MURPHY	FREDDIE MAC	(214) 506-6787
LAKE GROVE	Call		See page 4	GLENN MAYERNIK	FANNIE MAE	(516) 736-6633
LANCASTER	Call		See page 4	VICTOR PRZYBYL	FANNIE MAE	(716) 632-2080
LAURELTON	$27,900	235-02 131ST AVE.	See page 4	KIM HARBIN	FANNIE MAE	(718) 479-7261
LAURELTON	$112,500	102 6TH ST.	See page 4	JIM PAPPAS	FANNIE MAE	(718) 478-4545
LINDENHURST			See page 4	JIM SMITH	FANNIE MAE	(516) 757-9000

* A RECENT PROPERTY ASKING PRICE AND YOUR LOCAL CONTACT FOR CURRENT LISTINGS

CONSUMER DATA SERVICE

New York

CITY	ASKING	ADDRESS	DETAILS	CONTACT	AGENCY	PHONE
LINDENHURST	$119,900	49 E. SALTAIRE RD.	See page 4	CLIFF HECHT	FANNIE MAE	(516) 826-2100
LITTLE NECK	Call		See page 4	JOHN FITZGERALD	FANNIE MAE	(516) 271-5476
LIVONIA	$69,900	4216 S. LIVONIA RD.	See page 4	CHERYL SIPLE	FANNIE MAE	(716) 229-4769
LLOYD	Call		See page 4	SAM MURPHY	FREDDIE MAC	(214) 506-6787
LOCH SCHELDR	$64,900	18 ASTER RD.	See page 4	MAUREEN	FANNIE MAE	(914) 647-3396
LYME	$129,800	SETTLEMENT ROAD	Farm		FDIC	(315) 482-6320
LYNBROOK	Call		See page 4	CLIFF HECHT	FANNIE MAE	(516) 826-2100
MASSENA	$114,000	354 EAST ORVIS STREET	See page 4	GARRITSON, GARRY	FDIC	(860) 291-4067
MASTIC BEACH	$74,900	262 BEAVER DRIVE	See page 4	ROSEMARIE BODKIN	FANNIE MAE	(516) 758-0557
MASTIC	$75,500	139 MADISON ST.	See page 4	GLENN MAYERNIK	FANNIE MAE	(516) 736-6633
MAYBROOK	$54,900	507 RAKOV ROAD	See page 4	MAUREEN	FANNIE MAE	(914) 647-3396
MEDFORD	Call		See page 4	SUSAN BELZAK	FANNIE MAE	(516) 758-0557
MEDFORD	$18,500	BARBARA LANE	See page 4	GARRITSON, GARRY	FDIC	(516) 289-2626
MESSENA	Call		See page 4	LEROUX, COLLEEN	FDIC	(860) 291-4076
MEXICO	Call		See page 4	DAVID BARITELL	FANNIE MAE	(315) 487-6884
MIDDLE ISLAND	$53,500	*	See page 4	CLIFFORD HECHT	FREDDIE MAC	(516) 826-2100
MIDDLE ISLAND	$119,900	211 DORADO COURT	See page 4	GLENN MAYERNIK	FANNIE MAE	(516) 736-6633
MIDDLE VILLAGE	Call		See page 4	JIM PAPPAS	FANNIE MAE	(718) 478-4545
MIDDLESEX	Call		See page 4	SAM MURPHY	FREDDIE MAC	(214) 506-6787
MIDDLETOWN	$59,900	*	See page 4	SAM MURPHY	FREDDIE MAC	(214) 506-6787
MIDDLETOWN	$57,500	18 SPRUCE PEAK ROAD	See page 4	MAUREEN	FANNIE MAE	(914) 647-3396
MIDDLETOWN	$28,900	360 RUTH COURT	See page 4	MAUREEN	FANNIE MAE	(914) 647-3396
MIDDLETOWN	$128,900	RD 9 BOX 766 ROGER AVE	See page 4	MAUREEN	FANNIE MAE	(914) 647-3396
MILLER PLACE	Call		See page 4	GLEN MAYERNIK	FREDDIE MAC	(516) 736-6633
MINEOLA	Call		See page 4	VERGINIA MAC KAY	FANNIE MAE	(215) 575-1617
MOHEGAN LAKE	$147,900	3282 LOOKOUT ST	See page 4	BETTY FOSHAY	FREDDIE MAC	(914) 941-7020
MOHEGAN	Call		See page 4	JUDY EISENHAUER	FANNIE MAE	(914) 968-6214
MONROE	$31,000	*	See page 4	SAM MURPHY	FREDDIE MAC	(214) 506-6787
MONROE	Call		See page 4	BRUCE LINDER	FREDDIE MAC	(203) 926-2247
MONSEY	$138,900	104 MELANEY DRIVE	See page 4	EILEEN DALY	FANNIE MAE	(914) 623-0044
MONTCELLO	$39,900	10 YORK AVENUE	See page 4	ROBIN/ROBERT	FANNIE MAE	(914) 794-8331
MOUNT KISCO	$68,900	100 DIPLOMAT DRIVE	See page 4	JUDY EISENHAUER	FANNIE MAE	(914) 968-6214
MOUNT VERNON	Call		See page 4	JAMES A DICERSON II	FANNIE MAE	(914) 664-8449
MOUNT VERNON	$159,900	680 S. 5TH AVE.	See page 4	JOE HASSELT	FANNIE MAE	(718) 892-1700
MOUNT VERNON	$129,900	777 MACQUESTEN PARKWAY	See page 4	JAMES A DICKERSON II	FANNIE MAE	(914) 664-8449
MOUNTAINVILLE	$34,900	*	See page 4	SAM MURPHY	FREDDIE MAC	(214) 506-6787
NASSAU	Call		See page 4	VAUGHN GORHAM	FANNIE MAE	(518) 877-3658
NESCONSETA	Call		See page 4	GLEN MAYERNIK	FANNIE MAE	(516) 736-6633
NESCONSETA	Call		See page 4	DEBRA MANGOGNA	FREDDIE MAC	(516) 588-2100
NEW PALTZ	$54,900	19 VILLAGE GARDENS	See page 4	LINDA SEMILOF	FANNIE MAE	(914) 338-7100
NEW WINDSOR	Call	*	See page 4	R. M. ELLIOTT	FANNIE MAE	(914) 744-2055
NEW YORK	$9,500		Apartment	KENNETH LAINO	FREDDIE MAC	(212) 867-4240
NEW YORK	Call	154 EAST 106TH STREET	See page 4	CAIN, W. CURTIS	FDIC	(203) 291-4036
NEW YORK	$49,900	350 CABRINI BLVD. 8K	See page 4	RICHARD DINERMAN	FANNIE MAE	(718) 745-3480
NEW YORK	$29,900	57 PARK TERRACE WEST	See page 4	KENNETH LAINO	FANNIE MAE	(212) 867-4240
NEWBURGH	$74,900	1028 WASHINGTON GREEN	See page 4	MAUREEN	FANNIE MAE	(914) 647-3396
NEWBURGH	$58,900	13 LINCOLN TERRACE	See page 4	MAUREEN	FANNIE MAE	(914) 647-3396

* A RECENT PROPERTY ASKING PRICE AND YOUR LOCAL CONTACT FOR CURRENT LISTINGS

CONSUMER DATA SERVICE

New York

CITY	ASKING	ADDRESS	DETAILS	CONTACT	AGENCY	PHONE
NEWBURGH	$105,500	29 STEWART AVENUE	See page 4	MAUREEN	FANNIE MAE	(914) 647-3396
NEWBURGH	$64,900	35 MAPLE ST	See page 4	MAUREEN	FANNIE MAE	(914) 647-3396
NEWBURGH	$59,900	431 THIRD STREET	See page 4	MAUREEN	FANNIE MAE	(914) 647-3396
NIAGARA FALLS	$39,900	827 15TH STREET	See page 4	MIKE JAMES	FANNIE MAE	(716) 434-8458
NISKAYUNA	$61,900	2590 ENGLEWOOD AVENUE	See page 4	VAUGHN GORHAM	FANNIE MAE	(518) 877-3658
NORTH BABYLON	Call		See page 4	JOHN FITZGERALD	FREDDIE MAC	(516) 293-4040
NORTH BLENHE	$29,500	ROUTE 30 BOX 955	See page 4	TOM FEDORSON	FREDDIE MAC	(800) 732-6643
NORTH ELBA	$36,400	*	See page 4	SAM MURPHY	FREDDIE MAC	(214) 506-6787
NORTH ELBA	$106,500	247 MCKENZIE POND RD	See page 4	PETER DAY	FANNIE MAE	(518) 359-3339
NORTH SHIRLEY	$82,500	185 AUBURN AVE.	See page 4	ROSEMARIE BODKIN	FANNIE MAE	(516) 758-0557
NORWOOD	$22,500	*	See page 4	BRUCE LINDER	FREDDIE MAC	(203) 926-2247
NUNDA	$26,500	33 CHURCH STREET	See page 4	CHERYL SIPLE	FANNIE MAE	(716) 229-4769
OLEAN	Call		See page 4	MERRIGAN, PETER	FDIC	(860) 291-4047
OLEAN	$43,500	307 BROOK VIEW AVE	See page 4	RAY PEPPER	FANNIE MAE	(716) 372-7100
ONEONTA	$52,500	*	See page 4	SAM MURPHY	FREDDIE MAC	(214) 506-6787
ONTARIO	Call		See page 4	LARRY MAGGUILLI	FANNIE MAE	(716) 359-2000
ORCHARD PARK	$157,500	31 TANGLEWOOD DR. WEST	See page 4	VICTOR PRZYBYL	FANNIE MAE	(716) 632-2080
OSSINING	Call		See page 4	JUDY EISENHAUER	FANNIE MAE	(914) 968-6214
OSSINING	$94,900	23-29 SPRING STREET	See page 4	GARRITSON, GARRY	FDIC	(914) 332-9090
OSSINING	$72,500	232 SPRING ST.	See page 4	KATHY AMERICO	FANNIE MAE	(914) 734-8400
OSWEGO	$108,500	66 W. ALBANY ST.	See page 4	BILL CROSS	FANNIE MAE	(800) 732-6643
OTISVILLE	Call	RD 1 MAPLE LANE	See page 4	MAUREEN	FANNIE MAE	(914) 647-3396
OWEGO	$13,900		See page 4	JIM TREVITT	FANNIE MAE	(800) 832-2345
OWEGO	Call	*	See page 4	SAM MURPHY	FREDDIE MAC	(214) 506-6787
OYSTER BAY	Call		See page 4	JOHN FITZGERALD	FANNIE MAE	(516) 271-5476
OYSTER BAY	Call		See page 4	CAIN, W. CURTIS	FDIC	(800) 365-0381
OZONE PARK	Call		See page 4	LAURIE WILLIAMS	FANNIE MAE	(718) 528-9521
PARISH	Call		See page 4	SAM MURPHY	FREDDIE MAC	(214) 506-6787
PATCHOGUE	$87,900	52 FRANKLIN STREET	See page 4	GLENN MAYERNIK	FREDDIE MAC	(516) 736-6633
PATCHOGUE	$165,900	BULLET HOLE RD.	See page 4	ROSEMARIE BODKIN	FANNIE MAE	(516) 758-0557
PATTERSON	Call		See page 4	GARY LINK	FANNIE MAE	(914) 265-1000
PEEKSKILL	Call		See page 4	KATHY AMERICO	FANNIE MAE	(914) 734-8400
PEEKSKILL	$27,900	1 LAKEVIEW DRIVE A#PH2	See page 4	JUDY EISENHAUER	FANNIE MAE	(914) 968-6214
PERINTON	$140,000	6800 PITTSFORD-PALMYRA RD	See page 4	MERRIGAN, PETER	FDIC	(860) 291-4929
PHILIPSTOWN	Call		See page 4	GARY LINK	FANNIE MAE	(914) 265-1000
PLEASANT VALLEY	$72,500	24 NORTH AVE.	See page 4	BILL LAVERY	FANNIE MAE	(914) 454-2233
PORT JEFFERSON	Call		See page 4	MARIE MONTCHAL	FREDDIE MAC	(516) 757-9000
PORT JEFFERSON	$119,900	43 GREENHAVEN DR.	See page 4	GLENN MAYERNIK	FREDDIE MAC	(516) 736-6633
PORTCHESTER	$15,900	35-37 SUMMIT AVENUE	See page 4	JOE HASSELT	FANNIE MAE	(718) 892-1700
POUGHKEEPSIE	Call		See page 4	CAIN, W. CURTIS	FDIC	(212) 944-5240
POUGHKEEPSIE	$42,900	*	See page 4	SAM MURPHY	FREDDIE MAC	(214) 506-6787
POUGHKEEPSIE	$53,900	26 DUBOIS AVE.	See page 4	BILL LAVERY	FANNIE MAE	(914) 454-2233
PUTNAM VALLEY	$105,900	19 WHITE RD	See page 4	GARY LINK	FANNIE MAE	(914) 265-1000
RED HOOK	Call		See page 4	BRUCE LINDER	FREDDIE MAC	(203) 926-2247
REGO PARK	Call		See page 4	JIM PAPPAS	FANNIE MAE	(718) 478-4545
RICHMOND HILL	$159,900	104-17 110TH ST.	See page 4	LAURIE WILLIAMS	FANNIE MAE	(718) 528-9521
RIDGE	Call		See page 4	GLENN MAYERNIK	FREDDIE MAC	(516) 736-6633

* A RECENT PROPERTY ASKING PRICE AND YOUR LOCAL CONTACT FOR CURRENT LISTINGS

CONSUMER DATA SERVICE

New York

CITY	ASKING	ADDRESS	DETAILS	CONTACT	AGENCY	PHONE
RIVERDALE	Call		See page 4	CAIN, W. CURTIS	FDIC	(203) 291-4036
RIVERDALE	$16,200	2400 JOHNSON AVENUE 1F	See page 4	JOE HASSELT	FANNIE MAE	(718) 892-1700
RIVERDALE	$36,900	4901 HENRY HUDSON PKWY	See page 4	JOE HASSELT	FANNIE MAE	(718) 892-1700
RIVERHEAD	Call		See page 4	SUSAN BELZAK	FANNIE MAE	(516) 758-0557
RIVERHEAD	Call		See page 4	ROSEMARIE BODKIN	FANNIE MAE	(516) 758-0557
ROCHESTER	$24,900	*	See page 4	GLENN MILLER	FANNIE MAE	(800) 832-2345
ROCHESTER	$13,500	*	See page 4	SAM MURPHY	FREDDIE MAC	(214) 506-6787
ROCHESTER	$101,900	103 GLENHILL DRIVE	See page 4	BRUCE LINDER	FREDDIE MAC	(203) 926-2247
ROCHESTER	$79,900	11 LORING PL	See page 4	LARRY MAGGUILLI	FANNIE MAE	(716) 359-2000
ROCHESTER	$11,400	8 KENSINGTON STREET	See page 4	LARRY MAGGUILLI	FANNIE MAE	(716) 359-2000
ROCKAWAY	Call		See page 4	IS LEVY	FANNIE MAE	(716) 454-1900
ROCKVILLE CE	$47,500	275 MAPLE AVE.	See page 4	GARRITSON, GARRY	FDIC	(360) 291-4067
ROME	Call		See page 4	CLIFF HECHT	FANNIE MAE	(516) 826-2100
ROME	$28,500	212 KOSSUTH ST	See page 4	SAM MURPHY	FREDDIE MAC	(214) 506-6787
ROME	$22,800	315 KOSSUTH STREET	See page 4	PHILLIS GLEASON (RO	FANNIE MAE	(315) 735-8515
ROME	$89,900	7981 BROOKSIDE DR	See page 4	PHILLIS GLEASON (RO	FANNIE MAE	(315) 735-8515
ROME	$127,500	3 PARK AVE	See page 4	PHILLIS GLEASON (RO	FANNIE MAE	(315) 735-8515
ROOSEVELT	$129,900	149-78 WELLER LN	See page 4	CLIFF HECHT	FANNIE MAE	(516) 826-2100
ROSEDALE	Call		See page 4	KIM HARBIN	FANNIE MAE	(718) 479-7261
ROXBURY	$94,900	7 OVERLAND TRAIL	See page 4	SAM MURPHY	FREDDIE MAC	(214) 506-6787
RUSH	Call		See page 4	LARRY MAGGUILLI	FANNIE MAE	(716) 359-2000
S FARMINGDALE	Call		See page 4	CLIFFORD HECHT	FREDDIE MAC	(516) 826-2100
S FLORAL	Call		See page 4	JOHN FITZGERALD	FANNIE MAE	(516) 271-5476
SALISBURY M	$141,900	RR1	See page 4	MAUREEN	FANNIE MAE	(914) 647-3396
SALT POINT	Call		See page 4	BILL LAVERY	FANNIE MAE	(914) 454-2233
SANDY CREEK	Call		See page 4	BRUCE LINDER	FREDDIE MAC	(203) 926-2247
SANITARIA HEIGHTS	Call		See page 4	BRUCE LINDER	FREDDIE MAC	(203) 926-2247
SAUGERTIES	Call		See page 4	SAM MURPHY	FREDDIE MAC	(214) 506-6787
SCARSDALE	Call		See page 4	D'ANTONIO, BOB	FDIC	(714) 263-7783
SCHENECTADY	$82,500	1172 RUGBY RD	See page 4	VAUGHN GORHAM	FANNIE MAE	(518) 877-3658
SCHENECTADY	$29,900	1263 TENTH AVE	See page 4	KATHY MACDANIEL	FANNIE MAE	(800) 732-6643
SCHENECTADY	$19,900	63-65 LINDEN ST.	See page 4	JEFF KIRCHER	FANNIE MAE	(518) 438-6441
SCHENECTADY	$23,900	651 ORCHARD STREET	See page 4	VAUGHN GORHAM	FANNIE MAE	(518) 877-3658
SCHENECTADY	$49,900	802 MICHIGAN AVE	See page 4	VAUGHN GORHAM	FANNIE MAE	(518) 877-3658
SELDEN	Call		See page 4	GLEN MAYERNIK	FANNIE MAE	(516) 736-6633
SETAUKET	Call		See page 4	SUSAN BELZAK	FANNIE MAE	(516) 758-0557
SHIRLEY	Call		See page 4	GLEN MAYERNIK	FANNIE MAE	(516) 736-6633
SHIRLEY	Call		See page 4	BAILEY, CASSY	FDIC	(516) 798-3000
SHIRLEY	$85,500	39 CYPRESS LANE	See page 4	GLENN MAYERNIK	FANNIE MAE	(516) 736-6633
SHRUB OAK	$163,900	1332 N. RIDGE	See page 4	JUDY EISENHAUER	FANNIE MAE	(914) 968-6214
SMALLWOOD	$24,500	ADIRONDACK TRAIL	See page 4	MAUREEN	FANNIE MAE	(914) 647-3396
SOUND BEACH	Call		See page 4	GLEN MAYERNIK	FANNIE MAE	(516) 736-6633
SOUTH SETAUK	Call		See page 4	GLEN MAYERNIK	FANNIE MAE	(516) 736-6633
SPRING VALLEY	Call		See page 4	EILEEN DALY	FANNIE MAE	(914) 623-0044
SPRING VALLEY	Call		See page 4	NANCY THOMAS	FANNIE MAE	(914) 624-8100
SPRINGFIELD	$152,500	182-25 143RD AVE.	See page 4	LAURIE WILLIAMS	FREDDIE MAC	(516) 528-9521
STATEN ISLAND	Call		See page 4	VALERIE WONICA	FANNIE MAE	(718) 442-2880

* A RECENT PROPERTY ASKING PRICE AND YOUR LOCAL CONTACT FOR CURRENT LISTINGS

CONSUMER DATA SERVICE

New York

CITY	ASKING	ADDRESS	DETAILS	CONTACT	AGENCY	PHONE
STATEN ISLAND	Call		See page 4	TOM MARCO	FANNIE MAE	(718) 692-1666
STATEN ISLAND	Call		See page 4	MICHAEL DIAZ	FREDDIE MAC	(718) 948-3600
STATEN ISLAND	$122,900	16 LYNDALE LANE	See page 4	VALERIE WONICA	FANNIE MAE	(718) 442-2880
STATEN ISLAND	$124,900	160H DINSMORE STREET	See page 4	TOM MARCO	FANNIE MAE	(718) 692-1666
STATEN ISLAND	$64,900	185 W BUCHANAN	See page 4	TOM MARCO	FANNIE MAE	(718) 692-1666
STATEN ISLAND	$295,000	1918-1920 RICHMOND TERRAC	See page 4	HESS, MONICA B	FDIC	(212) 505-5007
STATEN ISLAND	$99,900	33 MIMOSA LN	See page 4	VALERIE WONICA	FANNIE MAE	(718) 442-2880
STATEN ISLAND	$54,900	38 #A POND WAY	See page 4	VALERIE WONICA	FANNIE MAE	(718) 442-2880
STATEN ISLAND	$655,000	WHITLOCK AVE & TODT HILL	See page 4	QUINN, PETER	FDIC	(718) 448-4600
STRATFORD	$44,900	ROUTE 29-A	See page 4	VIRGINIA MACKEY	FANNIE MAE	(800) 732-6643
SUFFERN	Call		See page 4	EILEEN DALY	FANNIE MAE	(914) 623-0044
SYRACUSE	Call		See page 4	JIM HARRIFF	FANNIE MAE	(315) 622-2800
SYRACUSE	Call		See page 4	JEAN LONG	FANNIE MAE	(315) 424-0200
SYRACUSE	$49,900	*	See page 4	SAM MURPHY	FREDDIE MAC	(214) 506-6787
SYRACUSE	$7,500	105 LOMBARD STREET	See page 4	DAVID BARITELL	FANNIE MAE	(315) 487-6884
SYRACUSE	$54,900	105 MUNSON DR	See page 4	BILL CROSS	FANNIE MAE	(800) 732-6643
T/O CICERO	$35,500	*	See page 4	BRUCE LINDER	FREDDIE MAC	(203) 926-2247
T/O COLONIE	Call		See page 4	BRUCE LINDER	FREDDIE MAC	(203) 926-2247
T/O ULSTER	Call		See page 4	BRUCE LINDER	FREDDIE MAC	(203) 926-2247
TOWN OF WILTON	Call		See page 4	SAM MURPHY	FREDDIE MAC	(214) 506-6787
TROY	Call		See page 4	VAUGHN GORHAM	FANNIE MAE	(518) 877-3658
TULLY	$55,900	11 ELM ST.	See page 4	DAVID BARITELL	FANNIE MAE	(315) 487-6884
TUPPER LAKE	$19,500	*	See page 4	SAM MURPHY	FREDDIE MAC	(214) 506-6787
UNIONDALE	Call		See page 4	GLENN MAYERNIK	FREDDIE MAC	(516) 736-6633
UPPER NYACK	Call		See page 4	EILEEN DALY	FANNIE MAE	(914) 623-0044
UTICA	$54,000	*	See page 4	BRUCE LINDER	FREDDIE MAC	(203) 926-2247
UTICA	$1,800	1613 STEUBEN ST	See page 4	RICHARD CONNOLLY	FANNIE MAE	(800) 732-6643
UTICA	$14,500	1677 STEUBEN STREET	See page 4	RICHARD CONNOLLY	FANNIE MAE	(800) 732-6643
WADING RIVER	$89,900	121 WADING RIVER RD	See page 4	GLENN MAYERNIK	FANNIE MAE	(516) 736-6633
WALDEN	Call		See page 4	SAM MURPHY	FREDDIE MAC	(214) 506-6787
WALES	$104,900	6660 WILLOW TERRACE	See page 4	VICTOR PRZYBYL	FANNIE MAE	(716) 632-2080
WALLKILL	Call		See page 4	MAUREEN	FANNIE MAE	(914) 647-3396
WAPPINGER FA	$42,500	51 -A SCARBOROUGH LANE	See page 4	BILL LAVERY	FREDDIE MAC	(914) 454-2233
WARWICK	Call		See page 4	SAM MURPHY	FREDDIE MAC	(214) 506-6787
WASHINGTONVILLE	$89,500	32 MATHEWS LANE	See page 4	MAUREEN	FANNIE MAE	(914) 647-3396
WATERTOWN	Call		See page 4	SLAGLE, FRED	FDIC	(860) 291-4049
WATERTOWN	$26,900	*	See page 4	SAM MURPHY	FREDDIE MAC	(214) 506-6787
WATERTOWN	$10,000	931 RIGGS AVENUE	Single family residence	LEROUX, COLLEEN	FDIC	(315) 788-8888
WATERVLIET	Call		See page 4	BRUCE LINDER	FREDDIE MAC	(203) 926-2247
WEBSTER	Call		See page 4	LARRY MAGGUILLI	FANNIE MAE	(716) 359-2000
WEBSTER	Call		See page 4	IS LEVY	FREDDIE MAC	(716) 454-1900
WEST AMHERST	Call		See page 4	BRUCE LINDER	FANNIE MAE	(203) 926-2247
WESTBURY	Call		See page 4	JOHN FITZGERALD	FREDDIE MAC	(516) 271-5476
WESTBURY	Call		See page 4	CLIFFORD HECHT	FANNIE MAE	(516) 826-2100
WESTBURY	$109,900	176 BOND ST	See page 4	CLIFF HECHT	FREDDIE MAC	(516) 826-2100
WESTHAMPTON BEACH	Call		See page 4	CAIN, W. CURTIS	FDIC	(212) 944-5240
WHITE PLAINS	Call		See page 4	JUDY EISENHAUER	FANNIE MAE	(914) 968-6214

* A RECENT PROPERTY ASKING PRICE AND YOUR LOCAL CONTACT FOR CURRENT LISTINGS

CONSUMER DATA SERVICE

New York

CITY	ASKING	ADDRESS	DETAILS	CONTACT	AGENCY	PHONE
WHITESTONE	Call		See page 4	CAIN, W. CURTIS	FDIC	(203) 291-4036
WILLIAMSON	$91,500	3421 LAKE RD	See page 4	TOM COLLIER	FANNIE MAE	(315) 589-9676
WILLIAMSTOWN	$59,900	*	See page 4	BRUCE LINDER	FREDDIE MAC	(203) 926-2247
WILLIARD	$17,500	1475 MAIN ST	See page 4	TERESA DENDIS	FANNIE MAE	(315) 539-9282
WINDSOR	$35,700	345 LAUREL LAKE ROAD	See page 4	JIM TREVITT	FANNIE MAE	(800) 732-6643
WOODHAVEN	Call		See page 4	JOHN FITZGERALD	FREDDIE MAC	(516) 293-4040
WOODSTOCK	Call		See page 4	SAM MURPHY	FREDDIE MAC	(214) 506-6787
WURTSBORO	Call		See page 4	MAUREEN	FANNIE MAE	(914) 647-3396
WURTSBORO	$19,500	*	See page 4	SAM MURPHY	FREDDIE MAC	(214) 506-6787
YONKERS	Call		See page 4	CAIN, W. CURTIS	FDIC	(203) 291-4036
YONKERS	$19,900	*	See page 4	BETTY FOSHAY	FREDDIE MAC	(914) 941-7020
YONKERS	$54,900	*	See page 4	SAM MURPHY	FREDDIE MAC	(214) 506-6787
YONKERS	$191,100	67 SEMINARY AVE	See page 4	JUDY EISENHAUER	FANNIE MAE	(914) 968-6214
YONKERS	$87,500	900 MIDLAND AVE	See page 4	JUDY EISENHAUER	FANNIE MAE	(914) 968-6214
YORKTOWN HEIGHTS	$380,000	ILLINGTON ROAD	See page 4	GARRITSON, GARRY	FDIC	(914) 347-2900
YORKTOWN	$137,500	2889 MEAD ST	See page 4	KATHY AMERICO	FANNIE MAE	(914) 734-8400

North Carolina

CITY	ASKING	ADDRESS	DETAILS	CONTACT	AGENCY	PHONE
*Statewide	Call		See page 4.		FDIC	(800) 234-0867
*Statewide	Call		See page 4.		FREDDIE MAC	(800) 373-3343
*Statewide	Call		Refer to "Home Buyer's Guide", page 81		DVA	(800) 556-4945
BURLINGTON	Call		See page 4	JOANNE BAGGERLY	FANNIE MAE	(919) 584-0376
CHARLOTTE	$34,000	2201 FINCHLEY DRIVE	See page 4	DAN MARKHAM	FANNIE MAE	(704) 366-8791
CHARLOTTE	$44,900	325 ORANGE ST	See page 4	CHARLES CATHEY	REO	(704) 376-6676
CLEMMONS	Call		See page 4	GLENN WINFREE	FANNIE MAE	(910) 761-1991
COROLLA	Call	623 BODIE COURT AKA 1127	See page 4	Jon Lohr	Bank REO	(800) 558-9900
DURHAM	$79,900	4109 SUDBURY RD	See page 4	ROB HOWELL	REO	(919) 490-9000
EMERALD	$69,900	202 EMERALD PLANTATION	See page 4	PAT PATTERSON	FANNIE MAE	(800) 832-2345
EMERALD	$85,000	473 WILDER DRIVE	See page 4	PAT PATTESON	FANNIE MAE	(800) 732-6643
FAYETTEVILLE	Call	6213 LAKEHAVEN DR	See page 4	GEORGE	FANNIE MAE	(919) 484-0163
FAYETTEVILLE	Call		See page 4	BRUCE LINDER	FREDDIE MAC	(203) 926-2247
FUQUAY VARINA	Call	1520 BALFOUR DOWN CIRCLE	See page 4	DICK COLEMAN	FANNIE MAE	(800) 326-3418
FUQUAY VARINA	Call		See page 4	SAM MURPHY	FREDDIE MAC	(214) 506-6787
GREENSBORO	Call	19 BOTHWELL CT	See page 4	EDDIE YOST	FANNIE MAE	(919) 272-0151
GREENSBORO	$48,000	5400, 02 & 06 WHITTINGTON	See page 4	DEAN HARRIS	REO	(910) 294-3100
HARRISBURG	$68,000	*	See page 4	KING, ROBERT	FDIC	(704) 366-5505
HENDERSON	$29,900	GALLOP STREET	See page 4	BRUCE LINDER	FREDDIE MAC	(203) 926-2247
JARVISBURG	Call		See page 4	BRUCE LINDER	FREDDIE MAC	(203) 926-2247
KANNAPOLIS	Call		See page 4	PRAZAK, PAUL	FDIC	(919) 441-2450
KILL DEVIL HILLS	$73,500	305 GUNAS DRIVE	See page 4	ROSE MARIE DOSHER	FANNIE MAE	(919) 441-8011
KILL DEVIL HILLS	Call		See page 4	ALICE CARTWRIGHT	FANNIE MAE	(704) 322-8655
LENOIR	Call		See page 4	SAM MURPHY	FREDDIE MAC	(214) 506-6787
LEXINGTON	$79,900	1665 CLOUDBURST DRIVE	See page 4	DAN MARKHAM	FANNIE MAE	(704) 366-8791
LINCOLNTON	Call		See page 4	RONNIE EAVES	FANNIE MAE	(803) 448-2063
LONGWOOD						

* A RECENT PROPERTY ASKING PRICE AND YOUR LOCAL CONTACT FOR CURRENT LISTINGS

CONSUMER DATA SERVICE

North Carolina

CITY	ASKING	ADDRESS	DETAILS	CONTACT	AGENCY	PHONE
MATTHEWS	$209,900	9327 HUNTING COURT	See page 4	DAN MARKHAM	FANNIE MAE	(704) 366-8791
NORTH TOPSAIL	$53,750	170 TOPSAIL REEF	See page 4	WAYNE HARKEY	FANNIE MAE	(800) 732-6643
NORTH TOPSAIL	$91,300	LOT 2, PHASE I OCEAN RIDG	See page 4	KING, ROBERT	FDIC	(305) 358-7710
NORTH WILKES	Call	10309 FANNY BROWN ROAD	See page 4	CAROLYN GREEN	FANNIE MAE	(800) 832-2345
RALEIGH	$46,900	10309 FANNY BROWN ROAD	See page 4	BRUCE LINDER	FREDDIE MAC	(203) 926-2247
RALEIGH	Call	2101 GRESHAM LAKE ROAD	See page 4	OFFICE	FANNIE MAE	(800) 326-3418
ROCKY POINT	$92,950	13670 ASHTON ROAD	See page 4	SUE WALLER	FANNIE MAE	(919) 392-1380
SNEADS FERRY	$44,900	*	See page 4	SAM MURPHY	FREDDIE MAC	(214) 506-6787
SNEADS FERRY	Call	1 NORTH TOPSAIL DR. #315	See page 4	Jon Lohr	Bank REO	(800) 558-9900
TRINITY	Call		See page 4	BRUCE LINDER	FREDDIE MAC	(203) 926-2247
WILLOW SPRING	Call		See page 4	DICK COLEMAN	FANNIE MAE	(800) 326-3418
WILLOW SPRING	$99,900	816 SHADOW LAKES DRIVE	See page 4	OFFICE	FANNIE MAE	(800) 326-3418
WILSON	$147,750	2117 BEEKMAN PLACE	See page 4	IRENE TYNDALL	FANNIE MAE	(919) 237-1234
WINSTON SALEM	Call		See page 4	GLENN WINFREE	FANNIE MAE	(910) 761-1991
WINSTON SALEM	Call	4913 TALPHIN DRIVE	See page 4	KERRY PATTERSON	REO	(800) 241-6529

North Dakota

CITY	ASKING	ADDRESS	DETAILS	CONTACT	AGENCY	PHONE
*STATEWIDE	Call		See page 4	Office of Real Estate	GSA	(800) 472-1313
*STATEWIDE	Call		See page 4		RECD	(701) 250-4781
*Statewide	Call		See page 4.		FDIC	(800) 234-0867
*Statewide	Call		See page 4		FREDDIE MAC	(800) 373-3343
*Statewide	Call		Refer to "Home Buyer's Guide", page 81		DVA	(800) 556-4945
CHRISTINE	Call		See page 4	DOUG LEE	FANNIE MAE	(218) 236-9082
DEVILS LAKE	$46,000	LOT 39 FRISONS S/D	See page 4	PAULETTE PAULSON	RECD	(701) 662-8634
FARGO	Call		See page 4		HUD	(701) 239-5136

Ohio

CITY	ASKING	ADDRESS	DETAILS	CONTACT	AGENCY	PHONE
*Statewide	Call		See page 4	Office of Real Estate	GSA	(800) 472-1313
*Statewide	Call		See page 4.		FDIC	(800) 234-0867
*Statewide	Call		See page 4.		FREDDIE MAC	(800) 373-3343
*Statewide	Call		Refer to "Home Buyer's Guide", page 81		DVA	(800) 556-4945
AKRON	$22,050	1130 CLAY AVE	See page 4	CARLA DAWSON	FANNIE MAE	(216) 724-5541
ALLIANCE	Call		See page 4	RICK MOTT	REO	(800) 766-6769
AMELIA	Call		See page 4	CATHY FAST	FANNIE MAE	(513) 321-9944
ANDOVER	Call		See page 4	TOM MADAR	FANNIE MAE	(216) 998-3706
ASHLAND	Call		See page 4	JIM KEIL	FANNIE MAE	(419) 289-2828
BOWLING GREEN	$68,900	12616 JACKSON DRIVE	See page 4	BOB GENTRY	FANNIE MAE	(419) 866-5900
BURTON	Call		See page 4	SAM MURPHY	FREDDIE MAC	(214) 506-6787
CALEDONIA	Call		See page 4	SHIRLEY CAROZZA	FANNIE MAE	(614) 387-2920
CANFIELD	$134,900	501 E. REGENCY CIRCLE	See page 4	DON FATOBENE	FANNIE MAE	(216) 399-6987
CENTERVILLE	$129,900	7177 FALLEN OAK TRACE	See page 4	JERRY PHILHOWER	FANNIE MAE	(513) 847-2100
CINCINNATI	Call	3738 SUNBURST RIDGE LANE	See page 4	Jon Lohr	Bank REO	(800) 558-9900
CINCINNATI	$55,900	8789 DALY RD	See page 4	BRUCE LINDER	FREDDIE MAC	(203) 926-2247
CLEVELAND	Call		See page 4	HARRY FLYNN	FANNIE MAE	(216) 321-7040

* A RECENT PROPERTY ASKING PRICE AND YOUR LOCAL CONTACT FOR CURRENT LISTINGS

CONSUMER DATA SERVICE

Ohio

CITY	ASKING	ADDRESS	DETAILS	CONTACT	AGENCY	PHONE
CLEVELAND	Call		See page 4	HENRY R.	FANNIE MAE	(216) 991-8100
CLEVELAND	Call		See page 4	BOVAY, JAY	FDIC	(800) 765-3342
CLEVELAND	$34,900	1825 COLONNADE RD	See page 4	GARY KUBENE	FANNIE MAE	(216) 845-2000
CLEVELAND	Call	3240 W. 61ST STREET	See page 4	GRACZ, STEVE	FDIC	(312) 382-6000
CLEVELAND	$128,900	3318 CHELSEA DR	See page 4	GARY KUBENE	FANNIE MAE	(216) 845-2000
CLEVELAND	$9,900	7710 GOODMAN AVE	See page 4	TOMMY GREEN	FREDDIE MAC	(214) 506-6400
COLUMBUS	Call		See page 4	ALAN JONES	FANNIE MAE	(614) 447-1000
COLUMBUS	Call		See page 4	PAUL TURNER	FANNIE MAE	(614) 239-7400
COLUMBUS	$50,900	1239 BROWN RD.	See page 4	RON M. DAVIS	FANNIE MAE	(614) 451-7300
COLUMBUS	$69,900	1336 CAROLYN AVE	See page 4	KELLI BECKETT	FANNIE MAE	(614) 793-2900
COLUMBUS	$34,900	2603 OSCEOLA AVE.	See page 4	RON M. DAVIS	FANNIE MAE	(614) 451-7300
CONVOY	$54,900	STATE ROAD 49	See page 4	WILLIAM C. STRALEY	FANNIE MAE	(419) 238-9733
CRIDERSVILLE	$45,000	4305 S DIXIE HWY	See page 4	MICHAEL MCNAMARA	FANNIE MAE	(419) 223-9060
CUYAHOGA FALLS	$129,900	4581 WYOGA LAKE RD	See page 4	CARLA DAWSON	FANNIE MAE	(216) 724-5541
DAYTON	$88,000	1618 BRIEDWENG AVENUE	See page 4	JERRY PHILHOWER	FANNIE MAE	(513) 847-2100
DAYTON	$49,900	1803 DARST AVE	See page 4	BRUCE LINDER	FREDDIE MAC	(203) 926-2247
DAYTON	$28,500	29 N FINLEY ST	See page 4	BOB KUGLER	FANNIE MAE	(513) 844-8405
DAYTON	$29,900	36 INFIRMARY ROAD	See page 4	TOMMY GREEN	FREDDIE MAC	(214) 541-6400
DEFIANCE	$34,900	1241 MYRNA STREET	See page 4	BOB GENTRY	FANNIE MAE	(419) 866-5900
EUCLID	Call		See page 4	GARY KUBENE	FANNIE MAE	(216) 845-2000
EUCLID	$54,900	891 BABBITT ROAD	See page 4	HARRY FLYNN	FANNIE MAE	(800) 732-6643
FAIRBORN	Call		See page 4	JERRY PHILHOWER	FANNIE MAE	(513) 847-2100
FOSTORIA	Call		See page 4	TOM MONASMITH	FANNIE MAE	(419) 435-0441
GAHANNA	Call		See page 4	RON M. DAVIS	FANNIE MAE	(614) 451-7300
GALENA	Call		See page 4	RON M. DAVIS	FANNIE MAE	(614) 451-7300
GARRETTSVILLE	Call	12009 STATE RTE 88	See page 4	TOMMY GREEN	FREDDIE MAC	(214) 541-6400
GROVE CITY	$119,900	6201 OAKHURST DRIVE	See page 4	KELLI BECKETT	FANNIE MAE	(614) 793-2900
HAMILTON	Call		See page 4	BOB KUGLER	FANNIE MAE	(513) 844-8405
LAGRANGE	$89,500	286 STABLE ROAD	See page 4	GARY KUBENE	FANNIE MAE	(216) 845-2000
LONDON	$63,900	80 NORTH STREET	See page 4	RON M. DAVIS	FANNIE MAE	(614) 451-7300
MIAMISBURG	Call		See page 4	JERRY PHILHOWER	FANNIE MAE	(513) 847-2100
MIDDLEBURG	$49,900	10600 COLUMBUS STREET	See page 4	DOUG E. ZIMMERMAN	FANNIE MAE	(513) 592-4896
MIDDLETOWN	Call		See page 4	BOB KUGLER	FANNIE MAE	(513) 844-8405
MIDDLETOWN	Call		See page 4	JERRY PHILHOWER	FANNIE MAE	(513) 847-2100
N. RIDGEVILLE	Call		See page 4	CHUCK LYONS	FANNIE MAE	(216) 845-2000
NEWARK	Call		See page 4	RON M. DAVIS	FANNIE MAE	(614) 451-7300
NEWBURGH HEIGHTS	$58,900	4217 BETA AVENUE	See page 4	GARY KUBENE	FANNIE MAE	(216) 845-2000
NORTH BEND	Call		See page 4	TOM SINGER	FANNIE MAE	(513) 745-0090
POWELL	Call		See page 4	RON M. DAVIS	FANNIE MAE	(614) 451-7300
ROCKY RIDGE	$29,900	14570 THIRD ST.	See page 4	BOB GENTRY	FANNIE MAE	(419) 866-5900
SANDUSKY	Call		See page 4	TOMMY GREEN	FREDDIE MAC	(214) 541-6400
SANDUSKY	$34,900	919 A STREET	See page 4	KELLI SWINT	FANNIE MAE	(419) 668-2585
SHILOH	$48,400	*	See page 4	SAM MURPHY	FREDDIE MAC	(214) 506-6787
SPRINGFIELD	$19,900	413 RICE STREET	See page 4	STEVE BROWNLEE	FANNIE MAE	(513) 324-5756
TOLEDO	Call		See page 4	BOB GENTRY	FANNIE MAE	(419) 866-5900
TOLEDO	Call		See page 4	SAM MURPHY	FREDDIE MAC	(214) 506-6787
TROTWOOD	$86,900	813 BRADFIELD DRIVE	See page 4	SAM MURPHY	FREDDIE MAC	(214) 506-6787

* A RECENT PROPERTY ASKING PRICE AND YOUR LOCAL CONTACT FOR CURRENT LISTINGS

CONSUMER DATA SERVICE

Ohio

CITY	ASKING	ADDRESS	DETAILS	CONTACT	AGENCY	PHONE
TROY	$77,400	815 COBBLESTONE DR.	See page 4	DAVID GALBREATH	FANNIE MAE	(513) 339-5321
TWINSBURG	$218,000	9790 LIBERTY ROAD	See page 4	CARLA DAWSON	FANNIE MAE	(216) 724-5541
WALDO	Call		See page 4	KELLI BECKETT	FANNIE MAE	(614) 793-2900
WARREN	$47,900	1525 ATLANTIC ST. NE	See page 4	DON FATOBENE	FANNIE MAE	(216) 399-6987
WEST CARROLL	Call		See page 4	JERRY PHILHOWER	FANNIE MAE	(513) 847-2100
WESTERVILLE	$77,900	4915 SMOKETALK LANE	See page 4	TOMMY GREEN	FREDDIE MAC	(214) 541-6400
YOUNGSTOWN	$79,800	2230 PENNY LANE	See page 4	DON FATOBENE	FANNIE MAE	(216) 399-6987

Oklahoma

CITY	ASKING	ADDRESS	DETAILS	CONTACT	AGENCY	PHONE
*Statewide	Call		See page 4		HUD	(405) 231-4181
*Statewide	Call		See page 4		HUD	(405) 231-4181
*Statewide	Call		See page 4.		FDIC	(800) 234-0867
*Statewide	Call		See page 4		FREDDIE MAC	(800) 373-3343
*Statewide	Call		Refer to "Home Buyer's Guide", page 81		DVA	(800) 556-4945
*Statewide	Call		Refer to "Home Buyer's Guide", page 81		DVA	(800) 556-4945
AFTON	Call		See page 4	BENTLEY, JOHN	FDIC	(918) 542-1831
ALTUS	Call		See page 4	ELLEN TUDO	FANNIE MAE	(800) 832-2345
ALTUS	$129,900	3208 TEAL CIRCLE	See page 4	ELLEN TUDOR	FANNIE MAE	(800) 732-6643
ARDMORE	$53,500	1429 STONERIDGE MANOR	See page 4	MAUREEN KALESNIK	FANNIE MAE	(405) 223-5386
BARTLESVILLE	Call		See page 4	SAM MURPHY	FREDDIE MAC	(214) 506-6787
BARTLESVILLE	$9,500	1554 S. ROGERS	See page 4	LEE RILEY	FANNIE MAE	(800) 732-6643
BARTLESVILLE	$12,000	4715 S.E. ADAMS BLVD	See page 4	LEE RILEY	FANNIE MAE	(800) 732-6643
BROKEN ARROW	$65,000	1215 WEST BOSTON PLACE	See page 4	RICHARD PIERCE	FANNIE MAE	(918) 481-8300
BROKEN ARROW	$45,900	523 W RICHMOND ST	See page 4	DIANA GOTWALLS	FANNIE MAE	(918) 747-4400
BROKEN ARROW	$67,500	9725 WHIPPERWILL	See page 4	DIANA GOTWALLS	FANNIE MAE	(918) 747-4400
CLAREMORE	Call		See page 4	BENTLEY, JOHN	FDIC	(800) 319-1444
CLAREMORE	$87,500	1114 NORTH KANSAS AVEN	See page 4	JOANN DOTY	FANNIE MAE	(918) 341-5757
COLLINSVILLE	$19,900	1001 WEST MAPLE STREET	See page 4	Jon Lohr	Bank REO	(800) 558-9900
CORDELL	Call	DUERKSEN/VOGT CAUSE	See page 4	MARILYN CALDWELL	FDIC	(800) 319-1444
EDMOND	Call		See page 4	WAYNE SMITH	FANNIE MAE	(405) 330-2626
EDMOND	$104,900	412 ALBANY	See page 4	SANDI HARRIS	FANNIE MAE	(405) 722-6667
EL RENO	$55,000	2616 STONE GLEN	See page 4	BRUCE LINDER	FREDDIE MAC	(203) 926-2247
ENID	$17,000	*	See page 4	BRUCE LINDER	FREDDIE MAC	(203) 926-2247
FORGAN	Call		See page 4	DUANE MEIER	FANNIE MAE	(800) 832-2345
FREDERICK	$22,500	800 & 800 1/2 N 11TH	See page 4	JOHN S. JONES	FANNIE MAE	(405) 357-0842
HARTSHORNE	$61,600	107-113 7TH & 13TH ST	Single family residence	BENTLEY, JOHN	FDIC	(800) 568-9161
KEIFER	Call		See page 4	DIANA GOTWALLS	FANNIE MAE	(918) 747-4400
LEXINGTON	$79,900	ROUTE 1 BOX 58	See page 4	BRUCE LINDER	FREDDIE MAC	(203) 926-2247
MIDWEST CITY	$44,500	319 W. CAMPBELL	See page 4	SANDI HARRIS	FANNIE MAE	(405) 722-6667
MOUNDS	$69,900	RT. 2 BOX 1655	See page 4	DIANA GOTWALLS	FANNIE MAE	(918) 747-4400
NEWALLA	Call		See page 4	ASHBY, WALTER	FDIC	(800) 568-9161
NORMAN	Call		See page 4	BENTLEY, JOHN	FDIC	(405) 366-7707
OKLAHOMA CITY	Call		See page 4	SANDI HARRIS	FANNIE MAE	(405) 722-6667
OKLAHOMA CITY	Call		See page 4	BOYLES, JAMES	FDIC	(800) 319-1444
OKLAHOMA CITY	Call		See page 4	BENTLEY, JOHN	FDIC	(405) 232-8501

* A RECENT PROPERTY ASKING PRICE AND YOUR LOCAL CONTACT FOR CURRENT LISTINGS

CONSUMER DATA SERVICE

Oklahoma

CITY	ASKING	ADDRESS	DETAILS	CONTACT	AGENCY	PHONE
OKLAHOMA CITY	$76,900	110012 NW 113 ST	See page 4	SAM MURPHY	FREDDIE MAC	(214) 506-6787
OKLAHOMA CITY	$19,900	1116 NW 45TH	See page 4	JERRY HILDEBRAND	FANNIE MAE	(405) 350-1347
OKLAHOMA CITY	$19,900	3025 NW 28TH ST.	See page 4	SANDI HARRIS	FANNIE MAE	(405) 722-6667
OKLAHOMA CITY	$14,900	3321 S META	See page 4	SANDI HARRIS	FANNIE MAE	(405) 722-6667
OKLAHOMA CITY	Call	4204 NW 43RD PLACE	See page 4	KERRY PATTERSON	REO	(800) 241-6529
OKLAHOMA CITY	$48,500	504 GREENVALE	See page 4	SANDI HARRIS	FANNIE MAE	(405) 722-6667
OKLAHOMA CITY	$22,500	6203 SE 47TH ST	See page 4	SANDI HARRIS	FANNIE MAE	(405) 722-6667
OKLAHOMA CITY	$74,900	741 TURTLECREEK	See page 4	SANDI HARRIS	FANNIE MAE	(405) 722-6667
OWASSO	$184,500	9506 N. 133RD EAST	See page 4	DIANA GOTWALLS	FANNIE MAE	(918) 747-4400
PONCA CITY	$29,500	220 N. PEACHTREE STREE	See page 4	RUTH CAPSHAW	FANNIE MAE	(405) 765-6628
PONCA CITY	$17,500	534 N. 9TH	See page 4	RUTH CAPSHAW	FANNIE MAE	(405) 765-6628
SAND SPRINGS	$49,900	22201 W 12TH STREET	See page 4	DIANA GOTWALLS	FANNIE MAE	(918) 747-4400
SNYDER	Call		See page 4	ELLEN TUDO	FANNIE MAE	(800) 832-2345
STILLWATER	Call		See page 4		RECD	(405) 742-1000
TULSA	$152,900	1208 S MEMORIAL DRIVE	See page 4	HOOVER, KEN	FDIC	(918) 744-4573
TULSA	$25,000	2209 E. 67TH ST.	See page 4	RICHARD PIERCE	FANNIE MAE	(918) 481-8300
TULSA	$19,900	2513 N LANSING AVENUE	See page 4	BRUCE LINDER	FREDDIE MAC	(203) 926-2247
TULSA	$68,500	2911 S 125TH EAST AVE	See page 4	DIANA GOTWALLS	FANNIE MAE	(918) 747-4400
TULSA	$50,000	3820 CHARLES PAGE BLVD	See page 4	MITCHELL, MICHELLE	FDIC	(918) 245-2251
TULSA	$34,500	467 WEST 67TH STREET	See page 4	DIANA GOTWALLS	FANNIE MAE	(918) 747-4400
TULSA	$84,500	7520 WOODRIDGE CIRCLE	See page 4	DIANA GOTWALLS	FANNIE MAE	(918) 747-4400
TULSA	$59,900	8914 East 33rd Place	See page 4	Jon Lohr	Bank REO	(800) 558-9900
WETONGA	$18,500	RT 3 BOX 115B	See page 4	MARY SUE STEWART	FANNIE MAE	(800) 732-6643

Oregon

CITY	ASKING	ADDRESS	DETAILS	CONTACT	AGENCY	PHONE
*Statewide	Call		See page 4		RECD	(503) 414-3300
*Statewide	Call		See page 4.		FDIC	(800) 234-0867
*Statewide	Call		See page 4.		FREDDIE MAC	(800) 373-3343
*Statewide	Call		Refer to "Home Buyer's Guide", page 81		DVA	(800) 556-4945
ALOHA	$155,900	1190 S.W. 204TH AVENU	See page 4	NICK RULLI	FANNIE MAE	(503) 228-9801
BEAVERTON	Call		See page 4	SUE GOMEZ	FANNIE MAE	(503) 645-7433
BEND	Call		See page 4	RANDY SCHONING	FANNIE MAE	(503) 389-0200
CANYONVILLE	Call		Apartment	HIBBS, RUSS	FDIC	(800) 234-0867
CANYONVILLE	$1,450,000	200 SW FRONTAGE ROAD	See page 4	FEDUSKA, SUE	FDIC	(415) 391-9220
CLACKAMAS	$279,900	18498 SE MIARLY LANE	See page 4	NICK RULLI	FANNIE MAE	(503) 228-9801
CLACKAMAS	$204,000	SE 82ND DR. & EVELYN ST.	See page 4	CASHMAN, PAT	FDIC	(503) 256-3910
CROOKED RIVER	$74,900	14720 STALLION DRIVE	See page 4	SAM MURPHY	FREDDIE MAC	(214) 506-6787
EUGENE	Call		See page 4	Real Estate Risk Mgmt	REO	(619) 470-5350
EUGENE	$50,000	1.4 ACRES ON HWY 105	See page 4	LARSON, CHRIS	FDIC	(800) 234-0867
GRANTS PASS	Call		See page 4	PAUL TUTTLE	FANNIE MAE	(800) 832-2345
KLAMATH FALLS	$59,950	1443 DERBY ST	See page 4	LISA STEWART	REO	(541) 882-8990
MILTON FREEWATER	$74,900	RT 4 BOX 148	See page 4	MARILYN DALE	FANNIE MAE	(503) 938-3331
PORTLAND	Call		See page 4	RICK MERRILAT	VA	(503) 326-2484
PORTLAND	Call		See page 4	Residential Marketing	REO	(213) 345-9648
PORTLAND	Call		See page 4	SAM MURPHY	FREDDIE MAC	(214) 506-6787

* A RECENT PROPERTY ASKING PRICE AND YOUR LOCAL CONTACT FOR CURRENT LISTINGS

CONSUMER DATA SERVICE

Oregon

CITY	ASKING	ADDRESS	DETAILS	CONTACT	AGENCY	PHONE
SALEM	Call		See page 4	EXT 254	BANK REO	(714) 564-0600
WHITE CITY	$79,900	17275 JONES ROAD	See page 4	RICHARD DAUBER	FANNIE MAE	(800) 732-6643

Pennsylvania

CITY	ASKING	ADDRESS	DETAILS	CONTACT	AGENCY	PHONE
*Statewide	Call		See page 4.		FDIC	(800) 234-0867
*Statewide	Call		See page 4.		FREDDIE MAC	(800) 373-3343
*Statewide	Call		Refer to "Home Buyer's Guide", page 81		DVA	(800) 556-4945
ALBRIGHTSVILLE	Call	*	See page 4	TOM MCKEOWN	FANNIE MAE	(717) 424-2762
ALBRIGHTSVILLE	$42,900	LOT 224, SECTION K	See page 4	SAM MURPHY	FREDDIE MAC	(214) 506-6787
ALBRIGHTSVILLE	$56,900		See page 4	TOM MCKEOWN	FANNIE MAE	(717) 424-2762
ALDAN	$58,900	*	See page 4	SAM MURPHY	FREDDIE MAC	(214) 506-6787
ALIQUIPPA	$124,900	130 GENEVA DRIVE	See page 4	CARL J GRASHA	FANNIE MAE	(412) 372-5800
ALLENTOWN	Call		See page 4	TOM MCKEOWN	FANNIE MAE	(717) 424-2762
ALLENTOWN	Call		See page 4	JOHN GROSS	FANNIE MAE	(610) 691-6666
ALLENTOWN	$39,900	*	See page 4	SAM MURPHY	FREDDIE MAC	(214) 506-6787
AMBLER	Call		See page 4	RITA NILON	FREDDIE MAC	(610) 325-0330
ARNOLD	$29,900	2016 KENNETH AVENUE	See page 4	CARL J GRASHA	FANNIE MAE	(412) 372-5800
AVONDALE	Call		See page 4	KATHY LANCIANO	FANNIE MAE	(609) 429-2800
BALA CYNWYD	$87,900	191 PRESIDENTIAL BLVD.	See page 4	RITA NILON	FREDDIE MAC	(610) 325-0330
BARRETT	Call		See page 4	SAM MURPHY	FREDDIE MAC	(214) 506-6787
BETHLEHEM	Call		See page 4	JOHN GROSS	FANNIE MAE	(610) 691-6666
BLOOMING GROVE	Call		See page 4		FREDDIE MAC	(214) 506-6787
BOOTHWYN	$119,900	2644 MILL ROAD	See page 4	RITA NILON	FANNIE MAE	(610) 325-0330
BRISTOL	$37,500	*	See page 4	RITA NILON	FREDDIE MAC	(610) 325-0330
BROADHEADSVILLE	Call		See page 4	TOM MCKEOWN	FANNIE MAE	(717) 424-2762
BROOKHAVEN	Call		See page 4	ART WOOD	FANNIE MAE	(215) 386-2800
BUSHKILL	Call		See page 4	BRUCE LINDER	FREDDIE MAC	(203) 926-2247
BUSHKILL	Call		See page 4	SAM MURPHY	FREDDIE MAC	(214) 506-6787
BUSHKILL	$54,900	1425 PINE RIDGE	See page 4	RICHARD SCHIAVONE	FANNIE MAE	(717) 421-8950
BUSHKILL	$55,900	18 PIPHER RD PIKE RIDG	See page 4	RICHARD SCHIAVONE	FANNIE MAE	(717) 421-8950
CATASQUA	$84,900	82 CAMBRIDGE PLACE	See page 4	JOHN GROSS	FANNIE MAE	(610) 691-6666
CHELTENHAM	Call		See page 4	RITA NILON	FANNIE MAE	(610) 325-0330
CHESTER	Call		See page 4	KATHY LANCIANO	FANNIE MAE	(609) 429-2800
CHESTER	Call		See page 4	CATHERINE	FANNIE MAE	(215) 561-7367
CHESTER CITY	$34,900	*	See page 4	SAM MURPHY	FREDDIE MAC	(214) 506-6787
CHESTER	$17,900	205 E. 18TH ST.	See page 4	ART WOOD	FANNIE MAE	(215) 386-2800
CHESTER	$14,900	3134 W. 2ND STREET	See page 4	ART WOOD	FANNIE MAE	(215) 386-2800
CHURCHVILLE	Call		See page 4	RITA NILON	FREDDIE MAC	(610) 325-0330
COATESVILLE	$59,900	336 E CHESTNUT STREET	See page 4	ART WOOD	FANNIE MAE	(215) 386-2800
COLLINGDALE BOROUGH	Call		See page 4		FANNIE MAE	(214) 506-6787
COLWYN	$35,900	117 S. SECOND ST.	See page 4	ART WOOD	FREDDIE MAC	(215) 386-2800
CONNEAUT LAKE	Call		See page 4	GARRITSON, GARRY	FANNIE MAE	(800) 365-0381
COOLBAUGH	$39,900	*	See page 4	SAM MURPHY	FREDDIE MAC	(214) 506-6787
COOLBOUGH TWP	Call		See page 4	TOM MCKEOWN	FANNIE MAE	(717) 424-2762
DINGMAN	Call		See page 4	SAM MURPHY	FREDDIE MAC	(214) 506-6787

* A RECENT PROPERTY ASKING PRICE AND YOUR LOCAL CONTACT FOR CURRENT LISTINGS

CONSUMER DATA SERVICE

Pennsylvania

CITY	ASKING	ADDRESS	DETAILS	CONTACT	AGENCY	PHONE
DINGMANS FERRY	Call		See page 4	ROY B HULL	FANNIE MAE	(717) 828-9591
DOYLESTOWN BOROUGH	Call		See page 4	LENGEL, JANET	FDIC	(800) 365-0381
DUNMORE	Call		See page 4	TOM MCKEOWN	FANNIE MAE	(717) 424-2762
E NORRION	Call		See page 4	JANE HENNESSEY	FANNIE MAE	(610) 584-8544
EASTON	Call		See page 4	THOMAS KOCSIS	FANNIE MAE	(610) 252-6999
EASTON	$47,900		See page 4	JOHN GROSS	FANNIE MAE	(610) 691-6666
EASTON	Call	*	See page 4	BRUCE LINDER	FREDDIE MAC	(203) 926-2247
EFFORT	Call		See page 4	SAM MURPHY	FREDDIE MAC	(214) 506-6787
ELIZABETHTOWN	Call		See page 4	TIMOTHY STRAUB	FANNIE MAE	(717) 737-6113
ELIZABETHTOWN	$59,900	50 N. POPLAR STREET	See page 4	TIMOTHY STRAUB	FANNIE MAE	(717) 737-6113
ELKINS PARK	Call		See page 4	WILLIAM LUBLIN	FANNIE MAE	(215) 322-7050
GLENOLDEN	$34,900	100 EAST GLENOLDEN	See page 4	ART WOOD	FANNIE MAE	(215) 386-2800
GOULDSBORO	Call		See page 4	JEANNIE	FANNIE MAE	(717) 226-2424
GOULDSBORO	$46,900	*	See page 4	SAM MURPHY	FREDDIE MAC	(214) 506-6787
GOULDSBORO	$49,900	LOT 339 SEC II	See page 4	MARY ANN	FANNIE MAE	(717) 676-0695
GREEN TOWNSHIP	Call		See page 4	MARY ANN	FANNIE MAE	(717) 676-0695
GREENTOWN	Call		See page 4	MARY ANN	FANNIE MAE	(717) 676-0695
GREENTOWN	Call		See page 4	SAM MURPHY	FREDDIE MAC	(214) 506-6787
HANOVER	$109,900	430 SHORBS HILL RD	See page 4	PAT STAMBAUGH	FANNIE MAE	(717) 632-6400
HARRISBURG	$169,900		See page 4	TIMOTHY STRAUB	FANNIE MAE	(717) 737-6113
HATFIELD	Call	2796 DIAMOND ST	See page 4	NICK SALAMONE	FANNIE MAE	(610) 584-8544
HAWLEY	Call		See page 4	MARY ANN	FANNIE MAE	(717) 676-0695
HAWLEY	$66,500	COMSTOCK DR.,HEMLOCK F	See page 4	JEANNIE	FANNIE MAE	(717) 226-2424
HAWLEY	$54,900	LOT 225 SEC 7 HOLIDAY	See page 4	JEANNIE	FANNIE MAE	(717) 226-2424
HORSHAM	Call		See page 4	JANE HENNESSEY	FANNIE MAE	(610) 584-8544
KENNETT SQUARE	$124,900	134 W. THOMAS COURT	See page 4	JAYNE BAIR	FANNIE MAE	(800) 732-6643
KENNETT SQUARE	$114,900	713 HORNBLEND AVE	See page 4	RITA NILON	FANNIE MAE	(610) 325-0330
KREGSVILLE	$34,900	*	See page 4	BRUCE LINDER	FREDDIE MAC	(203) 926-2247
LACKAWAXEN	Call		See page 4	MARY ANN	FANNIE MAE	(717) 676-0695
LACKAWAXEN	Call		See page 4	JEANNIE	FANNIE MAE	(717) 226-2424
LACKAWAXEN	$39,900	371 KARL HOPE BLVD	See page 4	MARY ANN	FANNIE MAE	(717) 676-0695
LAKE ARIEL	$49,900	*	See page 4	SAM MURPHY	FREDDIE MAC	(214) 506-6787
LANCASTER	$49,900	*	See page 4	SAM MURPHY	FREDDIE MAC	(214) 506-6787
LANCASTER	$39,900	101 CHURCH STREET	See page 4	KEVIN WEACHTER	FANNIE MAE	(717) 569-2222
LANCASTER	$51,900	928 N LIME ST	See page 4	KEVIN WEACHTER	FANNIE MAE	(717) 569-2222
LANSDALE	Call		See page 4	RITA NILON	FREDDIE MAC	(610) 325-0330
LANSDALE BOROUGH	Call		See page 4	LENGEL, JANET	FDIC	(800) 365-0381
LANSDALE	$76,900	516 N VALLER FORGE RD	See page 4	NICK SALAMONE	FANNIE MAE	(610) 584-8544
LANSDOWNE BOROUGH	Call		See page 4		FDIC	(214) 506-6787
LEBANON	$19,900	13 CHESTNUT STREET	See page 4	TIMOTHY STRAUB	FANNIE MAE	(717) 737-6113
LEBANON	$42,900	41 MIFFLIN ST.	See page 4	TIMOTHY STRAUB	FANNIE MAE	(717) 737-6113
LEESPORT	Call		See page 4	HOWARD GOODHAND	FANNIE MAE	(800) 206-0013
LEESPORT	$62,900	507 PINE STREET	See page 4	MARALYN MANCIAS	FANNIE MAE	(215) 372-3200
LEHMAN TOWNSHIP	Call		See page 4	RICHARD SCHIAVONE	FANNIE MAE	(717) 421-8950
LEVITTOWN	Call		See page 4	ARLENE RUBENSTEIN	FANNIE MAE	(215) 322-7050
LEVITTOWN	$104,900	52 HOLLOW ROAD	See page 4	WILLIAM LUBLIN	FANNIE MAE	(215) 322-7050
LIBRARY	Call		See page 4	CARL J GRASHA	FANNIE MAE	(412) 372-5800

* A RECENT PROPERTY ASKING PRICE AND YOUR LOCAL CONTACT FOR CURRENT LISTINGS

CONSUMER DATA SERVICE

Pennsylvania

CITY	ASKING	ADDRESS	DETAILS	CONTACT	AGENCY	PHONE
LIBRARY	Call		See page 4	SAM MURPHY	FREDDIE MAC	(214) 506-6787
LOCUST LAKES	$89,900	1402 WOODEND ROAD	See page 4	CINDY STYS	FANNIE MAE	(717) 424-6611
LONG POND	Call		See page 4	TOM MCKEOWN	FANNIE MAE	(717) 424-2762
MATAMORAS	Call		See page 4	SAM MURPHY	FREDDIE MAC	(214) 506-6787
MCKEES ROCKS	Call		See page 4	CARL J GRASHA	FANNIE MAE	(412) 372-5800
MIDDLE SMITHFIELD	Call		See page 4		FDIC	(203) 926-2247
MIDDLETOWN TOWNSHIP	Call		See page 4	LENGEL, JANET	FDIC	(800) 365-0381
MILFORD	Call		See page 4	MARY ANN	FANNIE MAE	(717) 676-0695
MOHNTON	Call		See page 4	SAM MURPHY	FREDDIE MAC	(214) 506-6787
MOUNT JOY	$39,000	*	See page 4	BRUCE LINDER	FREDDIE MAC	(203) 926-2247
MOUNT JOY	$22,900	*	See page 4	SAM MURPHY	FREDDIE MAC	(214) 506-6787
NEW HOPE	Call		See page 4	RITA NILON	FREDDIE MAC	(610) 325-0330
NEWFOUNDLAND	$44,900	RT 507 AND RT 196	See page 4	MARY ANN	FANNIE MAE	(717) 676-0695
NEWTOWN	Call		See page 4	RITA NILON	FANNIE MAE	(610) 325-0330
NEWTOWN SQUARE	$109,900	282 WEST CHELSEA CIRCL	See page 4	ART WOOD	FANNIE MAE	(215) 386-2800
NORRISTOWN	Call		See page 4	JANE HENNESSEY	FANNIE MAE	(610) 584-8544
NORRISTOWN	Call		See page 4	BRUCE LINDER	FREDDIE MAC	(203) 926-2247
NORRISTOWN	$25,000	*	See page 4	RITA NILON	FREDDIE MAC	(610) 325-0330
NORRISTOWN	$22,900	210 CHAIN STREET	See page 4	NICK SALAMONE	FANNIE MAE	(610) 584-8544
NORRISTOWN	$39,900	513 NOBLE STREET	See page 4	NICK SALAMONE	FANNIE MAE	(610) 584-8544
NORTH COVENT	$169,900	11 MALVERN RD	See page 4	ART WOOD	FANNIE MAE	(215) 386-2800
NORTH COVENT	$184,900	1487 LAURELWOOD ROAD	See page 4	ART WOOD	FANNIE MAE	(215) 386-2800
NORTHAMPTON TOWNSHIP	Call		See page 4		FREDDIE MAC	(203) 926-2247
OAKS	Call		See page 4	JANE HENNESSEY	FANNIE MAE	(610) 584-8544
PAOLI	Call		See page 4	RITA NILON	FANNIE MAE	(610) 325-0330
PAUPACK	Call		See page 4	RICHARD SCHIAVONE	FANNIE MAE	(717) 421-8950
PERKIOMENVILLE	Call		See page 4	SAM MURPHY	FREDDIE MAC	(214) 506-6787
PHILADELPHIA	Call		See page 4	KATHY LANCIANO	FANNIE MAE	(609) 429-2800
PHILADELPHIA	Call		See page 4	GARRITSON, GARRY	FDIC	(860) 291-4067
PHILADELPHIA	Call		See page 4	LENGEL, JANET	FDIC	(800) 365-0381
PHILADELPHIA	Call		See page 4	BURKE, MONICA	FDIC	(860) 291-4052
PHILADELPHIA	Call		See page 4	ARLENE RUBENSTEIN	FANNIE MAE	(215) 322-7050
PHILADELPHIA	Call		See page 4	BRUCE LINDER	FREDDIE MAC	(203) 926-2247
PHILADELPHIA	$88,900	10962 TEMPLETON DRIVE	See page 4	PHIL MCCARTHY	FANNIE MAE	(215) 887-2100
PHILADELPHIA	$46,200	1208 EAST CHELTENHAM A	See page 4	WILLIAM LUBLIN	FANNIE MAE	(215) 322-7050
PHILADELPHIA	$132,900	1420 LOCUST STREET U23	See page 4	MITCHELL COHEN	FANNIE MAE	(215) 465-5101
PHILADELPHIA	$39,900	1750 S MOLE STREET	See page 4	ART WOOD	FANNIE MAE	(215) 386-2800
PHILADELPHIA	$39,900	2009 WALLACE STREET	See page 4	ART WOOD	FANNIE MAE	(215) 386-2800
PHILADELPHIA	$21,900	2304 MILDRED STREET	See page 4	MITCHELL COHEN	FANNIE MAE	(215) 465-5101
PHILADELPHIA	$36,100	2317 N. ST. BERNARD ST	See page 4	ART WOOD	FANNIE MAE	(215) 386-2800
PHILADELPHIA	$69,900	232 E. MT. PLEASANT	See page 4	BOB ELFANT	FANNIE MAE	(215) 247-3600
PHILADELPHIA	$69,900	26 UNIVERSITY MEWS	See page 4	ART WOOD	FANNIE MAE	(215) 386-2800
PHILADELPHIA	$11,900	2627 EARP STREET	See page 4	ART WOOD	FANNIE MAE	(215) 386-2800
PHILADELPHIA	$69,900	3308 FAIRDALE RD	See page 4	WILLIAM LUBLIN	FANNIE MAE	(215) 322-7050
PHILADELPHIA	$89,900	3333 WIEHLE	See page 4	BOB ELFANT	FANNIE MAE	(215) 247-3600
PHILADELPHIA	$84,000	3594 BROOKVIEW ROAD	See page 4	WILLIAM LUBLIN	FANNIE MAE	(215) 322-7050
PHILADELPHIA	$32,900	5144 PENN STREET	See page 4	WILLIAM LUBLIN	FANNIE MAE	(215) 322-7050

* A RECENT PROPERTY ASKING PRICE AND YOUR LOCAL CONTACT FOR CURRENT LISTINGS

103

CONSUMER DATA SERVICE

Pennsylvania

CITY	ASKING	ADDRESS	DETAILS	CONTACT	AGENCY	PHONE
PHILADELPHIA	$59,900	6042 A STREET	See page 4	WILLIAM LUBLIN	FANNIE MAE	(215) 322-7050
PHILADELPHIA	$125,000	6625 CASTOR AVENUE	See page 4	LUSSIER, MONIQUE	FDIC	(215) 567-7900
PHILADELPHIA	$17,900	7211-3 THEODORE STREET	See page 4	ART WOOD	FANNIE MAE	(215) 386-2800
PHILADELPHIA	$64,900	7321 PALMETTO STREET	See page 4	WILLIAM LUBLIN	FANNIE MAE	(215) 322-7050
PHOENIXVILLE	Call		See page 4	RITA NILON	FANNIE MAE	(610) 325-0330
PHOENIXVILLE	Call		See page 4	KATHY LANCIANO	FANNIE MAE	(609) 429-2800
PHOENIXVILLE	$59,900	9 VANDERSLICE STREET	See page 4	ART WOOD	FANNIE MAE	(215) 386-2800
PIPERSVILLE	$127,900	6121 AUTUMN COURT	See page 4	WILLIAM LUBLIN	FANNIE MAE	(215) 322-7050
PITTSBURGH	$15,700	*	See page 4	SAM MURPHY	FREDDIE MAC	(214) 506-6787
PITTSBURGH	$144,900	1296 FOLKSTONE DR.	See page 4	CARL J GRASHA	FANNIE MAE	(412) 372-5800
PITTSBURGH	$169,900	313 DEWEY AVENUE	See page 4	CARL J GRASHA	FANNIE MAE	(412) 372-5800
PITTSBURGH	$49,900	392 CAUGHEY AVE	See page 4	CARL J GRASHA	FANNIE MAE	(412) 372-5800
PITTSBURGH	$119,900	509 ROSLYN PL	See page 4	CARL J GRASHA	FANNIE MAE	(412) 372-5800
POCONO PINE	Call		See page 4	SAM MURPHY	FREDDIE MAC	(214) 506-6787
POCONO SUMMIT	$19,900	712 RIDGE RD.	See page 4	CINDY STYS	FANNIE MAE	(717) 424-6611
POTTSTOWN	Call		See page 4	JANE HENNESSEY	FANNIE MAE	(610) 584-8544
PROMPTON	Call		See page 4	JEANNIE	FANNIE MAE	(717) 226-2424
READING	$32,900	*	See page 4	BRUCE LINDER	FREDDIE MAC	(203) 926-2247
READING	$41,500	*	See page 4	SAM MURPHY	FREDDIE MAC	(214) 506-6787
READING	$59,900	1349 FERN AVE.	See page 4	MARALYN MANCIAS	FANNIE MAE	(215) 372-3200
READING	$11,900	1612 COTTON STREET	See page 4	HOWARD GOODHAND	FANNIE MAE	(800) 206-0013
READING	$79,900	1967 N. 14TH STREET	See page 4	HOWARD GOODHAND	FANNIE MAE	(800) 206-0013
READING	$69,900	224 MORGANTOWN ROAD	See page 4	MARALYN MANCIAS	FANNIE MAE	(215) 372-3200
READING	$58,900	516 CHESNUT ST.	See page 4	HOWARD GOODHAND	FANNIE MAE	(800) 206-0013
READING	$39,900	526 HOLLY DR.	See page 4	MARALYN MANCIAS	FANNIE MAE	(215) 372-3200
READING	Call	831 CHURCH STREET	See page 4	MARALYN MANCIAS	FANNIE MAE	(215) 372-3200
RED LION	$89,900	467 HILLSIDE DR	See page 4	SAM MURPHY	FREDDIE MAC	(214) 506-6787
RED LION	Call		See page 4	DALE PETER	FANNIE MAE	(717) 846-6500
RICHBORO,NORTHAMPTON	Call		See page 4	LENGEL, JANET	FDIC	(800) 365-0381
RIDLEY PARK	Call		See page 4	SAM MURPHY	FREDDIE MAC	(214) 506-6787
RIEGELSVILLE	Call		See page 4	JOHN GROSS	FANNIE MAE	(610) 691-6666
ROBESONIA	$96,900	263 DIPLOMAT	See page 4	MARALYN MANCIAS	FANNIE MAE	(215) 372-3200
ROCKLEDGE	Call		See page 4	RICHARD BARAG	FREDDIE MAC	(215) 745-6074
RYDAL	Call		See page 4	RITA NILON	FANNIE MAE	(610) 325-0330
SCHWENKSVILLE	Call		See page 4	JANE HENNESSEY	FANNIE MAE	(610) 584-8544
SCHWENKSVILLE	Call		See page 4	SAM MURPHY	FREDDIE MAC	(214) 506-6787
SCHWENKSVILLE	$94,900	334 LEXINGTON ROAD	See page 4	NICK SALAMONE	FANNIE MAE	(610) 584-8544
SELLERSVILLE	Call		See page 4	BRUCE LINDER	FREDDIE MAC	(203) 926-2247
SHARON HILL	Call		See page 4	ART WOOD	FANNIE MAE	(215) 386-2800
SHOHOLA	$24,900	*	See page 4	SAM MURPHY	FREDDIE MAC	(214) 506-6787
SPRING GROVE	Call		See page 4	SAM MURPHY	FREDDIE MAC	(214) 506-6787
SPRINGFIELD	Call		See page 4	ART WOOD	FANNIE MAE	(215) 386-2800
SPRINGFIELD	Call		See page 4	SAM MURPHY	FREDDIE MAC	(214) 506-6787
SPRINGFIELD	$169,900	7703 GATE ROAD	See page 4	PHIL MCCARTHY	FANNIE MAE	(215) 887-2100
STARRUCCA	Call		See page 4	BRUCE LINDER	FREDDIE MAC	(203) 926-2247
STROUDSBURG	Call		See page 4	JIM FONDI	FANNIE MAE	(717) 424-6611
THORNDALE	$119,900	3207 SYLVAN DRIVE	See page 4	ART WOOD	FANNIE MAE	(215) 386-2800

* A RECENT PROPERTY ASKING PRICE AND YOUR LOCAL CONTACT FOR CURRENT LISTINGS

104

CONSUMER DATA SERVICE

Pennsylvania

CITY	ASKING	ADDRESS	DETAILS	CONTACT	AGENCY	PHONE
THORNHURST	$49,900	*	See page 4	SAM MURPHY	FREDDIE MAC	(214) 506-6787
TOBYHANNA	Call		See page 4	JIM FONDI	FANNIE MAE	(717) 424-6611
TOBYHANNA	$31,900	*	See page 4	SAM MURPHY	FREDDIE MAC	(214) 506-6787
TOBYHANNA	$43,900	*	See page 4	BRUCE LINDER	FREDDIE MAC	(203) 926-2247
TOBYHANNA	$59,900	175 D BRIARWOOD DRIVE	See page 4	CINDY STYS	FANNIE MAE	(717) 424-6611
TOBYHANNA	$49,900	7138 ROBINHOOD DRIVE	See page 4	RICHARD SCHIAVONE	FANNIE MAE	(717) 421-8950
TOBYHANNA	$49,900	H658 RACOON TRAIL	See page 4	TOM MCKEOWN	FANNIE MAE	(717) 424-2762
TOBYHANNA	$24,900	LOT 229-H NATURES DR	See page 4	TOM MCKEOWN	FANNIE MAE	(717) 424-2762
TOBYHANNA	$54,900	LOT 266 SEC D	See page 4	RICHARD SCHIAVONE	FANNIE MAE	(717) 421-8950
TRAPPE	Call		See page 4	JANE HENNESSEY	FANNIE MAE	(610) 584-8544
TRAPPE	$99,900	467 FRANKLIN CT.	See page 4	NICK SALAMONE	FANNIE MAE	(610) 584-8544
UNION CITY	$39,900	52 PUTNAM STREET	See page 4	BRENT HAMMEL	FANNIE MAE	(814) 838-9004
UPPER BERN TWP	Call		See page 4	BRUCE LINDER	FREDDIE MAC	(203) 926-2247
UPPER DARBY	$39,900	7173 RUSKIN LANE	See page 4	RITA NILON	FANNIE MAE	(610) 325-0330
UPPER PROVID	Call		See page 4	JANE HENNESSEY	FANNIE MAE	(610) 584-8544
UPPER PROVID	$82,900	172 PROVIDENCE FORGE	See page 4	NICK SALAMONE	FANNIE MAE	(610) 584-8544
WARMINSTER	Call		See page 4	RITA NILON	FREDDIE MAC	(610) 325-0330
WAYNE, RADNOR	Call		See page 4	LENGEL, JANET	FDIC	(800) 365-0381
WEST CHESTER	$157,900	240 W MINER STREET	See page 4	RITA NILON	FANNIE MAE	(610) 325-0330
WEST CHESTER	$69,900	609 SUMMIT HOUSE	See page 4	RITA NILON	FANNIE MAE	(610) 325-0330
WEST CHESTER	$121,900	87 ASHTON WAY	See page 4	RITA NILON	FANNIE MAE	(610) 325-0330
WHITE HAVEN	$49,900	LOT 261 POCONO MT	See page 4	RICHARD SCHIAVONE	FANNIE MAE	(717) 421-8950
WILD ACRE	$74,900	LTS 2 ABCD BLOCK W9	See page 4	ROY B HULL	FANNIE MAE	(717) 828-9591
WINDSOR	$77,900	34 W. HIGH STREET	See page 4	DALE PETER	FANNIE MAE	(717) 846-6500
WOMELSDORF	Call		See page 4	SAM MURPHY	FREDDIE MAC	(214) 506-6787
YEADON	$62,900	1043 YEADON AVE	See page 4	ART WOOD	FANNIE MAE	(215) 386-2800
YEADON	$33,250	401 HOLLY ROAD	See page 4	ART WOOD	FANNIE MAE	(215) 386-2800
YORK	Call		See page 4	ANDRE B COLLINS	FANNIE MAE	(717) 846-6500
YORK	Call		See page 4	SAM MURPHY	FREDDIE MAC	(214) 506-6787
YORK	$24,900	351 PATTISON STREET	See page 4	DALE PETER	FANNIE MAE	(717) 846-6500
YORKANA	Call		See page 4	ANDRE B COLLINS	FANNIE MAE	(717) 846-6500

Puerto Rico

CITY	ASKING	ADDRESS	DETAILS	CONTACT	AGENCY	PHONE
RIO PIEDRAS	$52,250	10-A STREET, PROP #9488	See page 4	SLAGLE, FRED	FDIC	(787) 850-2525
RIO PIEDRAS	$52,250	10-A STREET, PROP #9489	See page 4	SLAGLE, FRED	FDIC	(787) 850-2525
RIO PIEDRAS	$214,500	17TH & CECILIANA STREETS	See page 4	SLAGLE, FRED	FDIC	(787) 850-2525
RIO PIEDRAS	$165,550	CAMINO SANTA TERESA HORNE	See page 4	SLAGLE, FRED	FDIC	(860) 291-4049
TOA ALTA	$700,000	BARRIO ORTIZ	See page 4	SLAGLE, FRED	FDIC	(860) 291-4049

* A RECENT PROPERTY ASKING PRICE AND YOUR LOCAL CONTACT FOR CURRENT LISTINGS

CONSUMER DATA SERVICE

Rhode Island

CITY	ASKING	ADDRESS	DETAILS	CONTACT	AGENCY	PHONE
*Statewide	Call		See page 4.		FDIC	(800) 234-0867
*Statewide	Call		See page 4.		FREDDIE MAC	(800) 373-3343
*Statewide	Call		Refer to "Home Buyer's Guide", page 81		DVA	(800) 556-4945
CENTRAL FALLS	$16,500	71 GARFIELD STREET	Apartment	LENGEL, JANET	FDIC	(617) 769-2222
CHARLESTOWN	Call		See page 4	ROBERT T. BLOUGH	FANNIE MAE	(401) 322-0357
COVENTRY	$74,500	21 AMES STREET	See page 4	OFFICE	FANNIE MAE	(401) 828-2100
COVENTRY	$79,900	30 ELTON STREET	See page 4	JOHN GOWER	FANNIE MAE	(401) 751-8100
CRANSTON	$115,500	100 ROSLYN AVE	See page 4	MARGE SANTAMARIA	FANNIE MAE	(401) 943-6150
CRANSTON	$96,500	17 MARDEN STREET	See page 4	MARGE SANTAMARIA	FANNIE MAE	(401) 943-6150
CRANSTON	$47,500	235 NORTHRUP STREET	See page 4	MARGE SANTAMARIA	FANNIE MAE	(401) 943-6150
CRANSTON	$99,900	507 BUDLONG RD.	See page 4	MARGE SANTAMARIA	FANNIE MAE	(401) 943-6150
CRANSTON	$69,900	91 PAINE AVE	See page 4	TOM PIANTADOSI	FANNIE MAE	(401) 333-0020
CUMBERLAND	$103,500	116 GARVIN STREET	See page 4	TOM PIANTADOSI	FANNIE MAE	(401) 333-0020
CUMBERLAND	$75,250	9 NEW YORK AVENUE	See page 4	BERNICE SALZBERG	FANNIE MAE	(401) 762-6430
GLOUCESTER	Call		See page 4	MARGE SANTAMARIA	FANNIE MAE	(401) 943-6150
JOHNSTON	$141,750	10 TEVERE DRIVE	See page 4	BERNICE SALZBERG	FANNIE MAE	(401) 762-6430
LINCOLN	$79,900	285 RAILROAD STREET	See page 4	LENGEL, JANET	FDIC	(800) 365-0381
LINCOLN	$93,500	6 DEXTER ROCK ROAD	See page 4	JANICE PAQUIN	FANNIE MAE	(401) 849-6084
MIDDLETOWN	Call		See page 4	JANICE PAQUIN	FANNIE MAE	(401) 849-6084
MIDDLETOWN	Call	76 TROUT DRIVE	See page 4	BERNICE SALZBERG	FANNIE MAE	(401) 762-6430
PAWTUCKET	Call		See page 4	LORENZO, MARGARET	FDIC	(800) 792-1150
PROVIDENCE	$52,500	*	See page 4	TOM PIANTADOSI	FREDDIE MAC	(401) 333-0020
PROVIDENCE, N	Call		See page 4	TOM PIANTADOSI	FANNIE MAE	(401) 333-0020
PROVIDENCE, N	Call		See page 4	LORENZO, MARGARET	FDIC	(800) 792-1150
PROVIDENCE, N	Call		See page 4	MARGARET LORENZO	FDIC	(508) 520-7250
PROVIDENCE, N	$64,500	1190 CHARLES ST., #2	See page 4	TOM PIANTADOSI	FANNIE MAE	(401) 333-0020
PROVIDENCE	$27,500	123 WENSCOTT LANE	See page 4	MARGE SANTAMARIA	FANNIE MAE	(401) 943-6150
PROVIDENCE	$46,500	102 MITCHELL	See page 4	TOM PIANTADOSI	FANNIE MAE	(401) 333-0020
PROVIDENCE	$47,250	103-105 PLEASANT ST	See page 4	YANNEE DOEUR	FANNIE MAE	(401) 942-7000
PROVIDENCE	$27,000	11 VIOLA STREET	See page 4	YANNEE DOEUR	FANNIE MAE	(401) 942-7000
PROVIDENCE	$69,900	164-166 SUPERIOR ST	See page 4	JOHN GOWER	FANNIE MAE	(401) 751-8100
PROVIDENCE	$45,600	24 CARR STREET	See page 4	YANNEE DOEUR	FANNIE MAE	(401) 942-7000
PROVIDENCE	$52,250	26 SHILOH STREET	See page 4	TOM PIANTADOSI	FANNIE MAE	(401) 333-0020
PROVIDENCE	$65,000	277 LOWELL AVE	See page 4	YANNEE DOEUR	FANNIE MAE	(401) 942-7000
PROVIDENCE	$29,900	34 GLOUCESTER ST	See page 4	BERNICE SALZBERG	FANNIE MAE	(401) 762-6430
PROVIDENCE	$79,900	34-36 APPLEGATE LN FK	See page 4	DON MORASH	FANNIE MAE	(401) 732-0011
PROVIDENCE	$36,250	5 APRIL COURT	See page 4	JOHN GOWER	FANNIE MAE	(401) 751-8100
PROVIDENCE	$30,000	59 CURTIS ST	See page 4	YANNEE DOEUR	FANNIE MAE	(401) 942-7000
PROVIDENCE	$49,900	7 VIOLA STREET	See page 4	DON MORASH	FANNIE MAE	(401) 732-0011
PROVIDENCE	$42,300	72 EDGEMERE AVENUE	See page 4	YANNEE DOEUR	FANNIE MAE	(401) 942-7000
SMITHFIELD	Call	97 ALMY STREET #99	See page 4	BERNICE SALZBERG	FANNIE MAE	(401) 762-6430
TIVERTON	Call		See page 4	JANICE PAQUIN	FANNIE MAE	(401) 849-6084
TIVERTON	$104,500	331 HOOPER ST	See page 4	JOHN GOWER	FANNIE MAE	(401) 751-8100
WARWICK	Call		See page 4	TOM PIANTADOSI	FANNIE MAE	(401) 333-0020
WARWICK	Call		See page 4	DON MORASH	FANNIE MAE	(401) 732-0011
WARWICK, W	Call		See page 4	JOHN GOWER	FANNIE MAE	(401) 751-8100

* A RECENT PROPERTY ASKING PRICE AND YOUR LOCAL CONTACT FOR CURRENT LISTINGS

CONSUMER DATA SERVICE

Rhode Island

CITY	ASKING	ADDRESS	DETAILS	CONTACT	AGENCY	PHONE
WARWICK, W	Call	1 FOX RUN DRIVE	See page 4	BARBARA KING	FREDDIE MAC	(401) 823-1500
WARWICK, W	$114,900	32 PEPIN ST.	See page 4	MARGE SANTAMARIA	FANNIE MAE	(401) 943-6150
WARWICK, W	$75,500	200 POST RD	See page 4	MARGE SANTAMARIA	FANNIE MAE	(401) 943-6150
WARWICK	$55,100	222 KILLEY AVENUE	See page 4	KATHY HOYAS	FANNIE MAE	(401) 732-2820
WARWICK	$62,500	28 JUNCTION ST.	See page 4	KATHY HOYAS	FANNIE MAE	(401) 732-2820
WARWICK	$71,500	29 WELFARE AVENUE	See page 4	JOHN GOWER	FANNIE MAE	(401) 751-8100
WARWICK	$94,500	76 STAPLES AVENUE	See page 4	KATHY HOYAS	FANNIE MAE	(401) 732-2820
WARWICK	$76,500	80 EBONY DRIVE	See page 4	KATHY HOYAS	FANNIE MAE	(401) 732-2820
WARWICK	$86,500	9 PURITAN DRIVE	See page 4	KATHY HOYAS	FANNIE MAE	(401) 732-2820
WARWICK	$87,500		See page 4	KATHY HOYAS	FANNIE MAE	(401) 732-2820
WESTERLY	Call	MORNINGSIDE APTS	See page 4	ROBERT T. BLOUGH	FANNIE MAE	(401) 322-0357
WESTERLY	Call		See page 4	LENGEL, JANET	FDIC	(508) 520-7250
WOONSOCKET	Call		See page 4	NICHOLS, BARBARA	FDIC	(800) 365-0381
WOONSOCKET	$63,500	525-527 PROVIDENCE ST.	See page 4	BERNICE SALZBERG	FANNIE MAE	(401) 762-6430

South Carolina

CITY	ASKING	ADDRESS	DETAILS	CONTACT	AGENCY	PHONE
*Statewide	Call		See page 4.		FDIC	(800) 234-0867
*Statewide	Call		See page 4.		FREDDIE MAC	(800) 373-3343
*Statewide	Call		Refer to "Home Buyer's Guide", page 81		DVA	(800) 556-4945
AIKEN	Call	663 SOMMER ST.	See page 4	BRUCE LINDER	FREDDIE MAC	(203) 926-2247
AIKEN	$46,500	76 CONVERSE DRIVE	See page 4	KATHY HUDAK	FANNIE MAE	(803) 648-7851
AIKEN	$68,250	RT.1 BOX 34B	See page 4	KATHY HUDAK	FANNIE MAE	(803) 648-7851
ALLENDALE	$33,500	215 AUGUSTA ROAD	See page 4	EDWARD HANNA	FANNIE MAE	(800) 732-6643
BATH	$26,900	421 GRADY LANE	See page 4	SAM MURPHY	FREDDIE MAC	(214) 506-6787
BEECH ISLAND	$42,750	802 CHESTNUT ST.	See page 4	SHARON PUETZ	FANNIE MAE	(803) 279-9250
CAMDEN	$42,900		See page 4	MICHAEL MUNSON	FANNIE MAE	(803) 779-1844
CHARLESTON	Call	1522 LARRY STREET	See page 4	CHARLOTTE BOVA	FANNIE MAE	(803) 571-7400
CHARLESTON, N	$34,900	5470 MARIE STREET	See page 4	CHARLOTTE BOVA	FANNIE MAE	(803) 571-7400
CHARLESTON, N	$39,900	RT 2 BOX 1040	See page 4	WYATT WILSON	FANNIE MAE	(800) 732-6643
CLINTON	$44,900	*	See page 4	SAM MURPHY	FREDDIE MAC	(214) 506-6787
COLUMBIA	$39,900		See page 4	MICHAEL MUNSON	FANNIE MAE	(803) 779-1844
COLUMBIA, W	Call	151 SPREADING BRANCH D	See page 4	MICHAEL MUNSON	FANNIE MAE	(803) 779-1844
COLUMBIA	$55,900	301 STEPNEY COURT	See page 4	MICHAEL MUNSON	FANNIE MAE	(803) 779-1844
COLUMBIA	$115,000	3636 HARROGATE ROAD	See page 4	MICHAEL MUNSON	FANNIE MAE	(803) 779-1844
FLORENCE	$78,750		See page 4	STUART BISSETTE	FANNIE MAE	(803) 667-0233
FORT MILL	Call	US HIGHWAY 21 & BAXTER LN	See page 4	KING, ROBERT	FDIC	(800) 765-3342
GAFFNEY	Call	111 SHERATON LOOP	See page 4	BRUCE LINDER	FREDDIE MAC	(203) 926-2247
GAFFNEY	$27,500	354 E BAKER BLVD	See page 4	KATHY CAMPBELL	FANNIE MAE	(803) 576-0902
GOOSE CREEK	Call		See page 4	CHARLOTTE BOVA	FANNIE MAE	(803) 571-7400
GOOSE CREEK	Call	111 TURNBERRY RD	See page 4	SAM MURPHY	FREDDIE MAC	(214) 506-6787
GREENVILLE	Call		See page 4	PAM MCCURRY	FANNIE MAE	(803) 370-7000
GREENVILLE	$40,000	216 FOWLER CIRCLE	See page 4	SUE BAKX	FANNIE MAE	(803) 370-7000
GREENWOOD	Call		See page 4	BENNY GARRETT	FANNIE MAE	(803) 942-8072
HANAHAN	Call		See page 4	CHARLOTTE BOVA	FANNIE MAE	(803) 571-7400

* A RECENT PROPERTY ASKING PRICE AND YOUR LOCAL CONTACT FOR CURRENT LISTINGS

CONSUMER DATA SERVICE

South Carolina

CITY	ASKING	ADDRESS	DETAILS	CONTACT	AGENCY	PHONE
HARTSVILLE	Call	500 COLONY RD	See page 4	SAM MURPHY	FREDDIE MAC	(214) 506-6787
HILTON HEAD	Call		See page 4	BRAD LEMON	FANNIE MAE	(803) 785-3333
HODGES	$56,700	122 HODGES CIRCLE	See page 4	BENNY GARRETT	FANNIE MAE	(803) 942-8072
HOLLY HILL	$59,900	RT 1 BOX 970	See page 4	JULIE RICKENBAKER	FANNIE MAE	(800) 732-6643
HORRY COUNTY	Call	3459 River Road	See page 4	Sales Office	GSA	(800) 473-7836
HORRY COUNTY	Call	Adjacent to 3549 River Road	See page 4	Sales Office	GSA	(800) 473-7836
IRMO			See page 4	MICHAEL MUNSON	FANNIE MAE	(803) 779-1844
LEXINGTON	$76,900	102 COMPASS LANE	See page 4	MICHAEL MUNSON	FANNIE MAE	(803) 779-1844
MT PLEASANT	Call		See page 4	SAM MURPHY	FREDDIE MAC	(214) 506-6787
MYRTLE BEACH	Call		See page 4	SHINN, RICKEY H.	FDIC	(800) 765-3342
MYRTLE BEACH	$36,750	704 REEF ROAD	See page 4	RONNIE EAVES	FANNIE MAE	(803) 448-2063
NEWBERRY	$28,900	1412 DRAYTON ST	See page 4	MICHAEL MUNSON	FANNIE MAE	(803) 779-1844
NORTH AUGUSTA	Call		See page 4	BRUCE LINDER	FREDDIE MAC	(203) 926-2247
PORT ROYAL	$58,800	UNIT 203 ISLAND PINES	See page 4	GORDON FRITZ	FANNIE MAE	(803) 522-3100
RICHLAND COUNTY	Call	Bluff Road (Hwy. 48)	See page 4	Sales Office	GSA	(800) 473-7836
RICHLAND COUNTY	Call	Cedar Creek Road	See page 4	Sales Office	GSA	(800) 473-7836
RICHLAND COUNTY	Call	Church Road	See page 4	Sales Office	GSA	(800) 473-7836
RICHLAND COUNTY	Call	Congaree Church Road	See page 4	Sales Office	GSA	(800) 473-7836
RICHLAND COUNTY	Call	Congaree Church Road	See page 4	Sales Office	GSA	(800) 473-7836
SANTEE	$77,000	37 ANDRE MICHEAUX RD	See page 4	JULIE RICKENBAKER	FANNIE MAE	(800) 732-6643
SIMPSONVILLE	Call		See page 4	PAM MCCURRY	FANNIE MAE	(803) 370-7000
SIMPSONVILLE	$119,500	218 APPOMATTOX	See page 4	SUE BAKX	FANNIE MAE	(803) 370-7000
SPARTENBURG	Call		See page 4	KATHY CAMPBELL	FANNIE MAE	(803) 576-0902
SUMMERTON	$69,900	PINE HARBOR RT 1	See page 4	JULIE RICKENBAKER	FANNIE MAE	(800) 732-6643
SUMMERVILLE	$49,900	106 FROMAN DRIVE	See page 4	CHARLOTTE BOVA	FANNIE MAE	(803) 571-7400
SUMTER	Call		See page 4	SAM MURPHY	FREDDIE MAC	(214) 506-6787
TIMMONSVILLE	Call		See page 4	STUART BISSETTE	FANNIE MAE	(803) 667-0233
WOODRUFF	Call		See page 4	KATHY CAMPBELL	FANNIE MAE	(803) 576-0902

South Dakota

CITY	ASKING	ADDRESS	DETAILS	CONTACT	AGENCY	PHONE
*Statewide	Call		See page 4	Office of Real Estate	GSA	(800) 472-1313
*Statewide	Call		See page 4		RECD	(605) 352-1100
HURON	Call		See page 4		Comm. Dev.	(605) 352-3050
LENNOX	Call		See page 4	Goeman Auction Service	REO	(605) 647-2898
RAPID CITY	Call		See page 4	Fred McFarland	REO	(605) 343-5525

* A RECENT PROPERTY ASKING PRICE AND YOUR LOCAL CONTACT FOR CURRENT LISTINGS

CONSUMER DATA SERVICE

Tennessee

CITY	ASKING	ADDRESS	DETAILS	CONTACT	AGENCY	PHONE
*Statewide	Call		See page 4.		FDIC	(800) 234-0867
*Statewide	Call		See page 4.		FREDDIE MAC	(800) 373-3343
*Statewide	Call		Refer to "Home Buyer's Guide", page 81		DVA	(800) 556-4945
ANTIOCH	$115,900	3124 KENNEBECK PL	See page 4	CLARA PRIEST	FANNIE MAE	(800) 231-5364
CHATTANOOGA	Call		See page 4	PETER VAN DEUSEN	FANNIE MAE	(615) 892-1515
CHATTANOOGA	$29,000	3401 7TH AVE	See page 4	THOMAS AUSTIN	REO	(423) 756-2400
CLARKSVILLE	Call		See page 4	JOE MCCLURE	FANNIE MAE	(615) 645-7755
HENDERSONVILLE	$124,900	135 ERVIN DRIVE	See page 4	CLARA PRIEST	FANNIE MAE	(800) 231-5364
HUNTINGDON	$32,900	170 BROWNING AVE	See page 4	LA RENDA	FANNIE MAE	(800) 732-6643
JACKSON	Call		See page 4	DAVIS, JONATHAN	FDIC	(404) 817-2500
JOHNSON CITY	$79,900	320 HICKORY BLUFF	See page 4	BRUCE LINDER	FREDDIE MAC	(203) 926-2247
MADISON	$17,500	121 MCKINLEY ST	See page 4	RUSS FLANAGAN	REO	(615) 889-2100
MEMPHIS	$17,900	1326 BARBOUR	See page 4	ANTHONY	FANNIE MAE	(901) 396-6000
MEMPHIS	$88,000	1511 EASTMORELAND AVE	See page 4	SAM MURPHY	FREDDIE MAC	(214) 506-6787
MEMPHIS	$39,900	3210-THIRTEEN COLONY	See page 4	ANTHONY	FANNIE MAE	(901) 396-6000
MEMPHIS	$25,500	3421 BRIDGEWAY DR. 21	See page 4	JIMMIE TAPLEY	FANNIE MAE	(901) 756-8100
MEMPHIS	$112,900	3914 N. LAKEWOOD	See page 4	JIMMIE TAPLEY	FANNIE MAE	(901) 756-8100
MEMPHIS	$141,900	4075 LAKEWOOD	See page 4	JIMMIE TAPLEY	FANNIE MAE	(901) 756-8100
MEMPHIS	Call	7391 ASHLEY OAKS DRIVE	See page 4	Jon Lohr	Bank REO	(800) 558-9900
NASHVILLE	Call		See page 4	GERUM, MARY	FDIC	(615) 298-5244
PIDGEON FORGE	Call		See page 4	DAVIS, JONATHAN	FDIC	(214) 754-0082
ROGERSVILLE	$69,900	301 WEST BROADWAY	See page 4	BRUCE LINDER	FREDDIE MAC	(203) 926-2247
WHITWELL	$49,900	210 BELMONTE ROAD	See page 4	PETER VAN DEUSEN	FANNIE MAE	(615) 892-1515

Texas

CITY	ASKING	ADDRESS	DETAILS	CONTACT	AGENCY	PHONE
*Statewide	Call		See page 4.		FDIC	(800) 234-0867
*Statewide	Call		See page 4.		FREDDIE MAC	(800) 373-3343
*Statewide	Call		Refer to "Home Buyer's Guide", page 81		DVA	(800) 556-4945
ABILENE	Call		See page 4	TRAIL, MARK	FDIC	(915) 695-1200
ABILENE	$60,800	3949 N 11TH STREET	See page 4	GEORGIA GOWDY	FANNIE MAE	(915) 695-3730
ADDISON	$5,500	DALLAS PARKWAY	See page 4	HOOVER, KEN	FDIC	(800) 568-9161
ALLEN	Call		See page 4	CALDWELL, MARILYN	FDIC	(800) 319-1444
ALLEN	$137,500	721 FAIRLAWN	See page 4	BARBARA PLUMEAU	FANNIE MAE	(214) 447-7071
ALVIN	Call		See page 4	BENTLEY, JOHN	FDIC	(713) 337-1900
ALVIN	$24,000	108/114 W CLEVELAND	Single family residence	WILLIFORD, MARY	FDIC	(800) 319-1444
ALVIN	$85,575	810 COUNTY ROAD	See page 4	WILL CLARK	FANNIE MAE	(409) 849-9351
AMARILLO	$99,750	6706 MONTCLAIR	See page 4	GREGG GLENN	FANNIE MAE	(806) 355-9601
ANDREWS	Call		See page 4	ASHBY, WALTER	FDIC	(800) 568-9161
ANDREWS	$25,200	1000 NW 4TH ST	See page 4	PEARL LOCKE	FANNIE MAE	(915) 523-9200
ANDREWS	$25,500	211 S.W. AVENUE F	See page 4	PEARL LOCKE	FANNIE MAE	(915) 523-9200
ANDREWS	$46,200	COUNTY ROAD 1 & MCKINN	See page 4	PEARL LOCKE	FANNIE MAE	(915) 523-9200
ANGLETON	$275,000	HWY 35	See page 4	HOOVER, KEN	FDIC	(713) 447-8947
ARKANSAS PASS	Call		See page 4	YENCO, BOB	FDIC	(800) 319-1444
ARLINGTON	Call		See page 4	TRAIL, MARK	FDIC	(817) 577-3007
ARLINGTON	Call		See page 4	RUSTY GRAHAM	FANNIE MAE	(800) 832-2345

* A RECENT PROPERTY ASKING PRICE AND YOUR LOCAL CONTACT FOR CURRENT LISTINGS

109

CONSUMER DATA SERVICE

Texas

CITY	ASKING	ADDRESS	DETAILS	CONTACT	AGENCY	PHONE
ARLINGTON	$154,900	1201 HICKORY VALLEY CT	See page 4	SUSAN HILL	FANNIE MAE	(800) 732-6643
ARLINGTON	$26,500	1619 TOWER DR.	See page 4	SUSAN HILL	FANNIE MAE	(800) 732-6643
ARLINGTON	$572,000	1700 NY AV BAPTIST CHURCH	See page 4	BENTLEY, JOHN	FDIC	(817) 294-0830
ARLINGTON	$52,900	1719 D WESTVIEW TERRAC	See page 4	BARBARA PLUMEAU	FANNIE MAE	(214) 447-7071
ARLINGTON	$59,900	301 KALMIA DRIVE	See page 4	BARBARA PLUMEAU	FANNIE MAE	(214) 447-7071
ARLINGTON	$129,900	5116 ANDALUSIA	See page 4	SUSAN HILL	FANNIE MAE	(800) 732-6643
AUSTIN	Call		See page 4	YENCO, BOB	FDIC	(800) 319-1444
AUSTIN	Call		See page 4	BOYLES, JAMES	FDIC	(800) 568-9161
AUSTIN	$99,900	7505 ISLANDER DRIVE	See page 4	JEFF PIERCE	FANNIE MAE	(512) 483-6021
AUSTIN	Call	BEE CAVE ROAD	See page 4	TRAIL, MARK	FDIC	(800) 568-9161
AUSTIN	Call	SPICEWOOD DR 182 ACRES	See page 4	MITCHELL, MICHELLE	FDIC	(512) 345-7098
AZLE	$21,900	1608 PELICAN DRIVE	See page 4	BARBARA PLUMEAU	FANNIE MAE	(214) 447-7071
AZLE	$59,900	325 MAPLEWOOD STREET	See page 4	BARBARA PLUMEAU	FANNIE MAE	(214) 447-7071
AZLE	$79,900	857 IMOGENE COURT	See page 4	BARBARA PLUMEAU	FANNIE MAE	(214) 447-7071
BARRY	Call		See page 4	ED POLLARD	FANNIE MAE	(903) 872-2514
BASTROP	$51,900	159 ZIMMERMAN	See page 4	JEFF PIERCE	FANNIE MAE	(512) 483-6021
BAY CITY	Call		See page 4	TRAIL, MARK	FDIC	(409) 245-0609
BAY CITY	$26,500	2608 10TH STREET	See page 4	SUE KIRBY	FANNIE MAE	(409) 245-5521
BAY CITY	$54,100	2917 DEL MONTE AVE	See page 4	SUE KIRBY	FANNIE MAE	(409) 245-5521
BAYTOWN	$53,200	121 N BURNETT	See page 4	SHIRLEY WHALEN	FANNIE MAE	(713) 451-1733
BEAUMONT	$86,900	12760 SATINWOOD	See page 4	DANA BELLANGER	FANNIE MAE	(409) 838-3632
BENAVIDES	Call		See page 4	BENTLEY, JOHN	FDIC	(800) 319-1444
BENBROOK	Call		See page 4	BARBARA PLUMEAU	FANNIE MAE	(214) 447-7071
BEXAR	Call		See page 4	SMALL, SHIRLEY	FDIC	(800) 319-1444
BORGER	$24,900	*	See page 4	ASHBY, WALTER	FDIC	(800) 319-1444
BORGER	Call		See page 4	ROBERT HILL	FREDDIE MAC	(713) 540-1900
BRAZORIA	Call		See page 4	HOOVER, KEN	FDIC	(800) 319-1444
BRIDGE CITY	$43,500	226 CHERRY LANE	See page 4	LOU GIVENS	FANNIE MAE	(409) 882-0661
BROWNSVILLE	$89,900	64 GUANAJAY COURT	See page 4	MARY MANN	FANNIE MAE	(210) 541-9161
BROWNSVILLE	$54,600	65 EL VALLE DR	See page 4	MARY MANN	FANNIE MAE	(210) 541-9161
BROWNWOOD	Call		See page 4	ASHBY, WALTER	FDIC	(800) 568-9161
BROWNWOOD	$14,900	1012 AVENUE B	See page 4	GLENDA BAILEY	FANNIE MAE	(915) 646-1547
BRYAN	$60,900	3211 HEATHERWOOD	See page 4	MIKE CALDWELL	FANNIE MAE	(409) 846-2894
BUDA	Call		See page 4	SMALL, SHIRLEY	FDIC	(800) 319-1444
BUDA	Call	16112 OAK GROVE RD	See page 4	JEFF PIERCE	FANNIE MAE	(512) 483-6021
BURKBURNETT	Call		See page 4	DOROTHY	FANNIE MAE	(817) 692-1903
BURNET	Call		See page 4	WILLIFORD, MARY	FDIC	(800) 319-1444
CANEY CITY	Call		See page 4	YENCO, BOB	FDIC	(800) 319-1444
CARROLLTON	Call		See page 4	YENCO, BOB	FDIC	(800) 319-1444
CARROLLTON	$84,900	2215 SALEM ST	See page 4	HILDA MILLER	FREDDIE MAC	(214) 385-0700
CARROLLTON	$99,900	3902 FURNEAUX LANE	See page 4	BARBARA PLUMEAU	FANNIE MAE	(214) 447-7071
CEDAR HILL	Call		See page 4	BARBARA PLUMEAU	FANNIE MAE	(214) 447-7071
CEDAR HILL	Call		See page 4	BOYLES, JAMES	FDIC	(800) 319-1444
CEDAR PARK	$165,500	2902 WREN CIRCLE	See page 4	JULIUS STERNS	FREDDIE MAC	(214) 376-7000
CEDAR PARK	Call	*	See page 4	TRAIL, MARK	FDIC	(800) 319-1444
CEDAR PARK	$39,900		See page 4	JEFF PIERCE	FANNIE MAE	(512) 483-6021
CHANNELVIEW			See page 4	ROBERT HILL	FREDDIE MAC	(713) 540-1900

* A RECENT PROPERTY ASKING PRICE AND YOUR LOCAL CONTACT FOR CURRENT LISTINGS

CONSUMER DATA SERVICE

Texas

CITY	ASKING	ADDRESS	DETAILS	CONTACT	AGENCY	PHONE
CLEVELAND	Call		See page 4	ASHBY, WALTER	FDIC	(800) 568-9161
COLLEGE STATION	Call		See page 4	CALDWELL, MARILYN	FDIC	(800) 568-9161
COMMERCE	$7,700	RT 1 ROSS STREET	See page 4	WILLIFORD, MARY	FDIC	(800) 319-1444
CONROE	Call		See page 4	SMALL, SHIRLEY	FDIC	(800) 568-9161
CONROE	$25,900	1310 N. 7TH ST	See page 4	MARCIA WARNER	FANNIE MAE	(800) 732-6643
CONROE	$79,900	1745 FAY ST	See page 4	MARCIA WARNER	FANNIE MAE	(800) 732-6643
CONROE	Call		See page 4	SCOTT BURGIN	FANNIE MAE	(903) 885-8616
COOPER	Call		See page 4	CALDWELL, MARILYN	FDIC	(800) 319-1444
COPPELL	Call		See page 4	BARBARA PLUMEAU	FANNIE MAE	(214) 447-7071
COPPERAS COVE	Call		See page 4	RAY LONG	FANNIE MAE	(817) 526-2020
COPPERAS COVE	Call		See page 4	BENTLEY, JOHN	FDIC	(817) 526-7888
COPPERAS COVE	Call	HWY 190 AND CASA DRIVE	See page 4	SMALL, SHIRLEY	FDIC	(800) 568-9161
CORPUS CHRISTI	Call		See page 4	ELAINE QUINN	FANNIE MAE	(512) 852-3430
CORPUS CHRISTI	$130,000	FLOUR BLUFF	See page 4	BENTLEY, JOHN	FDIC	(800) 319-1444
CORSICANA	Call		See page 4	ED POLLARD	FANNIE MAE	(903) 872-2514
CRANBURY	$73,500	960 COMANCHE COVE DRIV	See page 4	BILLY CRYER	FANNIE MAE	(817) 579-1907
CRANE	$33,500	403 W. 6TH STREET	See page 4	JEWELL TAYLOR	FANNIE MAE	(915) 558-2141
CRESSON	Call		See page 4	BOYLES, JAMES	FDIC	(800) 568-9161
CROSBY	Call		See page 4	SHIRLEY WHALEN	FANNIE MAE	(713) 451-1733
CROWLEY	Call		See page 4	BENTLEY, JOHN	FDIC	(817) 831-2211
CUMBY	$36,900	RT 2, BOX 146G	See page 4	CHARLESIE BOWERS	FANNIE MAE	(903) 455-9414
DALLAS	Call		See page 4	TRAIL, MARK	FDIC	(214) 637-4444
DALLAS	Call		See page 4	HILDA MILLER	FREDDIE MAC	(214) 385-0700
DALLAS	$53,900	*	See page 4	ARNOLD BLAIR	FREDDIE MAC	(214) 428-2847
DALLAS	$89,900	102 N. WILLOMET AVE	See page 4	ROGER LOPEZ	FANNIE MAE	(214) 943-6660
DALLAS	$27,500	1210 S TYLER STREET	See page 4	ROGER LOPEZ	FANNIE MAE	(214) 943-6660
DALLAS	$46,500	2728 IVANDELL AVE	See page 4	ROGER LOPEZ	FANNIE MAE	(214) 943-6660
DALLAS	$58,900	2846 BURLINGTON BOULEV	See page 4	ROGER LOPEZ	FANNIE MAE	(214) 943-6660
DALLAS	$58,900	3544 VALLEY RIDGE ROAD	See page 4	SUE RICHARDSON	FANNIE MAE	(214) 788-1100
DALLAS	$99,900	3906 BUENA VISTA	See page 4	BARBARA PLUMEAU	FANNIE MAE	(214) 447-7071
DALLAS	$22,900	3919 DEKALB	See page 4	ROGER LOPEZ	FANNIE MAE	(214) 943-6660
DALLAS	$27,500	4020 HOLLAND	See page 4	SUE RICHARDSON	FANNIE MAE	(214) 788-1100
DALLAS	$117,500	4023 HIGHGROVE	See page 4	SUE RICHARDSON	FANNIE MAE	(214) 788-1100
DALLAS	$29,900	414 TIAWAH DR	See page 4	TOM SMITH	FANNIE MAE	(214) 270-4411
DALLAS	$34,900	5620 BLUFFMAN DR.	See page 4	RUSTY GRAHAM	FANNIE MAE	(800) 732-6643
DALLAS	$104,500	6200 DALROCK RD	See page 4	WILLIFORD, MARY	FDIC	(800) 568-9161
DALLAS	Call	6830 NORTHPOINT DRIVE	See page 4	BARBARA PLUMEAU	FANNIE MAE	(214) 447-7071
DALLAS	$64,900	7101 BLACKWILLOW LN	See page 4	RUSTY GRAHAM	FANNIE MAE	(800) 732-6643
DALLAS	$63,900	7717 LOS GATOS DR	See page 4	LOWELL CLEAVER	FANNIE MAE	(214) 339-7118
DALLAS	$29,900	8402 TENINO STREET	See page 4	TOM SMITH	FANNIE MAE	(214) 270-4411
DALLAS	Call	9755 TREVOR DR	See page 4	BARBARA PLUMEAU	FANNIE MAE	(214) 447-7071
DE SOTO	Call		See page 4	JULIUS STERNES	FANNIE MAE	(214) 376-7000
DEL RIO	$86,900	ROUTE 2 BOX 25 ROUTE	See page 4	MARCIA PRYER	FANNIE MAE	(512) 775-8518
DENTON	Call		See page 4	ASHBY, WALTER	FDIC	(800) 568-9161
DENTON	$46,900	922 FANNIN ST	See page 4	CAMMY TURGON	FANNIE MAE	(214) 317-9586
DENVER CITY	$78,500	307 SOLAND AVE	See page 4	PERRY HUNT	FANNIE MAE	(806) 592-3556
DESOTO	Call		See page 4	BENTLEY, JOHN	FDIC	(214) 699-0888

* A RECENT PROPERTY ASKING PRICE AND YOUR LOCAL CONTACT FOR CURRENT LISTINGS

111

CONSUMER DATA SERVICE

Texas

CITY	ASKING	ADDRESS	DETAILS	CONTACT	AGENCY	PHONE
DESOTO	Call	610 RENEE LANE	See page 4	JULIUS STERNS	FREDDIE MAC	(214) 376-7000
DESOTO	$109,900		See page 4	JULIUS STERNES	FANNIE MAE	(214) 376-7000
DONNA	$45,200	174 HERNANDEZ	See page 4	NORMA WISE	FANNIE MAE	(210) 682-3131
DRIPPING SPRING	Call		See page 4	BOYLES, JAMES	FDIC	(800) 568-9161
DUNCANVILLE	Call	407 CALDER AVENUE	See page 4	BENTLEY, JOHN	FDIC	(214) 699-0888
DUNCANVILLE	$44,900		See page 4	RUSTY GRAHAM	FANNIE MAE	(800) 732-6643
EAGLE PASS	Call	2113 VAN TASSLE CIRCL	See page 4	JOSE DE LUNA	FANNIE MAE	(512) 773-1161
EDINBURG	$53,500		See page 4	NORMA WISE	FANNIE MAE	(210) 682-3131
EL PASO	Call		See page 4	LARSON, CHRIS	FDIC	(915) 593-3030
EL PASO	Call		See page 4	GUPTA, SUSEELA	FDIC	(312) 642-7900
EL PASO	Call		See page 4	ADELE MORTON	FREDDIE MAC	(915) 584-8232
EL PASO	$87,500	12168 ALEX GUERRERO CI	See page 4	IRMA MORRIS	FANNIE MAE	(915) 584-5447
EL PASO	$84,900	1305 SABRINA LYN	See page 4	IRMA MORRIS	FANNIE MAE	(915) 584-5447
EL PASO	$37,900	6010 DOE COURT	See page 4	IRMA MORRIS	FANNIE MAE	(915) 584-5447
EL PASO	$47,500	6025 NAPLES AVENUE	See page 4	DAN OLIVAS	FANNIE MAE	(915) 584-5430
EL PASO	$55,530	6608 STAR OF INDIA LAN	See page 4	DAN OLIVAS	FANNIE MAE	(915) 584-5430
EL PASO	$94,500	7000 ECHO CLIFF	See page 4	IRMA MORRIS	FANNIE MAE	(915) 584-5447
EL PASO	$86,900	8421 SARATOGA DRIVE	See page 4	IRMA MORRIS	FANNIE MAE	(915) 584-5447
EULESS	Call		See page 4	CALDWELL, MARILYN	FDIC	(817) 265-1665
FARMERSVILLE	Call		See page 4	RENEE SHELTON	FREDDIE MAC	(903) 455-5852
FISHER	Call		See page 4	BERESFORD, LINDA	FDIC	(800) 234-0867
FOREST HILL	Call		See page 4	YENCO, BOB	FDIC	(800) 319-1444
FOREST HILL	$47,250	4612 PARKWOOD DRIVE	See page 4	BARBARA PLUMEAU	FANNIE MAE	(214) 447-7071
FOREST HILL	$33,900	7317 FREDRICKSBURG DR	See page 4	BARBARA PLUMEAU	FANNIE MAE	(214) 447-7071
FORT BEND COUNTY	Call		See page 4	MITCHELL, MICHELLE	FDIC	(800) 568-9161
FORT WORTH	$14,900	1228 E. MORNINGSIDE	See page 4	BARBARA PLUMEAU	FANNIE MAE	(214) 447-7071
FORT WORTH	$59,900	2301 S ADAMS STREET	See page 4	BARBARA PLUMEAU	FANNIE MAE	(214) 447-7071
FORT WORTH	$31,900	3217 N. CRUMP	See page 4	BARBARA PLUMEAU	FANNIE MAE	(214) 447-7071
FORT WORTH	$19,900	3813 AVENUE N	See page 4	BARBARA PLUMEAU	FANNIE MAE	(214) 447-7071
FORT WORTH	$33,000	4421 E. KELLIS ST.	See page 4	WILLIFORD, MARY	FDIC	(800) 319-1444
FORT WORTH	$24,900	4724 DORSEY STREET	See page 4	BARBARA PLUMEAU	FANNIE MAE	(214) 447-7071
FORT WORTH	Call	7117 ASPEN WOOD TRAIL	See page 4	BARBARA PLUMEAU	FANNIE MAE	(214) 447-7071
FORT WORTH	$47,500	732 HEIGHTS DRIVE	See page 4	BARBARA PLUMEAU	FANNIE MAE	(214) 447-7071
FORT WORTH	$64,900	7405 LAURIE DR.	See page 4	BARBARA PLUMEAU	FANNIE MAE	(214) 447-7071
FORT WORTH	$114,900	8104 SALT RIVER ROAD	See page 4	PAT EVANS	FANNIE MAE	(214) 385-0700
FORT WORTH	Call	I-30/LACKLAND LAND	See page 4	TRAIL, MARK	FDIC	(214) 369-4000
FOWLERTON	Call		See page 4	BENTLEY, JOHN	FDIC	(318) 992-6181
FREEPORT	Call		See page 4	ASHBY, WALTER	FDIC	(800) 568-9161
FRESNO	Call		See page 4	JOHN SPIVEY	FANNIE MAE	(713) 498-7000
FRIENDSWOOD	Call		See page 4	JIMMIE SLATON	FANNIE MAE	(713) 333-5300
FRISCO	Call		See page 4	YENCO, BOB	FDIC	(800) 319-1444
GALVESTON	Call		See page 4	MITCHELL, MICHELLE	FDIC	(918) 425-1336
GALVESTON	Call		See page 4	YENCO, BOB	FDIC	(800) 319-1444
GALVESTON	$5,500	BRIAR GLEN LOT 152	See page 4	WILLIFORD, MARY	FDIC	(800) 319-1444
GARLAND	Call		See page 4	SIMSEK, DEANNA	FDIC	(214) 902-1280
GARLAND	Call		See page 4	BOBBY ROAN	FREDDIE MAC	(214) 475-4100
GARLAND	$47,500	1613 MERIDIAN WAY	See page 4	SUE RICHARDSON	FANNIE MAE	(214) 788-1100

* A RECENT PROPERTY ASKING PRICE AND YOUR LOCAL CONTACT FOR CURRENT LISTINGS

CONSUMER DATA SERVICE

Texas

CITY	ASKING	ADDRESS	DETAILS	CONTACT	AGENCY	PHONE
GARLAND	$109,900	2530 CRESTEDGE	See page 4	SUE RICHARDSON	FANNIE MAE	(214) 788-1100
GARLAND	$84,900	4902 CRESTPOINT LANE	See page 4	SUE RICHARDSON	FANNIE MAE	(214) 788-1100
GARLAND	$53,900	5509 BRIARCREST DRIVE	See page 4	SUE RICHARDSON	FANNIE MAE	(214) 788-1100
GARLAND	$24,900	5702 MARVIN LOVING	See page 4	TOM SMITH	FANNIE MAE	(214) 270-4411
GARLAND	$109,900	6502 KATHLEEN CT.	See page 4	WANDA WILLIAMS	FANNIE MAE	(800) 732-6643
GARLAND	Call	6514 LYNCH LANE	See page 4	SUE RICHARDSON	FANNIE MAE	(214) 788-1100
GARLAND	$22,900	991 IH-30	See page 4	WANDA WILLIAMS	FANNIE MAE	(800) 732-6643
GATESVILLE	Call		See page 4	CALDWELL, MARILYN	FDIC	(800) 568-9161
GILLESPIE	Call		See page 4	ASHBY, WALTER	FDIC	(800) 319-1444
GLADEWATER	Call		See page 4	TRAIL, MARK	FDIC	(800) 319-1444
GLADEWATER	Call		See page 4		FANNIE MAE	(800) 832-2345
GLENN HEIGHTS	$56,900	201 SIERRA	See page 4	JULIUS STERNES	FANNIE MAE	(214) 376-7000
GOODRICH	Call		See page 4	HOOVER, KEN	FDIC	(800) 319-1444
GOODRICH	$34,650	BOX 468 H ROUTE HCO1	See page 4	PATSY BOONE	FANNIE MAE	(800) 732-6643
GRANBURY	Call		See page 4	BILLY CRYER	FANNIE MAE	(817) 579-1907
GRAND PRAIRIE	Call		See page 4	ASHBY, WALTER	FDIC	(800) 568-9161
GRAND PRAIRIE	Call		See page 4	JULIUS STERNS	FREDDIE MAC	(214) 376-7000
GRAND PRAIRIE	$34,900	1526 WILLON ST.	See page 4	RUSTY GRAHAM	FANNIE MAE	(800) 732-6643
GRAND PRAIRIE	$89,900	2886 FENWICK STREET	See page 4	RUSTY GRAHAM	FANNIE MAE	(800) 732-6643
GREENVILLE	Call		See page 4	YENCO, BOB	FDIC	(800) 319-1444
GREENVILLE	$36,500	1510 WALNUT STREET	See page 4	CHARLESIE BOWERS	FANNIE MAE	(903) 455-9414
GROVES	$27,900	5234 32ND ST	See page 4	DANA BELLANGER	FANNIE MAE	(409) 838-3632
GUN BARREL	$29,500	223 PIERCE DRIVE	See page 4	MARY JO BRADFORD	FANNIE MAE	(903) 887-5658
HALLSVILLE	Call		See page 4	CALDWELL, MARILYN	FDIC	(800) 319-1444
HARLINGEN	Call	134 E VAN BUREN AVE	See page 4	TRAIL, MARK	FDIC	(210) 361-3200
HARLINGEN	$84,700	DIXIELAND RD & HAVERFORD	See page 4	HOOVER, KEN	FDIC	(210) 425-3333
HEARNE	Call		See page 4	ASHBY, WALTER	FDIC	(800) 568-9161
HENDERSON	Call		See page 4	BERESFORD, LINDA	FDIC	(714) 263-7743
HENRIETTA	Call		See page 4	TRAIL, MARK	FDIC	(800) 568-9161
HEREFORD	Call		See page 4	TRAIL, MARK	FDIC	(800) 568-9161
HEWITT	Call		See page 4	JAN EVANS	FANNIE MAE	(817) 772-8500
HIGHLAND VIL	$139,900	552 SELLMEYER LANE	See page 4	CAMMY TURGON	FANNIE MAE	(214) 317-9586
HOUSTON	Call		See page 4	ASHBY, WALTER	FDIC	(800) 568-9161
HOUSTON	$7,900	*	See page 4	ED RYLAND	FREDDIE MAC	(713) 952-5066
HOUSTON	$61,000	10010 KIRKDALE DRIVE	See page 4	MELISSA ELLIOTT	FANNIE MAE	(800) 732-6643
HOUSTON	$49,900	10519 FARMINGHAM	See page 4	MATT SWIFT	FANNIE MAE	(713) 368-5422
HOUSTON	$78,750	10607 OLYMPIA	See page 4	MATT SWIFT	FANNIE MAE	(713) 368-5422
HOUSTON	$73,500	10619 WHITE FAWN DRIVE	See page 4	MATT SWIFT	FANNIE MAE	(713) 368-5422
HOUSTON	$109,900	10819 IDLE BROOK	See page 4	JACKIE COOPER	FANNIE MAE	(713) 447-8947
HOUSTON	$36,975	10914 BOONELOOP RD.	See page 4	DALE CLIMER	FANNIE MAE	(800) 732-6643
HOUSTON	$39,900	11730 BOB WHITE	See page 4	MATT SWIFT	FANNIE MAE	(713) 368-5422
HOUSTON	$59,325	12114 SAGEDOWNE	See page 4	MELISSA ELLIOTT	FANNIE MAE	(800) 732-6643
HOUSTON	$12,350	12245 COPPERTREE LANE	See page 4	MATT SWIFT	FANNIE MAE	(713) 368-5422
HOUSTON	$63,000	12907 VILLAGE GATE DRI	See page 4	MATT SWIFT	FANNIE MAE	(713) 368-5422
HOUSTON	$38,900	13413 GARDEN GROVE	See page 4	DALE CLIMER	FANNIE MAE	(800) 732-6643
HOUSTON	$135,850	15015 DAWNBROOK	See page 4	HERSHEL GARRETT	FANNIE MAE	(800) 732-6643
HOUSTON	$76,125	15206 RINGFIELD DR	See page 4	DALE CLIMER	FANNIE MAE	(800) 732-6643

* A RECENT PROPERTY ASKING PRICE AND YOUR LOCAL CONTACT FOR CURRENT LISTINGS

CONSUMER DATA SERVICE

Texas

CITY	ASKING	ADDRESS	DETAILS	CONTACT	AGENCY	PHONE
HOUSTON	$59,900	15306 FALMOUTH	See page 4	ELLIE CASTILLO	FANNIE MAE	(800) 732-6643
HOUSTON	$89,900	15310 GOODMAN ST.	See page 4	MATT SWIFT	FANNIE MAE	(713) 368-5422
HOUSTON	$54,600	15502 MENDOCINO	See page 4	DALE CLIMER	FANNIE MAE	(800) 732-6643
HOUSTON	$78,850	16542 VILLAGE DR	See page 4	MATT SWIFT	FANNIE MAE	(713) 368-5422
HOUSTON	$44,100	19303 GAGELAKE LANE	See page 4	DALE CLIMER	FANNIE MAE	(800) 732-6643
HOUSTON	$125,000	20.14 ACRES	See page 4	TRAIL, MARK	FDIC	(800) 231-2821
HOUSTON	$36,750	2210 WINTER BAY LANE	See page 4	BECKY ELLIS	FANNIE MAE	(713) 932-9366
HOUSTON	$94,500	2218 PASO RELLO DRIVE	See page 4	MATT SWIFT	FANNIE MAE	(713) 368-5422
HOUSTON	$79,900	2230 PASO RELLO	See page 4	MATT SWIFT	FANNIE MAE	(713) 368-5422
HOUSTON	$38,850	2379 BRIARWEST CIRCLE	See page 4	MATT SWIFT	FANNIE MAE	(713) 368-5422
HOUSTON	$55,000	2470 COLTON HOLLOW	See page 4	JACKIE COOPER	FANNIE MAE	(713) 447-8947
HOUSTON	$69,500	2929 BUFFALO SPDY	See page 4	BECKY ELLIS	FANNIE MAE	(713) 932-9366
HOUSTON	Call	3306 TEAWICK COURT	See page 4	HERSHEL GARRETT	FANNIE MAE	(800) 732-6643
HOUSTON	Call	3318 CHAPEL BEND DRIVE	See page 4	HERSHEL GARRETT	FANNIE MAE	(800) 732-6643
HOUSTON	$88,200	3407 AMBER FOREST DR	See page 4	MATT SWIFT	FANNIE MAE	(713) 368-5422
HOUSTON	$66,000	3919 DEER CHASE DR	See page 4	MATT SWIFT	FANNIE MAE	(713) 368-5422
HOUSTON	$54,000	4015 VINTAGE VALLEY DR	See page 4	BECKY ELLIS	FANNIE MAE	(713) 932-9366
HOUSTON	$87,000	5831 LONGFOREST DR.	See page 4	BECKY ELLIS	FANNIE MAE	(713) 932-9366
HOUSTON	$88,200	5914 GREEN FALLS DRIVE	See page 4	BECKY ELLIS	FANNIE MAE	(713) 932-9366
HOUSTON	$55,350	6623 GRAND HAVEN DR.	See page 4	JACKIE COOPER	FANNIE MAE	(713) 447-8947
HOUSTON	$58,275	6723 DEER RIDGE LANE	See page 4	DALE CLIMER	FANNIE MAE	(800) 732-6643
HOUSTON	$49,400	7211 SUNLIGHT LN	See page 4	DALE CLIMER	FANNIE MAE	(800) 732-6643
HOUSTON	$57,750	7218 SKYLIGHT LANE	See page 4	MELISSA ELLIOTT	FANNIE MAE	(800) 732-6643
HOUSTON	$43,100	7305 DILLON ST.	See page 4	MATT SWIFT	FANNIE MAE	(713) 368-5422
HOUSTON	$89,250	7314 CADDO LAKE LANE	See page 4	BECKY ELLIS	FANNIE MAE	(713) 932-9366
HOUSTON	$64,900	7606 TUSSENDO DRIVE	See page 4	MATT SWIFT	FANNIE MAE	(713) 368-5422
HOUSTON	$36,100	7711 AUGUSTINE TR	See page 4	MATT SWIFT	FANNIE MAE	(713) 368-5422
HOUSTON	$55,650	8429 WEDNESBURY LANE	See page 4	ELLIE CASTILLO	FANNIE MAE	(800) 732-6643
HOUSTON	$65,100	8734 WILDFOREST DR	See page 4	MATT SWIFT	FANNIE MAE	(713) 368-5422
HOUSTON	$57,750	8911 GRAPE RD	See page 4	DALE CLIMER	FANNIE MAE	(800) 732-6643
HOUSTON	$72,500	9307 MOORFIELD COURT	See page 4	MATT SWIFT	FANNIE MAE	(713) 368-5422
HOUSTON	$28,350	9615 MEADOWVALE	See page 4	JACKIE COOPER	FANNIE MAE	(713) 447-8947
HOUSTON	Call	9906 EDGEWORTH	See page 4	TRAIL, MARK	FDIC	(713) 280-8088
HOUSTON	$484,000	BAMMEL N HOUSTON	See page 4	HOOVER, KEN	FDIC	(713) 778-9999
HOUSTON	$55,100	DELL DALE ST	See page 4	HOOVER, KEN	FDIC	(713) 626-3040
HUMBLE	Call	METRO BLVD	See page 4	JACKIE COOPER	FANNIE MAE	(713) 447-8947
HUMBLE	$55,750	5719 TODDINGTON RD	See page 4	MITCHELL, MICHELLE	FDIC	(800) 319-1444
HUMBLE	$112,875	5906 SILENT OAKS DR	See page 4	MARY ANN WOSENITZ	FANNIE MAE	(800) 732-6643
IOWA PARK	Call		See page 4	MARY ANN WOSENITZ	FANNIE MAE	(800) 732-6643
IRVING	Call		See page 4	MITCHELL, MICHELLE	FDIC	(817) 696-3686
IRVING	Call		See page 4	HILDA MILLER	FREDDIE MAC	(214) 385-0700
IRVING	$144,900	1226 ST. REGIS DRIVE	See page 4	MARY WOOTEN	FANNIE MAE	(214) 641-2521
IRVING	$69,900	2001 BRENTON STREET	See page 4	BARBARA PLUMEAU	FANNIE MAE	(214) 447-7071
IRVING	$39,900	3641 W NORTHGATE DR 2	See page 4	BARBARA PLUMEAU	FANNIE MAE	(214) 447-7071
JEFFERSON	$32,900	1008 OAKRIDGE DRIVE	See page 4	RUSTY GRAHAM	FANNIE MAE	(800) 732-6643
			See page 4	BUZZ MESSNER	FANNIE MAE	(903) 236-7101

* A RECENT PROPERTY ASKING PRICE AND YOUR LOCAL CONTACT FOR CURRENT LISTINGS

CONSUMER DATA SERVICE

Texas

CITY	ASKING	ADDRESS	DETAILS	CONTACT	AGENCY	PHONE
KATY	Call		See page 4	SMALL, SHIRLEY	FDIC	(713) 492-7164
KATY	$69,500	7003 BROCKINGTON DR	See page 4	DALE CLIMER	FANNIE MAE	(800) 732-6643
KAUFMAN	Call		See page 4	CALDWELL, MARILYN	FDIC	(800) 319-1444
KERENS	$19,900	513 N WRIGHT	See page 4	DENNA GREEN	FANNIE MAE	(800) 732-6643
KERMIT	Call		See page 4	DONALD MICHEL	FANNIE MAE	(915) 586-6681
KERRVILLE	Call		See page 4	WILLIFORD, MARY	FDIC	(800) 319-1444
KERRVILLE	$69,900	128 HEATHER CRT	See page 4	PAT PARKER	FANNIE MAE	(210) 896-3200
KILGORE	$40,950	103 SAMPLE ROAD	See page 4	GARY JOHNSON	FANNIE MAE	(800) 732-6643
KINGWOOD	Call		See page 4	ROBERT HILL	FREDDIE MAC	(713) 540-1900
KINGWOOD	Call		See page 4	SMALL, SHIRLEY	FDIC	(713) 597-3471
KINGWOOD	$83,900	2915 BASSINGHAM DRIVE	See page 4	MARY ANN WOSENITZ	FANNIE MAE	(800) 732-6643
KINGWOOD	$74,900	2918 GOLDEN LEAF DR.	See page 4	JACKIE COOPER	FANNIE MAE	(713) 447-8947
KINGWOOD	$65,625	3315 SYCAMORE SPRING	See page 4	MARY ANN WOSENITZ	FANNIE MAE	(800) 732-6643
KINGWOOD	$88,650	4018 GARDEN LAKE DR	See page 4	MARY ANN WOSENITZ	FANNIE MAE	(800) 732-6643
KINGWOOD	$96,600	915 FAIRWAY	See page 4	MARY ANN WOSENITZ	FANNIE MAE	(800) 732-6643
LAKE CONROE	Call		See page 4	MOONEY, BILL	FDIC	(800) 319-1444
LAKE DALLAS	Call		See page 4	BOYLES, JAMES	FDIC	(800) 568-9161
LAKE JACKSON	$69,200	53 CANDLEWOOD E	See page 4	WILL CLARK	FANNIE MAE	(409) 849-9351
LAKE JACKSON	$55,650	610 SYCAMORE STREET	See page 4	WILL CLARK	FANNIE MAE	(409) 849-9351
LANCASTER	Call		See page 4	BENTLEY, JOHN	FDIC	(214) 617-7377
LANCASTER	$58,500	1002 BROOKHAVEN DRIVE	See page 4	LOWELL CLEAVER	FANNIE MAE	(214) 339-7118
LANCASTER	$59,900	602 ASPEN STREET	See page 4	RUSTY GRAHAM	FANNIE MAE	(800) 732-6643
LANCASTER	$36,900	902 WESTOVER DRIVE	See page 4	LOWELL CLEAVER	FANNIE MAE	(214) 339-7118
LAREDO	Call		See page 4	MITCHELL, MICHELLE	FDIC	(210) 724-8346
LAREDO	$70,500	5808 CYPRESS DR	See page 4	SUSAN CAIN	FREDDIE MAC	(713) 444-3900
LAREDO	Call		See page 4	ROSIE HEARN	FANNIE MAE	(210) 724-8346
LAVON	Call		See page 4	WILLIFORD, MARY	FDIC	(800) 319-1444
LEAGUE CITY	Call	101 CLOUDBRIDGE DR	See page 4	JIMMIE SLATON	FANNIE MAE	(713) 333-5300
LEAGUE CITY	Call	218 SUNSET RIDGE COURT	See page 4	SHERI WILLIAMS	FANNIE MAE	(800) 732-6643
LEAGUE CITY	$73,395	300 SEABREEZE COURT	See page 4	SHERI WILLIAMS	FANNIE MAE	(800) 732-6643
LEAGUE CITY	$63,900	309 BAY RIDGE DRIVE	See page 4	SHERI WILLIAMS	FANNIE MAE	(800) 732-6643
LEAGUE CITY	$54,825	510 ST. CHARLES	See page 4	SHERI WILLIAMS	FANNIE MAE	(800) 732-6643
LEANDER	$95,000	1207 LAUREL GLENN BLVD	See page 4	JEFF PIERCE	FANNIE MAE	(512) 483-6021
LEVELLAND	Call		See page 4	TODD PAXTON	FANNIE MAE	(806) 894-9626
LEWISVILLE	Call		See page 4	ASHBY, WALTER	FDIC	(800) 568-9161
LIBERTY	Call		See page 4	ASHBY, WALTER	FDIC	(800) 568-9161
LITTLE ELM	Call		See page 4	CAMMY TURGON	FANNIE MAE	(214) 317-9586
LITTLEFIELD	Call		See page 4	BERESFORD, LINDA	FDIC	(800) 234-0867
LIVINGSTON	Call		See page 4	YENCO, BOB	FDIC	(800) 319-1444
LLANO	$29,900	TOW, OLD HILINE	See page 4	RAVEN SALVATO	FANNIE MAE	(800) 732-6643
LONG ISLAND	Call		See page 4	ASHBY, WALTER	FDIC	(800) 568-9161
LONGVIEW	Call		See page 4	YENCO, BOB	FDIC	(800) 319-1444
LUBBOCK	Call		See page 4	CAROLYN MOEGLE	FANNIE MAE	(806) 793-0703
LUBBOCK	$82,500	3805 S. FIRST STREET	Single family residence	TRAIL, MARK	FDIC	(800) 568-9161
LUBBOCK	Call	50TH & AVEL	See page 4	BENTLEY, JOHN	FDIC	(806) 795-6633
LUMBERTON	$51,900	496A EDNA DRIVE	See page 4	DANA BELLANGER	FANNIE MAE	(409) 838-3632
MAGNOLIA	$96,900	16907 WAGON WHEEL ROAD	See page 4	HERSHEL GARRETT	FANNIE MAE	(800) 732-6643

* A RECENT PROPERTY ASKING PRICE AND YOUR LOCAL CONTACT FOR CURRENT LISTINGS

CONSUMER DATA SERVICE

Texas

CITY	ASKING	ADDRESS	DETAILS	CONTACT	AGENCY	PHONE
MAGNOLIA	$52,500	31202 HAZY MEADOW DRI	See page 4	HERSHEL GARRETT	FANNIE MAE	(800) 732-6643
MANSFIELD	$127,900	1307 CONCORD	See page 4	RUSTY GRAHAM	FANNIE MAE	(800) 732-6643
MARBLE FALLS	Call		See page 4	MODENA DESPAIN	FANNIE MAE	(512) 693-7926
MARBLE FALLS	Call		See page 4	JACKIE COOPER	FREDDIE MAC	(713) 447-8947
MARSHALL	Call		See page 4	HOOVER, KEN	FDIC	(800) 568-9161
MCALLEN	Call		See page 4	BENTLEY, JOHN	FDIC	(210) 682-0700
MCALLEN	$149,900	321 SHASTA AVENUE	See page 4	SHARON COLLIER	FANNIE MAE	(210) 383-6295
MCCAMEY	$28,000	112 E 14TH STREET	See page 4	JEWELL TAYLOR	FANNIE MAE	(915) 558-2141
MCGREGOR	Call		See page 4	JAN EVANS	FANNIE MAE	(817) 772-8500
MCKINNEY	$39,900	1014 DANIELS DRIVE	See page 4	CALDWELL, MARILYN	FDIC	(214) 436-5141
MCKINNEY	Call		See page 4	BARBARA PLUMEAU	FANNIE MAE	(214) 447-7071
MELANO	Call		See page 4	SMALL, SHIRLEY	FDIC	(800) 319-1444
MELISSA	Call		See page 4	MAGEE, MELINDA	FDIC	(714) 263-7747
MERKEL	$19,900	1411 N. 2ND STREET	See page 4	GEORGIA GOWDY	FANNIE MAE	(915) 695-3730
MESQUITE	Call		See page 4	YENCO, BOB	FDIC	(800) 319-1444
MESQUITE	$89,900	4113 ARALIA ST.	See page 4	TOM SMITH	FANNIE MAE	(214) 270-4411
MIDLAND	$17,900	*	See page 4	SUSAN CAIN	FREDDIE MAC	(713) 444-3900
MIDLAND	$49,900	4611 BROOKDALE DR.	See page 4	KAY MCDONALD	FANNIE MAE	(915) 689-0021
MIDLAND	$44,100	4727 PRINCETON AVE	See page 4	KAY MCDONALD	FANNIE MAE	(915) 689-0021
MILANO	Call		See page 4	SMALL, SHIRLEY	FDIC	(800) 319-1444
MISSION	$52,500	1101 ROSA AVENUE	See page 4	NORMA WISE	FANNIE MAE	(210) 682-3131
MISSION	Call	305 E US 83 EXPWY	See page 4	MITCHELL, MICHELLE	FDIC	(210) 682-0700
MISSOURI CITY	$44,100	15706 NOBLEBRIAR CT	See page 4	JOHN SPIVEY	FANNIE MAE	(713) 498-7000
MISSOURI CITY	$72,975	2719 QUAIL CREEK DRIVE	See page 4	TED FELINGER	FANNIE MAE	(713) 242-2020
MISSOURI CITY	$65,900	2926 CHERRY HILLS DR	See page 4	MATT SWIFT	FANNIE MAE	(713) 368-5422
MISSOURI CITY	$122,000	2931 CYPRESS POINT DRI	See page 4	MATT SWIFT	FANNIE MAE	(713) 368-5422
MISSOURI CITY	$106,575	3122 TECUMSEH CT	See page 4	TED FELINGER	FANNIE MAE	(713) 242-2020
MISSOURI CITY	$99,650	3210 HUNTERWODD DR	See page 4	DALE CLIMER	FANNIE MAE	(800) 732-6643
MISSOURI CITY	$47,250	6626 BRIARGATE DRIVE	See page 4	JOHN SPIVEY	FANNIE MAE	(713) 498-7000
MISSOURI CITY	$51,500	7003 ROCKERGATE DR	See page 4	JOHN SPIVEY	FANNIE MAE	(713) 498-7000
MISSOURI CITY	$50,400	8618 QUAILMONT DRIVE	See page 4	JOHN SPIVEY	FANNIE MAE	(713) 498-7000
MISSOURI CITY	Call	MURPHY ROAD 64.9 ACRES	See page 4	TRAIL, MARK	FDIC	(713) 447-8947
MONTGOMERY	Call		See page 4	MOONEY, BILL	FDIC	(800) 319-1444
MONTGOMERY	$68,900	3900 ASPEN DRIVE #208C	See page 4	MARCIA WARNER	FANNIE MAE	(800) 732-6643
N RICHLAND HILLS, N	Call		See page 4	CALDWELL, MARILYN	FDIC	(817) 737-5000
N RICHLAND HILLS, N	$59,900	4112 CUMMINGS DR. WEST	See page 4	PAT EVANS	FDIC	(214) 385-0700
NEAR STAFFORD	Call		See page 4	BENTLEY, JOHN	FDIC	(713) 692-6121
NEDERLAND	$10,500	407 10TH STREET	See page 4	DANA BELLANGER	FANNIE MAE	(409) 838-3632
NEW BRAUNFELS	Call		See page 4	ASHBY, WALTER	FDIC	(800) 319-1444
NEW CANEY	$39,900	16 CEDAR PLACE	See page 4	MARY ANN WOSENITZ	FANNIE MAE	(800) 732-6643
ODESSA	Call		See page 4	TERESA	FDIC	(915) 333-3211
OVERTON	Call		See page 4	LYNN STEGALL	FANNIE MAE	(903) 561-0815
PALESTINE	Call		See page 4	LIGHTFOOT, TIM	FANNIE MAE	(800) 568-9161
PAMPA	$74,100	1505 N. DWIGHT	See page 4	JANNIE LEWIS	FANNIE MAE	(806) 669-1221
PANHANDLE	Call		See page 4	SMALL, SHIRLEY	FDIC	(800) 568-9161
PASADENA	Call		See page 4	SMALL, SHIRLEY	FDIC	(713) 487-9324
PASADENA	$34,650	2704 LANCASTER LN	See page 4	MELISSA ELLIOTT	FANNIE MAE	(800) 732-6643

* A RECENT PROPERTY ASKING PRICE AND YOUR LOCAL CONTACT FOR CURRENT LISTINGS

CONSUMER DATA SERVICE

Texas

CITY	ASKING	ADDRESS	DETAILS	CONTACT	AGENCY	PHONE
PASADENA	$28,350	921 PALMETTO	See page 4	JIMMIE SLATON	FANNIE MAE	(713) 333-5300
PEARLAND	Call		See page 4	JIMMIE SLATON	FANNIE MAE	(713) 333-5300
PEARLAND	Call		See page 4	BOYLES, JAMES	FDIC	(800) 319-1444
PECOS	Call		See page 4	STEVE ARMSTRONG	FANNIE MAE	(915) 445-9888
PHARR	$87,900	803 ORANGE BLOSSON	See page 4	NORMA WISE	FANNIE MAE	(210) 682-3131
PINEHURST	Call		See page 4	HERSHEL GARRETT	FANNIE MAE	(800) 832-2345
PLANO	Call		See page 4	ASHBY, WALTER	FDIC	(800) 319-1444
PLANO	$87,500	1010 UNIVERSITY	See page 4	SUE RICHARDSON	FANNIE MAE	(214) 788-1100
PLANO	$87,500	1201 WIMBELDON	See page 4	SUE RICHARDSON	FANNIE MAE	(214) 788-1100
PLANO	$87,500	1203 WIMBELDON	See page 4	SUE RICHARDSON	FANNIE MAE	(214) 788-1100
PLANO	$89,900	1600 CANADIAN TRAIL	See page 4	CONNIE HALEY	FANNIE MAE	(800) 732-6643
PLANO	$84,900	1822 NEST PLACE	See page 4	SUE RICHARDSON	FANNIE MAE	(214) 788-1100
PLANO	$87,500	3201 UPSHIRE	See page 4	SUE RICHARDSON	FANNIE MAE	(214) 788-1100
PLANO	$87,500	3203 UPSHIRE	See page 4	SUE RICHARDSON	FANNIE MAE	(214) 788-1100
PLANO	Call	3612 SANDIA DR	See page 4	CONNIE HALEY	FANNIE MAE	(800) 732-6643
PLANO	Call	6900 BARBICAN DRIVE	See page 4	CONNIE HALEY	FANNIE MAE	(800) 732-6643
PORT ARTHUR	Call		See page 4	BERESFORD, LINDA	FDIC	(800) 568-9161
PORTER	Call		See page 4	SMALL, SHIRLEY	FDIC	(800) 319-1444
PORTER	$21,900	*	See page 4	ROBERT HILL	FREDDIE MAC	(713) 540-1900
QUITMAN	$40,500	COUNTU ROUTE 3	See page 4	RENEAU ANDERS	FANNIE MAE	(800) 732-6643
RANKIN	$28,900	1007 ELIZABETH DR.	See page 4	JEWELL TAYLOR	FANNIE MAE	(915) 558-2141
RAYWOOD	$14,000	BOX 251 FM 770	Single family residence	SMALL, SHIRLEY	FDIC	(409) 336-8001
RENO	$61,900	1550 ARVEL CIRCLE	See page 4	BARBARA PLUMEAU	FANNIE MAE	(214) 447-7071
RICHARDSON	Call		See page 4	ASHBY, WALTER	FDIC	(800) 568-9161
RICHARDSON	$91,900	1727 CAROL STREAM DR.	See page 4	BARBARA PLUMEAU	FANNIE MAE	(214) 447-7071
RICHLAND, N	$64,900	6718 BRILEY DR	See page 4	PAT EVANS	FANNIE MAE	(214) 385-0700
RICHLAND, N	$124,900	7108 LINCOLN DR	See page 4	PAT EVANS	FANNIE MAE	(214) 385-0700
ROANOKE	Call		See page 4	HONESCKO, JOSEPH	FDIC	(714) 263-7732
ROCKPORT	Call		See page 4	YENCO, BOB	FDIC	(800) 319-1444
ROCKWALL	$13,200	#11 VALLEY VISTA DR.	See page 4	WILLIFORD, MARY	FDIC	(800) 319-1444
ROCKWALL	$82,950	702 E. INTERURBAN ST.	See page 4	BARBARA PLUMEAU	FANNIE MAE	(214) 447-7071
ROSEBUD	Call		See page 4	YENCO, BOB	FDIC	(800) 319-1444
ROUND ROCK	Call		See page 4	TRAIL, MARK	FDIC	(800) 568-9161
ROUND ROCK	Call		See page 4	SANDRA LEHNER	FREDDIE MAC	(512) 244-9500
ROWLETT	$89,900	3418 BERMUDA DRIVE	See page 4	BARBARA PLUMEAU	FANNIE MAE	(214) 447-7071
ROWLETT	Call	3502 JONQUIL LANE	See page 4	BARBARA PLUMEAU	FANNIE MAE	(214) 447-7071
ROWLETT	$82,500	SH 66 & LIBERTY GROVE	See page 4	HOOVER, KEN	FDIC	(214) 287-2655
ROYCE CITY	Call		See page 4	BOBBY ROAN	FREDDIE MAC	(214) 475-4100
SAN ANTONIO	$33,000	.526 ACRES BLK 9	See page 4	WILLIFORD, MARY	FDIC	(800) 319-1444
SAN ANTONIO	$126,500	14201 BRENTON WOODS ST	See page 4	JOAN DELOUIS	FANNIE MAE	(210) 492-4506
SAN ANTONIO	$37,800	2900 LAKEBRIAR ST.	See page 4	JOAN DELOUIS	FANNIE MAE	(210) 492-4506
SAN ANTONIO	$53,675	402 GINGER	See page 4	JOAN DELOUIS	FANNIE MAE	(210) 492-4506
SAN ANTONIO	$57,500	7039 SAN PEDRO	See page 4	JOAN DELOUIS	FANNIE MAE	(210) 492-4506
SAN ANTONIO	$110,250	8439 LAVENHAM	See page 4	FLORENCE TERRELL	FANNIE MAE	(512) 820-2200
SAN ANTONIO	$102,500	9406 MARSH CREEK	See page 4	JOAN DELOUIS	FANNIE MAE	(210) 492-4506
SAN ANTONIO	$11,000	LOT 10 BLK 5 UNIT 2	See page 4	SMALL, SHIRLEY	FDIC	(800) 319-1444
SAN ANTONIO	$26,000	LOW BID CIR LAND	See page 4	SMALL, SHIRLEY	FDIC	(210) 692-0010

* A RECENT PROPERTY ASKING PRICE AND YOUR LOCAL CONTACT FOR CURRENT LISTINGS

CONSUMER DATA SERVICE

Texas

CITY	ASKING	ADDRESS	DETAILS	CONTACT	AGENCY	PHONE
SAN JUAN	$44,900	1202 SAN FRANCISCO	See page 4	NORMA WISE	FANNIE MAE	(210) 682-3131
SAN MARCOS	Call		See page 4	CALDWELL, MARILYN	FDIC	(210) 496-7775
SCHERTZ	$231,000	CC BLVD & SCENIC HILLS DR	See page 4	HOOVER, KEN	FDIC	(210) 826-0745
SCHERTZ	$586,300	IH-35 & COUNTRY CLUB BLVD	See page 4	HOOVER, KEN	FDIC	(210) 826-0745
SEALY	$76,500	191 FM 949	See page 4	BECKY ELLIS	FANNIE MAE	(713) 932-9366
SEALY	$55,000	TRENKMANN RD/SH 36	See page 4	SMALL, SHIRLEY	FDIC	(713) 492-7164
SEGUIN	$38,300	RIDGE VIEW S/D, LOT 17	See page 4	SMALL, SHIRLEY	FDIC	(210) 560-1217
SHERIDAN	Call		See page 4	CALDWELL, MARILYN	FDIC	(800) 568-9161
SHIRO	Call		See page 4	ASHBY, WALTER	FDIC	(800) 568-9161
SOUR LAKE	Call		See page 4	DANA BELLANGER	FANNIE MAE	(409) 838-3632
SOUTHLAKE	$179,900	1650 ROYAL OAKS COURT	See page 4	BARBARA PLUMEAU	FANNIE MAE	(214) 447-7071
SPRING	Call		See page 4	TRAIL, MARK	FDIC	(713) 626-3040
SPRING	Call		See page 4	SUSAN CAIN	FREDDIE MAC	(713) 444-3900
SPRING	$116,650	17407 SPICEWOOD SPRING	See page 4	JACKIE COOPER	FANNIE MAE	(713) 447-8947
SPRING	$77,850	25115 LONDON TOWN DR	See page 4	HERSHEL GARRETT	FANNIE MAE	(800) 732-6643
SPRING	$78,225	25534 THISTLEWAITE LN	See page 4	HERSHEL GARRETT	FANNIE MAE	(800) 732-6643
SPRING	$83,900	3219 OLD CHAPEL DRIVE	See page 4	JACKIE COOPER	FANNIE MAE	(713) 447-8947
SPRING	$81,900	4043 FIR FOREST DRIVE	See page 4	JACKIE COOPER	FANNIE MAE	(713) 447-8947
SPRING	Call	5418 COBBLE LN	See page 4	JACKIE COOPER	FANNIE MAE	(713) 447-8947
SPRING	$51,500	5903 SUNNYGATE DRIVE	See page 4	HERSHEL GARRETT	FANNIE MAE	(800) 732-6643
SPRING	$184,900	6027 LIVE OAK PLACE	See page 4	JACKIE COOPER	FANNIE MAE	(713) 447-8947
SPRING	Call	E WINTERGATE S OF HICK	See page 4	HOOVER, KEN	FDIC	(713) 280-8088
STAFFORD	$93,975	11818 OAK MEADOW LANE	See page 4	JOHN SPIVEY	FANNIE MAE	(713) 498-7000
SUGAR LAND	Call		See page 4	HOOVER, KEN	FDIC	(713) 447-8947
SUGAR LAND	Call		See page 4	ROBERT HILL	FREDDIE MAC	(713) 540-1900
SUGAR LAND	$92,675	2307 MANORWOOD	See page 4	TED FELINGER	FANNIE MAE	(713) 242-2020
SUGAR LAND	$101,000	634 HILARY	See page 4	GLORIA KAW	FANNIE MAE	(800) 732-6643
SUGAR LAND	$146,750	9715 CALVERTON DRIVE	See page 4	TED FELINGER	FANNIE MAE	(713) 242-2020
TEMPLE	Call		See page 4	ASHBY, WALTER	FDIC	(800) 568-9161
TERRELL	$149,350	I-20/HWY 34	See page 4	HOOVER, KEN	FDIC	(214) 907-0000
TEXAS CITY	Call	2514 8TH ST. N	See page 4	SHERI WILLIAMS	FANNIE MAE	(800) 732-6643
THE WOODLAND	Call		See page 4	KEITH SILAS	FANNIE MAE	(800) 832-2345
TOMBALL	Call		See page 4	JACKIE COOPER	FANNIE MAE	(713) 447-8947
TOMBALL	Call		See page 4	SUSAN CAIN	FREDDIE MAC	(713) 444-3900
TYLER	Call	16025 RED OAK	See page 4	ASHBY, WALTER	FDIC	(800) 568-9161
TYLER	Call		See page 4	JUDY FEARS	FANNIE MAE	(800) 732-6643
VAN VLECK	Call		See page 4	SMALL, SHIRLEY	FDIC	(800) 319-1444
VAN ZANDT COUNTY	Call		See page 4	BOYLES, JAMES	FDIC	(800) 568-9161
VEGA	$67,500	505 N. 11TH STREET	See page 4	DON TARDY	FANNIE MAE	(800) 732-6643
VIDOR	$68,250	587 DOTY ROAD	See page 4	DANA BELLANGER	FANNIE MAE	(409) 838-3632
WACO	Call		See page 4	JAN EVANS	FREDDIE MAC	(817) 772-8500
WATAUGA	$64,900	8009 KATIE LANE	See page 4	PAT EVANS	FANNIE MAE	(214) 385-0700
WHARTON	Call		See page 4	YENCO, BOB	FDIC	(800) 319-1444
WHITE SETTLE	$53,900	8709 SILVER CREEK RD	See page 4	BARBARA PLUMEAU	FANNIE MAE	(800) 732-6643
WHITEHOUSE	Call		See page 4	CALDWELL, MARILYN	FDIC	(214) 447-7071
WHITEHOUSE	$84,500	100 LAKEWAY DRIVE	See page 4	LYNN STEGALL	FANNIE MAE	(903) 561-0815
WICHITA FALL	$56,000	4302 HUGHES	See page 4	DOROTHY	FANNIE MAE	(817) 692-1903

* A RECENT PROPERTY ASKING PRICE AND YOUR LOCAL CONTACT FOR CURRENT LISTINGS

CONSUMER DATA SERVICE

Texas

CITY	ASKING	ADDRESS	DETAILS	CONTACT	AGENCY	PHONE
WILDORADO	Call	640 ACRES OLDHAM/DEAF	See page 4	TRAIL, MARK	FDIC	(800) 996-3000
WILLIS	$73,500	13215 BUNKER HILL	See page 4	MARCIA WARNER	FANNIE MAE	(800) 732-6643
WIMBERLY	Call		See page 4	ASHBY, WALTER	FDIC	(800) 568-9161
WOODLANDS	Call		See page 4	EPPERSON, MARI	FDIC	(800) 568-9161
WYLIE	Call		See page 4	SHERRIE NIEMAN	FANNIE MAE	(214) 385-0700
WYLIE	Call		See page 4	ASHBY, WALTER	FDIC	(800) 568-9161
ZAPATA	$24,750	US 83 S & 20TH AVE	See page 4	WILLIFORD, MARY	FDIC	(800) 319-1444

Utah

CITY	ASKING	ADDRESS	DETAILS	CONTACT	AGENCY	PHONE
*Statewide	Call		See page 4		HUD	(801) 524-5379
*Statewide	Call		See page 4.	Office of Real Estate	GSA	(800) 472-1313
*Statewide	Call		See page 4		FDIC	(800) 234-0867
*Statewide	Call		See page 4.		FREDDIE MAC	(800) 373-3343
*Statewide	Call		Refer to "Home Buyer's Guide", page 81		DVA	(800) 556-4945
ENOCH	Call		See page 4	DAVID BATEMAN	BANK REO	(801) 246-2830
FRUIT HEIGHTS	$165,900	1367 EAST CARRIE DRIVE	See page 4	DAVID BATEMAN	BANK REO	(801) 246-2830
LAYTON	$250,000	3084 NORTH 2400 EAST	See page 4	DAVID BATEMAN	BANK REO	(801) 246-2830
N. OGDEN	$26,500	440 EAST 3575 NORTH	See page 4	DAVID BATEMAN	BANK REO	(801) 246-2830
N. OGDEN	$24,900	518 EAST 3525 NORTH	See page 4	DAVID BATEMAN	BANK REO	(801) 246-2830
N. OGDEN	$92,500	Appx. 3525 NORTH 450 EAST	See page 4	DAVID BATEMAN	BANK REO	(801) 246-2830
N. OGDEN	Call	Appx. 3600 NORTH 450 EAST	See page 4	DAVID BATEMAN	BANK REO	(801) 246-2830
ODGEN	Call		See page 4	Doug's Auction/Real	REO	(801) 392-2214
ROOSEVELT	$51,200		See page 4	SAM MURPHY	FREDDIE MAC	(214) 506-6787
SALT LAKE CITY	Call		See page 4	GERALD OVERSTREET	VA	(801) 524-5114
SALT LAKE CITY	Call		See page 4	IRS	IRS	(801) 524-5809
SALT LAKE CITY	Call		See page 4	Office	SBA	(801) 524-5804
SPRINGVILLE	$145,000	1050 EAST 300 NORTH	See page 4	DAVID BATEMAN	BANK REO	(801) 246-2830
ST. GEORGE	Call	1435 WEST PHOENIX DRIVE	See page 4	SAM MURPHY	FREDDIE MAC	(214) 506-6787
WEST VALLEY	Call		See page 4	IRS	IRS	(801) 524-5809

Vermont

CITY	ASKING	ADDRESS	DETAILS	CONTACT	AGENCY	PHONE
*Statewide	Call		See page 4.		FDIC	(800) 234-0867
*Statewide	Call		See page 4.		FREDDIE MAC	(800) 373-3343
*Statewide	Call		Refer to "Home Buyer's Guide", page 81		DVA	(800) 556-4945
ADDISON	$260,000	STICKLE RD. & ROUTE 22A	Farm	HANNON, TIM	FDIC	(800) 365-0381
BARRE	$59,900	52 MERCHANT STREET	See page 4	CAROL ELLISON	FANNIE MAE	(802) 476-6500
BARRE	$41,800	54 HILLSIDE	See page 4	CAROL ELLISON	FANNIE MAE	(802) 476-6500
BARTON	$53,900	RT 5 & DUCK POND ROAD	See page 4	NICHOLS, BARBARA	FDIC	(802) 933-2494
BELLOWS FALLS	$25,000	21 TUTTLE ST.	See page 4	HANNON, TIM	FDIC	(508) 393-4930
BRADFORD	$225,500	MINK HILL ROAD	Single family residence	NICHOLS, BARBARA	FDIC	(800) 365-0381
BRATTLEBORO	Call		See page 4	MARK LINTON	FANNIE MAE	(800) 464-7100
BROWNSVILLE	Call		See page 4	MCCONNELL, JIM	FDIC	(860) 291-4048
BURLINGTON	Call		See page 4	SAM MURPHY	FREDDIE MAC	(214) 506-6787
BURLINGTON, S	$105,500	33 HARBOR VIEW	See page 4	LORI DYKEMA	FANNIE MAE	(802) 878-5600

* A RECENT PROPERTY ASKING PRICE AND YOUR LOCAL CONTACT FOR CURRENT LISTINGS

CONSUMER DATA SERVICE

Vermont

CITY	ASKING	ADDRESS	DETAILS	CONTACT	AGENCY	PHONE
HARTLAND	Call		See page 4	QUINN, PETER	FDIC	(802) 295-3533
HINESBURG	Call		See page 4	LENGEL, JANET	FDIC	(508) 393-4930
MOUNT HOLLY	Call		See page 4	BAILEY, CASSY	FDIC	(802) 228-2300
MT HOLLY	Call	HUSKY HILL FARM	See page 4	BRUCE LINDER	FREDDIE MAC	(203) 926-2247
NEW HAVEN	Call		Farm	LORENZO, MARGARET	FDIC	(800) 365-0381
NEWPORT/ST. JOHNSBURY	Call		See page 4	HANNON, TIM	FDIC	(800) 568-9161
NORWICH	$115,000	BEAVER MEADOW RD, UT 1	See page 4	LEROUX, COLLEEN	FDIC	(802) 295-3533
NORWICH	$112,000	BEAVER MEADOW RD, UT 2	See page 4	LEROUX, COLLEEN	FDIC	(802) 295-3533
QUECHEE	Call	LT7044 QUEECHE, VT 050	See page 4	CHERYL HERRMANN	FDIC	(802) 649-1333
RUTLAND	$59,900	1 & 3 ROYCE STREET	See page 4	WILLIAM BROOKS	FANNIE MAE	(802) 773-3500
RUTLAND	$37,900	85 GRANGER ST	See page 4	WILLIAM BROOKS	FANNIE MAE	(802) 773-3500
RUTLAND	$69,900	MT VIEW CONDO	See page 4	WILLIAM BROOKS	FANNIE MAE	(802) 773-3500
SPRINGFIELD	$39,500	FRENCH MEADOW ROAD	See page 4	MERRIGAN, PETER	FDIC	(802) 228-2300
UNDERHILL	Call		See page 4	LORI DYKEMA	FANNIE MAE	(802) 878-5600
UNDERHILL	$18,900	*	See page 4	SAM MURPHY	FREDDIE MAC	(214) 506-6787
VERSHIRE	$39,900	*	See page 4	BRUCE LINDER	FREDDIE MAC	(203) 926-2247
WARREN	$39,900	THE BRIDGES	See page 4	ANNA WHITESIDE	FANNIE MAE	(802) 496-2506
WHITE RIVER JUNCTION	$54,900	*	See page 4	SAM MURPHY	FREDDIE MAC	(214) 506-6787
WILLISTON	Call		See page 4	LORI DYKEMA	FANNIE MAE	(802) 878-5600
WOODFORD	Call		See page 4	BOB NORTH	FANNIE MAE	(802) 464-2196

Virgin Islands

CITY	ASKING	ADDRESS	DETAILS	CONTACT	AGENCY	PHONE
CHRISTIANSTE	$74,900	242 ST.CROIX BY THE SE	See page 4	JULIE SAN MARTIN	FANNIE MAE	(809) 773-1048

Virginia

CITY	ASKING	ADDRESS	DETAILS	CONTACT	AGENCY	PHONE
*Statewide	Call		See page 4		VA	(402) 437-5031
*Statewide	Call		See page 4.		FDIC	(800) 234-0867
*Statewide	Call		Refer to "Home Buyer's Guide", page 81		FREDDIE MAC	(800) 373-3343
*Statewide	Call		See page 4.		DVA	(800) 556-4945
ALEXANDRIA	Call		See page 4	SHINN, RICKEY H.	FDIC	(800) 568-9161
ALEXANDRIA	Call		See page 4	MARK GRONKE	FANNIE MAE	(703) 691-2474
ALEXANDRIA	Call		See page 4	KELLY LAVIN	FREDDIE MAC	(703) 830-2699
ALEXANDRIA	$92,500	*	See page 4	SALLY WOOD	FANNIE MAE	(703) 359-1800
ALEXANDRIA	$64,900	519 ARMSTEAD STREET	See page 4	RHONDA RICHARDSON	FANNIE MAE	(703) 938-5600
ALEXANDRIA	$179,900	6016 FRANCONIA FOREST	See page 4	SALLY WOOD	FANNIE MAE	(703) 359-1826
ALEXANDRIA	$184,900	7330 MALLORY LN	See page 4	RHONDA RICHARDSON	FANNIE MAE	(703) 938-5600
ALEXANDRIA	$159,950	8068 SKY BLUE DRIVE	See page 4	SALLY WOOD	FANNIE MAE	(703) 359-1826
ANNANDALE	Call		See page 4	SALLY WOOD	FANNIE MAE	(703) 359-1826
ANNANDALE	Call		See page 4	RHONDA RICHARDSON	FANNIE MAE	(703) 938-5600
ANNANDALE	$72,500	3364 WOODBURN ROAD, #11	See page 4	CAROL MAYER	FANNIE MAE	(800) 832-2345
ARLINGTON	$49,900	*	See page 4	KASONDRA JOHNST	FREDDIE MAC	(703) 237-4600
ARLINGTON	$147,000	1200 N. NASH ST.	See page 4	KASONDRA JOHNST	FREDDIE MAC	(703) 237-4600
ARLINGTON	$199,500	2110 S. FILLMORE	See page 4	CAROL MAYER	FANNIE MAE	(800) 732-6643
ARLINGTON			See page 4	SALLY WOOD	FANNIE MAE	(703) 359-1826

* A RECENT PROPERTY ASKING PRICE AND YOUR LOCAL CONTACT FOR CURRENT LISTINGS

CONSUMER DATA SERVICE

Virginia

CITY	ASKING	ADDRESS	DETAILS	CONTACT	AGENCY	PHONE
ARLINGTON	$129,900	2712 1ST ST. SOUTH	See page 4	RHONDA RICHARDSON	FANNIE MAE	(703) 938-5600
ARLINGTON	$179,900	4209 FOURTH STREET SOU	See page 4	RHONDA RICHARDSON	FANNIE MAE	(703) 938-5600
ARLINGTON	$42,500	4376 NORTH PERSHING DR	See page 4	RHONDA RICHARDSON	FANNIE MAE	(703) 938-5600
ARLINGTON	$208,000	4817 NORTH 17TH STREET	See page 4	SALLY WOOD	FANNIE MAE	(703) 359-1826
ASHBURN	$132,500	44010 CHOPTANK TERRACE	See page 4	CAROL MAYER	FANNIE MAE	(800) 732-6643
BASSETT	$47,500	STATE RT 964	See page 4	WANDA GREEN	FANNIE MAE	(703) 666-6969
BRIGHTWOOD	Call		See page 4	NORMA GIBBS	FANNIE MAE	(703) 825-2424
BROADWAY	Call		See page 4	CHARLES MICK	FANNIE MAE	(800) 832-2345
BURKE	Call		See page 4	RHONDA RICHARDSON	FANNIE MAE	(703) 938-5600
BURKE	Call		See page 4	MARK GRONKE	FANNIE MAE	(703) 691-2474
BURKE	$136,900	5908 ROBERTS COMMON	See page 4	SALLY WOOD	FANNIE MAE	(703) 359-1826
BURKE	$184,900	9510 BLACKBURN DRIVE	See page 4	JILL BOWER	FANNIE MAE	(703) 691-2474
CAROLINE COUNTY	Call	FOUR WINDS SUBDIVISION	See page 4	DAVIS, JONATHAN	FDIC	(305) 358-7710
CENTREVILLE	$124,900	14191 ROYAL OAK LANE	See page 4	ELAINE BARNARD	FREDDIE MAC	(703) 444-5900
CENTREVILLE	$124,900	14552 TRURO PARISH COU	See page 4	KELLY LAVIN	FREDDIE MAC	(703) 830-2699
CENTREVILLE	$129,500	5121 CASTLE HARBOR WAY	See page 4	SALLY WOOD	FANNIE MAE	(703) 359-1826
CHANTILLY	Call	4216 DEHAVEN DRIVE	See page 4	CAROL MAYER	FANNIE MAE	(800) 732-6643
CHANTILLY	Call	WILLARD RD & SINGLE CT	See page 4	KASONDRA JOHNST	FREDDIE MAC	(703) 237-4600
CHESAPEAKE	Call	731 AQUILA	See page 4	GREENE, BOB	FDIC	(800) 765-3342
CHRISTIANSBURG	Call		See page 4	CLAUDETTE FIELD	FANNIE MAE	(804) 485-5950
CLIFTON	Call		See page 4	JOE JONES	FANNIE MAE	(703) 552-4201
COLES POINT	$164,900	RT 612 LOT 7 SALISBURY	See page 4	RHONDA RICHARDSON	FANNIE MAE	(703) 938-5600
CULPEPER	Call	CULPEPER	See page 4	MARY TURLINGTON	FANNIE MAE	(804) 224-0121
CULPEPER	$89,250	RT 1 BOX 191G (ST RT	See page 4		FDIC	(800) 568-9161
DANVILLE	$9,900	*	See page 4	NORMA GIBBS	FANNIE MAE	(703) 825-2424
DUMFRIES	$147,500	16037 FAIRWAY DRIVE	See page 4	BRUCE LINDER	FREDDIE MAC	(203) 926-2247
DUMFRIES	$67,900	3361 YOST LANE	See page 4	CAROL MAYER	FANNIE MAE	(800) 732-6643
ELKTON	$72,500	ROUTE 1 BOX 245	See page 4	SALLY WOOD	FANNIE MAE	(703) 359-1826
FAIRFAX	Call		See page 4	VILAS STECKLY	FANNIE MAE	(800) 732-6643
FAIRFAX	$149,900	1104 SANTA CLARA LANE	See page 4	KASONDRA JOHNST	FREDDIE MAC	(703) 237-4600
FAIRFAX	$179,900	5510 TOBEGO COURT	See page 4	SALLY WOOD	FANNIE MAE	(703) 359-1826
FALLS CHURCH	Call		See page 4	RHONDA RICHARDSON	FANNIE MAE	(703) 938-5600
FALLS CHURCH	Call		See page 4	DAVIS, JONATHAN	FDIC	(804) 497-1800
FALLS CHURCH	Call		See page 4	MARK GRONKE	FANNIE MAE	(703) 691-2474
FALLS CHURCH	Call		See page 4	KELLY LAVIN	FREDDIE MAC	(703) 830-2699
FALLS CHURCH	$58,900	*	See page 4	BRUCE LINDER	FREDDIE MAC	(203) 926-2247
FALLS CHURCH	$88,350	1136 WASHINGTON ST	Single family residence	SHINN, RICKEY H.	FDIC	(804) 497-1800
FALLS CHURCH	$169,900	2824 WINCHESTER WAY	See page 4	JILL BOWER	FANNIE MAE	(703) 691-2474
FALLS CHURCH	$146,500	3238 BLUNDELL	See page 4	RHONDA RICHARDSON	FANNIE MAE	(703) 938-5600
FALLS CHURCH	$99,750	5505 SEMINARY RD	See page 4	SALLY WOOD	FANNIE MAE	(703) 359-1826
FALLS CHURCH	$154,900	7301 ARTHUR DR	See page 4	CAROL MAYER	FANNIE MAE	(800) 732-6643
FALMOUTH	Call		See page 4	ROSENBERG, JACK	FDIC	(800) 568-9161
FALMOUTH	$72,900	648 CAISSON RD	See page 4	CAROL MAYER	FANNIE MAE	(800) 732-6643
FREDERICKSBURG	Call		See page 4	MARK GRONKE	FANNIE MAE	(703) 691-2474
FREDERICKSBURG	Call		See page 4	VICKY BOARMAN	FANNIE MAE	(703) 659-1450
FREDERICKSBURG	Call		See page 4		FREDDIE MAC	(214) 506-6787
FREDERICKSBURG	$89,450	3806 WILBURN DRIVE	See page 4	JILL BOWER	FANNIE MAE	(703) 691-2474

* A RECENT PROPERTY ASKING PRICE AND YOUR LOCAL CONTACT FOR CURRENT LISTINGS

CONSUMER DATA SERVICE

Virginia

CITY	ASKING	ADDRESS	DETAILS	CONTACT	AGENCY	PHONE
FREDERICKSBURG	$169,900	4 AMBER COURT	See page 4	CAROL MAYER	FANNIE MAE	(800) 732-6643
FREDERICKSBURG	$128,250	5915 CASCADE DR.	See page 4	CAROL MAYER	FANNIE MAE	(800) 732-6643
FRONT ROYAL	$108,500	216 CRISER ROAD	See page 4	JEANNETTE CAMPBELL	FANNIE MAE	(703) 636-2971
GREAT FALLS	$184,900	20036 GR FALLS FOREST DR	See page 4	KELLY LAVIN	FREDDIE MAC	(703) 830-2699
HAMILTON	Call		See page 4	SALLY WOOD	FANNIE MAE	(703) 359-1826
HAMPTON	Call		See page 4	REO DEPARTMENT	FANNIE MAE	(804) 497-1800
HAMPTON	$102,900	46 SANTA BARBARA	See page 4	ELAINE ALFIERO	FANNIE MAE	(804) 497-1800
HARRISONBURG	Call		See page 4	SAM MURPHY	FREDDIE MAC	(214) 506-6787
HERNDON	Call		See page 4	DAVIS, JONATHAN	FDIC	(800) 568-9161
HERNDON	Call		See page 4	CAROL MAYER	FANNIE MAE	(800) 832-2345
KING GEORGE	Call		See page 4	VICKY BOARMAN	FANNIE MAE	(703) 659-1450
KING GEORGE	Call		See page 4	MARK GRONKE	FANNIE MAE	(703) 691-2474
LEESBURG	Call		See page 4	DAVIS, JONATHAN	FDIC	(800) 568-9161
LEESBURG	$61,900	*	See page 4	ELAINE BARNARD	FREDDIE MAC	(703) 444-5900
LEESBURG	Call	TAVISTOCK FARMS	See page 4	RICHARD REEDY	BANK REO	(540) 338-2962
LORTON	$149,900	7504 MAHONEY DR	See page 4	CAROL MAYER	FANNIE MAE	(800) 732-6643
LOUISA	$9,000	*	See page 4	BRUCE LINDER	FREDDIE MAC	(203) 926-2247
LOVETTSVILLE	Call		See page 4	SALLY WOOD	FANNIE MAE	(703) 359-1826
LYNCHBURG	Call		See page 4	PEGGY MCCALL	FANNIE MAE	(804) 237-2951
Loudoun/Clarke Cos.	$59,500	5 ACRES	See page 4		BANK REO	(540) 338-2962
MANASSAS	Call		See page 4	MARK GRONKE	FANNIE MAE	(703) 691-2474
MANASSAS	Call		See page 4	ROSENBERG, JACK	FDIC	(800) 568-9161
MANASSAS	Call		See page 4	ROSENBERG, JACK	FDIC	(800) 568-9161
MANASSAS PARK	Call		See page 4	MARK GRONKE	FANNIE MAE	(703) 691-2474
MANASSAS	$204,900	10226 TRELLIS CT.	See page 4	SALLY WOOD	FANNIE MAE	(703) 359-1826
MANASSAS	$87,900	9016 OLD HICKORY COURT	See page 4	JILL BOWER	FANNIE MAE	(703) 691-2474
MANASSAS	$189,900	9211 ROBIN LYNN CT	See page 4	SALLY WOOD	FANNIE MAE	(703) 359-1826
MCLEAN	Call		See page 4	RHONDA RICHARDSON	FANNIE MAE	(703) 938-5600
MCLEAN	$84,900	*	See page 4	ELAINE BARNARD	FREDDIE MAC	(703) 444-5900
MIDLAND	Call		See page 4	BRUCE LINDER	FREDDIE MAC	(203) 926-2247
MIDLOTHIAN	Call		See page 4	BRIAN LIGGAN	FANNIE MAE	(804) 282-3136
MILFORD	$79,900	*	See page 4	BRUCE LINDER	FREDDIE MAC	(203) 926-2247
MONTCLAIR	Call		See page 4	SALLY WOOD	FANNIE MAE	(703) 359-1826
NEWPORT NEWS	Call		See page 4	REO DEPARTMENT	FANNIE MAE	(804) 497-1800
NEWPORT NEWS	$139,900	37 WELFORD LANE	See page 4	ELAINE ALFIERO	FANNIE MAE	(804) 497-1800
NEWPORT NEWS	$74,900	413 BRYAN CT	See page 4	ELAINE ALFIERO	FANNIE MAE	(804) 497-1800
NORFOLK	Call		See page 4	REO DEPARTMENT	FANNIE MAE	(804) 497-1800
NORFOLK	Call		See page 4	STAHL, PATTY	FDIC	(305) 358-7710
NORFOLK	$44,900	1041 E. CHESTER ST.	See page 4	ELAINE ALFIERO	FANNIE MAE	(804) 497-1800
NORFOLK	$64,900	1263 STRAND STREET	See page 4	ELAINE ALFIERO	FANNIE MAE	(804) 497-1800
NORFOLK	$98,900	1618 MORRIS AVENUE	See page 4	ELAINE ALFIERO	FANNIE MAE	(804) 497-1800
NORFOLK	$59,999	5396 E. PRINCESS ANNE	See page 4	ELAINE ALFIERO	FANNIE MAE	(804) 497-1800
NORFOLK	$94,900	7438 FENNER ROAD	See page 4	CLAUDETTE FIELD	FANNIE MAE	(804) 485-5950
NORFOLK	$15,000	880 B AVENUE	Single family residence	SHINN, RICKEY H.	FDIC	(800) 765-3342
OAK GROVE	Call		See page 4	MARY TURLINGTON	FANNIE MAE	(804) 224-0121
OAK GROVE	Call		See page 4	STANLEY PALIVODA	FANNIE MAE	(800) 732-6643
PALMYRA	$69,900	209 CHURCH POINT LN	See page 4	BRUCE LINDER	FREDDIE MAC	(203) 926-2247

* A RECENT PROPERTY ASKING PRICE AND YOUR LOCAL CONTACT FOR CURRENT LISTINGS

CONSUMER DATA SERVICE

Virginia

CITY	ASKING	ADDRESS	DETAILS	CONTACT	AGENCY	PHONE
PALMYRA	$74,450	1 FOREST DRIVE	See page 4	JOAN WHITE	FANNIE MAE	(804) 589-3539
PETERSBURG	Call		See page 4	JAMES E COLE	FANNIE MAE	(804) 748-3336
PORTSMOUTH	Call		See page 4	CLAUDETTE FIELD	FANNIE MAE	(804) 485-5950
PORTSMOUTH	$17,900	2021 HOLLADAY STREET	See page 4	ELAINE ALFIERO	FANNIE MAE	(804) 497-1800
RADFORD	$64,750	1600 GROVE AVE	See page 4	JOE JONES	FANNIE MAE	(703) 552-4201
REEDSVILLE	$163,900	6 CAPTAINS WAY	See page 4	MARY TURLINGTON	FANNIE MAE	(804) 224-0121
RESTON	Call		See page 4	RHONDA RICHARDSON	FANNIE MAE	(703) 938-5600
RESTON	$124,900	2313 HARLEYFORD CT	See page 4	ELAINE BARNARD	FREDDIE MAC	(703) 444-5900
RICHMOND	$87,250	612 W FRANKLIN ST.	See page 4	BRIAN LIGGAN	FANNIE MAE	(804) 282-3136
RICHMOND	$44,900	811 HILL TOP DRIVE	See page 4	BRIAN LIGGAN	FANNIE MAE	(804) 282-3136
ROANOKE	Call		See page 4	GREENE, BOB	FDIC	(800) 568-9161
ROANOKE	Call		See page 4	WESLEY STROOP	FANNIE MAE	(703) 989-8888
ROCKY MOUNT	Call		Single family residence	ROSENBERG, JACK	FDIC	(800) 568-9161
ROUND HILL	$88,000	ROUTE 1, BOX 122 ROUNDHIL	See page 4	SHINN, RICKEY H.	FANNIE MAE	(800) 765-3342
ROUND HILL	$59,500	near ROUND HILL	See page 4	RICHARD REEDY	BANK REO	(540) 338-2962
SPOTSYLVANIA	$94,900	10101 LANDRUM	See page 4	VICKY BOARMAN	FANNIE MAE	(703) 659-1450
SPOTSYLVANIA	$64,900	EDINBURGH DR. @ RT 208	See page 4	MEZZARA, BOB	FDIC	(540) 374-9321
SPRINGFIELD	$139,850	7240 HILLMEAD COURT	See page 4	RHONDA RICHARDSON	FANNIE MAE	(703) 938-5600
SPRINGFIELD	$198,500	7322 WESTMORE DR.	See page 4	CAROL MAYER	FANNIE MAE	(800) 732-6643
SPRINGFIELD	$186,375	7904 LAKE PLEASANT	See page 4	SALLY WOOD	FANNIE MAE	(703) 359-1826
STAFFORD	$89,900	126 MATTEW CT	See page 4	VICKY BOARMAN	FANNIE MAE	(703) 659-1450
STANARDSVILLE	Call		See page 4	RICHARD HERRING	FANNIE MAE	(800) 832-2345
STERLING	$137,500		See page 4	RICHARD REEDY	BANK REO	(540) 338-2962
STERLING	$148,995	46806 RABBIT RUN TERR	See page 4	SALLY WOOD	FANNIE MAE	(703) 359-1826
TROUTVILLE	Call		See page 4	WESLEY STROOP	FANNIE MAE	(703) 989-8888
UNIONVILLE	Call		See page 4	NORMA GIBBS	FANNIE MAE	(703) 825-2424
VIENNA	Call		See page 4	KELLY LAVIN	FREDDIE MAC	(703) 830-2699
VILLAGE	$94,440	STATE ROUTE 617	See page 4	MARION PACKETT	FANNIE MAE	(800) 732-6643
VIRGINIA BEACH	$82,950	884 GASLIGHT LANE	See page 4	ELAINE ALFIERO	FANNIE MAE	(804) 497-1800
WILLIAMSBURG	$149,900	205 MARBLE RUN	See page 4	ELAINE ALFIERO	FANNIE MAE	(804) 497-1800
WINCHESTER	Call		See page 4	JEANNETTE CAMPBELL	FANNIE MAE	(703) 636-2971
WOODBRIDGE	Call		See page 4	KELLY LAVIN	FREDDIE MAC	(703) 830-2699
WOODBRIDGE	$104,900	12326 AZTEC PLACE	See page 4	SALLY WOOD	FANNIE MAE	(703) 359-1826
WOODBRIDGE	$1,441,000	13504 TELEGRAPH ROAD	See page 4	GREENE, BOB	FDIC	(800) 765-3342
WOODBRIDGE	$84,900	15372 GATEHOUSE TERIA	See page 4	SALLY WOOD	FANNIE MAE	(703) 359-1826
WOODBRIDGE	$492,250	3304 OLD BRIDGE ROAD	See page 4	GREENE, BOB	FDIC	(800) 765-3342
WOODBRIDGE	$67,000	3461 BEALE COURT	See page 4	CAROL MAYER	FANNIE MAE	(800) 732-6643
WOODBRIDGE	$122,900	3620 WOODHAVEN COURT	See page 4	CAROL MAYER	FANNIE MAE	(800) 732-6643
YORK COUNTY	Call		See page 4	BRUCE LINDER	FREDDIE MAC	(203) 926-2247
ZUNI	Call		See page 4	REO DEPARTMENT	FANNIE MAE	(804) 497-1800
ZUNI	Call		See page 4	ELAINE ALFIERO	FANNIE MAE	(804) 497-1800

* A RECENT PROPERTY ASKING PRICE AND YOUR LOCAL CONTACT FOR CURRENT LISTINGS

CONSUMER DATA SERVICE

Washington DC

CITY	ASKING	ADDRESS	DETAILS	CONTACT	AGENCY	PHONE
*Statewide	Call		See page 4.		FDIC	(800) 234-0867
*Statewide	Call		See page 4.		FREDDIE MAC	(800) 373-3343
*Statewide	Call		Refer to "Home Buyer's Guide", page 81		DVA	(800) 556-4945
WASHINGTON	$29,900		See page 4	PAT DADING	FREDDIE MAC	(301) 681-0400
WASHINGTON	Call	1001 NEW YORK AVENUE N.W.	See page 4	TRAVIS, JIM	FDIC	(305) 358-7710
WASHINGTON	$87,500	101 7TH STREET SE	See page 4	LARRY GARDNER	FANNIE MAE	(301) 652-0400
WASHINGTON	$59,900	12 SW GALVESTON STREET	See page 4	BOB CASPER	FANNIE MAE	(301) 702-4210
WASHINGTON	$81,000	1214 EVARTS ST. N.E.	See page 4	BOB CASPER	FANNIE MAE	(301) 702-4210
WASHINGTON	$94,500	1242 DUNCAN PLACE, NE	See page 4	BOB CASPER	FANNIE MAE	(301) 702-4210
WASHINGTON	$13,500	1311 DELAWARE AVE SW	See page 4	BOB CASPER	FANNIE MAE	(301) 702-4210
WASHINGTON	$115,900	1325 13TH ST NW	See page 4	BOB CASPER	FANNIE MAE	(301) 702-4210
WASHINGTON	$13,500	14 E. DANBURY STREET,	See page 4	BOB CASPER	FANNIE MAE	(301) 702-4210
WASHINGTON	$35,000	1421 COLUMBIA RD NW	See page 4	BOB CASPER	FANNIE MAE	(301) 702-4210
WASHINGTON	$66,900	1425 4TH ST. SW	See page 4	BOB CASPER	FANNIE MAE	(301) 702-4210
WASHINGTON	$59,900	1434 SE POTOMAC AVE	See page 4	LARRY GARDNER	FANNIE MAE	(301) 652-0400
WASHINGTON	$84,900	1622 D STREET SE	See page 4	LARRY GARDNER	FANNIE MAE	(301) 652-0400
WASHINGTON	Call	1736 18TH ST. N.W.	See page 4	LARRY GARDNER	FANNIE MAE	(301) 652-0400
WASHINGTON	$66,900	1736 NW WILLARD STREET	See page 4	TRAVIS, JIM	FDIC	(202) 625-4344
WASHINGTON	Call	20 K STREET N.E.	See page 4	BOB CASPER	FANNIE MAE	(301) 702-4210
WASHINGTON	$72,500	2116 B 38TH ST. S.E.	See page 4	SHINN, RICKEY H.	FDIC	(800) 765-3342
WASHINGTON	$38,500	2305 18TH STREET NW #303	See page 4	MAGEE, MELINDA	FDIC	(714) 263-7747
WASHINGTON	$26,000	2327 GREEN ST	See page 4	LARRY GARDNER	FANNIE MAE	(301) 652-0400
WASHINGTON	$231,000	2500 34TH STREET SE	See page 4	TRAVIS, JIM	FDIC	(202) 625-4344
WASHINGTON	Call	26 K STREET N.E.	See page 4	BOB CASPER	FANNIE MAE	(301) 702-4210
WASHINGTON	$94,500	29 BATES STREET NW	See page 4	LARRY GARDNER	FANNIE MAE	(301) 652-0400
WASHINGTON	$115,500	3118 CHERRY RD. N.E.	See page 4	LARRY GARDNER	FANNIE MAE	(301) 652-0400
WASHINGTON	$115,500	3127 HAWTHORNE DR	See page 4	MEZZARA, BOB	FDIC	(800) 765-3342
WASHINGTON	$74,140	333 H ST., NE	See page 4	BOB CASPER	FANNIE MAE	(301) 702-4210
WASHINGTON	$62,500	4209 GOLT PLACE NE	See page 4	LARRY GARDNER	FANNIE MAE	(301) 652-0400
WASHINGTON	$111,500	461 DELAFIELD PLACE N.	See page 4	BOB CASPER	FANNIE MAE	(301) 702-4210
WASHINGTON	$49,900	4715 1ST ST SW 10	See page 4	BOB CASPER	FANNIE MAE	(301) 702-4210
WASHINGTON	$41,500	4721 FIRST ST. SW	See page 4	LARRY GARDNER	FANNIE MAE	(301) 652-0400
WASHINGTON	$84,500	4740 CONNECTICUT AVE	See page 4	BOB CASPER	FANNIE MAE	(301) 702-4210
WASHINGTON	$42,000	514 M STREET NE	See page 4	GREENE, BOB	FDIC	(800) 765-3342
WASHINGTON	Call	539 8TH STREET SE	See page 4	BOB CASPER	FANNIE MAE	(301) 702-4210
WASHINGTON	$53,900	544 NEWTON PL NW	See page 4	BOB CASPER	FANNIE MAE	(301) 702-4210
WASHINGTON	$55,000	640 MORTON ST NW	See page 4	BOB CASPER	FANNIE MAE	(301) 702-4210
WASHINGTON	$94,500	819 ALABAMA AVE SE	See page 4	LARRY GARDNER	FANNIE MAE	(301) 652-0400
WASHINGTON	$57,000	904 7TH ST N.E. 0				

* A RECENT PROPERTY ASKING PRICE AND YOUR LOCAL CONTACT FOR CURRENT LISTINGS

124

CONSUMER DATA SERVICE

Washington

CITY	ASKING	ADDRESS	DETAILS	CONTACT	AGENCY	PHONE
*Statewide	Call		See page 4.		FDIC	(800) 234-0867
*Statewide	Call		See page 4.		FREDDIE MAC	(800) 373-3343
*Statewide	Call		Refer to "Home Buyer's Guide", page 81		DVA	(800) 556-4945
AIRWAY HEIGHTS	$57,500	2418 WEST 13TH AVE	See page 4	Marykay Kelley	HUD	(800) 549-8895
ARLINGTON	$113,000	3709 179TH PLACE NE	See page 4	Marykay Kelley	HUD	(800) 549-8895
AROUND	Call		See page 4	TERRY VEHRS	FANNIE MAE	(800) 827-1880
AUBURN	$60,000	11827 SE 319TH PL	See page 4	Marykay Kelley	HUD	(800) 549-8895
AUBURN	Call	38054 42ND AVE S.	See page 4	PEGGY SCOTT	FREDDIE MAC	(206) 546-4941
BAINBRIDGE	Call		See page 4	JOE MERCADO	FANNIE MAE	(206) 851-2511
BELLEVUE	Call	14030 NE 24th St	See page 4		GSA	(206) 931-7547
BELLINGHAM	$184,900	22 SUDDEN VALLEY DRIVE	See page 4	TERRY VEHRS	FANNIE MAE	(800) 827-1880
BELLINGHAM	$87,456	2619 MICHIGAN ST	See page 4	Marykay Kelley	HUD	(800) 549-8895
BELLINGHAM	$59,900	3700 ALABAMA	See page 4	TERRY VEHRS	FANNIE MAE	(800) 827-1880
BOTHELL	Call		See page 4	TERRY VEHRS	FANNIE MAE	(800) 827-1880
BOTHELL	$89,999	15615 WAYNIT WY NE	See page 4	Marykay Kelley	HUD	(800) 549-8895
BREMERTON	Call		See page 4	TERRY VEHRS	FANNIE MAE	(800) 827-1880
BREMERTON	Call		See page 4	Marykay Kelley	HUD	(800) 549-8895
BREMERTON	$139,900	2113 BRASHAM AVENUE	See page 4	JOE MERCADO	FANNIE MAE	(206) 851-2511
BREMERTON	$82,500	315 S LAFAYETTE AVE	See page 4	LINDA BELLASARIO	FREDDIE MAC	(206) 637-9900
CASHMERE	Call		See page 4	Marykay Kelley	HUD	(800) 549-8895
CONCRETE	$74,000	4408 BAKER DR	See page 4	Marykay Kelley	HUD	(800) 549-8895
DES MOINES	$110,900	2600 SOUTH 232ND	See page 4	TERRY VEHRS	FANNIE MAE	(800) 827-1880
E. GRAHAM	$144,900	19411 107TH AVENUE CT	See page 4	JOE MERCADO	FANNIE MAE	(206) 851-2511
EDMONDS	$169,900	21124 PIONEER WAY	See page 4	TERRY VEHRS	FANNIE MAE	(800) 827-1880
EDMONDS	$43,000	7303-224TH ST SW	See page 4	Marykay Kelley	HUD	(800) 549-8895
ENUMCLAW	Call		See page 4	TERRY VEHRS	FANNIE MAE	(800) 827-1880
ENUMCLAW	$133,200	911 OLSEN PLACE	See page 4	Marykay Kelley	HUD	(800) 549-8895
EVERETT	Call		See page 4	Marykay Kelley	HUD	(800) 549-8895
EVERETT	$159,900	6024 MERIDIAN AVENUE	See page 4	TERRY VEHRS	FANNIE MAE	(800) 827-1880
FEDERAL WAY	$64,500	28610 16TH AVENUE SOUTH	See page 4	SAM MURPHY	FREDDIE MAC	(214) 506-6787
FERNDALE	$64,900	5573 2ND ST	See page 4	TERRY VEHRS	FANNIE MAE	(800) 827-1880
FIFE	Call	6310 VALLEY AVENUE EAST	See page 4	PEGGY SCOTT	FREDDIE MAC	(206) 546-4941
GIG HARBOR	Call		See page 4	Marykay Kelley	HUD	(800) 549-8895
GRAHAM	$144,900	13116 226TH ST. EAST	See page 4	JOE MERCADO	FANNIE MAE	(206) 851-2511
GRAHAM	$109,900	4716 247TTH STREET EAS	See page 4	JOE MERCADO	FANNIE MAE	(206) 851-2511
GRANITE FALL	Call	111 PROSPECT AVENUE	See page 4	KATE RICHMOND	FANNIE MAE	(800) 732-6643
HADLOCK	Call		See page 4	Marykay Kelley	HUD	(800) 549-8895
INDIANOLA	$94,900	9270 N. E. SEAVIEW AVE	See page 4	JOE MERCADO	FANNIE MAE	(206) 851-2511
KELSO	Call		See page 4	Marykay Kelley	HUD	(800) 549-8895
KENNEWICK	$37,623	324 S ZILLAH ST	See page 4	Marykay Kelley	HUD	(800) 549-8895
KENT	$80,000	19613 SE 260TH ST	See page 4	Marykay Kelley	HUD	(800) 549-8895
KENT	$89,900	713 1ST AVENUE NORTH	See page 4	TERRY VEHRS	FANNIE MAE	(800) 827-1880
KETTLE FALLS	Call	Kettle Falls	See page 4		FDIC	(206) 832-2345
KINGSTON	Call		See page 4	LINDA BELLASARIO	FREDDIE MAC	(206) 637-9900
KIRKLAND	Call		See page 4	TERRY VEHRS	FANNIE MAE	(800) 827-1880
KIRKLAND	Call	14425 120TH PL NE	See page 4	BRUCE LINDER	FREDDIE MAC	(203) 926-2247
LAKE BAY	$74,900	19518 28TH STREET K.P.	See page 4	TERRY VEHRS	FANNIE MAE	(800) 827-1880

* A RECENT PROPERTY ASKING PRICE AND YOUR LOCAL CONTACT FOR CURRENT LISTINGS

CONSUMER DATA SERVICE

Washington

CITY	ASKING	ADDRESS	DETAILS	CONTACT	AGENCY	PHONE
LAKE STEVEN	Call		See page 4	TERRY VEHRS	FANNIE MAE	(800) 827-1880
LONGVIEW	Call		See page 4	BLANK, CURRY	FDIC	(800) 832-2345
MAPLE VALLEY	$100,000	25412 213TH PL SE	See page 4	Marykay Kelley	HUD	(800) 549-8895
MARYSVILLE	$79,950	5925 NE 135TH PL	See page 4	Marykay Kelley	HUD	(800) 549-8895
MOSES LAKE	Call		See page 4	Marykay Kelley	HUD	(800) 549-8895
MOUNTLAKE TERRACE	Call		See page 4		FDIC	(800) 832-2345
OKANOGAN		Okanogan				
OTIS ORCHARD	$78,000	4311 N MALTA RD	See page 4	Marykay Kelley	HUD	(800) 549-8895
PORT ORCHARD	Call		See page 4	Marykay Kelley	HUD	(800) 549-8895
PORT ORCHARD	$59,900	2864 ROCKY CREEK LANE	See page 4	MAR VIPAVETZ	FREDDIE MAC	(800) 872-7268
PORT ORCHARD	$109,900		See page 4	JOE MERCADO	FANNIE MAE	(206) 851-2511
POULSBO	$62,790	155 MYREBOE ST	See page 4	Marykay Kelley	HUD	(800) 549-8895
POULSBO	$154,900	20421 PUGH ROAD N.E.	See page 4	TERRY VEHRS	FANNIE MAE	(800) 827-1880
PUYALLUP	$184,900	2214 BROOKMONTE DRIVE	See page 4	TERRY VEHRS	FANNIE MAE	(800) 827-1880
REARDAN	$39,000	215 WEST BROADWAY	See page 4	BRUCE LINDER	FREDDIE MAC	(203) 926-2247
REDMOND	Call		See page 4	TERRY VEHRS	FANNIE MAE	(800) 827-1880
REDMOND	Call		See page 4	Marykay Kelley	HUD	(800) 549-8895
RENTON	Call		See page 4	TERRY VEHRS	FANNIE MAE	(800) 827-1880
RICHLAND	Call		See page 4	TERRY M. JONES	FANNIE MAE	(800) 326-2075
SEATAC	$103,728	3802 S. 177TH ST	See page 4	Eugene Hariston	HUD	(800) 549-8895
SEATTLE	Call	12426 MILITARY ROAD SOUTH	See page 4	PEGGY SCOTT	FREDDIE MAC	(206) 546-4941
SEATTLE	$5,700,000	125 KENYON STREET	See page 4	RIVAS, JEFFREY	FDIC	(415) 571-7400
SEATTLE	$134,900	14015 6TH AVENUE SOUTH	See page 4	KATE RICHMOND	FANNIE MAE	(800) 732-6643
SEATTLE	Call	4251 10TH AVENUE SOUTH	See page 4	PEGGY SCOTT	FREDDIE MAC	(206) 546-4941
SEATTLE	$94,900	7026 S. 126TH STREET	See page 4	TERRY VEHRS	FANNIE MAE	(800) 827-1880
SEATTLE	Call	7043 24th AVE	See page 4		FDIC	(800) 568-9161
SNOQUALMIE	Call		See page 4	TERRY VEHRS	FANNIE MAE	(800) 827-1880
SPOKANE	$39,950	1504 EAST	See page 4	Eugene Hariston	HUD	(800) 549-8895
SPOKANE	$54,900	2223 WEST COLLEGE AVEN	See page 4	FRITZ NICHOLS	FANNIE MAE	(509) 838-3591
SUMNER	Call		See page 4	Eugene Hariston	HUD	(800) 549-8895
SUMNER	$129,900	11606 206TH AVE. CT. E	See page 4	JOE MERCADO	FANNIE MAE	(206) 851-2511
TACOMA	$119,900	16108 21ST AVE. E.	See page 4	JOE MERCADO	FANNIE MAE	(206) 851-2511
TACOMA	$69,900	1702 S FIFE	See page 4	JOE MERCADO	FANNIE MAE	(206) 851-2511
TACOMA	$74,900	417 EAST 64TH STREET	See page 4	JOE MERCADO	FANNIE MAE	(206) 851-2511
TACOMA	$71,900	5319 S OAKES ST	See page 4	JOE MERCADO	FANNIE MAE	(206) 851-2511
TACOMA	$107,000	6706 EAST MCKINLEY	See page 4	Eugene Hariston	HUD	(800) 549-8895
TACOMA	$74,900	7415 SOUTH PARK AVENUE	See page 4	JOE MERCADO	FANNIE MAE	(206) 851-2511
TUMWATER	Call		See page 4	HONESCKO, JOSEPH	FDIC	(714) 263-7732
UNION	$159,900	261 E BEACH DR	See page 4	TERRY VEHRS	FANNIE MAE	(800) 827-1880
VALLEY	$69,900	3992 DEER CREEK RD	See page 4	FRITZ NICHOLS	FANNIE MAE	(509) 838-3591
YAKIMA	$114,900	120 PINE HOLLOW	See page 4	TERRY M. JONES	FANNIE MAE	(800) 326-2075
YAKIMA	$91,900	701 S 38TH AVE	See page 4	TERRY VEHRS	FANNIE MAE	(800) 827-1880
YELM	$99,900	17918 158TH AVE SE	See page 4	JOE MERCADO	FANNIE MAE	(206) 851-2511
YELM	$74,900	8433 PICEA COURT SOUTH	See page 4	JOE MERCADO	FANNIE MAE	(206) 851-2511

* A RECENT PROPERTY ASKING PRICE AND YOUR LOCAL CONTACT FOR CURRENT LISTINGS

CONSUMER DATA SERVICE

West Virginia

CITY	ASKING	ADDRESS	DETAILS	CONTACT	AGENCY	PHONE
*Statewide	Call		See page 4.		FDIC	(800) 234-0867
*Statewide	Call		See page 4.		FREDDIE MAC	(800) 373-3343
*Statewide	Call		Refer to "Home Buyer's Guide", page 81		DVA	(800) 556-4945
BECKLEY	$43,000	601 TEMPLE ST		ERNEST MEADOWS	VA	(304) 529-5046
BERKELEY SPRINGS	Call		See page 4	SALLY WOOD	FANNIE MAE	(703) 359-1826
BERKELEY SPRINGS	$19,900	308 1/2 MARTINSBURG	See page 4	STEPHANIE PIERSON	FANNIE MAE	(800) 732-6643
BERKELEY SPRINGS	$56,000	819 CONCORD AVE	See page 4	ERNEST MEADOWS	VA	(304) 529-5046
BLUEFIELD	$5,500	700 WHEELING AVE	See page 4	ERNEST MEADOWS	VA	(304) 529-5046
BUNKER HILL	$75,900	RT 1 BOX 246A	See page 4	BRUCE LINDER	FREDDIE MAC	(203) 926-2247
CHARLES TOWN	$97,000	DIANNE CT, LOT 4	See page 4	ERNEST MEADOWS	VA	(304) 529-5046
CHARLES TOWN	Call	JEFFERSON CO	See page 4	RICHARD REEDY	BANK REO	(540) 338-2962
CHARLESTON	$94,500	#1 SPOTSWOOD CT	See page 4	ERNEST MEADOWS	VA	(304) 529-5046
CLARKSBURG	$30,000	299 MONTICELLO	See page 4	ERNEST MEADOWS	VA	(304) 529-5046
GERRARDSTOWN	$58,000	171 BEAR TRACK LN	See page 4	ERNEST MEADOWS	VA	(304) 529-5046
GLENGARY	$89,000	RTE 45 WEST	See page 4	ERNEST MEADOWS	VA	(304) 529-5046
HARPERS FERRY	Call		See page 4	STEPHANIE PIERSON	FANNIE MAE	(800) 832-2345
HARPERS FERRY	$68,000	1220 BLACKBERRY RD	See page 4	ERNEST MEADOWS	VA	(304) 529-5046
HARPERS FERRY	$102,000	DEER RUN RD	See page 4	ERNEST MEADOWS	VA	(304) 529-5046
HARPERS FERRY	$68,000	ROUTE 2, BOX 841	See page 4	ERNEST MEADOWS	VA	(304) 529-5046
HARPERS FERRY	$74,900	RT 2 BOX 439	See page 4	STEPHANIE PIERSON	FANNIE MAE	(800) 732-6643
HARPERS FERRY	$112,000	THRUSH LANE	See page 4	STEPHANIE PIERSON	FANNIE MAE	(800) 732-6643
HEDGESVILLE	Call		See page 4	SALLY WOOD	FANNIE MAE	(703) 359-1826
HEDGESVILLE	Call	LOT 10 JAYBIRD LANE	See page 4	STEPHANIE PIERSON	FANNIE MAE	(800) 832-2345
HEDGESVILLE	Call	RT 4 BOX 97	See page 4	BRUCE LINDER	FREDDIE MAC	(203) 926-2247
HEDGESVILLE	$41,000	637 TRENTON PLACE	See page 4	BRUCE LINDER	FREDDIE MAC	(203) 926-2247
HUNTINGTON	$53,900	335 BELVUE DR.	See page 4	ERNEST MEADOWS	VA	(304) 529-5046
HURRICANE	Call		See page 4	BILL PITTMAN	FANNIE MAE	(304) 344-2551
KEARNEYSVILLE	$55,000	102 BIG SPRING DRIVE	See page 4	STEPHANIE PIERSON	FANNIE MAE	(800) 832-2345
KEARNEYSVILLE	$114,900	RT 1 BOX 456-A	See page 4	ERNEST MEADOWS	VA	(304) 529-5046
KEARNEYSVILLE	$46,000	74 C STREET	See page 4	STEPHANIE PIERSON	FANNIE MAE	(800) 732-6643
KEYSER	$36,500	ROUTE 33, BOX 119	See page 4	ERNEST MEADOWS	VA	(304) 529-5046
LETTER GAP	$139,900	7 COLEMAN DRIVE	See page 4	ERNEST MEADOWS	VA	(304) 529-5046
LEWISBURG	$38,500	111 SPARICINO ST	See page 4	PHYLLIS TUCKWILLER	FANNIE MAE	(304) 645-6633
MABSCOTT	$92,500	110 LINA LANE	See page 4	ERNEST MEADOWS	VA	(304) 529-5046
MARTINSBURG	$80,500	2006 MOUNTAIN LAUREL LN	See page 4	ERNEST MEADOWS	VA	(304) 529-5046
MARTINSBURG	$64,500	RTE 2, BOX 87-YC	See page 4	ERNEST MEADOWS	VA	(304) 529-5046
MARTINSBURG	$60,000	333 MEADOWBROOK	See page 4	ERNEST MEADOWS	VA	(304) 529-5046
MORGANTOWN	$16,000	708 SECOND ST	See page 4	ERNEST MEADOWS	VA	(304) 529-5046
MT. HOPE	$60,000	270 FUDGES CREEK RD	See page 4	ERNEST MEADOWS	VA	(304) 529-5046
ONA	$27,000	610 SOUTH SECOND AVE	See page 4	ERNEST MEADOWS	VA	(304) 529-5046
PADEN CITY	$51,500	1300 PRINCETON AVE	See page 4	ERNEST MEADOWS	VA	(304) 529-5046
PRINCETON	$27,000	ROUTE 1, BOX 477	See page 4	ERNEST MEADOWS	VA	(304) 529-5046
RIVESVILLE	$118,000	ROUTE 1, BOX 577	See page 4	ERNEST MEADOWS	VA	(304) 529-5046
SHEPHARDSTOWN	$37,500	114 SPRUCE ST	See page 4	ERNEST MEADOWS	VA	(304) 529-5046
ST. ALBANS	$160,000	6450 BIG CREEK RD	See page 4	ERNEST MEADOWS	VA	(304) 529-5046
WAYNE						

* A RECENT PROPERTY ASKING PRICE AND YOUR LOCAL CONTACT FOR CURRENT LISTINGS

CONSUMER DATA SERVICE

Wisconsin

CITY	ASKING	ADDRESS	DETAILS	CONTACT	AGENCY	PHONE
*Statewide	Call		See page 4		RECD	(715) 345-7625
*Statewide	Call		See page 4	Susan Lofton	VA	(414) 382-5060
*Statewide	Call		See page 4.		FDIC	(800) 234-0867
*Statewide	Call		See page 4.		FREDDIE MAC	(800) 373-3343
*Statewide	Call		Refer to "Home Buyer's Guide", page 81		DVA	(800) 556-4945
CLINTONVILLE	$19,900	N 11571 US HIGHWAY 22	See page 4	BRUCE LINDER	FREDDIE MAC	(203) 926-2247
GLENDALE	$48,500	2300 W GOOD HOPE RD	See page 4	BRUCE KIRCHOFF	FANNIE MAE	(414) 783-7080
GREEN BAY	Call	9408 72ND STREET	See page 4	JERRY ALDERMAN	FANNIE MAE	(414) 436-4848
KENOSHA	$166,900	1022 LAKE STREET NORTH	See page 4	TOMMY GREEN	FREDDIE MAC	(214) 541-6400
MENASHA	Call		See page 4	JERRY ALDERMAN	FANNIE MAE	(414) 436-4848
MILWAUKEE	Call		See page 4	RON LAWRENCE	FANNIE MAE	(414) 445-3360
MILWAUKEE	Call		See page 4	SUSAN LOFTON	VA	(414) 382-5060
MILWAUKEE	$22,900	3337 NORTH 16TH STREET	See page 4	SAM MURPHY	FREDDIE MAC	(214) 506-6787
MILWAUKEE	$29,900	4841 21SR ST., N	See page 4	BRUCE KIRCHOFF	FANNIE MAE	(414) 783-7080
MILWAUKEE	$59,900	6321 NORTH 103RD ST	See page 4	BRUCE KIRCHOFF	FANNIE MAE	(414) 783-7080
MILWAUKEE	$39,900	6938 A NORTH RAINTREE	See page 4	ROBERT SCHOLLER	FANNIE MAE	(414) 963-0505
OSHKOSH	$54,900	1010 CEAPE AVENUE	See page 4	FRANK ADASHUN	FANNIE MAE	(800) 732-6643
SHOREWOOD	$75,000	4249 N OLSEN AVE	See page 4	ROBERT SCHOLLER	FANNIE MAE	(414) 963-0505
SUN PRAIRIE	Call		See page 4	RICK AMDAHL	FANNIE MAE	(800) 832-2345
TOMAH	$71,900	1202 LINCOLN AVE	See page 4	DAN FRANTZ	FANNIE MAE	(608) 374-2100
WATERFORD	Call		See page 4	BRUCE KIRCHOFF	FANNIE MAE	(414) 783-7080
WILLIAMS BAY	Call	8009 GOLDEN MEADOWS BL	See page 4	JILL ROSENTHAL	FANNIE MAE	(414) 248-4492

Wyoming

CITY	ASKING	ADDRESS	DETAILS	CONTACT	AGENCY	PHONE
*Statewide	Call		See page 4		HUD	(307) 261-5252
*Statewide	Call		See page 4.		FDIC	(800) 234-0867
*Statewide	Call		See page 4.		FREDDIE MAC	(800) 373-3343
*Statewide	Call		Refer to "Home Buyer's Guide", page 81		DVA	(800) 556-4945
AFTON	Call		See page 4	WILLIAM MORRISON	RECD	(307) 886-3163
CASPER	Call		See page 4	YENCO, BOB	FDIC	(800) 319-1444
GILLETTE	$51,000	6807 GREENSBURGH	See page 4	DERREL CARRUTH	RECD	(307) 261-6300
GILLETTE	$49,500	6812 GREENSBURGH	See page 4	DERREL CARRUTH	RECD	(307) 261-6300
GILLETTE	Call	RAWHIDE VILLAGE	See page 4	BARROW, DOUG	FDIC	(800) 319-1444
LANDER	$51,500	344 WASHINGTON	See page 4	DERREL CARRUTH	RECD	(307) 261-6300
LANDER	$48,000	710 JEFFERSON	See page 4	DERREL CARRUTH	RECD	(307) 261-6300
MOORCROFT	$7,500	MOORCROFT-1 ACRE	See page 4	CASHMAN, PAT	FDIC	(800) 234-0867
OF GILLETTE	Call		See page 4	BARROW, DOUG	FDIC	(800) 568-9161
RAWLINS	Call		See page 4	KEITH CAMPBELL	RECD	(307) 324-2874
RIVERTON	Call		See page 4	BILLIE KIRKHAM	RECD	(307) 856-4807
SUNDANCE	Call		See page 4	SUSAN POWELL	RECD	(307) 283-2985
THERMOPOLIS	$55,000	140 MEADOWLARK	See page 4	DERREL CARRUTH	RECD	(307) 261-6300
WORLAND	Call		See page 4	LINDA ZIEGLER	RECD	(307) 347-8806

* A RECENT PROPERTY ASKING PRICE AND YOUR LOCAL CONTACT FOR CURRENT LISTINGS